中央大学附属高等学校

〈収録内容〉

2024年度	……………………	推薦（数・英・小論文） 一般（数・英・国）
2023年度	……………………	推薦（数・英・小論文） 一般（数・英・国）
2022年度	……………………	推薦（数・英・小論文） 一般（数・英・国）
2021年度	……………………	一般（数・英・国）
2020年度	……………………	一般（数・英・国）
DL 2019年度	……………………	一般（数・英）

JN062201

便利なDLコンテンツは右のQRコードから

解答用紙　過去年度　非対応 リスニング　⇒

※データのダウンロードは2025年3月末日まで。
※データへのアクセスには、右記のパスワードの入力が必要となります。　⇒　804139

〈合格最低点〉

※学校からの合格最低点の発表はありません。

本書の特長

実戦力がつく入試過去問題集

▶ 問題 ……………… 実際の入試問題を見やすく再編集。

▶ 解答用紙 …… 実戦対応仕様で収録。

▶ 解答解説 …… 詳しくわかりやすい解説には、難易度の目安がわかる「基本・重要・やや難」の分類マークつき（下記参照）。各科末尾には合格へと導く「ワンポイントアドバイス」を配置。採点に便利な配点つき。

入試に役立つ分類マーク

基本 確実な得点源！
受験生の90%以上が正解できるような基礎的、かつ平易な問題。
何度もくり返して学習し、ケアレスミスも防げるようにしておこう。

重要 受験生なら何としても正解したい！
入試では典型的な問題で、長年にわたり、多くの学校でよく出題される問題。
各単元の内容理解を深めるのにも役立てよう。

やや難 これが解ければ合格に近づく！
受験生にとっては、かなり手ごたえのある問題。
合格者の正解率が低い場合もあるので、あきらめずにじっくりと取り組んでみよう。

合格への対策、実力錬成のための内容が充実

▶ 各科目の出題傾向の分析、合否を分けた問題の確認で、入試対策を強化！

▶ その他、学校紹介、過去問の効果的な使い方など、学習意欲を高める要素が満載！

解答用紙ダウンロード 解答用紙はプリントアウトしてご利用いただけます。弊社ＨＰの商品詳細ページよりダウンロードしてください。トビラのＱＲコードからアクセス可。

UD FONT 見やすく読みまちがえにくいユニバーサルデザインフォントを採用しています。

中央大学附属高等学校

普通科
生徒数　1196名
〒184-8575
東京都小金井市貫井北町3-22-1
☎042-381-5413
中央線武蔵小金井駅　徒歩18分
またはバス6分
西武新宿線花小金井駅　バスと徒歩13分
西武新宿線小平駅　バス12分

「自主・自治・自律」附属校の特性を生かし自由な雰囲気に包まれた学校

URL　https://www.hs.chuo-u.ac.jp/

プロフィール　生徒を信頼した最大限に自由な校風

「自主・自治・自律」をモットーに、生徒一人ひとりの自主性を重んじながら、附属校ならではのユニークな教育を実践している。生徒一人ひとりが自覚や目標を持って生活する、いわば“自分を律する力”を育てることに真の「自由」の意義がある、という教育理念に基づき、校則はほとんどない。また、制服に関する規定もないため、生徒は思い思いの服装で登校する。

2001年度より男女共学化。2010年４月、中央大学初の附属中学校を開校。

環境　図書館、大講堂など大学並みの施設

特筆すべきは、３層構造の独立棟で蔵書数約20万冊を誇る、赤レンガづくりのモダンな図書館。定期講読する新聞・雑誌類は110種類にものぼり、広く明るい閲覧室、ブラウジングコーナーのほか、館内にはイングリッシュルームや視聴覚ホールなども併設されている。

柔道場、剣道場、テニスコート、野球場、25mプールなどのスポーツ施設も充実。とりわけ５層構造の４号館には、地下２階に176席が並ぶ食堂、地下１階～地上１階部分には1564人収容の大講堂、２・３階には公式試合もできる本格体育館がある。さらに、多目的ホール、実験室やコンピュータ教室、コミュニケーションスペースも各階に設けている最新設備の整った７階建ての１号館など、各種施設が充実している。

生徒と先生のコミュニケーションフロア

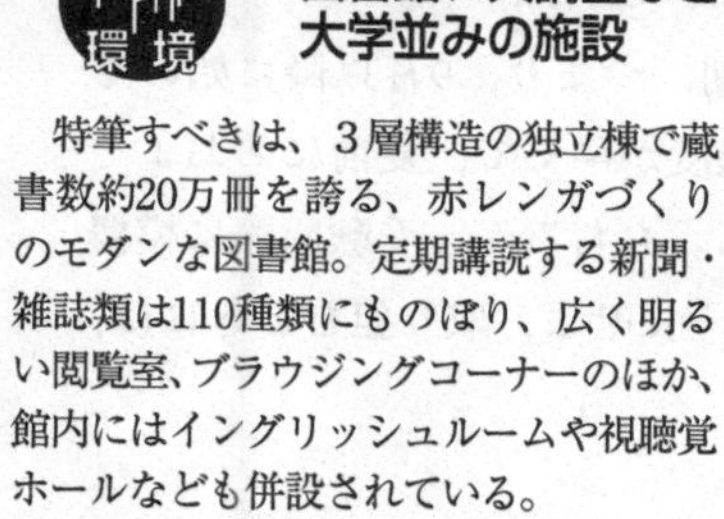

カリキュラム　独自の指導法で考える力を伸ばす

スーパーサイエンスハイスクール指定校にふさわしく、基礎学力の充実を図ると共に、論理的思考力を高める授業を展開する。また、実験やフィールドワークなど体験を重視した「プロジェクト・イン・サイエンス」などを行う。

そのほか、正規の授業以外に、大学レベルの授業を先取りできる多彩な特別授業・講座も開講されている。さらには簿記講座や英語検定ニュース時事能力検定の講座など、資格取得につながる実践的なものも開講されている。

また、夏休みを利用して、３週間の英国短期語学研修プログラムや国内外での研究旅行も実施している。

進学については、他大学も受験できる「他大学併願受験制度」を取り入れている。中大への推薦資格を保持したまま、国公立大学については制限なく、他私立大では中大にない学部・学科を併願受験できる。

学校生活　課外活動は生徒主体クラブ活動も盛ん

生徒たちの自慢は、本校の自由な校風で、体育祭や白門祭（文化祭）、合唱コンクールなども生徒が主体となって企画・運営するのが伝統となっている。また、古典芸能鑑賞教室や映画・演劇鑑賞会、コンサートなど、文化の香りに触れる機会も多い。

クラブ活動

クラブ活動は、自由参加にも関わらず、80％以上の生徒が加入している。ハンドボール部、サッカー部、アメリカンフットボール部などが盛んで、ライフル射撃部など珍しいものもある。

進路　中大目指して入学85～90%が中大に進む

新入生の入学動機は、中央大学への進学を目指して、という生徒が多く、推薦入学制度を利用して、実際に卒業生の85～90％が中央大学の各学部に進学する。その他の主な進学大学は、京都大、東京外語大、早稲田大、慶應義塾大、上智大、青山学院大、立教大、明治大、東京理科大、東京薬科大など。

2024年度入試要項

試験日　1/8（帰国生）　1/22（推薦）
2/10（一般）
試験科目　基礎（数・英）＋小論文（推薦）
国・数・英（一般・帰国生）

2024年度	募集定員	受験者数	合格者数	競争率
推薦	約80	286	100	2.9
一般	約120	711	204	3.5
帰国生	若干	58	21	2.8

過去問の効果的な使い方

① **はじめに**　入学試験対策に的を絞った学習をする場合に効果的に活用したいのが「過去問」です。なぜならば，志望校別の出題傾向や出題構成，出題数などを知ることによって学習計画が立てやすくなるからです。入学試験に合格するという目的を達成するためには，各教科ともに「何を」「いつまでに」やるかを決めて計画的に学習することが必要です。目標を定めて効率よく学習を進めるために過去問を大いに活用してください。また，塾に通われていたり，家庭教師のもとで学習されていたりする場合は，それぞれのカリキュラムによって，どの段階で，どのように過去問を活用するのかが異なるので，その先生方の指示にしたがって「過去問」を活用してください。

② **目的**　過去問学習の目的は，言うまでもなく，志望校に合格することです。どのような分野の問題が出題されているか，どのレベルか，出題の数は多めか，といった概要をまず把握し，それを基に学習計画を立ててください。また，近年の出題傾向を把握することによって，入学試験に対する自分なりの感触をつかむこともできます。

過去問に取り組むことで，実際の試験をイメージすることもできます。制限時間内にどの程度までできるか，今の段階でどのくらいの得点を得られるかということも確かめられます。それによって必要な学習量も見えてきますし，過去問に取り組む体験は試験当日の緊張を和らげることにも役立つでしょう。

③ **開始時期**　過去問への取り組みは，全分野の学習に目安のつく時期，つまり，9月以降に始めるのが一般的です。しかし，全体的な傾向をつかみたい場合や，学習進度が早くて，夏前におおよその学習を終えている場合には，7月，8月頃から始めてもかまいません。もちろん，受験間際に模擬テストのつもりでやってみるのもよいでしょう。ただ，どの時期に行うにせよ，取り組むときには，集中的に徹底して取り組むようにしましょう。

④ **活用法**　各年度の入試問題を全問マスターしようと思う必要はありません。できる限り多くの問題にあたって自信をつけることは必要ですが，重要なのは，志望校に合格するためには，どの問題が解けなければいけないのかを知ることです。問題を制限時間内にやってみる。解答で答え合わせをしてみる。間違えたりできなかったりしたところについては，解説をじっくり読んでみる。そうすることによって，本校の入試問題に取り組むことが今の自分にとって適当かどうかが，はっきりします。出題傾向を研究し，合否のポイントとなる重要な部分を見極めて，入学試験に必要な力を効率よく身につけてください。

数学

各都道府県の公立高校の入学試験問題は，中学数学のすべての分野から幅広く出題されます。内容的にも，基本的・典型的なものから思考力・応用力を必要とするものまでバランスよく構成されています。私立・国立高校では，中学数学のすべての分野から出題されることには変わりはありませんが，出題形式，難易度などに差があり，また，年度によっての出題分野の偏りもあります。公立高校を含め，ほとんどの学校で，前半は広い範囲からの基本的な小問群，後半はあるテーマに沿っての数問の小問を集めた大問という形での出題となっています。

まずは，単年度の問題を制限時間内にやってみてください。その後で，解答の答え合わせ，解説での研究に時間をかけて取り組んでください。前半の小問群，後半の大問の一部を合わせて50%以上の正解が得られそうなら多年度のものにも順次挑戦してみるとよいでしょう。

英語

英語の志望校対策としては，まず志望校の出題形式をしっかり把握しておくことが重要です。英語の問題は，大きく分けて，リスニング，発音・アクセント，文法，読解，英作文の5種類に分けられます。リスニング問題の有無(出題されるならば，どのような形式で出題されるか)，発音・アクセント問題の形式，文法問題の形式(語句補充，語句整序，正誤問題など)，英作文の有無(出題されるならば，和文英訳か，条件作文か，自由作文か) など，細かく具体的につかみましょう。読解問題では，物語文，エッセイ，論理的な文章，会話文などのジャンルのほかに，文章の長さも知っておきましょう。また，読解問題でも，文法を問う問題が多いか，内容を問う問題が多く出題されるか，といった傾向をおさえておくことも重要です。志望校で出題される問題の形式に慣れておけば，本番ですんなり問題に対応することができますし，読解問題で出題される文章の内容や量をつかんでおけば，読解問題対策の勉強として，どのような読解問題を多くこなせばよいかの指針になります。

最後に，英語の入試問題では，なんと言っても読解問題でどれだけ得点できるかが最大のポイントとなります。初めて見る長い文章をすらすらと読み解くのはたいへんなことですが，そのような力を身につけるには，リスニングも含めて，総合的に英語に慣れていくことが必要です。「急がば回れ」ということわざの通り，志望校対策を進める一方で，英語という言語の基本的な学習を地道に続けることも忘れないでください。

国語

国語は，出題文の種類，解答形式をまず確認しましょう。論理的な文章と文学的な文章のどちらが中心となっているか，あるいは，どちらも同じ比重で出題されているか，韻文(和歌・短歌・俳句・詩・漢詩)は出題されているか，独立問題として古文の出題はあるか，といった，文章の種類を確認し，学習の方向性を決めましょう。また，解答形式は，記号選択のみか，記述解答はどの程度あるか，記述は書き抜き程度か，要約や説明はあるか，といった点を確認し，記述力重視の傾向にある場合は，文章力に磨きをかけることを意識するとよいでしょう。さらに，知識問題はどの程度出題されているか，語句(ことわざ・慣用句など)，文法，文学史など，特に出題頻度の高い分野はないか，といったことを確認しましょう。出題頻度の高い分野については，集中的に学習することが必要です。読解問題の出題傾向については，脱語補充問題が多い，書き抜きで解答する言い換えの問題が多い，自分の言葉で説明する問題が多い，選択肢がよく練られている，といった傾向を把握したうえで，これらを意識して取り組むと解答力を高めることができます。「漢字」「語句・文法」「文学史」「現代文の読解問題」「古文」「韻文」と，出題ジャンルを分類して取り組むとよいでしょう。毎年出題されているジャンルがあるとわかった場合は，必ず正解できる力をつけられるよう意識して取り組み，得点力を高めましょう。

数学

出題傾向の分析と 合格への対策

●出題傾向と内容

推薦入試の出題数は，小問数にして12題。出題内容は，数・式の計算，方程式，関数，確率，図形など中学数学全範囲からの標準問題が中心となっている。

一般入試の問題数は大問が5題，小問数にして21題。[1]は数・式の計算，因数分解，方程式，関数，角度，数の性質などの小問群。[2]は数の性質と場合の数，[3]はデータの整理，[4]は空間図形の計量，[5]は図形と関数・グラフの融合問題であった。全体的に標準問題が多いが，考えにくい問題も出題された。

学習のポイント

計算問題は早く正確に解けるように。図形問題は補助線などをひき工夫して解くことができるよう応用問題を中心に学習しよう。

●2025年度の予想と対策

推薦入試は，来年度も出題傾向に大きな変化はないと思われる。基本問題から構成される独立した小問集合題である。日頃から計算力をつけ，早く正確に処理できるよう練習が必要である。

一般入試も出題傾向に大きな変化はないであろう。計算力だけではなく，思考力も含めた学力が要求される。図形，関数，確率の各分野から出題されているのでしっかりと取り組むことが必要である。数の性質に関する問題はやりにくいが，誘導形式の場合は前後の文をよく読んで考えよう。

▼年度別出題内容分類表……

※推薦をA，一般をBとする。

出題内容			2020年	2021年	2022年	2023年	2024年
数と式		数の性質	A	AB	B	B	B
数と式		数・式の計算	AB	AB	AB	AB	AB
数と式		因数分解	AB	AB	AB	AB	AB
数と式		平方根	AB	AB	AB	AB	AB
方程式・不等式		一次方程式	AB	AB	AB	A	AB
方程式・不等式		二次方程式	AB	AB	AB	AB	AB
方程式・不等式		不等式					
方程式・不等式		方程式・不等式の応用	B				
関数		一次関数	A	B	AB	AB	AB
関数		二乗に比例する関数	AB	AB	AB	AB	AB
関数		比例関数	B	A			B
関数		関数とグラフ	AB	AB	AB	AB	AB
関数		グラフの作成					
図形	平面図形	角度	AB	AB	AB	AB	AB
図形	平面図形	合同・相似	B	B	A		B
図形	平面図形	三平方の定理			A	AB	AB
図形	平面図形	円の性質	AB	A	AB	AB	AB
図形	空間図形	合同・相似	B				AB
図形	空間図形	三平方の定理	A		B		B
図形	空間図形	切断	B		B		
図形	計量	長さ	A	AB	AB		AB
図形	計量	面積	AB	AB	B	AB	B
図形	計量	体積	B	AB	A	A	AB
図形		証明					
図形		作図					
図形		動点			B		
統計		場合の数	A	A		A	
統計		確率	B	B	A		A
統計		統計・標本調査				B	B
融合問題		図形と関数・グラフ	AB	AB	AB	AB	AB
融合問題		図形と確率					
融合問題		関数・グラフと確率					
融合問題		その他					
その他					B	B	

英語　出題傾向の分析と合格への対策

●出題傾向と内容

本年度の推薦入試は語句選択補充問題，言い換え問題，対話文完成，要旨把握問題，長文読解問題，英作文問題の計6題であった。

一般入試はリスニング問題，長文読解問題2題，語句選択補充問題，言い換え問題，語句整序問題，英作文問題の計7題であった。長文読解問題では，資料読解を含む細かい内容理解を問う問題，文法問題も含まれる総合問題である。文章量，問題数ともボリュームがあり，出題レベルも高いため時間配分がカギとなる。文法問題は推薦・一般とも中学で学習する文法事項が幅広く出題されている。英作文では英語の総合力が求められている。

学習のポイント

速読速解の練習を十分行おう！　時間を決めて英文を読み，初読で内容をつかむ練習をくり返し行おう！

●2025年度の予想と対策

来年度もリスニング問題をはじめ，長文読解と多岐にわたる文法問題が予想される。

長文問題対策としては，語数の多い長文を読み，長文になれること。速読速解ができるよう，文法・語彙力も十分養っておこう。

文法問題の対策としては，教科書よりややレベルの高い問題集に取り組む必要がある。

リスニング問題対策としては，ラジオやCDなどを利用して，練習しておこう。

自由・条件英作文対策として，英語で日記を書くなど，日頃から英文を書く練習をすることが大切である。

▼年度別出題内容分類表 ……

※推薦をA，一般をBとする。

	出題内容	2020年	2021年	2022年	2023年	2024年
話し方・聞き方	単語の発音					
	アクセント					
	くぎり・強勢・抑揚		B			
	聞き取り・書き取り	B	B	B	B	B
語い	単語・熟語・慣用句	AB	AB	AB	AB	A
	同意語・反意語	A		B		
	同音異義語					
読解	英文和訳(記述・選択)					
	内容吟味	AB	AB	AB	AB	AB
	要旨把握	A	A	A	A	A
	語句解釈	A	AB	A	A	AB
	語句補充・選択	AB	A	AB	AB	AB
	段落・文整序					
	指示語	A	A	A	B	B
	会話文	B	B	B	B	B
文法・作文	和文英訳					
	語句補充・選択	AB	AB	AB	AB	AB
	語句整序	AB	B	AB	AB	AB
	正誤問題					
	言い換え・書き換え	AB	AB	AB	AB	AB
	英問英答		A			
	自由・条件英作文	AB	AB		AB	AB
文法事項	間接疑問文	AB	B	AB	AB	AB
	進行形		A			B
	助動詞		B	AB		A
	付加疑問文					
	感嘆文		B			
	不定詞	AB	AB	AB	AB	AB
	分詞・動名詞	AB	AB	AB	AB	AB
	比較	AB	AB	AB	AB	AB
	受動態	AB	B	AB	AB	AB
	現在完了	AB	AB	AB	A	AB
	前置詞	AB	A	AB	AB	AB
	接続詞	AB	AB	A	A	AB
	関係代名詞	AB		AB	AB	AB

中央大学附属高等学校

国語 出題傾向の分析と 合格への対策

●出題傾向と内容

本年度も現代文の読解問題2題の出題。出題文の種類としては，昨年度に引き続き，論理的文章と小説であった。論理的文章は長文だが，論旨を比較的つかみやすい内容であった。キーワードをとらえて文脈を追うことが大切だ。小説は長文であり，表現に充分注意して読む必要があるものだった。

論説文は，内容理解力，文脈把握力を試すもので，要旨を問う問題や脱語の補充などが出題された。小説は内容吟味・心情把握を中心に出題され，主題を問うものも出題された。細部や文脈を正確にとらえる力を試している。

学習のポイント

小説は，状況と心情の変化をつかもう。
論説文では，論の展開が把握できれば，あとは趣旨をおさえればよい。

●2025年度の予想と対策

例年論理的文章の読解問題が出題されているので，まずはその対策を立てておきたい。やや長めで難易度の高い問題文で応用力をつけよう。その際，文脈を丁寧におさえ，筆者の提示する話題と具体例およびその意見とを読み分けることが大切。

次に，文学的文章の読解練習もしておこう。その際は登場人物の心情や情景をつかむことに加え，主題もつかむようにすること。表現にも気を配るようにしよう。いずれの文章も本文のみならず，選択肢を正確に読むように普段から心がけるようにしよう。

文学史が出題されたこともあるので，これもチェックしておきたい。

▼年度別出題内容分類表 ……

		出題内容	2020年	2021年	2022年	2023年	2024年
内容の分類	読解	主題・表題	○	○	○	○	○
		大意・要旨	○	○	○	○	○
		情景・心情	○	○	○	○	○
		内容吟味	○	○	○	○	○
		文脈把握	○	○	○	○	○
		段落・文章構成					
		指示語の問題					
		接続語の問題			○		
		脱文・脱語補充	○	○	○	○	○
	漢字・語句	漢字の読み書き	○	○	○	○	○
		筆順・画数・部首					
		語句の意味					○
		同義語・対義語	○				
		熟語					
		ことわざ・慣用句		○	○		
	表現	短文作成					
		作文(自由・課題)					
		その他					
	文法	文と文節					
		品詞・用法					
		仮名遣い					
		敬語・その他					
	古文の口語訳						
	表現技法						
	文学史						
問題文の種類	散文	論説文・説明文	○	○	○	○	○
		記録文・報告文					
		小説・物語・伝記	○	○	○	○	○
		随筆・紀行・日記					
	韻文	詩					
		和歌(短歌)					
		俳句・川柳					
	古文						
	漢文・漢詩						

中央大学附属高等学校

2024年度 合否の鍵はこの問題だ!!

（一般）

数学 [1]（7），[4]（3），[5]

[1]（7） 10で割った余りは，元の数の一の位の数であることに気づきたい。

[4]（3） まず，球の半径を求めよう。次に，求める線分を含む平面を考える。

[5]（1） 別解として，直線ℓの式を$y=ax+2$とすると，2点A，Bのx座標は，方程式$x^2=ax+2$の解であるから，$x^2-ax-2=0$と$(x-t)(x+3t)=0$の係数を比べて，a，tの値を求めてもよい。

（2） CE：EDがわかれば，（1）と同様に考えればよい。

◎特別な難問はないが，注意深く問題を解いていくことが大切である。時間配分を考えながら，できるところから解いていこう。

英語 [Ⅶ]

[Ⅶ]は条件英作文問題である。英作文問題は配点が高めに設定されていることが多いため，最終問題の限られた時間でどれだけ得点できるかが合否を分けると推測される。

与えられている文の2文目が，This is because … に続けて書く指示となっているので，一番大事にしたいことの理由を端的に言わなくてはならない。その理由をきちんと述べられるもの，そして内容を膨らませて書けることを題材として選ぶことが大切である。スペルミスなく書ける単語や表現で伝えられるかどうかまで考えて選ぼう。

何かテーマを決め，その理由を述べる英文を書く練習は重ねてきていると思うが，よく使われる文の構成に There are two reasons. First, …. Second…. Finally…. と理由を連ねるものがあるが，ここではこのパターンは使えない。もう1つ理由を述べたい場合は，Another reason is ～.「もう1つの理由は…」を使うとよい。

理由を述べてから，For example, ….「たとえば…」と例えをいくつか挙げ内容を膨らませたり By doing so …「そうすることで…」などの表現を使い，それを大事にすることで結果としてどのような展開が期待できるかを述べて内容を膨らませてもよい。

英作文問題では，問題に即した内容であることは大前提だが，スペルミスや時制ミス，主語と動詞がないなど英文として成り立たないものは，内容にかかわらず減点の対象となる。いかに減点を少なくするかも大きなポイントとなる。さまざまなテーマで英文を書く練習を重ねてきたかどうかが得点の差となるので，50語程度の英文を書く練習を繰り返し行い備えよう。

国語 Ⅰ 問1 ⓑ

★ 合否を分けるポイント(この設問がなぜ合否を分けるのか？)

文章読解の問題だけでなく，基本的内容である漢字の読み書きも得点に結びつける必要があるため。

★ こう答えると「合格できない」！

(×) 葬失

→「葬儀・葬式」の「葬」と，「喪失」の「喪」を区別しておくこと。「葬」には，ほうむる，「喪」には，うしなう，という意味がある。

★ これで「合格」！

(○) 喪失

Ⅱ 問3

★ 合否を分けるポイント(この設問がなぜ合否を分けるのか？)

文章の内容を正しく読み取った上で，選択肢の文の細かい部分と照らし合わせながら検討し，正答を選ぶ必要があるため。

★ こう答えると「合格できない」！

(×) ロ

→選択肢の文の「自然とのふれあいを第一に思う父親」という内容は，文章中から読み取れない。よって誤り。

(×) ハ

→文章中に「ふいちゃんは五月生まれで」とはあるが，ももちゃんが五月生まれだとは書かれていない。よって選択肢の文の「五月生まれの子どもを持った」は誤り。

(×) ニ

→傍線③からもわかるように，ももちゃんの父は「五月」に特別な思いを抱いているが，それを選択肢の文のように，子どもの存在のかけがえの無さになぞらえて考えてはいない。よって誤り。

(×) ホ

→この場面では，ももちゃんの父の「五月」に対する特別な思いが書かれており，選択肢の文のように「ゆたかな自然」への思いが書かれているわけではない。よって誤り。

★ これで「合格」！

(○) イ

→傍線③の直後の段落の「寒い日は寒いし，暑い日は暑いし，知らぬ間にあちこち虫にも刺される。でも五月はただ外にいるだけで，ただ立っているだけでも気持ちいい」に，選択肢の文の内容が合致している。

2024年度

★★★★★★★★★★★★★★★★★★★★★★★★★★★

入　試　問　題

2024年度

中央大学附属高等学校入試問題（推薦）

【数　学】（30分）　＜満点：60点＞

【注意】 1．答の$\sqrt{\ }$の中はできるだけ簡単にしなさい。

2．円周率はπを用いなさい。

(1) $\frac{3}{128}x^2y^5 \div \left(-\frac{3}{2}x^2y\right)^3 \times \left(-\frac{8x^2}{y}\right)^2$ を計算しなさい。

(2) $\sqrt{27}(\sqrt{3}+\sqrt{2})-\sqrt{18}(\sqrt{2}-\sqrt{3})+\frac{24}{\sqrt{6}}$ を計算しなさい。

(3) $2x(y-3)^2-4x(3-y)-16x$ を因数分解しなさい。

(4) 連立方程式 $\begin{cases} \frac{x+y}{4}-\frac{x-3y}{3}=-1 \\ 2x-y=-5 \end{cases}$ を解きなさい

(5) 2次方程式 $(x+4)(x-4)-4x+25=(2x-1)^2-(x+3)(x-2)$ を解きなさい。

(6) 1個のさいころを2回投げるとき，1回目，2回目に出た目の数をそれぞれx，yとする。このとき，$x+y \leqq xy$となる確率を求めなさい。

(7) 図のように2つの円が2点D，Eで交わっている。CD＝DE，∠ABC＝100°，∠DFE＝50°であるとき，∠xの大きさを求めなさい。ただし，3点A，E，FならびにC，D，Fはそれぞれ一直線上にあるものとします。

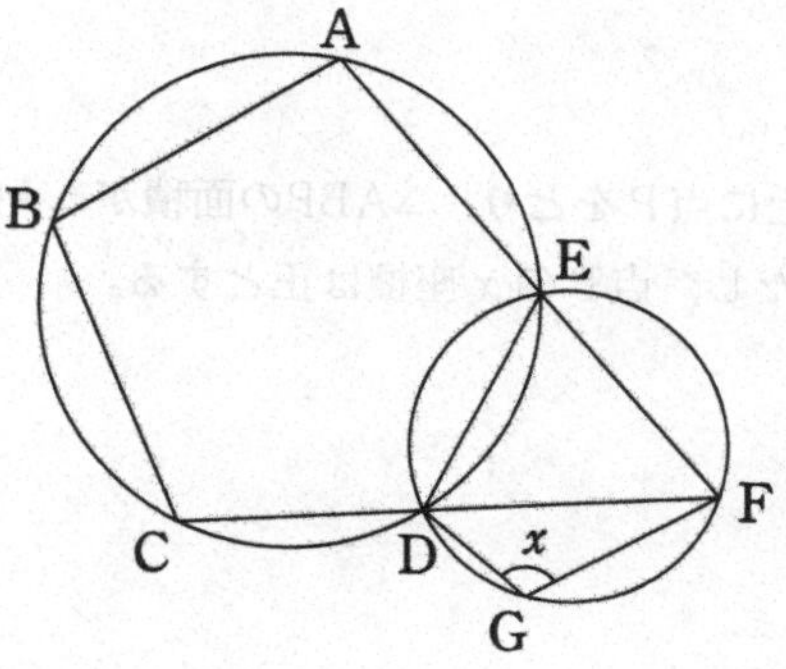

(8) 円錐《すい》を高さが3等分されるように底面に平行な平面で切り，3つの立体に分けた。真ん中の立体の体積が812πのとき，1番下の立体の体積を求めなさい。

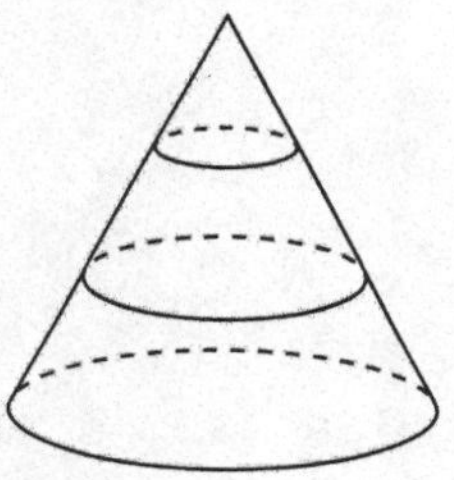

(9)　図のように，半径５の円Ｐ，Ｑは互いに接している。また，直線 l は，この２つの円に接し，円Ｒは，２つの円Ｐ，Ｑと直線 l に接している。このとき，円Ｒの半径を求めなさい。

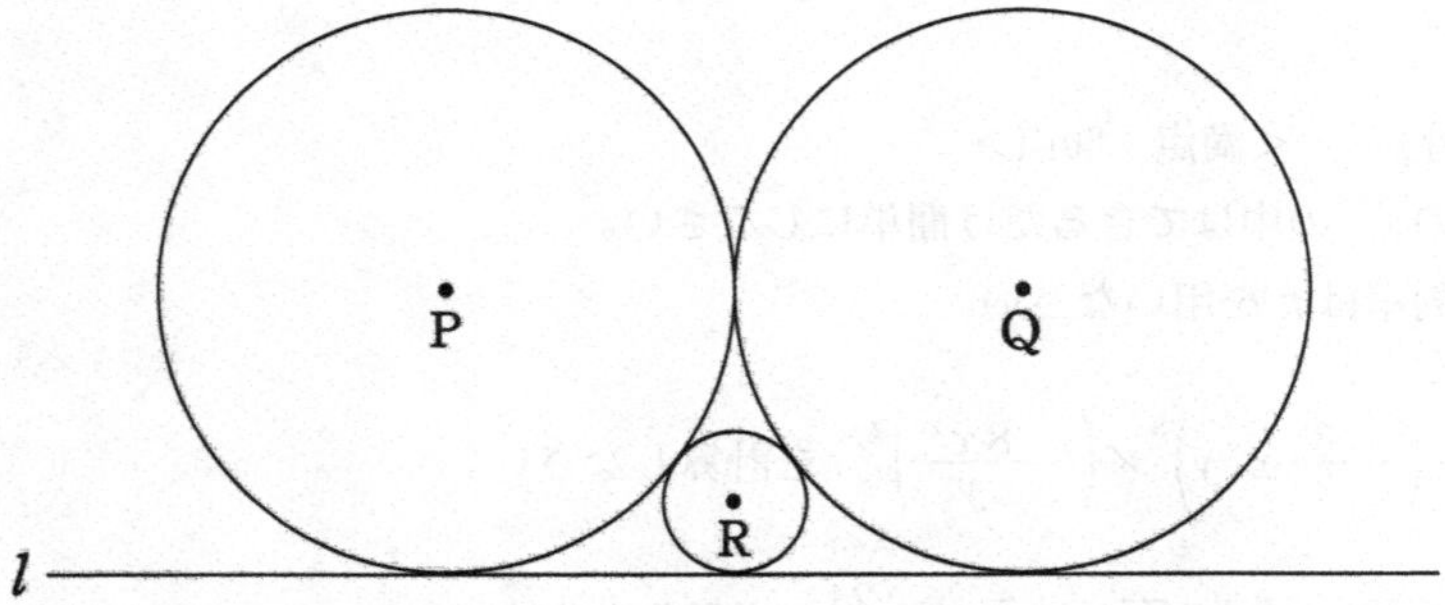

(10)　図のように，関数 $y = ax^2$ のグラフと直線 l は，２点Ａ，Ｂで交わり，Ａ，Ｂの x 座標はそれぞれ－２，４である。また，関数 $y = ax^2$ において，x の値が－２から４まで増加するとき，変化の割合は１である。

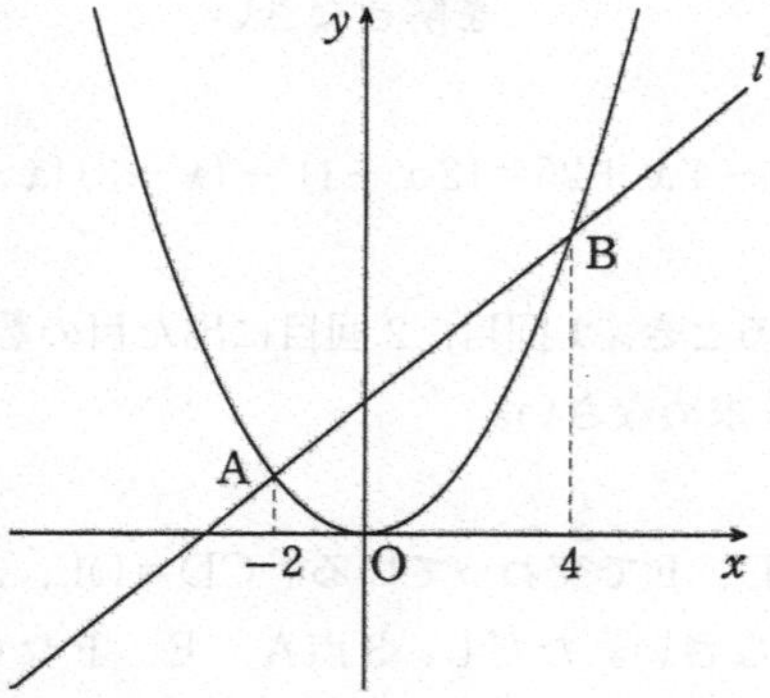

(ア)　a の値を求めなさい。

(イ)　直線 l の式を求めなさい。

(ウ)　関数 $y = ax^2$ のグラフ上に点Ｐをとり，△ABPの面積が△AOBの面積の５倍となるとき，点Ｐの座標を求めなさい。ただし，点Ｐの x 座標は正とする。

【英　語】（30分）　＜満点：60点＞

Ⅰ　次の（　）に入る最も適切な語(句)を１つずつ選び，記号で答えなさい。

1．I was spoken (　　) by a stranger on the street.
　あ．on　　い．with　　う．in　　え．to

2．Can you give us (　) bit more information?
　あ．few　　い．little　　う．a few　　え．a little

3．The children went to the park (　) soccer.
　あ．play　　い．plays　　う．to playing　　え．to play

4．(　) we climbed up the mountain, the air grew colder.
　あ．If　　い．As　　う．Even　　え．Though

5．I want a book to read on the plane. Could you lend me (　)?
　あ．it　　い．them　　う．one　　え．the one

6．Your story (　) be true. It sounds unbelievable.
　あ．may　　い．cannot　　う．will　　え．don't have to

7．Is there anything you (　) get you from the supermarket?
　あ．want to me　　い．to me want　　う．want me to　　え．to want me

8．These are the toys (　) with when I was a child.
　あ．who I play　　い．that I play
　う．who I played　　え．that I played

9．How about (　) in the sea tomorrow?
　あ．going swimming　　い．go to swim
　う．going to swimming　　え．go swimming

10．Eriko doesn't look happy. I wonder (　　) her so sad.
　あ．what made　　い．why made
　う．where made　　え．how made

Ⅱ　次の各組の文がほぼ同じ意味になるように，（　）に最も適切な語を入れたとき，（＊）に入る語を答えなさい。

1．My English is not as good as hers.
　Her English is (　＊　) than (　　).

2．This is my first visit to Japan.
　I've (　＊　)(　　) to Japan before.

3．My father drew a picture. It was beautiful.
　The picture (　＊　)(　　) my father was beautiful.

4．She decided to study in France for a year.
　She (　　) up her (　＊　). She was going to study in France for a year.

5．We had heavy rain last night.
　(　＊　)(　　) heavily last night.

Ⅲ 次の対話が完成するように，（　）に最も適切な語を入れたとき，（＊）に入る語を答えなさい。

1．A：How long has Lisa played the piano?
B：She has played the piano（ ＊ ）she（　）four years old.

2．A：What's（ ＊ ）? Are you all right?
B：I feel really sick.
A：Sorry to hear that. You should go to see a doctor.

3．A：（ ＊ ）（　）your trip to Okinawa?
B：Well, it was hot, but the beaches were really nice.

4．A：How many children does Mr. Sato have?
B：He has two daughters.（　）lives in Osaka, and the（ ＊ ）lives in Tokyo.

5．A：Oh no, I can't find my car keys. I probably lost them.
B：Really?（　）was careless（ ＊ ）you.

Ⅳ 次の２つの英文を読み，[　　]にあてはまる最も適切なものを１つずつ選び，記号で答えなさい。

［1］

Tommy John is one of the best-loved players in American baseball. In 1974, after an *injury to his arm, he was the first player ever to have an operation to replace the *ligament in his left arm. He replaced it with his healthy one from his right *wrist. After his operation, he went on to win 164 games, more than he did before science helped him to improve his performance. His "*bionic arm" helped him to win at least 20 games a season. He had one of the longest careers in baseball history, retiring at the age of 46, and is regarded by the public as a sporting hero. Since then, many Major League Baseball pitchers have had the same operation.

注 *injury 怪我　*ligament 靭帯（じんたい）　*wrist 手首　*bionic 超人的な

The passage is mainly about [　　].

あ．how Tommy John practiced to be a professional baseball player
い．why Tommy John had to have an operation on his right arm
う．what Tommy John did after retiring from professional baseball
え．how Tommy John became a sporting hero after an operation on his left arm

［2］

Recently, the food chain Whole Foods started selling imperfect foods. They call the items "produce with personality." They also said they would start selling *ugly produce in some of their stores. They are working with Imperfect Produce, a California company that sells and delivers ugly produce. Whole Foods plan to sell the imperfect items at lower prices.

"We have found that people care about food waste, and they are *open-minded about eating foods that look a little different," says Ben Simon, head of Imperfect Produce. He works directly with farmers to find *suppliers for fruits and vegetables that other stores won't buy.

Jordan Figueiredo, an anti-food waste *activist, posts funny photos of ugly produce on social media. He hopes more stores will sell less-than-perfect items. "We are throwing so much good food away," he says. "People need to understand how important this is."

注：*ugly　形の悪い　　*open-minded　心の広い　　*suppliers　卸売業者　*activist　活動家

The passage talks about [　　].

あ. why people shouldn't eat ugly foods
い. why people don't care about food waste
う. how Whole Foods started to sell imperfect foods
え. how Whole Foods are helping farmers who grow perfect vegetables

Ⅴ 次の英文を読み，あとの問いに答えなさい。

If you are a lazy person, don't worry — you might be able to blame your brain! At least, that's what the research suggests.

Being lazy doesn't just mean you take the elevator instead [X] the stairs. It can also mean the way you think and make decisions is "lazy." So, what can we do about it? How can we make our brains less lazy?

To understand why the brain wants to be lazy, we must understand how the brain works. The brain is very *complex, and it thinks in ① two different ways. The first way is the lazy way, and it is a good kind of lazy. It is the thinking that we use when we add [A]. It's the same lazy thinking that we use when we drive to school or work. We don't have to think about how to do it — we just do it! Scientists say we have thousands of these lazy thoughts every day. ② So, why does the brain like lazy decisions? When we do things fast and we don't have to think, we save energy. The brain and body are always trying to save energy. If we save energy, we have more of it, and more energy means we can *function better in the world. Think about how hard it is to think when we are tired or hungry. We make more mistakes because our brain is too tired.

In fact, research has shown that the brain is trying to save energy all the time. In an experiment at Simon Fraser University in Canada, ③ scientists wanted to test how good the brain was at saving energy. They asked nine volunteers to walk on a *treadmill. The volunteers naturally tried to save as much energy as possible. Then the scientists made it more difficult. They added weight at the knees. As a result, the volunteers' original pace was not the most *efficient anymore. They began to walk differently to save energy. The brain was saving energy in real time.

So, it is good that the brain is lazy because it saves energy. Sadly though, that's not the whole story. Sometimes lazy thinking can cause us problems.

For one, lazy thinkers usually believe things without any *proof. This means that they may accept that something is true even when it isn't. For example, let's say you meet someone new. They tell you, "I'm an honest person," and you believe them. But in reality, they lie to people, even their friends. Your lazy brain accepts that they are telling the truth. ④ You believe they are a good person because that was the ( ) thought.

Lazy thinkers can also make bad decisions. One research study showed that people [Y] lazy brains have made terrible decisions with money. This is because they didn't think too much about what they were doing; instead, they made quick decisions based on their feelings. They lost a lot of money. This is often because people [Y] lazy brains are too confident. They think they know everything when they don't.

So, how can people fight lazy thinking? Luckily, there is a way. Humans also have another kind of thinking. This is【call】"hard thinking," but it takes a lot more energy. Hard thinking is slower. It's the thinking that we use when we solve a difficult problem, like [B]. It's the kind of thinking that we use when we make more difficult decisions, like when we decide on the job we want or where to live.

When we use hard thinking, our bodies aren't happy because we have to use a lot more energy. This is why students get so tired after studying for a test. It's also why long conversations make people want to have a cup of coffee. They need the caffeine because they feel ⑤[あ. have い. don't う. like え. any お. they え. energy]. They're not using their lazy brain anymore.

The problem is that many of us don't use hard thinking enough, and that is what causes problems. So, the advice from scientists【be】to fight it. In other words, don't just accept everything you hear as true. Question it and ask yourself if it really makes sense or not. Don't be too confident about what you know because your first thoughts might be wrong, as they come from your lazy brain. Also, don't forget to take the stairs next time!

注：*complex 複雑な *function 機能する *treadmill ランニングマシン
*efficient 効率的な *proof 証拠

1．本文中の【call】,【be】を文脈に合うように直しなさい。ただし，語数は１語のままとする。

2．本文中の [X] に入る最も適切な語を１つ選び，記号で答えなさい。

あ．to い．before う．from え．of

3．本文中の [A] ，[B] に入る最も適切な組み合わせを１つ選び，記号で答えなさい。

あ．A：1＋2 B：3＋7 い．A：1＋1 B：17×24

う．A：183＋778 B：4÷2 え．A：167＋286 B：45×98

4．下線部① two different ways が指すものとして最も適切なものを１つ選び，記号で答えなさい。

あ．lazy brain and the body
い．using elevators and stairs
う．lazy thinking and hard thinking
え．making decisions and saving energy

5．下線部② So, why does the brain like lazy decisions? の答えとして最も適切なものを1つ選び，記号で答えなさい。
あ．人によって脳の大きさが異なるから。

い．脳はとても単純な構造をしているから。

う．脳は少しでも余力を残そうとするから。

え．学校や仕事に行くと脳が疲れてしまうから。

6．下線部③ scientists wanted to test how good the brain was at saving energy の意味として最も適切なものを1つ選び，記号で答えなさい。
あ．科学者たちは，脳がいかにうまくエネルギーを節約できるのかを検証したかった。

い．科学者たちは，脳がどの程度良質なエネルギーを溜め込めるのかを検証したかった。

う．科学者たちは，どのようなエネルギーが脳に良い影響を与えるのかを検証したかった。

え．科学者たちは，どのくらいの量のエネルギーが脳の活性化に必要なのかを検証したかった。

7．下線部④ You believe they are a good person because that was the (　) thought. の空所に入る最も適切なものを1つ選び，記号で答えなさい。
あ．easiest　い．hardest　う．most important　え．most interesting

8．本文中の Y に入る最も適切な語を1つ選び，記号で答えなさい。
あ．about　い．with　う．after　え．at

9．下線部⑤［あ．have　い．don't　う．like　え．any　お．they　え．energy］を意味が通るように並べ替えたとき，［　］内で**2番目**と**5番目**にくる語を記号で答えなさい。

10．本文中で用いられる "lazy" の意味として最も適切なものを1つ選び，記号で答えなさい。
あ．feeling scared　い．having no money
う．making a big effort　え．doing as little as possible

11．本文の内容と一致するものを1つ選び，記号で答えなさい。
あ．カナダのサイモンフレーザー大学では，被験者がひざに重りをつけて歩く実験が行われた。

い．初めて話す相手に対しても，脳は相手が嘘つきかどうかをいつでも見抜くことができる。

う．どこに住むかを決めるのはとても大変なことなので，なるべく短時間で決定するのが良い。

え．科学者たちは，私たちの多くが周囲の意見を信用していないことが問題だと考えている。

VI

友達とかかわるうえであなたが大事にしていることは何ですか。以下の英語に続けて書きなさい。さらに，それに対する理由や説明を，15語以上の英語で書きなさい。複数の文を書いても良い。なお，ピリオド，コンマなどの符号は語数に含めない。

(1) When I'm with my friends, I try to ＿＿＿＿＿.
（語数制限なし）

(2) 15語以上の英語

て、文化的な背景を意識するかどうか（郷土料理やクリスマスケーキ、おせち、エスニック料理）、単に空腹を満たすだけで何も考えていないのか、何をいつどのように食べるのかという単純な行為だけでも、さまざまな要素の組み合わせになっています。

　環境も自分も、それと意識しなければ分割されていない大きなひと塊の何かでしかありません。よく目を凝らすように意識を向けるからこそ、解像度があがり、それまでは意識されなかった細部がクローズアップされて、またさらに細かく深く理解する可能性がひらけていくことになります。読書は、環境や自分についての解像度をあげるのに役立ちます。

　環境や自分じしんを構成している諸要素と、それらの諸要素が互いに関係し合って構成されるネットワークは、それと意識されていない状態でも、つまりそれを知らない状態でも、存在してはいます。ひとが空を見上げるまでは意識されない星々のように、そこに存在しているのにもかかわらず、意識されないし知られてもいないのです。

【出典】永田希『再読だけが創造的な読書術である』（筑摩書房　二〇二三年）
一一二〜一一四ページ

【小論文】（六〇分）

【注意】
一、小論文用紙は、2枚配布されます。どちらか1枚を提出しなさい。
二、提出する小論文用紙の所定欄に、受験番号と氏名を記入しなさい。
三、提出する小論文用紙の冒頭にある所定欄に、〇印を付けなさい。

【問】 傍線部「よく目を凝らすように意識を向けるからこそ、解像度があがり、それまでは意識されなかった細部がクローズアップされて、またさらに細かく深く理解する可能性がひらけていくことになります」とありますが、どういうことですか。本文の内容を踏まえて説明してください。また、筆者の主張に対するあなたの考えを述べてください。なお、字数は六〇〇字とします。

【時間六〇分】

読書に限らず、現代に生きるわたしたちはえてして「新しいもの」をはじめとする刺激の強いものを求めがちです。しかしそれは環境に促されてそうしてしまっているだけかもしれません。自分は何を大事にしているのか、それを大事にしたい自分は何なのか、こういった問いをおろそかにしたまま強い刺激だけを追い求めていけば、行き着く先はバーンアウトに他ならないでしょう。

「己を知れば百戦あやうからず」という『孫子』の有名な一節があります。『孫子』は兵法書、つまり軍隊の運用のための指南書です。自分を取り巻く環境を知り、その環境のなかで自分は自分をどう運用しているのか、それが「己を知る」ということです。日々刻々と変化し続けるさまざまな要素が構成する「環境」というネットワークのなかに、また日々刻々と変化している要素の組み合わせとしての「自分」を見い出す。環境というネットワークと、自分というネットワーク、この二層のネットワークを動的に捉えるにはどうしたらいいのでしょうか。

自分を取り巻く環境を捉えるということは、自分の生活を構成しているさまざまな要素が互いにどのような関係を持っているのかを知ることです。自分をとりまく社会がどうなっているのか。なぜ、どのようにそのような社会になっているのか。あるいは、自分の生きている世界がどのような物理に支えられているのか。そういったことを知ることには、わかりやすく意味があります。

また自分が何をどのように考え、どのような空想をしているのかを知ること、あるいは自分の身体がどのようになっているのかを知ること、つまり自分を構成する要素と、それらの要素がどう組み合わされているのかを知ることは、自分を知ることです。

「環境」と「自分」は二つの層として捉えることができますが、さまざまな局面で接してもいます。何かを食べるとき、その食材はもしかしたら遠いどこか海外の産地で収穫されたもので、長い流通経路にのって届けられ、誰かの手で調理されたものかもしれません。そしてその産地での農業のあり方、流通網の仕組み、調理法それぞれにきっと歴史があります。そしてその食べ物を食べるとき、味覚が感じられ、栄養が摂取されます。そのときどきの体調によって、その経験は都度、異なったものとして経験されるでしょう。たったいま口にしたその食べ物につい

MEMO

大切なことはメモしておこうネ！

2024年度

中央大学附属高等学校入試問題（一般）

【数　学】（60分）　＜満点：100点＞

【注意】　1．答の$\sqrt{}$の中はできるだけ簡単にしなさい。

　　　　　2．円周率はπを用いなさい。

1　次の問いに答えなさい。

(1)　$\left(\dfrac{9y^2}{2x^3}\right)^2 \times \left\{-\left(-\dfrac{3}{2}x^2y\right)^2\right\}^3 \div \left(-\dfrac{9}{4}xy^2\right)^5$ を計算しなさい。

(2)　$\dfrac{2\sqrt{3}+6\sqrt{2}}{\sqrt{6}}-\dfrac{4+2\sqrt{2}+\sqrt{6}}{\sqrt{2}}-\dfrac{3-2\sqrt{3}}{\sqrt{3}}$ を計算しなさい。

(3)　$7a^2x^3y^3-42a^2x^2y^4+56a^2xy^5$ を因数分解しなさい。

(4)　連立方程式 $\begin{cases} \dfrac{2}{3}(x+1)-\dfrac{1}{2}(y+3)=\dfrac{1}{6} \\ (2x+3):(y+1)=3:1 \end{cases}$ を解きなさい。

(5)　2次方程式 $3(x+1)^2=2(x+1)(x-6)-(x+1)(x-1)$ を解きなさい。

(6)　図の円Oにおいて，$\angle x$の大きさを求めなさい。

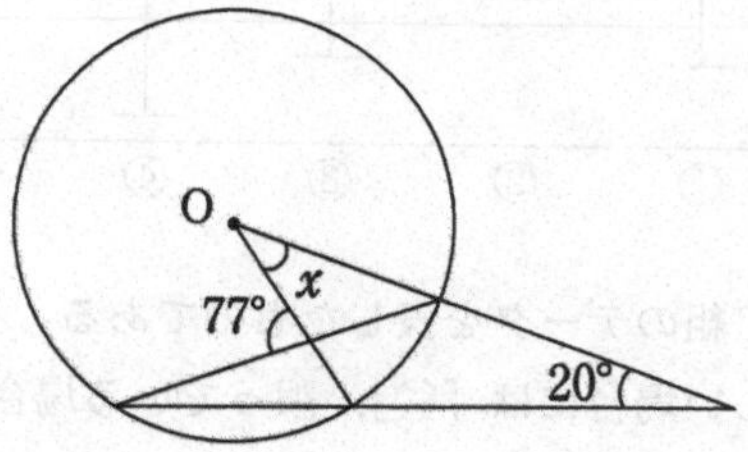

(7)　1963^{1963}を10で割った余りを求めなさい。

(8)　関数$y=\dfrac{24}{x}$のグラフ上に点A，Bがあり，x座標はそれぞれ12，－4である。原点をOとするとき，△OABと△PABの面積が等しくなるように点Pを関数$y=\dfrac{24}{x}$のグラフ上にとる。このとき，点Pの座標を求めなさい。ただし，点Pのx座標は－4より小さいものとする。

2　X＝abcとするとき，次の問いに答えなさい。ただし，a，b，cはすべて正の整数で，$a<b<c$であるとする。

(1)　X＝54となるa，b，cの組み合わせは何通りあるか求めなさい。

(2)　a，b，cの組み合わせが2通りとなる3桁の整数Xのうち，最小のものを求めなさい。

3　ある中学校の3年A組，B組，C組の生徒に対して，一年間で読んだ本の冊数を調査した。生徒数はどのクラスも40名である。次のページの表はA組の生徒の回答結果であり，この度数分布表の最頻値は70冊であった。

A組の回答結果

冊数(冊)	度数(人)
0 以上 ～ 20 未満	2
20 ～ 40	x
40 ～ 60	12
60 ～ 80	y
80 ～ 100	4
計	40

(1)　A組の生徒が読んだ本の冊数の平均値が最小となる x, y を求めなさい。

(2)　(1)で求めた x, y の組を，実際のA組の回答結果として扱う。A組のデータを箱ひげ図に表したものが次の①～⑤のいずれかであるとき，A組の箱ひげ図として最も適切なものを選びなさい。

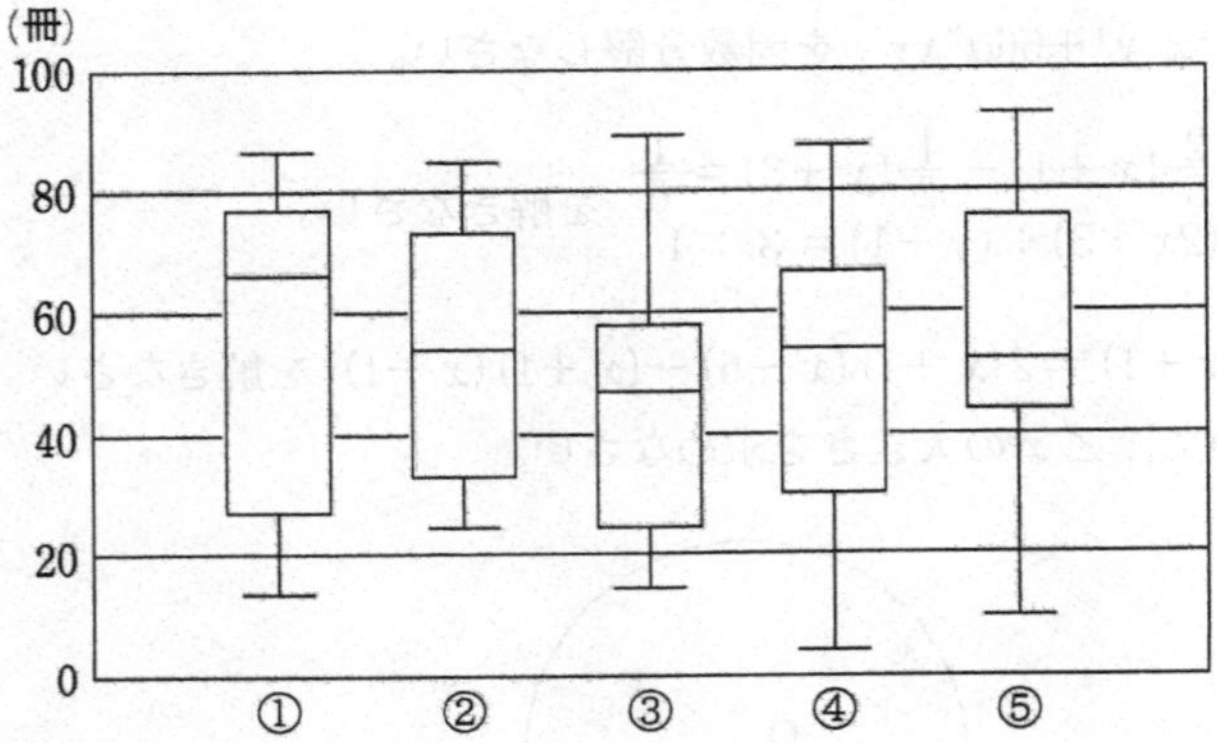

(3)　次の箱ひげ図は，B組，C組のデータを表したものである。
(ア)～(ウ)の文章について，正しい場合には「○」，誤っている場合には「×」をかきなさい。

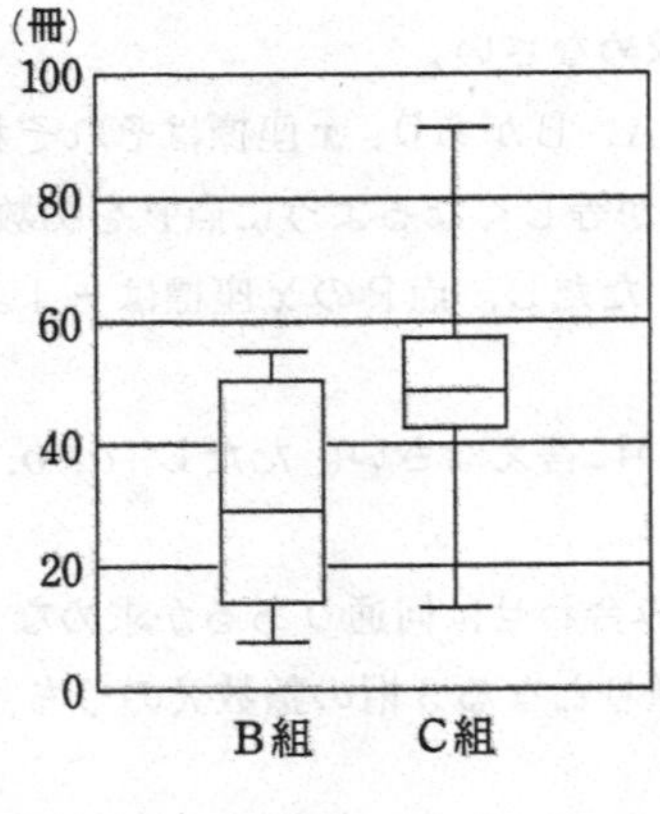

(ア)　3つのクラスを比較すると，中央値付近にデータが集まっているクラスほど，データの範囲は小さい。

(イ)　C組で本を20冊以上40冊未満読んだ生徒は，最大で9人いる。

(ウ)　A組のうち少なくとも25％の生徒は，B組のどの生徒よりも多くの本を読んでいる。

4　四角錐《すい》A－BCDEは，AB＝AC＝AD＝AE＝６，底面が１辺$3\sqrt{2}$の正方形であり，すべての頂点が点Oを中心とする球面上にある。

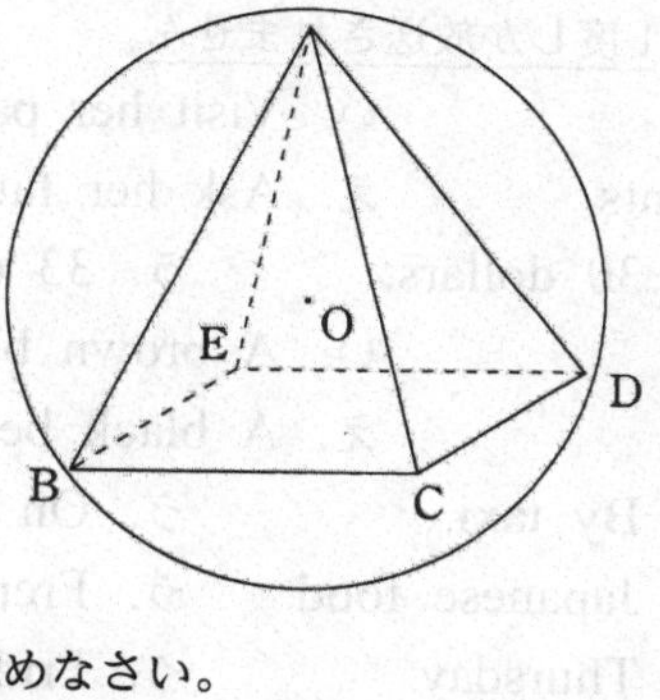

(1)　四角錐A－BCDEの体積を求めなさい。

(2)　△ABCの面積を求めなさい。

(3)　点Oから△ABCに下ろした垂線の長さを求めなさい。

5　図のように，関数$y=x^2$のグラフと直線lの交点をA，B，関数$y=x^2$のグラフと直線mの交点をC，D，直線l，mの交点をE（0，2）とする。AE：EB＝1：3のとき，次の問いに答えなさい。

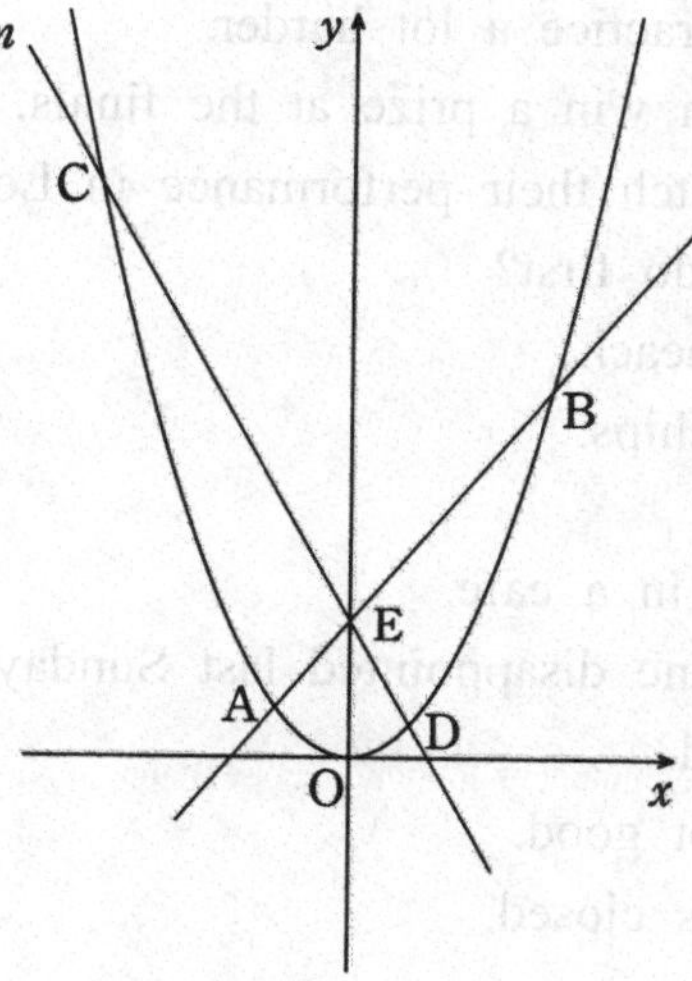

(1)　直線lの式を求めなさい。

(2)　△AECと△DEBの面積比が２：１のとき，

(ア)　点Dのx座標を求めなさい。

(イ)　直線mの式を求めなさい。

【英　語】（60分）＜満点：100点＞

Ⅰ　リスニング問題

(Part 1)

これから放送される対話を聞いて，それに続く質問に対する最も適切な答えを１つずつ選び，記号で答えなさい。対話と質問は１度しか放送されません。

1．あ．Go horse riding.　い．Visit her parent's farm.
　　う．Visit her grandparents.　え．Ask her father to join her.

2．あ．27 dollars.　い．30 dollars.　う．33 dollars.　え．36 dollars.

3．あ．A purple belt.　い．A brown belt.
　　う．A white belt.　え．A black belt.

4．あ．By bus.　い．By taxi.　う．On foot.　え．By train.

5．あ．Italian food.　い．Japanese food.　う．French food.　え．Chinese food.

6．あ．Today.　い．Thursday.　う．Friday.　え．Saturday.

(Part 2)

これから放送される英語を聞いて，以下の質問に対する最も適切な答えを１つずつ選び，記号で答えなさい。英語は１度しか放送されません。

7．What is one thing the speaker says to the chorus club members?
　あ．He thinks they were amazing, but they have played better before.
　い．He wants them to practice a lot harder.
　う．He believes they can win a prize at the finals.
　え．He can't wait to watch their performance in London next year.

8．What will the listeners do first?
　あ．Play sports on the beach.
　い．Eat some fish and chips.
　う．Do some shopping.
　え．Enjoy afternoon tea in a cafe.

9．Why were Steve and Jane disappointed last Sunday?
　あ．The park was closed.
　い．The weather was not good.
　う．The coffee shop was closed.
　え．They were too busy.

10. What is one thing we learn about Tom?
　あ．He scored two goals in the final.
　い．He is the captain of the soccer team.
　う．He is the coach of the soccer team.
　え．He will buy everyone dinner to celebrate.

※　リスニングテストの放送台本は非公表です

Ⅱ 次の英文を読んで，設問に答えなさい。

I pushed my cart like a zombie. After a long day working at a job that I didn't like, my day ended with a message from my boss telling me that he didn't need me anymore. No reason was given — just "goodbye." All I wanted to do was go to bed and cry. However, as the mother of a family of six, I knew that I needed to go home and prepare dinner. I *wiped the tears from my eyes and went to the supermarket.

I walked around trying to find some nice food for us ①[eat]. My cart had potatoes, carrots, and other food for a curry to make for my family when I returned home. I found some meat that looked good. As I picked it up, I saw something yellow under the meat. It was an *envelope that said, "Open me." So, I did. Inside, I found a small piece of paper with the words: "Everything is going to be okay. Just continue to be a good person. Keep strong, and you will be fine."

I began to cry. Somehow, the world was helping me after such a terrible day. I ran to the customer-service station with the note. "Did you write this?" I asked, showing them the piece of paper. The man behind the counter looked at me *blankly.

"Sorry, I have no idea what that is. Is there anything I can help you with? Only, we are closing soon," he said.

"Do you have an envelope and a piece of paper?" I asked in hopes of returning the *favor.

"No, sorry," he said, so I paid for my shopping and went home.

Waking up the next morning, I thought the letter was a dream. Then I went to my computer, and there it was — that bright yellow envelope. It did happen. The note was right. Everything was going to be okay. I was *inspired by the letter.

Quickly, I went on social media to share the story. People were ②[move], and comments of "I'm going to do that" filled my heart. I ran to the store to buy some envelopes and note cards. I wrote out a hundred *inspirational notes and told anyone who would listen that April was now national "make-a-stranger's-day" month. A woman on a mission, it felt good to think that I could help others. If only one of one hundred cards helped even one person, then it was worth doing.

Everywhere I went for the next month — stores, restaurants, parks — I left a note. I wanted to create the same positive energy for others. I once went to a restaurant and noticed I forgot my notes, so I asked the waitress for a pen and piece of paper. While I was there, I left a message in the bathroom. A few weeks later, when I went back to the restaurant, I found a note from a stranger saying, "Thank you."

I began speaking to my friends daily asking them, "Did you make a stranger's day?" The answer was usually "yes," and they happily told me about where they left a note, or how they paid for the coffee of the person behind them in line.

Within a few weeks, I started getting letters and comments from friends of friends who found "make-a-stranger's-day" notes, not just in my area, but all over the country. My heart was filled with joy as I listened to all the stories. I didn't start the kindness, but I was confident that I inspired others.

The month of April ended, and we all went back to our normal lives — now hopefully with a little more kindness toward each other. From time to time, I would still leave notes for strangers, but not as many as I did during that first month.

One day, my phone rang.

"Hi, Jodi. My name is Nancy," the voice said.

"Hi, Nancy," I answered, confused.

"I'm the woman who wrote that note in the store. I hope you don't mind my calling you. I got your number from my friend," her voice continued. She told me the color of the envelope, where it was and the message she wrote. It really was the person who left me the envelope! "I just had a feeling that someone needed some help that day," she finished. I started to cry as I thanked her for her kindness and told her how much it affected me. "I heard you wrote many envelopes yourself," she said.

"I just tried to copy your wonderful message and help others with the same idea," I said. "Personally, I can't wait until next April for 'make-a-stranger's-day' month. Let me know how I can help," she said. I put down my phone and smiled. I finally met the stranger who lifted me up when I was down. I was so happy we became friends.

Last Saturday, my daughter told me something interesting about her day. I was busy at home, so I sent my daughter to get a bag of rice. At the supermarket, the gentleman in front of her paid for it. "You didn't have to do that," she said, and she showed him that she had [③].

"Ah, it's nothing. Make a stranger's day, right?" he said as he walked away.

Then, my daughter used the money I gave her to buy the milk for the lady behind her. The woman looked confused. "You're welcome," my daughter said to her. "Just be sure that you take the time to make a stranger's day in the future." When I heard this story from my daughter, I was so proud. It seems that kindness is spreading.

注：*wipe　拭く　*envelope　封筒　*blankly　ぼんやりと　*favor　親切な行為
*inspire　激励する，発奮させる　*inspirational　心に響く

1．本文中の①[eat]，②[move] を文脈に合うように直しなさい。ただし，1語とは限らない。

2．本文中の［③］に入る1語を本文中から抜き出しなさい。

3．以下の各英文に関して，本文の内容に合うように，［　］に入る最も適切なものを1つずつ選び，記号で答えなさい。

＊The writer went to a supermarket because [1].

あ．her husband told her to go there to get a part-time job
い．she decided to change her job and start working there
う．she recently started working there as a part-time worker
え．she needed to buy some food to prepare a meal for her family

＊When the writer picked up some meat, she found [2] under it.

あ．some carrots　い．some spices　う．an envelope　え．a notebook

＊At the customer-service station, the man behind the counter [3].

あ．asked the writer to leave because he didn't want her to work there anymore
い．said he didn't know anything about the message, and the shop was closing soon
う．told the writer to go to a nearby store to get some envelopes and paper
え．told the writer that many people were talking about the envelopes

＊The next morning, the writer [4].

あ．realized that everything that happened the day before was just a dream
い．realized that she forgot to buy some envelopes and note cards
う．told her children about the envelope and the note
え．saw the envelope she found the day before near her computer

＊Later that morning, the writer [5].

あ．tried to find the person who left the envelope she found at the supermarket
い．searched on the internet to find some similar stories like hers
う．shared her story online about the things that happened the day before
え．bought a lot of envelopes and note cards from an online shop

＊After buying some envelopes and note cards, the writer [6].

あ．wrote kind words on them and started leaving them everywhere she went
い．asked her friends to send her more envelopes and note cards
う．asked her friends to find the person who left the envelope she found at the store
え．told her friends that August was now the national "make-a-stranger's-day" month

＊The writer left a note in the bathroom at a restaurant, and a few weeks later [7].

あ．a stranger called to say "thank you" to her
い．a waitress at the restaurant thanked her
う．one of her close friends found it and sent her an e-mail
え．she found a "thank you" note in the same restaurant

＊After the writer started to leave messages around town, she received [8].

あ. her friends' special "make-a-stranger's-day" cards

い. "make-a-stranger's-day" cards from many people she never met before

う. letters and comments about the "make-a-stranger's-day" cards found in many places

え. letters and comments from strangers who asked her to leave more cards

＊A woman named Nancy [9].

あ. was the writer's friend when they were very young

い. was a stranger who was unhappy because she couldn't find the writer's note

う. thanked the writer because she was happy to receive one of the writer's cards

え. wrote the card that inspired the writer to start the "make-a-stranger's-day" movement

＊When the writer's daughter went to get some rice, [10].

あ. a man in front of her paid for it, so she bought the milk for the woman behind her

い. the lady in the shop told her that she found one of the "make-a-stranger's-day" cards

う. she bought some milk instead, and gave the rice to the woman behind her

え. the woman behind her asked her not to buy the milk

[Ⅲ] 次の英文を読んで，設問に答えなさい。

The world is full (①) all kinds of data. In schools, for example, student grades are *recorded and turned into data. One student may score a 60 on a math test, another a 70, and someone else a 65. But just having those scores isn't very useful. Other information such as the *average score or how difficult the test was is useful. Many people are interested in that kind of information. Collecting a lot of data and making it helpful is called ② statistics.

The first step in statistics is collecting data. [A] Take a simple receipt, for example. When you buy something at a store, both you and the store get a receipt. Usually, people throw it away. But if you own the store, those receipts are like gold. They have very important data that can help your store make more money. By organizing each receipt and seeing what products people buy, you can find pairs of products that are often bought together. For example, in a convenience store, the most common pair of products bought together was fried chicken and beer. Look at the table below. It shows that there is an 80% chance that they are bought together. This is twice as high as the chance of people buying fried chicken and a snack. Surprisingly, tea and fried chicken were never bought together. This is what statistics is all about. If you are the store owner, ③ this information is really important. You can make plans to sell more fried chicken and beer, such as placing them closer to each other in the store or giving discounts when they are bought together. Another idea is to put up a poster of a famous actor holding both products.

	Fried chicken	(a)	(b)	(c)
Fried chicken		80%	40%	0%
(a)	80%		40%	0%
(b)	40%	40%		0%
(c)	0%	0%	0%	

The Percentage of Pairs of Products Which Were Bought Together at a Convenience Store

Here's another interesting example. In 1994, there was a sudden increase in foreign fish called *lake trout in Yellowstone Lake in the United States. This caused the number of other fish that were there to decrease. It was a big problem. To solve it, they needed to find out the lake trout population. However, counting each fish is almost impossible. So, they used a technique common in statistics. They caught some lake trout, marked them by cutting their *fins, and put them back into the lake. After some time, they caught more and checked the *proportion of marked ones. This gave an idea of the total lake trout population. For example, if they marked and released 10 lake trout and then found one marked lake trout among the next 10 they caught, it showed that around 10% of the lake trout were "marked." This meant there were around (④) lake trout in the lake. [B]

Some information is best understood when it can be seen, like through a graph. Look at the graph showing the number of deaths per 100,000 Japanese men based on age. A quick look shows peaks at both ends of the graph. A peak on the graph tells us a higher number of deaths at *certain ages. Interestingly, at the left end of the graph, you can see a large decrease in childhood deaths. Also, the peak on the (⑤) over the years. In the oldest data from 1947, the later peak is around 70 years old. By 2015, the peak has moved to the group of people 85 and over. Also, the shape of the line has changed: the data from 1947 has a kind of smooth line after 10 years old while the data from 2015 has a sharper shape. From this information, it's clear that society has changed. Before we could say "people die at different ages," but now we can say "(⑥)."

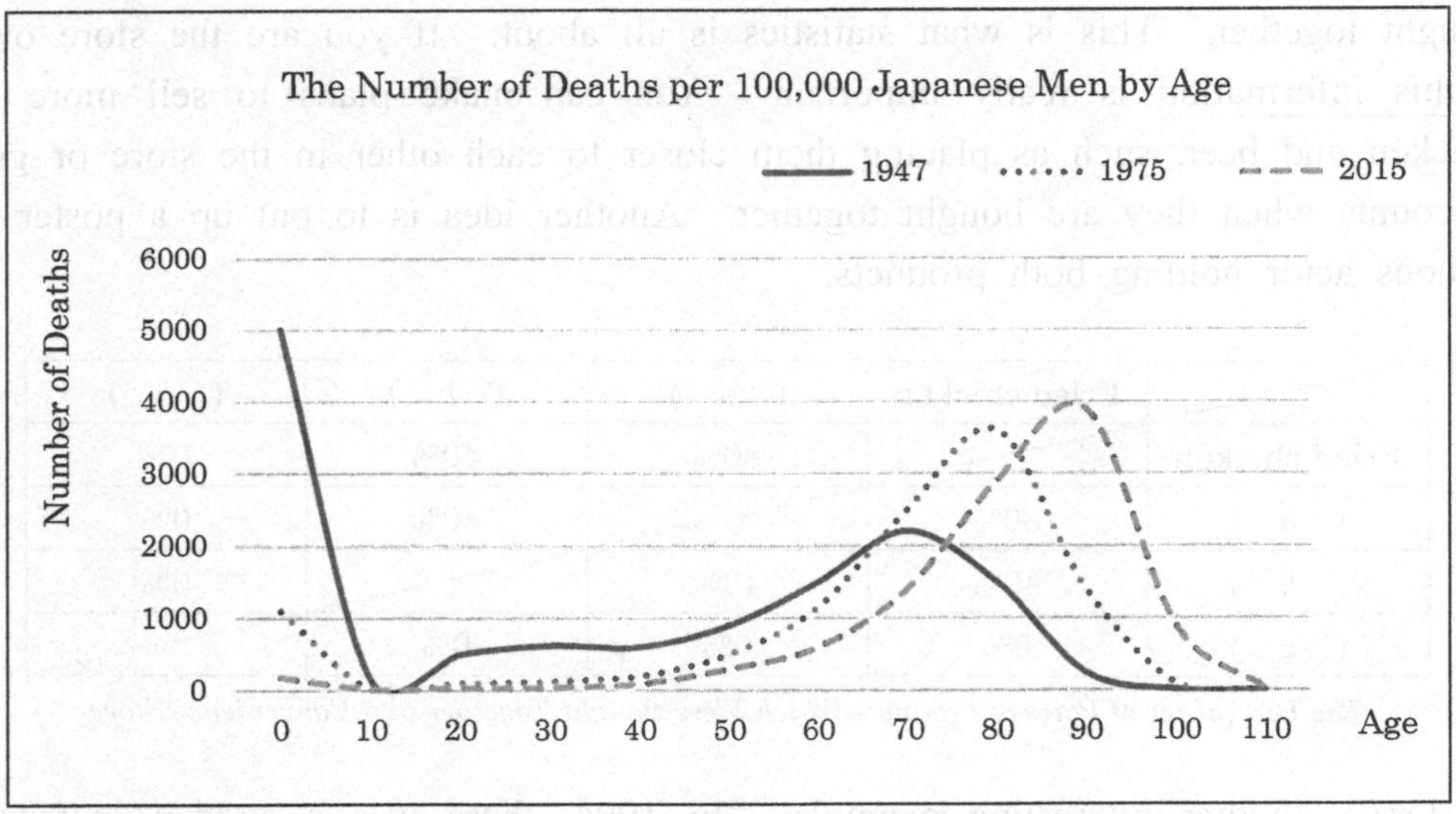

As explained above, statistics can be very useful. It can be a magic tool that makes our lives much easier and more convenient. However, we should be careful how we use statistics because if the data is not collected in the correct way, it can lead to incorrect results. ⑦“Garbage in, garbage out” is a famous saying in statistics. [C]

注：*record　～を記録する　*average score　平均点　*lake trout　レイクトラウト（魚の名前）
*fin　魚のひれ　*proportion　割合　*certain　特定の

1．空欄（①）に入る最も適切なものを選び，記号で答えなさい。

あ．in　い．by　う．with　え．of

2．下線部②statisticsの意味として，最も適切なものを本文から推測して選び，記号で答えなさい。

あ．計算　い．統計　う．成績　え．経営

3．空欄 [A] ～ [C] に入る最も適切なものを１つずつ選び，記号で答えなさい。ただし，記号はそれぞれ１度しか使えない。

あ．When we use statistics, we should check the data was collected in the correct way.

い．This data can be in places that you often don’t notice.

う．By using statistics in this way, you can easily get the information you want with little effort.

4．表の空欄（ａ）～（ｃ）に入る商品の組み合わせとして最も適切なものを選び，記号で答えなさい。

あ．ａ：ビール　ｂ：スナック　ｃ：お茶
い．ａ：お茶　ｂ：スナック　ｃ：ビール
う．ａ：スナック　ｂ：ビール　ｃ：お茶
え．ａ：ビール　ｂ：お茶　ｃ：スナック

5．下線部③this information の活用例として本文で述べられていないものを１つ選び，記号で答えなさい。

あ．一緒に販売したい２つの商品を持つ俳優のポスターを掲示する。

い．一緒に販売したい２つの商品の売り場を近くに配置する。

う．一緒に販売したい２つの商品の売り場を拡張する。

え．一緒に販売したい２つの商品をセットで割引する。

6．空欄(④)に入る数字として最も適切なものを選び，記号で答えなさい。

あ．10　　い．100　　う．1,000　　え．10,000

7．空欄(⑤)に入る最も適切なものを選び，記号で答えなさい。

あ．right has moved higher

い．right has not moved much

う．left has moved higher

え．left has not moved much

8．空欄(⑥)に入る最も適切なものを選び，記号で答えなさい。

あ．less people live longer lives

い．people die at younger ages

う．people die at various ages

え．more people live longer lives

9．下線部⑦"Garbage in, garbage out"の意味として最も適切なものを選び，記号で答えなさい。

あ．室内のゴミは室内のゴミ箱に捨て，室外のゴミは室外のゴミ箱に捨てる。

い．一見意味のないようなデータからでも，役に立つ情報が得られることがある。

う．収集方法に問題があるデータから得られる情報は，正しいとは言えない。

え．莫大な量のデータを分析して正しい情報を得るには，非常に時間がかかる。

10．本文および図表の内容と一致するものを１つ選び，記号で答えなさい。

あ．学校での生徒の成績は個人情報なので，非常に慎重に扱わなければならない。

い．家計簿をつける際に必要なので，レシートは捨てずに持っておいた方がよい。

う．レイクトラウトの数が分かれば，元から住む他の魚の数も計算することができる。

え．1947年のグラフは，他と比べて幅広い年代の男性が亡くなっていることを表している。

Ⅳ　次の（　）に入る最も適切な語(句)を１つずつ選び，記号で答えなさい。

1．He（　）for Osaka on vacation this coming Saturday.

あ．has left　　い．is leaving　　う．leave　　え．left

2．She was running late, so she was（　）there by her father.

あ．drive　　い．driving　　う．drove　　え．driven

3．I was listening to some music（　）I was doing my homework.

あ．while　　い．during　　う．which　　え．that

4．A：How（　）is your school from here?

B：It's about 2 kilometers.

あ．large　　い．often　　う．far　　え．long

5．It is very hot, so I would like to have (　　).
　あ．cold drink to something　　い．cold something to drink
　う．something cold to drink　　え．to drink cold something

Ⅴ　次の各組の文がほぼ同じ意味になるように(　)に最も適切な語を入れたとき，(＊)に入る語を答えなさい。

1．Time is the most important thing of all.
　(＊) is (　　) important than time.
2．If you don't hurry, you won't catch the bus.
　Hurry up, (＊) you will miss the bus.
3．Can I borrow your textbook, please?
　Will you please (＊)(　　) your textbook?
4．She wanted to buy the video game, but she didn't have enough money.
　The video game was (＊) expensive for her (　　) buy.
5．He left the room quietly.
　He went out of the room (＊)(　　) a noise.
6．Would you like to come with us?
　Would you like to (＊) us?

Ⅵ　(　)内のあ．～か．を並べかえ，意味の通る英文を完成させなさい。ただし，解答はそれぞれの [a]，[b] に入る記号のみ答えなさい。

1．I (____ [a] ____ ____ [b] ____).
　(あ．am　い．forward　う．with her　え．working　お．to　か．looking)
2．He is (____ [a] ____ ____ [b] ____).
　(あ．everyone　い．is　う．known　え．an actor　お．to　か．who)
3．Please (____ [a] ____ ____ ____ [b]) me.
　(あ．father　い．your　う．say　え．for　お．to　か．hello)
4．The population of (____ [a] ____ ____ ____ [b]) of Japan.
　(あ．is　い．than　う．much　え．that　お．smaller　か．Australia)
5．Can you imagine (____ [a] ____ ____ ____ [b])?
　(あ．the next　い．what　う．like　え．will　お．year　か．be)

Ⅶ　あなたが高校生になった時，日々の生活の中で，何が一番大事になると考えますか。以下の英文が完成するように，最初の下線部に最も大事だと考えること・ものを1つ挙げ，さらになぜそう考えるのか，その理由と具体的な説明を書きなさい。

＊最初の下線部の語数は問わないが，理由と説明については40～50語の英語で答え，**解答用紙のマス目ごとに1単語ずつ記入**すること。なお，ピリオド，コンマなどの符号は語数に含めない。

　I think ________________ will be the most important thing for me when I become a high school student.　This is because …

40～50語

I can't wait to start in April.

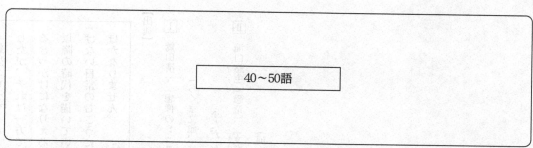

新型コロナウイルスは人々のなにげない日常を奪ってしまいましたが、それは一方で、日常におけるかけがえのなさを気づかせるきっかけになりえるでしょう。この物語が新型コロナウイルス以降の時代を描いていると言えるのはなによりこの物語が、なにげない日常のむこうにあるかけがえなさに目を向けているからにほかなりません。

【出典】

Ⅰ 鷲田清一『想像のレッスン』
（ちくま文庫、二〇一九年）一八頁～二一頁、一五七頁～一六三頁
※ただし、問題作成の都合上、一部省略したところがある。

Ⅱ 滝口悠生「恐竜」、『文藝《ぶんげい》』
（河出書房新社、二〇二三年秋号）三八九頁～三九六頁

(イ) 子どもなりの大切な時間
(ロ) はてしない宇宙の広がり
(ハ) 才能豊かな子どもの発想
(ニ) 単なる子どもの気まぐれ
(ホ) 自分を言いくるめようとするもの
(ヘ) この世界に生きているという実感
(ト) 大事な存在をいたわるニュアンス
(チ) たくさんの勉強によって得たもの

【問11】 傍線⑬「さっさと保育室に向かって歩いていった」とありますが、これに関する次の説明文を読んで、(1)～(4)について適当なものを選び、それぞれ符号で答えなさい。

この物語は、ふたりの子どもが保育室に入るまでを描いたものです。その意味では、ある一日の日常的な風景を切り取ったものだと言えます。しかし、その日常的な風景こそがゆたかな世界を彩っているのです。たとえば、ももちゃんは最近「本当に」という言葉をよく使います。そのときの「タメを利かせた芝居がかった言い方」は、ふいちゃんにも見られるものです。ももちゃんの父はこのとき、娘たちによる「本当に」という言い方のむこうに、

(1)
(イ) あらゆるものをお互いに受け渡すような
(ロ) お互いに励まし合って学んでいくような
(ハ) 流行りのものをお互いに見せ合うような

保育園内の交流を見ています。

あるいは、ふいちゃんの父は、娘が自分に向けた「長生きしてね」という言葉のむこうに、

(2)
(ニ) 自分自身が父親に抱いていた気持ち
(ホ) 父親が育児をする人に向けた気持ち
(ヘ) 妻が自分の父親を思いやった気持ち

と同じものを見ます。

このときの娘の言葉はなにげないものかもしれませんが、ふいちゃんの父は、この言葉をかけられたときのことを「結構忘れがたい瞬間だった」と振り返っています。その背後には、自分の父親とのあいだにあった「確執や幾度かの衝突」、その後の「雪解け」といった経験も含まれているでしょう。

さて、道路に寝たまま動こうとしないふいちゃんは空のむこうになにを見ているのでしょうか。ふいちゃんは一見すると保育園に行きたくなくて駄々《だだ》をこねているようにも見えますが、その実、

(3)
(ト) 大人に対して反抗する姿勢を示しているのです
(チ) 空を見続ける理由をしっかり持っているのです
(リ) なにも考えず感情のままに行動しているのです

。

その後、遅番だった保育士のゆみさんに声をかけられると、ふいちゃんはすっと園内に入って行きます。こうして子どもたちが保育園に引き渡されるまでの物語はあっさりと閉じられます。

この物語は、おそらく時間にしたら一～二時間ほどのなにげない日常の一幕です。しかし、その言動のひとつひとつには、

(4)
(ヌ) 子どもにしか解けない重大な謎が隠されています
(ル) さまざまな人の記憶や感情が折り重なっています
(ヲ) 日常のなかに潜む幻想的な世界が描かれています

。

【問8】 傍線⑦「自分」、⑧「娘」、⑨「父親」、⑩「このひと」は、それぞれ誰を指していますか。適当なものを次の中から選び、(イ)～(ヘ)の符号で答えなさい。

(イ) ももちゃん
(ロ) ももちゃんの父
(ハ) ももちゃんの祖父
(ニ) ふいちゃん
(ホ) ふいちゃんの父
(ヘ) ふいちゃんの祖父

【問9】 傍線⑪「たしかに二億年前に地球上に現れてやがて絶滅した、なんてそんな話をどう説明したらいいのか本当のところはわからない」とありますが、どういうことですか。最も適当なものを次の中から選び、(イ)～(ホ)の符号で答えなさい。

(イ) 恐竜が絶滅したのはあまりにも昔の出来事であり、まだ二年しか生きていない娘にそのことを実感してもらう術はなかなか見つからない、ということ。
(ロ) 絶滅したときの恐竜の気持ちを表現できない以上、恐竜はすでに絶滅してしまったという事実を娘に伝えても納得してもらえないだろう、ということ。
(ハ) 恐竜が絶滅した理由についていちおう説明することはできるが、その説明は難しすぎて二歳の娘に理解できるものとはとうてい思えない、ということ。
(ニ) 高い空を見上げながら恐竜の名前を唱え続けている娘を見ていたら、本当にこの広い宇宙のどこかの星に恐竜が住んでいる気がしてきた、ということ。
(ホ) 恐竜はすでに絶滅したなんてどこかで聞きかじってきた説明は、いままさに恐竜の存在を感じている娘に対して説得力をもたないだろう、ということ。

【問10】 傍線⑫「今日は一日ここでこうしている、ここで恐竜を見ている、とふいちゃんは思った」とありますが、これに関する次の説明文の空欄a～dに当てはまるものを後の選択肢からそれぞれ選び、(イ)～(チ)の符号で答えなさい。

ふいちゃんは空を見上げながら恐竜に長生きしてほしいと語りますが、この「長生きしてほしい」という言葉は、ふいちゃん一家が実家を訪ねたときに、ふいちゃんが耳にした「長生きしてね」という言葉から来ていると言えます。実家の父を訪ねるこの場面を振り返ったとき、ふいちゃんのこの言葉には［ a ］が含まれている、と考えることができるでしょう。さて、そんなふいちゃんからしたら、親たちによる恐竜はもういないという言葉は、いかにも［ b ］に思えます。ましてや、恐竜たちが二歳組の部屋で遊んでいたなどというももちゃんのお父さんの言葉は、あまりにも見え透いた嘘だと感じられます。

大人というのは、子どもがおこなうことに対し、たとえそれが本人にとって切実なものであっても、［ c ］にしか捉えないようなところがあるかもしれません。でも、子どものほうは［ d ］を過ごしているはずなのです。このときのふいちゃんがそうであったように。

【問5】 傍線⑤「彼らの三年間の見えない苦労と努力がネガのように一瞬反転してその光景に現れた気がした」とありますが、どういうことですか。最も適当なものを次の中から選び、(イ)～(ホ)の符号で答えなさい。

(イ) 保育士がマスクを外す光景は、これまでマスクの着用を強いられてきた彼らの苦労が、一瞬のうちに努力の成果として認められたことを示すようであった、ということ。

(ロ) マスクを外した保育士の顔に、これまで表情を隠したまま子どもと接しなければならなかった彼らの困難と、そのなかでおこなってきた工夫を見出《みいだ》した、ということ。

(ハ) マスクを外した保育士の顔を見たとき、彼らが続けてきた苦労と努力が一瞬にして否定されてしまったように感じ、彼らの顔を見続けるのがつらかった、ということ。

(ニ) 保育士がマスクを外すことには抵抗感もあったが、マスクを付けたときの彼らの試行錯誤を想像したら、抵抗感を覚えること自体が失礼だと気がついた、ということ。

(ホ) マスクを外した保育士の顔がいつも思い描いていた顔と違ったため、彼らに一瞬だけ否定的な感情を抱いたものの、そのような感情はすぐになくなった、ということ。

【問6】 空欄Ａ～Ｄに当てはまる言葉を次の中からそれぞれ選び、(イ)～(ニ)の符号で答えなさい。

(イ) マスクの下にあるはずと思い込んでいた顔たち

(ロ) はじめは戸惑った誰彼の素顔

(ハ) 目に見えるひとの顔

(ニ) マスクを外した顔

【問7】 傍線⑥「その日のふたりの話はやけに盛り上がって、あとから思い返すとちょっと過剰なほどに互いに共感を表明し、日頃の奮闘を称《たた》え合った」とありますが、これに関する次の説明文の空欄ａ～ｄに当てはまるものを後の選択肢からそれぞれ選び、(イ)～(チ)の符号で答えなさい。

> ももちゃんの父とふいちゃんの父は、この場面において、［ a ］を通して互いに共感を表明しています。そこにはもちろん、同じ道を辿《たど》ってきたという［ b ］もあったでしょう。他方、ももちゃんの父は、この過剰な共感について、子どもが生まれてからここまで［ c ］を控えていたことへの反動もあっただろう、と振り返っています。だとすれば、ももちゃんの父とふいちゃんの父におけるこのときの盛り上がりには、［ d ］に対する晴れやかな気持ちも混じっていたのかもしれません。

(イ) 感染症対策が緩和されてきたこと

(ロ) 家族や保育園に対する愚痴や不満

(ハ) 仕事以外の個人的な趣味や楽しみ

(ニ) はじめての子育てに関する苦労話

(ホ) 子どもが秘めている無限の可能性

(ヘ) 他者との気の置けない語らいや交流

(ト) 家族にも話せないような悩みの相談

(チ) 同じ年頃の子を持つ親同士の仲間意識

(ニ)　ふいちゃんの機嫌が悪くなってしまったら、預かってくれる保育園に迷惑がかかる、ということ。

(ホ)　保育園に行くことを無理強いしてしまっては、結局ふいちゃんのためにはならない、ということ。

【問3】　傍線③「ただ気持ちいいだけじゃなく、ありがたい気持ちになるのだ」とありますが、なぜですか。最も適当なものを次の中から選び、(イ)～(ホ)の符号で答えなさい。

(イ)　虫さされや気温の心配のない五月は、子どもを持つ親にとって実際に負担が軽くなる時期だから。

(ロ)　自然とのふれあいを第一に思う父親は、五月を子どもが屋外で遊べる貴重な季節だと考えたから。

(ハ)　五月生まれの子どもを持ったことにより、毎年屋外で誕生日のお祝いができるようになったから。

(ニ)　五月の気候が他の季節に代えがたいように、子どもの存在をかけがえのないものだと感じたから。

(ホ)　実際に子どもを育てる立場になったことで、ゆたかな自然に対して感謝できるようになったから。

【問4】　傍線④「そうなんですよね、とふいちゃんのお父さんは言った」とありますが、これに関する次の説明文の空欄a～dに当てはまるものを後の選択肢からそれぞれ選び、(イ)～(チ)の符号で答えなさい。

　ここまで読み進めて、「この物語、ちょっと読みにくいな……」と思った人がいるかもしれません。人間関係やストーリーがそれほど複雑というわけでもないのに、なぜそのように感じるのでしょうか。少し考えてみましょう。

　この物語は、冒頭からももちゃんの父の［　a　］が語られるかたちで進んでいきます。しかし、ふいに挿《はさ》まれる「そうなんですよね、とふいちゃんのお父さんは言った」という一節は、ももちゃんの父がこのとき、実はふいちゃんの父と［　b　］をしていたことをあきらかにします。あるいは別の場面では、目のまえで起きたことを語っていたはずのももちゃんの父が、いつのまにかコロナ禍の三年間の経験について［　c　］を始めている、なんてこともあります。さらに、ももちゃんの父の［　d　］から見たもの・聞いたものが語られていると思いきや、それが唐突にふいちゃんの父のものに切り替わっている、ということもあります。このように、この物語に対しては、いつ／誰が／どのように語っているか、といったことが曖昧にされている、という特徴が指摘できます。この物語に読みにくさがあるとすれば、それは以上のような特徴に起因するのでしょう。

　しかし、よく考えてみれば、わたしたちの日常生活において、急になにかを思い出したり、話しながら話題がどんどん逸《そ》れていったり、ということは頻繁に起こっています。だとすれば、この物語はむしろ、そんなわたしたちのありようを精確に反映しているとも言えるのです。

(イ)　回想　　(ロ)　会話　　(ハ)　視点　　(ニ)　時間

(ホ)　創作　　(ヘ)　対立　　(ト)　多様　　(チ)　内心

あ、プテラノドンも見えた。宇宙も、恐竜のいる星もずっと見ているとだんだん見えてくる。いるいる、ティラノサウルスもいるし、ブラキオサウルスも、ステゴサウルスもいる。本当にいる。本当に見える。恐竜に長生きしてほしい。

空高くを見つめ続けながら恐竜の名前を唱えはじめた娘の横にしゃがみこんで、ふいちゃんのお父さんは、⑪たしかに二億年前に地球上に現れてやがて絶滅した、なんてそんな話をどう説明したらいいのか本当のところはわからない、と思った。

イグアノドン。

いるいる。いたよ。

トリケラトプス。

トリケラトプスもいた、二歳組の部屋に来てた。

アンキロサウルス。

いたいた。二歳組の部屋で遊んでた。だから行ってみなよ。

ももちゃんのお父さんがいい加減なことばかり言ってくるが、保育園には恐竜はいない。保育園に恐竜がいたら大変なことだ。そんなこともわからないのか。そんなこともわからないと思っているのか。空の向こうにいるのが、やっと見えたところだ。いまここから動いたら見えなくなりそうだから。⑫今日は一日ここでこうしている、ここで恐竜を見ている、とふいちゃんは思った。

しかし、今日は遅番だったらしい保育士のゆみさんが通勤してきて、ふいちゃんおはよう、一緒に行こう、と声をかけるとふいちゃんはさっきまでの膠着《こうちゃく》状態が嘘のようにすっと立ち上がってお父さんを顧みることもなく玄関から園内に入っていき、⑬さっさと保育室に向かって歩いていった。ふいちゃんのお父さんはももちゃんの父親に、すいませんじゃあまた、と会釈をするとふいちゃんを追いかけて玄関に向かった。

【問1】傍線①「今日は上々の部類」とありますが、どういうことですか。最も適当なものを次の中から選び、(イ)～(ホ)の符号で答えなさい。

(イ) 冷静さを失って暴れまわっている娘だが、ほかの友達に危害を加えるほどではない、ということ。

(ロ) 普段は内気な性格だと言われている娘が、今日は友達が遊んでいる輪に入っていった、ということ。

(ハ) 今日の娘は、父親の言うことこそ無視するが、保育士の言うことには素直に従っている、ということ。

(ニ) 娘はぐるぐるまわっているが、それでも普段に比べたら今日の振る舞いはまだいいほうだ、ということ。

(ホ) いつも機嫌の悪い娘だが、今日は上等な海苔巻きを手にしているので、なかなか機嫌が良い、ということ。

【問2】傍線②「ここで怒ってさらに機嫌をこじらせたり泣き出したりしても事態は好転しない」とありますが、どういうことですか。最も適当なものを次の中から選び、(イ)～(ホ)の符号で答えなさい。

(イ) 親の考えを一方的にぶつけてしまえば、ふいちゃんの気持ちが蔑《ないがし》ろにされてしまう、ということ。

(ロ) ふいちゃんの気分が害されてしまえば、保育園への引き渡しはますます難しくなる、ということ。

(ハ) ふいちゃんに不信感を持たれてしまうと、いっそう今後の子育てに苦労してしまう、ということ。

ている。子どもだけでなく、保育園が好きなのかもしれない。たぶん一年くらい前、娘たちが一歳組にあがって、同じ組の子どもが一気に増えた頃だが、ももちゃんの父親は子どもを預け入れたあと、あとから登園してくる子どもや保育室の外を通りかかる子どもと遊び続けてしまい、なかなか帰らないので保育園からやんわり注意を受けているのも見たことがあった。感染症対策がいまより厳しく、送迎時の滞在時間もできるだけ短くするように言われていたし、体面上は子どもを預けたあとは就業時間になるわけなので、保育園でのんびりしていてはまずいわけだ。

今朝の娘は保育園まではいつもと変わらず来たのだが、恐竜を見たいと言うのに、恐竜はいない、と応えたのが失敗だった。同じやりとりはこれまでにも繰り返されたことがあり娘は恐竜が大昔に絶滅した話を聞くと、恐竜はいる！　と主張してときに激怒し、ときに泣《な》き喚《わめ》き、今日の場合は道路に寝そべって登園拒否の姿勢をとったのだった。いつからこんなに恐竜が好きになったのかもうよく思い出せないが、日に日に娘が口にする恐竜の名前は増え、どこで覚えてくるのか親の自分も聞いたことがないような名前もあり、適当に言っているのかと思って調べてみるとちゃんと実在する名前で、図鑑を見てはいっけんどれがどれだか見分けのつかないようなものも、ちゃんと見分けて精確に名前を言い当てる。最近ではすごいねえと褒めるのを通り越し、その入れ込み具合と極端な知識がちょっと怖く感じることさえあった。

ゆっくり流れていく薄い小さな雲や、ときどき横切る鳥や飛行機はもちろん、ずっと見続けていれば空の奥の奥、夜にならないと見えないはずの星の影さえも青空のなかに見えてくる。薄い青色の向こうに夜空みたいな暗い広がりがあるのがわかって、あのどこかになにかがいる。お化けもいる。宇宙もいる。そしてたぶん恐竜たちもいる。本に載っている恐竜の名前と形を次々に覚えたのに、本当の恐竜は未《いま》だ見ることができない。恐竜はいない、とお父さんもお母さんも言うのだった。あれは大昔の生き物だと言うが、あんなに大きい生き物がどうしていなくなるのか。ふいちゃんにはそれが信じられない。なにか本当ではないことを教えられている気がした。本のなかにはこんなにもたくさんの恐竜がいて、平気そうにしているのに、恐竜がどこにもいないというのはなにかがおかしい。いないわけじゃなく、電車や車で簡単に見に行けるような場所にはいないというだけで、どこか遠くにいるってことなんじゃないか、とふいちゃんはさっき思った。だったらそう教えてくれればいいのに、連れて行けとせがまれたら困るから、どこにもいないなんて言う。ふいちゃんはまだ知らないことはたくさんあるが、数少ない知っていることのひとつは、どこにもいないものなんてない、ということだ。恐竜でも、人間でも、誰でも、必ずどこかにはいる。そんなの当たり前のことじゃないか。恐竜がいないなんて嘘《うそ》はあまりにその場しのぎの詭弁《きべん》である、とふいちゃんは思っていた。たとえば、と道路に寝転んでみる。遠くて行けないならその遠さを地面から離して空に向けたらいい。考えてみれば空だって、そこにあるようでどこにあるのかよくわからないもので、しかし空がないなんていうひとはいない。夜になると空の奥から暗い方の空がじわりじわりとせり出てきて、星の輝く夜空になる。あれもまた恐竜の類かもしれないし、あの暗い宇宙というらしい夜の空の一角の広がりのどこかに恐竜たちがうようようよ草を喰《は》んだり、襲ったり襲われたりしながら暮らしている。あ、イグアノドンだ。晴れた空に目を凝らせばそれが見えるかと思ったら、やっぱりちょっと見える。

俺たちは、ももちゃんの父親はあえて一人称複数形に俺を選び、俺たちは語らい、共感したんだ、と言いたい。

先のような理念を掲げつつも、実際そんな思い通りにいかないから妥協と失敗の連続だ、という実情と歯痒《はがゆ》さの吐露もまた、強いシンパシーとともに共有された。まわりをなんとなく観察していても、自分たちの考えがそう周囲と大きく異なることはないような気がする。どの家庭でもきっと同じようなことを考えては、理想と現実のギャップに悩んでいる。でも重要なのは理念の特異性ではなく、それが俺たちのもとで、ふいちゃんのお父さんとももちゃんの父親のもとで共有され、共感されたことだ、とももちゃんの父親は念を押す。

ももちゃんとふいちゃんは〇歳組からずっと一緒だったから、親たちには同じ道を辿《たど》ってきて、そして辿っていくような仲間意識がなんとなく醸成されていたし、どちらも第一子で親にとってははじめての育児だったことも共通していた。ももちゃんもふいちゃんも生まれたときからずっと感染症対策のなかを生きてきたから、保育園の保護者間の交流も自《おの》ずと遠慮がちなものになっていて、あの日の砂場の脇で生じたふたりの雑談のなかの静かな高ぶりにはその反動もきっとあった。保育園に限らず、他者と日常的で卑近な話を気軽にするような機会はずっと抑制されてきたのだが、気軽な雑談じゃないと話題に上がらない大事な話題というのがたぶんあって、育児において日々積み重ねられる経験値や試行錯誤なんかもそういう類の話なのかもしれない。

ふいちゃんは依然として道路上で仰向けになって空に目を向け、真剣な顔つきを崩さずにいた。ふいちゃんのお父さんは、ときどき、ふいー、とその名を呼びながら、さっき娘に長生きしてねと言われた話は実は少し詳細を端折《はしょ》っていて、ももちゃんの父親にもう少し細かい説明をしようか迷っていた。長生きしてね、という娘の言葉について、どこでそんな物言いを覚えたんだろう、とまるでよくある育児の話のように語ってしまったけれど、実はあれを言われた前日に神奈川の⑦自分の実家を家族で訪れ、そこで最近少し体調を崩していた自分の父に向かって妻が、長生きしてくださいね、と言ったその言葉を⑧娘は覚えていたんだと思う。ちゃんと意味がわかっているかは怪しいが、大事なひとをいたわるニュアンスはきっと感じ取っていて、それを父親である自分に向けてくれたのだと思う。それは結構忘れがたい瞬間だったから、いたずらな改変ではないにしろ、背景の事実を捨象して話してしまったことは、娘に対するちょっとした罪悪感を生じさせた。しかしその背景を話しはじめるなら、話は自分と⑨父親のあいだにかつてあった確執や幾度かの衝突と雪解けを経て現在の、良好とまではいかないがときどき孫の顔を見せに行ける程度の関係性に至った経緯を話す必要が生じるかもしれず、それは煩雑だった。

感染症の心配がもう少し薄れたらももちゃんのお父さんを一度飲みにでも誘いたい、とふいちゃんのお父さんは思うが、子どもを妻に任せて父親同士が飲みに出るのは実務的にも心理的にもまだなかなかハードルが高く、それが実現したのはこの何年もあとのことだった。送迎の頻度や服装なんかを見ると、自分も相手も基本的に在宅で仕事をしているように見受けられるが、自分たちは互いがどういう仕事をしているひとなのかいまはまだ全然知らなかった。

ともあれ⑩このひとはだいぶ子どもが好きで、いまも自分の子の預け入れは済んだのにここにとどまって一緒に路上に寝ている娘を見下ろし

話題に挙げるのはまだなんとなく避ける向きがあった。それでも同じ年頃の子どもを持つ親や家族というのは、感染症の流行がはじまって広がりつつある時期に、母体とその胎内にいる子どもたちをできる限りその危険から遠ざけたい、しかしどうすればいいのかよくわからない、という同じ恐れを共有したひとたちだった。ふいちゃんの両親もきっとあのさなか、自分たちと同じように見えないウイルスを恐れながら過ごしていたのだと思うと、ももちゃんの父親はいつかその不安をみんなで労《ねぎら》い合いたいとも思う。

長生きしましょう、とふいちゃんのお父さんに言うと、ふいちゃんのお父さんは、ははは、と笑って、ももちゃんのお父さんも、と言った。お互いに長生きしましょう。そして寝転び続けているふいちゃんにまた視線を落として、ふいー、と言った。

ふいちゃん、ももちゃんもう部屋にいるよ、とももちゃんの父親はふいちゃんに声をかけた。日が違えばふいちゃんとももちゃんが、というかふいちゃんの父親と自分が逆の状況のこともあるからこういう場合は全力で助け合いたくなる。ももちゃんもいるし、そうすけくんもいたし、たもっちゃんもいたし、ちーちゃんもいたし、とももちゃんの父親はさっき二歳組の部屋で見た娘の友達たちの顔を思い出しながら、名前を挙げていった。こうたろうくんもいたし、りんちゃんときんちゃんもいたし、あとはえーっと、と指を折りながら十二名いる同じ組の子どもたちのうち、ふいちゃん以外の子の名前を全員呼び上げて、あとあかりさんもみずきさんもいた、と保育士の名前も付け加えた。

ふいちゃんは微動だにしない。

朝起きてから登園まで、つまり親元に娘がいるあいだに多少の行き違いや滞りや衝突がないなんてことはまずなく、それらをいかに未然に防ぎ、生じた問題についてはそれ以上こじらせぬような穏便な解消に努めることで、トラブルを最小程度に抑えたい。とはいえ単にトラブルが少なければいいわけではなく、どんなに順調にことが進んでも園の引き渡しの際に機嫌が悪ければ意味がない。最終段階である保育室への入室、そして保育士さんへの引き渡しに最高の状態で入っていけるよう、あえてわがままやぐずりを泳がせて登園時間から逆算したタイミングまで機嫌をとるのを待つこともある。こちらの思い通りに動いてくれればなんでもいいわけでもなく、物で釣ったりするのは麻薬みたいなもので、使い過ぎると結局それでなくては動いてくれなくなる。これはとりうる選択肢の幅を自ら狭めてしまうようなもので、それは子どもにとっても気の毒だし親の方もあとあと苦労することになると思うから、動かぬ娘をお菓子で誘導したりスマホの動画を見せたりするのはよほどどうしようもないときだけにしたい。というのは、いつだったか休みの日に公園でふいちゃんを連れたお父さんと出くわし、娘とふいちゃんが砂場で一緒に遊びはじめたのでその脇であれこれ話しているうちに自然と話題は日々の育児の苦労話になって、そこで概《おおむ》ねふたりが同じような理念と対処法を心中に掲げていることがわかったときのその骨子である。

それまでは送り迎えのときに顔を合わせて当たり障りのない世間話をする程度の間柄で、立ち入った話をする機会なんかなかったからか、⑥その日のふたりの話はやけに盛り上がって、あとから思い返すとちょっと過剰なほどに互いに共感を表明し、日頃の奮闘を称《たた》え合った。細かい部分は我が家の状況に沿う言い方になってしまっているだろうが

ら外へ出てあごまでずらしたところだった。ともあれ、この二年間マスクを着けた顔しか見てこなかったひとの素顔というか文字通りの全貌をこうして不意に目にすると、勝手に思い描いていた顔と全然違って驚いてしまうことがある。ほとんど毎日のように顔を合わせていたのに急に別人になったみたいで、しかし別人のはずはなく、こちらが長いこと勝手に別人のような顔を思い描いていただけだ。しかしその顔はどこからきた誰の顔だったのか。

おとなだってそんな具合なんだから、生まれてからこっち家の外では大半のひとがマスクをしている世界で過ごし続けてきた娘やふいちゃんにとって、この春急速に顔面が露わなひとが増えつつある状況はどのように受け止められているのか、ちょっと想像がつかない。

園の保育士さんたちも、着用が任意の方針に切り替わると同時にマスクを外して仕事にあたるひとが多かった。そのことを思うと、ちょっと胸がつまるような、涙が出そうな感じになる、とももちゃんの父親は思った。言語での意思疎通がままならないこともある保育の現場では、意思疎通やスキンシップにおいて表情や声に負うところも平時から大きいはずで、マスクで顔の半分が覆われた状態での保育の仕事はきっと相当な苦労があった。自分が娘を見る限り、保育士さんたちがマスクを外したことへの驚きや反応はほとんど見られなかったが、これはマスク着用でも不足のないよう彼らが娘に接していたからなんだろうとももちゃんの父親は考えていた。具体的な技術は素人にはわからないが、たとえばアイコンタクトの仕方や声量や声質の工夫、身振りなどを使って口元が隠れていることを補うための工夫が、制限の多いなかでも日々行われていたのではないか。娘は、この春、保育園で担任のあかりさんやみずきさんが、ももちゃん、と自分の名を呼んでくれるその口元をどんなふうに見ていたのだろうか。

娘の反応の薄さの反面、ももちゃんの父親は方針変更の期日の朝、保育士さんたちが素顔で園内にいるのを見たとき、いたく感動してしまったのだった。マスク着用の科学的な是非は自分には判断できない。あとになって任意に切り替えたのは時期尚早だったとわかる可能性だってあるのかもしれないが、そのときの感動はそういう是非とは関係がない、とももちゃんの父親は言う。光差す朝の園内で、ずっと隠れたままだった保育士さんたちの顔が露わになっているのを見たとき、⑤彼らの三年間の見えない苦労と努力がネガのように一瞬反転してその光景に現れた気がした。それは彼らの苦労と努力であると同時に、彼らが娘たちのことを大切に思いやってくれた確かな時間の表れでもあった、ともももちゃんの父親は思った。あの瞬間のことは、その是非がたとえいかなるものであったにせよ、忘れることはないだろう。

[A] は隠れているものと現れているものとでは現れているものの方が強く、二年間思描き続けたマスクの下の顔たちは、記憶のうえでもほんのひと月足らずであっさり [B] に書き換えられていき、[C] にも慣れつつあった。そして [D] は徐々に思い出せなくなった。誰のものだかよくわからない顔たちが、誰のものだかわからないまま思い出されなくなる。さようなら。

さまざまな対策の有効性について自分たちが証明することはできないのだし、それぞれに得た情報を信じたり疑ったり精査したりして判断するほかないからその判断の有り様は家族構成や仕事やその他いろいろの事情に応じて少しずつ違うものになる。だからそのことをカジュアルに

た。

よく晴れて日差しは強めだが、少し風もあって気持ちのいい天気だった。五月は子どもがいたっていなくたって気持ちのいい季節だったけれど、子どもが生まれて一緒に生活するようになると、子連れで屋外で過ごす時間がそれまでよりも長くなり、すると父親たちの五月の気持ちよさについての実感もまたちょっと変化した。③ただ気持ちいいだけじゃなく、ありがたい気持ちになるのだ。

春先はまだ朝晩に冬の名残の冷え込みがあるが、五月になると夕方になっても寒さをあまり気にしないでいい日が増える。日中の気温の上昇も穏やかで、なにより藪《やぶ》や植え込みの近くにいても蚊がいないから、いまの時期は子どもを外で遊ばせるのにあれこれ心配が少なくて助かるのだった。六月に入ると気温も徐々に上がってきて雨も増えるし蚊も出てくる。子どもと一緒に公園にいると体温が高く汗っぽい子どもの体は蚊の恰好《かっこう》の餌食で、親は寄ってくる蚊を追い払ったり叩《たた》き潰《つぶ》したりに忙しくなり、そもそも虫の多そうなところで遊ばせにくくなる。子どもだけでなく親の方も子連れで外にいる大半の時間は子どもの近くで遊び相手をしたり見守ったりしている時間だから、寒い日は寒いし、暑い日は暑いし、知らぬ間にあちこち虫にも刺される。でも五月はただ外にいるだけで、ただ立っているだけでも気持ちいい。そんな気持ちいい季節の晴れた朝だ。道路に寝転ぶのだって気持ちいいだろう。ふいちゃんは五月生まれで先週が誕生日だった。娘と同じ二歳組で、二歳組といってもその年度の誕生日で三歳になる年だからふいちゃんももう三歳になったわけだ。

こんな気持ちいい季節に毎年誕生日を祝えるなんて、本当に素晴らしいことだ。本当に、と内心で繰り返すこの、本当に、は娘が最近覚えた言い方で、本当にすごいよ、とか、本当に甘いよ、本当に眠いよ、とかいろんな言葉を強調しまくっている。ちょっとタメを利かせた芝居がかった言い方は、たぶん保育園で覚えたんだろう。昨日は公園でふいちゃんが娘と同じ言い方で、本当に恐竜、と言っているのを聞いた。だから園で流行《はや》っているのかもしれない。娘のがふいちゃんにうつったのかふいちゃんのが娘にうつったのかわからないし、あるいは誰か別の子がどこかで聞いたか、家族の口癖を真似《まね》たりしたものかもしれない。園の玄関の掲示板には園内で感染性の胃腸炎とヘルパンギーナ、手足口病が軽く流行中で、それぞれの発症人数が報知されていたが、幼児が集まって日々を過ごす保育園ではウイルスだけでなく語彙や語法や発音も経路のわからないまま伝わっていく。言葉以外にも、ちょっとした仕草とか友達に対する立ち居振る舞いとか、あらゆるものが受け渡され、学ばれ、そして試行されている。

④そうなんですよね、とふいちゃんのお父さんは言った。ふいもこのあいだ夕方一緒に歩いてたら唐突に、お父さん長生きしてね、って言い出して。どこまで意味がわかって言ってるのかわからないんですけど、そんな物言いいつ覚えたんだろうって思ったんです、と話すふいちゃんのお父さんのマスクがずれて、見慣れない口元が露《あら》わになった。

園では職員や保護者の登降園時のマスク着用は四月から任意に切り替わり、五月の連休明け頃にはマスクを外す保護者もだいぶ増えてきた。花粉症シーズンが終わって気温が上がってきたこともあるだろうし、四月からひと月ほどで特に大きな状況の変化がなかったことも影響していたと思う。自分はといえば、園内では口元にあてていたマスクを玄関か

Ⅱ　次の文章を読んで、以下の設問に答えなさい。

娘の登園時間は午前九時で、園ではいちばん遅い方の時間帯になる。だから娘を引き渡しに保育室に入ると、同じ二歳組の子どもたちはだいたいみんな揃《そろ》っていて、ももちゃんだ、ももちゃんのパパだ、とか言いながら近寄ってきたり、それに応えて返事をしたり挨拶をしたりしながら父親は手提げから娘の着替えやマグカップ、食事用の口拭きタオルなどを取り出して所定の位置にセットしていく。娘には空になった手提げを渡して、ロッカーにしまってくれるよう頼むと娘は与えられたその任務に張り切って取り組み、その間父親の方も準備がスムーズに進められる。もっともそう毎日うまくいくわけでない。父親としてはそういう算段で臨むけれども、思い通りことが進む日の方が少ない。そもそもそれは保育室にたどり着いた時点で娘が泣いたりぐずったりしていないことが前提で、保育室の前で娘の気がのらなければまずはあの手この手でなだめたり、説得したり、場合によったら追いかけてつかまえて無理やり引きずってくることになったり、逆にこちらが引っ張り回されたりどつかれたりしながら準備をすることになり、程度は日によって違うがむしろそういう日の方が多い。

①今日は上々の部類で、娘は保育室に入るとその場でぐるぐるまわりながら、海苔《のり》巻《ま》きだー、と言う遊びをはじめたので、父親は娘がぐるぐるまわっているあいだに身の回りの品を各所に収めて、出席カードを担任保育士のあかりさんに渡した。娘は保育室にいたもうひとりの担任のみずきさんにぐるぐる遊びを危ないからと止められつつも、そのまま友達たちが遊んでいる輪に入っていき、ももちゃんじゃあね、と父親が声をかけてももう振り向かなかった。哀《かな》しいが泣いて離れたがらないよりはこれでいい。保育室のドア横のガラスに張り付くようにして廊下を見ていたそうすけくんが真剣な表情で、新幹線、と言いながら手を伸ばしタッチを求めてきたので父親もこれに、新幹線、と応えてタッチを返して保育室をあとにし、玄関でサンダルを履いて外に出るとふいちゃんが園の前の道路に仰向《あおむ》けで寝ていた。

ふいちゃんおはよう、と声をかけたがふいちゃんはこちらを向かず上を向いたままで、横に立っていたふいちゃんのお父さんとも挨拶を交わし、寝てますね、と言うと、寝てるんですよ、とお父さんは言った。

ふいー、と寝転ぶふいちゃんに声をかけるお父さんは、その呼び声にさまざまな感情を込める。ふいちゃんのお父さんの額には少し汗が浮かんでいた。ふいー、ともう一度繰り返す。マスクで口元が隠れたふいちゃんのお父さんの顔を見ながらももちゃんの父親は、と内心で自称して、その呼び声に込められたすべての思いがわかる気がする、と続けた。いつまでも付き合っているわけにいかない焦りや苛立《いらだ》ちももちろんあるが、②ここで怒ってさらに機嫌をこじらせたり泣き出したりしても事態は好転しない。だから責め立てるような響きは慎重に排されてあくまで穏やかに、お父さんは困っているんだよということが伝わるように、そして娘に理解と行動を求めるべく、頼むというよりは願うように呼びかける。ふいー、とお父さんがまた繰り返す。

白線が引かれた路側帯に仰向けに寝ているふいちゃんは、しかしそんなお父さんの声にまったく応える様子がなかった。寝ているといっても眠っているわけでも眠そうなわけでもなく、むしろふいちゃんの丸い大きな目はしっかりと開かれ、長いまつ毛も普段よりぴんと張っているように見えた。ふいちゃんの目玉は動くことなく、まっすぐ空を見てい

（ハ） 生産主義によって発展してきた市場経済は深刻な行き詰まりを見せており、これからの「超高齢化社会」では高齢者たちの有する豊富な経験や知恵に学ぶことで、再び経済を活性化していかなくてはならない、ということ。

（ニ） 有用なものを生み出す能力のみを重視する社会は、高齢者を否定的なイメージで捉える傾向にあるが、「超高齢化社会」を迎えるにあたっては、そうした価値観を相対化する思考を獲得していく必要がある、ということ。

（ホ） 高齢者が人口の多くを占めるようになった現代においては、かれらの個別のニーズに応えられる体制を確立し、いつまでもゆとりのある生活を送ることができるような「超高齢化社会」を実現すべきである、ということ。

【問11】 傍線⑩「そしてそれはそのまま、じぶんのなかの『弱い』声を聞き漏らしてしまうことでもある」とありますが、これに関する次の説明文の空欄a～dに当てはまるものを後の選択肢からそれぞれ選び、(イ)～(チ)の符号で答えなさい。

筆者は冒頭で「わたしたちにいま何が見えているのだろう」と問うていた。一時期流行った「見えちゃっている」という言葉は、　a　のなかでその人の生が編まれていく、という側面を無視した、自分の人生を安易な図式のなかでしかとらえないものだと指摘している。まさに「見えているのに見ていないもの」がそこにある、ということだろう。

〈老い〉に関する語りについても同様のことが言え、高齢者を養われるべき受動的な存在としてのみとらえ、あくまで「問題」として考えてしまいがちである。この社会に、何かを作り出す　b　が広がっているからこそのことと言えそうだ。

そこで見過ごされてきた、　c　こそ、これからの社会にあって必要だ、と筆者は強調している。これは「福祉の達成」を目指すための基本的な考え方であり、ひいては　d　にもつながっていく。このような、「見えているのに見ていないものを見えるようにする」様々な作業が求められている、と主張するのだ。

この文章が発表されてから約二〇年が経過しているが、当時に比べより一層「超高齢化社会」が進行している現在、わたしたちには何が見えているだろう。意識的に眼をこらし、耳をすませる必要性を、この文章は教えてくれる。

（イ） 他者からの働きかけに動じない
（ロ） 予測不可能な出来事との出会い
（ハ） 生活問題を複雑化させる不要な対策
（ニ） 誰もが豊かに安定して過ごせる社会
（ホ） 人々が自分自身のありように向き合うこと
（ヘ） 高齢者と生活を共有しているひとの本音
（ト） 高齢者一人ひとりの存在を尊重する姿勢
（チ） 能力の有無によって人を測る価値基準

要素。

（ニ）　ある効果を生じさせる目的で、当事者間で取り交わされる約束事。

⑧「格律」

（イ）　みんながそれに従うことを求められる、行為の基準。

（ロ）　人の生き方を端的な言葉で言い表した、古人の言葉。

（ハ）　社会秩序を守るために定められた、罰則を伴う法典。

（ニ）　礼儀作法にかなっている、模範にすべき人間の態度。

【問8】　空欄Eに当てはまる語を、これより前の本文中から漢字3文字で抜き出し、解答欄に記しなさい。

【問9】　傍線⑦「それは、『作る』世代の声とははっきり異質な声であるにちがいない」とありますが、これに関する次の説明文を読んで、（1）～（4）について適当なものを選び、それぞれ符号で答えなさい。

ここで筆者が言う「作る」世代には、

（1）
（イ）　芸術を理解する心や創造性が備わってる
（ロ）　社会の決まりに抗《あらが》う自由が与えられている
（ハ）　多くの時間や開けた未来が用意されている

人々であるという意味が含まれている。一方で、〈老い〉を迎えるということは

（2）
（ニ）　養われる者であるという自覚をもつことにもなる
（ホ）　どこかで死というものを意識せざるをえなくなる
（ヘ）　孤独の中で自分の人生を振りかえることでもある

、と筆者は述べている。

現在〈老い〉が「問題」とされる際には、

（3）
（ト）　「する」ことにこそ価値が認められるという観点
（チ）　「作る」ことだけが重要ではないのだという観点
（リ）　「老いる」ことによって悟りが開けるという観点

が前提となってしまっている。しかし、実際に〈老い〉てゆく人々は、こうした単純な図式のなかにのみ存在しているわけではない。自分に残された時間がわずかだと感じた〈老い〉ゆく人の、

（4）
（ヌ）　自分の思いを何度も書き直し作りあげた言葉
（ル）　人生における後悔とともにつぶやかれる言葉
（ヲ）　その満ち足りた気持ちを伝えようとする言葉

に向き合う必要がある、と筆者は指摘している。

【問10】　傍線⑨「そういう視線を脱臼《だっきゅう》させるような違和の声、そのひとつひとつが聞こえるようになるかどうかに、『超高齢化社会』の行く末は懸かっている」とありますが、どういうことですか。次の中から最も適当なものを選び、（イ）～（ホ）の符号で答えなさい。

（イ）　現在、人生のピークを過ぎていることを理由に高齢者たちは敬遠されているが、「超高齢化社会」になると俗世間のしがらみとは無縁な立場から発せられる高齢者の言葉に大きな価値が生まれることになる、ということ。

（ロ）　本来ならば社会に貢献する役割を担うべき高齢者が、そのチャンスを得られないまま亡くなっていくので、「超高齢化社会」においてはかれらが生産の場に復帰できるような環境作りをしなければならない、ということ。

老いるということは「問題」として認識されており、そのことこそが問題であるというのだ。
〈老い〉とは誰もが　b　する自然なものであり、その過程は人によってさまざまである。だが、〈老い〉が問題として捉えられる際には、年齢という　c　的基準によって区切られた集団としてしか、老いる人は扱われない。このような認識が広く浸透するのは、〈老い〉の問題が当事者の存在を　d　して語られるためである、と筆者は指摘している。

(イ)　軽視　(ロ)　主体　(ハ)　客観
(ニ)　経験　(ホ)　老害　(ヘ)　人工
(ト)　驚嘆　(チ)　尊重　(リ)　主観

【問6】　傍線④「〈老い〉の異様さの経験が老いゆくひと自身によって語られることは存外少ない」とありますが、筆者がこのように考える理由として最も適当なものを次の中から選び、(イ)～(ホ)の符号で答えなさい。

(イ)　老いて〈死〉を前にした者が、自分の人生を書き残しておきたいと強く希望したとしてもその望みをかなえる機会はすぐに失われていってしまうから。
(ロ)　実際にはそれまで苦難の連続であっても、〈死〉を迎えるにあたり満足すべき人生だったと高齢者の多くが自分に言い聞かせるようになっていくから。
(ハ)　自分の体験した〈老い〉について当事者が語りたいと思っても、現状においてその内容を忠実に再現することができるメディアは非常に限られているから。
(ニ)　〈老い〉を体験すると物事の認識や判断の基準があいまいになるため、自分の体験が他者と比べて違っているとは思わず、あえて語ろうとしなくなるから。
(ホ)　老いる前に想定していたものとは異なる〈老い〉を体験した際には、その当事者が自分の状況を表現する適切な言葉を見出《みいだ》すことも難しくなってしまうから。

【問7】　傍線⑤「浸潤」・⑥「契機」・⑧「格律」のここでの意味として、最も適当なものをそれぞれ選び、(イ)～(ニ)の符号で答えなさい。

⑤「浸潤」
(イ)　ある物事が円滑に運ばれるよう、仲立ちとなってはたらきかけること。
(ロ)　ある要素が次第にしみこみ、気づかぬうちに徐々に広がっていくこと。
(ハ)　ある領域に押し入って、当事者の意に沿わないような行動を取ること。
(ニ)　ある一部分に、他の性質とは異質なものが混じって存在していること。

⑥「契機」
(イ)　良い結果をおさめようとして、物事を実行に移すには最適な時期。
(ロ)　何か出来事が予想もできないときに起こってしまう、不測の事態。
(ハ)　根拠や要因として物事の本質に関わり、欠くことのできない

【問2】傍線①「テレビ報道じたいがひとつの世間話になっている」とありますが、どういうことですか。次の中から最も適当なものを選び、(イ)～(ホ)の符号で答えなさい。

(イ) テレビでの報道は世間に対して大きな影響を与えるものであるが、報道する側はその力を利用し、視聴者をあおりたてることを繰り返してしまっている、ということ。

(ロ) テレビ報道は視聴者にとってわかりやすく提供されるが、その内容は報道する側の都合によって選択され、その場だけの話題として使い捨てられている、ということ。

(ハ) テレビにおける報道は以前に比べ視聴者の反応を気にする傾向にあり、難解な内容をもつ国際問題について過度に単純化して報道するようになっている、ということ。

(ニ) テレビにおいて報道されたことを視聴者は事実と思いがちだが、その内容は報道する側によってねじ曲げられており、そこに客観的事実など存在しない、ということ。

(ホ) テレビ報道にとって視聴者の存在は欠かせないものであるが、視聴者の意見が報道内容に反映されるようになり、報道する側の主体性が失われてしまった、ということ。

【問3】空欄A～Dに当てはまる語を次の中から選び、それぞれ(イ)～(チ)の符号で答えなさい。

(イ) きわめて　(ロ) かつて　(ハ) なぜ　(ニ) たぶん
(ホ) かならず　(ヘ) いくら　(ト) さて　(チ) たまに

【問4】傍線②「この感想にはどこか不遜なところがある」とありますが、どういうことですか。次の中から最も適当なものを選び、(イ)～(ホ)の符号で答えなさい。

(イ) 他者との関係が自分の人生にさまざまな影響を与えるという可能性を、最初からまるで想定しない、自己中心的な態度である、ということ。

(ロ) 自分の将来に対して悲観的な予想を示すだけに留《とど》まって、現実社会が抱える問題に向き合おうとしない、消極的な態度である、ということ。

(ハ) 自分の想像する将来の社会の姿に固執するあまり、自分自身の幸福を追求しようと思いもしない、極めて禁欲的な態度である、ということ。

(ニ) 生活を共にしている人々が、自分に対してどのような期待や願望を抱いているのかを考えようともしない、冷淡な態度である、ということ。

(ホ) 平凡な人生だけを思い描いているようでいて、実際は他人の生活を自分の将来のために利用しようという、傲慢《ごうまん》な態度である、ということ。

【問5】傍線③「いま〈老い〉について考えるとき、どうして話がすぐに、少子高齢化社会だの、介護保険だの、痴呆《ちほう》ケアだのといったふうに、『問題』に行ってしまうのだろう」とありますが、これに関する次の説明文の空欄a～dに当てはまるものを後の選択肢からそれぞれ選び、(イ)～(リ)の符号で答えなさい。

> 筆者はここで、〈老い〉については老いる人自身を［ a ］とする視点から考えられるべきだ、と主張している。世間では、人が

退」以前の精神の構えを裏切るものという性格をつよく帯びている。何かを作品のようにして作る、そういう構えとは反対に、消える、亡くなるという⑥契機が〈老い〉には否定しようもなく組み込まれているからだ。したがって、みずからの〈老い〉について語ったり書いたりするにあたっても、それがほんとうに〈老い〉にふれているときには、物語にする、文章にするというのとは違った語りなり文なりになるはずだ。もちろん、生は時間とともに単純になって、やがて消えゆくという、きれいな物語をここで思い描いているわけではない。最期とおもうがゆえにますます想いはつのり、関係は屈折し、こじれてゆく。引き返すということが絶対に不可能なのがひとの生だ。その、引き返しの不可能ななかに、そのひとの［E］は現われる。だれかとの関係の抜き差しならなさが高じれば高じるほど、そこにそのひとの［E］が否定しようのないものになってくる。

ぼそぼそ、あるいはぽつりぽつり漏れてくる、そういう声が聴きたい。そういう声が漏れてくる場所から、ひとの生について考えてみたい。

⑦それは、「作る」世代の声とははっきり異質な声であるにちがいない。「あれもできなかった、これもできなかった」、「こんな何の役にも立たないわたしでもまだここにいていいのか」……。はじめはそうしたネガティヴな調子で語りだされるほかないのだが、それはしかし、「作る」「する」にのめり込んだ声とは異質な声としてやがて静かにとどろきはじめるだろう。

わたしたちの社会は、何をしたか、何を生み出してきたかでそのひとを測る生産主義や、何ができるか、どんな専門的技能があるかでひとを測る資格主義が、ひとつの⑧格律として支配している社会である。それが要求してくる条件を満たすことがなければ、だれもが容赦《ようしゃ》なく「不要」の烙印《らくいん》を押されてしまう。老残、老醜、老廃、疲弊、減衰、萎縮、衰弱、下降、弛緩《しかん》というふうに、〈老い〉が下り坂というイメージで思い描かれることになるのも、そうした生産主義や資格主義の視線のなかでである。あるいはまた、高齢者が（子どもとともに）「養われる」べき受動的な存在とみなされることになるのも、やはりそうした視線のなかでである。

⑨そういう視線を脱臼《だっきゅう》させるような違和の声、そのひとつひとつが聞こえるようになるかどうかに、「超高齢化社会」の行く末は懸かっている。なぜか。「福祉の達成」ということが人類社会のめざすところであると言うのなら、いかなるひとであれそのひとの存在をまずは肯定するというところから、その理念は出立しなければならないはずだからである。何もできなくても、ただそこにいるだけでいいと、他者に向かって言い切れるかどうか、あるいは、まだ何もできない子どもとともに、だんだんいろんなことができなくなる高齢者に向かっても、何もできなくていい、ただそこにいるだけでいいと、言い切れるかどうか。そこに「福祉」の理念は懸かっているからである。そういう地点から、いまの〈老い〉の問題を考えなければ、その一つ一つが特異な〈老い〉の声を、ひとはついに聞きそびれてしまうだろう。⑩そしてそれはそのまま、じぶんのなかの「弱い」声を聞き漏らしてしまうことでもある。

【問1】二重傍線ⓐ～ⓔのカタカナを漢字に改めなさい（楷書で、丁寧に書くこと）。

ⓐ マドギワ　ⓑ ソウシツ　ⓒ カセぎ　ⓓ ツムぐ
ⓔ モウトウ

ない。約《つづ》めて言えば、こうだ。ひとはひとりでは生きてゆけない、食べることも眠ることも、ときに見えない他人の助けを借りてでなければできない、〈わたし〉の生は他のだれかとの関係につねに組み込まれている、だからその「だれ」を外して〈わたし〉の生は語れない、だから〈わたし〉の生は〈わたし〉のもののようであってほんとうは〈わたし〉のものではない。〈わたし〉の生が他の何にも代えられない特異性をもっているとすればそれは〈わたし〉がかかわる他者のそれに、というか他者のそれとのかかわりあいに由来する、ということである。

　要するに、「見えちゃっている」というあの言葉には、〈わたし〉の生を編む偶然の出逢いとそれに由来する存在の特異性への想像が欠けている。ひとの生は、まっすぐな一本線ではなく、異なる出逢いの断続というかたちでしかイメージできないはずのものである。

　さて、〈老い〉の語りについてなのだが、その語りについてもほぼ同じことがいえるようにおもう。現代の〈老い〉の語りのなかでかき消されているもの、それはそれぞれの〈老い〉が懐深くはらむ偶然性と特異性とへのまなざしである。

　③いま〈老い〉について考えるとき、どうして話がすぐに、少子高齢化社会だの、介護保険だの、痴呆《ちほう》ケアだのといったふうに、「問題」に行ってしまうのだろう。〈老い〉はなによりも「問題」だと言わんばかりに。

　ほんとうならわざわざ言うまでもないことであるはずなのだが、〈老い〉とは、ひとにとって自然的な過程である。夭逝《ようせい》するひとをのぞいて、だれもがいつかは〈老い〉を迎える。〈死〉の前に、である。そして〈死〉もまた、ひとの自然的な過程である。〈死〉はだれにもいつか訪れる。が、そのいつかはだれにもわからない。〈老い〉は、その意味で、からだの衰えを自覚する時期であるとともに、みずからの〈死〉への待機の時期でもある。じぶんが待機中であることが、じわりじわり意識されるようになるのが、〈老い〉というものである。なのに、〈老い〉をひとりひとりがどのように迎えるかが問われるよりも先に、〈老い〉が匿名の集団、つまりは特定の年齢層の存在様態として、まずは「問題」としてしか問題にならないのは、いったいどういうわけか。

　答えははっきりしている。先に見た、養うものと養われる者という関係が家族のなかに設定されているのとおなじで、〈老い〉がそれをじぶんのこととして迎える側からではなく、老いゆくひとを「世話」する側からばかり語りだされているからである。〈老い〉はそれを未《いま》だ迎えていないひとからすれば「問題」であるのかもしれないが、老いゆくひとそのひとからすれば「問題」でもなんでもなく、ひとつの自然過程であるはずである。〈老い〉は、それを介護する側からすれば、まず「問題」として立ち現れる、ただそれだけのことである。

　が、しかし、〈老い〉は老いゆくひととそのひとからも語られるべきものであるはずだ。たしかに老いゆくひとたちもみずからの〈老い〉について語る。たとえば雑誌が〈老い〉の特集を組むとき、さまざまな〈老い〉のかたちが老いゆくひとによって語りだされる。しかもたいていは、充足した言葉で。だが、④〈老い〉の異様さの経験が老いゆくひと自身によって語られることは存外少ない。

　なぜか。〈老い〉は〈老い〉について語るその意識をも⑤浸潤してくるものだからだ。〈老い〉について語る語り方のなかにも〈老い〉はしのびよる。そしてその〈老い〉は、〈老い〉を迎える前の、つまりは「引

ことがない子どもが増えているとも耳にする。わたしたちは自分の身体さえよくは知らない、まかなえない、と言わざるをえなくなっている。

　わたしたちはいつのまにこんなに無力になってしまったのだろう。いつのまにこんなに視力が落ちてしまったのだろう。

　一時期、若いひとたちのあいだで、「見えちゃってる」「なんかもう済んだ感じ」といった言葉が流行《はや》ったことがある。大人たちを見ていて、人生のパターンがその終わり方までぜんぶ見えている、もう新しい生き方なんてない、といった想《おも》いがつのってきたのだろう。何をしても結局は変わらないという無力な想いが。けれどもほんとうにぜんぶ「見えちゃって」いたのか。むしろ、見えているのに見ることができない、その焦燥《しょうそう》にじりじりしての言葉だったのではないのか。

　だれもが、よほど眼をこらさないことには、意識的に視界をこじ開けるということをしないでは、世界が見えるようにはならない、そんな見えにくい時代に入って、ずいぶん時間が経《た》ったような気がする。

＊

　「見えちゃっている」という、一頃若いひとのあいだでよく口にされた言葉への、わたしのなかの抵抗感についてはすでに述べた。この抵抗感はおそらく歳《とし》をとればとるほど強くなるのではないかとおもう。だからしつこいようだが、もういちど、感想を述べておく。

　学校を卒業して、会社に入って、何のためかよくわからなくなるくらい忙《せわ》しなく働いて、五十くらいでⓐマドギワに追いやられ、やがて「慎《つつ》ましやかな」年金生活に入る。結婚して、ひとりで子どもを育て、疲れ果てて神経がささくれだし、友だちとすこしばかり遊んでもどこかⓑソウシツ感につきまとわれているうち、肌のみずみずしさも失ってやがて「おばあちゃん」になる。ちょっと突っ張って、アートとかバンドとかやっても、うまくいったところでせいぜい一発止まり、あとは定職のない身で日々の小銭ⓒカセぎに右往左往するばかり……。そう、何もかも見えちゃっているという、なんとも力のない物言いだ。

　たしかにそうだ、と口をそろえたくなる。見かけからすれば、たぶん多くのひとはそういう人生を送ることになるのだろう。まわりを見わたせば、たしかにそんなふうに見えないこともない。が、②この感想にはどこか不遜なところがある。

　不遜？　思い描く「未来」があまりに定型的だと言いたいのではない。多くのひとは定型に沿って一生をⓓツムぐ。そのことが不遜だという気はⓔモウトウない。この言葉に決定的に欠けているものがある。それを不遜と言いたいのだ。

　この言葉に欠けているもの、それは、おもいもよらず見舞われること、そのことを視野に入れていないということである。たとえば重い病気に罹《かか》る、おもいもよらぬ事故に遭う、大切なひとを突然失う……といった、おもいがけなく見舞われる「不幸」を、この言葉は勘定に入れていない。だれかと出逢《であ》って、人生の向きがくるっと変わってしまうということも予想していない。要するに、偶然というものをすべて脱落させたところで、人生を語っているということである。

　ひとの人生というものは、みずからの出生からはじまって、つねにだれかとの偶然の出逢いのなかで、特定の他者との押したり引いたりという関係とそのほどきようのないもつれのなかで編まれてゆく。だれも、この家、この地域で育ちたい、こんな先生に習いたい、こんなひとと結婚したい、こんな会社に入りたい……とおもって生まれてきたわけでは

【国語】（六〇分）〈満点：一〇〇点〉

I　次の文章を読んで、以下の設問に答えなさい。

「みえてはいるが誰れもみていないものをみえるようにするのが、詩だ」。

これは、詩人の長田《おさだ》弘《ひろし》が一九七三年に『アウシュビッツへの旅』のなかに書きつけた言葉だ。これは同時に哲学の定義でもあると、わたしはおもう。哲学という言葉が硬ければ、じぶんが生きているその時代を考えることの定義と言ってもよい。そういえば、観念論の代名詞のようにいわれるあのヘーゲルも『法の哲学』のなかにこんな文章を書きつけていた。

「だれでももともとその時代の息子であるが、哲学もまた、その時代を思想のうちにとらえたものである」と。

わたしたちにいま何が見えているのだろう。見えているのに見ていないものとは何か。見えているのに見ていないものを見えるようにするとはどういうことなのか。

いま、わたしたちの視野はどんなふうになっているのだろう。時代の何を見ているのか、何が見えているのか。

時代の事実というものをわたしたちは新聞やテレビ報道で知る。イラクのこと、北朝鮮のこと、米国のこと、そして永田町のこと。そして世間話の種にする。ときに泡を吹かせて。だが、それを目撃したひとはだれもいない。ましてやそれと同じときに起こっている別の出来事はほとんど知らない。たとえばこの同じ時代（二〇〇三年時点）に米国で起こっているイラク攻撃反対運動の大きなうねりについて。それを見て見ぬふりをする評論家も交えて、①テレビ報道じたいがひとつの世間話になっている。政治は、世間話を織り重ねるというかたちでしかわたしたちの日常に届かない。そしてそれは話題として消費され、ほとぼりが冷めるとすぐに忘れられる。

世間話をひとしきりしたあと、われにかえる。腹の虫養いにバナナを一本、口にする。このバナナはどこ産かとふとおもうこともないではない。が、思いはそこで止まる。値段のことはおもっても、[A] こんなに安いのか、だれがそれを決めているのか、だれがどこでどのようにして栽培しているのかは、[B] だれも知らない。知ろうとしない。バナナはどういう存在としてわたしたちの社会に届けられているのか、それを見えるバナナのなかに見ようとするひとは少ない。

フィリピンのミンダナオ島から日本へのこのありふれた食物の経路をたどるなかで、米国を本拠とする多国籍企業の利権、[C] 栽培しても借金漬けから逃れられない農園労働力の搾取の構造、さらにはフィリピンの戦後社会の展開や日本国家のアジア植民の歴史にまで推理を進め、東アジアをめぐる現代史の一側面を描ききった仕事が [D] あった。鶴見良行の『バナナと日本人』（岩波新書）だ。が、この、自分の視野を世界へと向けてこじ開ける仕事は十分に受け継がれていない。それどころか、視野はますます縮こまってきている。

生老病死、つまり生きものとしてのじぶんの基本的なかたちもまた見えにくくなっている。出産の情景、死後の遺体処理をつぶさに見たことがわたしにはない。からだの不具合の診断・治療は医療機関に、父の介護は施設に頼ってきた。魚をじぶんでうまくさばくことができない。排《はい》泄物《せつぶつ》の処理過程についても知らない。そういえば、他人のうんこをみた

MEMO

大切なことはメモしておこうネ！

推薦　**2024年度**

解　答　と　解　説

《2024年度の配点は解答欄に掲載してあります。》

＜数学解答＞ 《学校からの正答の発表はありません。》

(1)　$-\dfrac{4}{9}$　(2)　$3+10\sqrt{6}$　(3)　$2x(y+1)(y-5)$　(4)　$x=-3,\ y=-1$

(5)　$x=\dfrac{1\pm\sqrt{17}}{4}$　(6)　$\dfrac{25}{36}$　(7)　$\angle x=110°$　(8)　2204π　(9)　$\dfrac{5}{4}$

(10)　(ア)　$a=\dfrac{1}{2}$　(イ)　$y=x+4$　(ウ)　P(8, 32)

○推定配点○

各5点×12　計60点

＜数学解説＞

基本　**(単項式の乗除，平方根，因数分解，連立方程式，二次方程式，確率，角度，空間図形，平面図形，図形と関数・グラフ)**

(1)　$\dfrac{3}{128}x^2y^5\div\left(-\dfrac{3}{2}x^2y\right)^3\times\left(-\dfrac{8x^2}{y}\right)^2=\dfrac{3x^2y^5}{128}\times\left(-\dfrac{8}{27x^6y^3}\right)\times\dfrac{64x^4}{y^2}=-\dfrac{4}{9}$

(2)　$\sqrt{27}(\sqrt{3}+\sqrt{2})-\sqrt{18}(\sqrt{2}-\sqrt{3})+\dfrac{24}{\sqrt{6}}=9+3\sqrt{6}-6+3\sqrt{6}+4\sqrt{6}=3+10\sqrt{6}$

(3)　$2x(y-3)^2-4x(3-y)-16x=2x\{(y-3)^2+2(y-3)-8\}=2x(y-3+4)(y-3-2)=2x(y+1)(y-5)$

(4)　$\dfrac{x+y}{4}-\dfrac{x-3y}{3}=-1$より，$3(x+y)-4(x-3y)=-12$　$-x+15y=-12$…①　$2x-y=-5$…②　①×2+②より，$29y=-29$　$y=-1$　これを①に代入して，$-x-15=-12$　$x=-3$

(5)　$(x+4)(x-4)-4x+25=(2x-1)^2-(x+3)(x-2)$　$x^2-16-4x+25=4x^2-4x+1-(x^2+x-6)$　$2x^2-x-2=0$　$x=\dfrac{-(-1)\pm\sqrt{(-1)^2-4\times2\times(-2)}}{2\times2}=\dfrac{1\pm\sqrt{17}}{4}$

重要　(6)　さいころの目の出方の総数は，6×6＝36(通り)　ここで，$x+y>xy$を満たすx，yの値の組は，(1, 1)，(1, 2)，(1, 3)，(1, 4)，(1, 5)，(1, 6)，(2, 1)，(3, 1)，(4, 1)，(5, 1)，(6, 1)の11通りだから，$x+y\leqq xy$となる確率は，$1-\dfrac{11}{36}=\dfrac{25}{36}$

重要　(7)　4点A，B，C，Eは同一円周上にあるから，∠AEC＝180°－∠ABC＝180°－100°＝80°　△CFEで，三角形の内角と外角の関係より，∠ECF＝∠AEC－∠CFE＝80°－50°＝30°　CD＝DEだから，∠DCE＝∠DEC＝30°　よって，∠AED＝80°＋30°＝110°　4点D，G，F，Eは同一円周上にあるから，$\angle x$＝∠AED＝110°

(8)　小中大の円錐の相似比は，1：2：3だから，体積比は，$1^3:2^3:3^3=1:8:27$　求める円錐台の体積をVとすると，V：812π＝(27－8)：(8－1)　V＝$812\pi\times\dfrac{19}{7}=2204\pi$

重要　(9)　円Pと円Qとの接点をS，円Rの半径をrとする。直角三角形PSRに三平方の定理を用いて，PR^2＝

PS^2+SR^2　$(5+r)^2=5^2+(5-r)^2$　$25+10r+r^2=25+25-10r+r^2$　$20r=25$　$r=\frac{5}{4}$

(10)　(ア)　$\frac{a\times4^2-a\times(-2)^2}{4-(-2)}=\frac{12a}{6}=2a$　$2a=1$　$a=\frac{1}{2}$

(イ)　$y=\frac{1}{2}x^2$に$x=-2$を代入して，$y=2$　よって，A$(-2,\ 2)$　直線lの式を$y=x+b$とすると，点Aを通るから，$2=-2+b$　$b=4$　よって，$y=x+4$

重要　(ウ)　C$(0,\ 4)$，D$(0,\ 24)$とすると，DP//ABのとき，CD＝5OCより，△ABD＝5△AOBとなるから，△ABP＝5△AOB　$y=\frac{1}{2}x^2$と$y=x+24$からyを消去して，$\frac{1}{2}x^2=x+24$　$x^2-2x-48=0$　$(x-8)(x+6)=0$　$x=8,\ -6$　$x>0$より，点Pのx座標は8だから，P$(8,\ 32)$

★ワンポイントアドバイス★

特別な難問もなく，取り組みやすい内容の出題である。時間配分を考えながら，ミスのないように解いていこう。

＜英語解答＞《学校からの正答の発表はありません。》

Ⅰ　1 え　2 え　3 え　4 い　5 う　6 い　7 う　8 え　9 あ　10 あ

Ⅱ　1 better　2 never　3 drawn　4 mind　5 It

Ⅲ　1 since　2 wrong　3 How　4 other　5 of

Ⅳ　[1] え　[2] う

Ⅴ　1 【call】 called　【be】 is　2 え　3 い　4 う　5 う　6 あ　7 あ　8 い　9 2番目 お　5番目 え　10 え　11 あ

Ⅵ　(例)　(1)　(When I'm with my friends, I try to) listen to what they say.

(2)　I can understand their thoughts and feelings. I think understanding each other is important to build a good friendship.

○推定配点○

Ⅰ　各1点×10　Ⅱ　各2点×5　Ⅲ　各2点×5　Ⅳ　各2点×2　Ⅴ　1・2・8　各1点×4　他　各2点×8(9完答)　Ⅵ　(1)　2点　(2)　4点　計60点

＜英語解説＞

基本　Ⅰ　(適語選択補充問題：受動態，慣用句，不定詞，接続詞，助動詞，関係代名詞，動名詞)

1 「私は道で知らない人に話しかけられた」　え to を入れる。speak to ～「～に話しかける」の受身形，be spoken to の形にする。spoken to by ～ と前置詞が2つ並ぶ形に注意。

2 「ほんのもう少し情報をもらえませんか？」　え a little を入れる。a little bit で「ほんの少し」という意味なので a little bit more「ほんのもう少し」という意味になる。

3 「子どもたちはサッカーをするために公園に行った」　え to play を入れる。この to play は目的を表す不定詞で to play soccer で「サッカーをするために」という意味になる。

4 「山を登るにつれ空気が冷たくなった」　い As には「～するにつれて」という意味がある。ここでの as は接続詞の用法で使われている。　あ If「もし」　う Even「～でさえ」え Though「～だけれども」

5「私は飛行機の中で本を読みたい。1冊貸してもらえませんか？」う不定代名詞 one を使う。この one は前出の不特定の名詞を指すのでここでは a book を指す。　あ it, い them を使う場合は〈lend ＋人＋代名詞〉の形ではなく〈lend ＋代名詞 to ＋人〉。え the one は特定の物を指す時に使うのでここでは不可。

6「君の話は本当のはずがない。信じられない」い cannot be ～ で「～であるはずがない」という強い疑惑を表す。あ may be ～「～かもしれない」う will be ～「～だろう」え don't have to ～「～する必要はない」

7「スーパーで私に買ってきて欲しいものは何かありますか？」　う〈want ＋人＋ to ～〉で「人に～してもらいたい」という意味になる。

8「これらは私が子供の時に遊んだおもちゃだ」the toys を先行詞にした関係代名詞節。the toys は物なので who は不可。that を使う。時制は過去になることから　え the toys that I played with「私が遊んだおもちゃ」という形にする。

9「明日海水浴に行くのはどう？」How about …ing ～? で「～するのはどう？」という勧誘表現。go swimming で「泳ぎに行く」という意味なので，あ going swimming を入れる。ing 形が2つ並ぶが，going は動名詞，swimming は現在分詞の働き。

10「エリコは幸せそうに見えない。何が彼女をそんな悲しませているのだろう」〈make ＋人＋形容詞〉で「人を～の状態にさせる」という意味なので，あ what を使い「何が彼女を悲しませるのか」という意味にするのが適当。wonder why で「なぜかしらと思う」という意味になるが，その場合は I wonder why she is so sad. となる。

重要 Ⅱ（言い換え問題：比較，現在完了形，分詞，慣用句）

1 Her English is better than mine.「私の英語は彼女のものほど上手ではない」→「彼女の英語は私のものよりも上手だ」　A is not as ～ as B は直訳すると「AはBと同じくらい～ではない」。つまり「AはBほど～ではない」という意味になるので比較級の文で書き換える。A is better than B「AはBより良い[上手]」good の比較級 better を入れる。hers ＝ her English　my English ＝ mine

2 I've never been to Japan before.「これが私の日本への初めての訪問だ」→「私はこれまでに一度も日本に行ったことがない」　my first visit to ～「～への私の初めての訪問」この visit は「訪問」という意味の名詞。have never been to ～「～に一度も行ったことがない」を使って書き換える。have been to ～「～に行ったことがある」という経験を表す。動詞 visit は他動詞なので前置詞 to は不要となることも確認しておこう。

3 The picture drawn by my father was beautiful.「父が絵を描いた。それは美しかった」→「父によって描かれた絵は美しかった」　drawn by my father が The picture を後置修飾する文にする。The picture と draw は受け身の関係になるので用いる分詞は過去分詞。The picture から father までがこの文の主語。

4 She made up her mind.「彼女はフランスで一年間勉強することに決めた」→「彼女は決心した。彼女は一年間フランスに行く予定だ」　decide to ～「～を決める」　make up one's mind で「決心する」という意味の慣用句。

5 It rained heavily last night.「昨夜は雨が激しく降った」　We had heavy rain の We は一般人称の we。この rain は「雨」で名詞。It rained heavily の It は天候を表す時に用いる it でこの rain は「雨が降る」で動詞。

基本 Ⅲ （対話文完成）

1 She has played the piano since she was four years old. A：リサはどのくらいピアノを弾いているの？／B：彼女は4歳の時からピアノを弾いている。 How long ～? は期間の長さを訪ねる表現。過去のある時点となる4歳の時以来ずっとという意味なので「～以来」という意味の since を入れる。過去の時点は過去形 was を使う。

2 What's wrong? A：どうしたの？ 大丈夫？／B：とても具合が悪い。／A：それはかわいそうに。医者に行った方がいいよ。 What's wrong? で「どうしたの？」という意味。Sorry to hear that.「それはかわいそうに[それは残念だ]」

3 How was your trip to Okinawa? A：沖縄旅行はどうだった？／B：えぇと，暑かったけど海辺はとても素敵だった。 How was ～? は「～はどうだった？」と何かの感想を聞くときに使う表現。

4 One lives in Osaka, and the other lives in Tokyo. A：サトウさんには子どもは何人いますか？／B：彼には娘が2人いる。1人は大阪に住んでいて，もう1人は東京に住んでいる。「(2つのもの[人]のうち)1つ[1人]は～，もう1つ[1人]は…」one ～，the other … を使う。

5 It was careless of you. A：大変，車の鍵が見つからない。おそらく失くした。／B：本当に？それは不注意だったね。 It is ～ of you to …「…するとは君は～だ」を使う。ここでは to 以下がないがこの形で覚えておこう。

基本 Ⅳ （読解問題：要旨把握）

[1] （全訳） トミー・ジョンソンはアメリカ野球で最も愛された選手の1人である。彼は1974年に腕に怪我を負った後，左腕靭帯の置換手術を受けた最初の選手である。彼は右手首の健康なものと交換したのだ。手術後，彼は164試合勝ち続け，それは彼が実績を伸ばすのを科学が助ける前の成績よりも多い。彼の超人的な腕は1シーズンに最低でも20試合勝利するのを助けた。彼は46歳で引退したが野球史上最長の経歴を持つ一人であり，スポーツの英雄として国民に敬意を払われている。それ以来多くのメジャーリーグ野球のピッチャーが同じ手術を受けている。

問 「この文章は主に…についてである」 あ「トミー・ジョンソンがプロ野球選手になるためにどのように練習したか」 い「トミー・ジョンソンがなぜ彼の右腕を手術しなければならなかったか」 う「プロ野球引退後にトミー・ジョンソンが何をしたか」 え「トミー・ジョンソンが彼の左腕を手術した後にどのようにスポーツの英雄となったか」第4文から6文にかけて手術後の彼の実績が書かれているので一致。

[2] （全訳） 最近，食料品チェーンのホール・フーズが不完全な食べ物を売り始めた。彼らはそれらの商品を「個性的農産物」と呼ぶ。また，形の悪い農産物もいくつかの店舗で売り始める予定だと彼らは言った。彼らはインパーフェクト・プロデュースという形の悪い農産物を売り配送するカリフォルニアの会社と提携しているのである。ホール・フーズは不完全な商品を低価格で売る計画を立てている。

「私たちは人々が食品廃棄物に関心を持っていて，彼らが少し変わった見た目の食べ物を食べることに関して心が広いことがわかった」とインパーフェクト・プロデュースの社長ベン・サイモンが言う。他の店が買わない果物や野菜の卸売業者を見つけるために直接農家と提携している。

反食品廃棄の活動家であるジョーダン・フェゲイレドはソーシャルメディアに形の悪い農産物の面白い写真を投稿している。彼は完全とは言えない商品を売る店がより多くなることを期待している。「私たちは良い食べ物を大量に捨てすぎている」彼は言う。「これがいかに重要なことか人々は知る必要がある。」

問 「この文章は…について語られている」 あ「なぜ人々が形の悪い農産物を食べるべきではない

か」 い「なぜ人々が食品廃棄について関心を持たないのか」 う「どのようにホール・フーズが不完全な食品を売り始めたか」第1段落にそのことが書かれている。 え「どのようにホール・フーズは完璧な野菜を育てる農夫たちを助けているのか」

重要 **V** **(長文読解問題・論説文:適語補充,内容把握,語句整序,内容正誤判断)**

(全訳) もしあなたが怠け者でも,心配は要らない－あなたの脳のせいにできるかもしれない! 少なくとも,研究者たちはそう提唱している。

怠けるというのは,階段のX代わりにエレベーターを使うということだけではない。あなたの考え方や決断の仕方が「怠惰だ」ということでもある。では,あなたには何ができる? どうしたら自分たちの脳がより怠惰でなくいられるようにできるだろうか?

なぜ脳が怠惰になりたがるのかを理解するためには,脳がどのように作用するのかを理解しなければならない。脳はとても複雑で①2つの異なる考え方をする。1つ目は,怠惰な方法だが良い種類の怠惰である。それは私たちが足し算A1＋1をするときに使う考え方だ。それは車で学校や仕事に行く時の怠惰な考え方と同じである。どのようにするのかを考える必要がないのだ――ただそれをやるだけである! 私たちは毎日何千ものこのような怠惰な考えをしていると科学者たちは言う。

②では,なぜ脳はこのような怠惰な決断を好むのだろう? 何かを素早くやろうとする時や,考える必要がない時は私たちはエネルギーを節約する。私たちの脳や体は常にエネルギーを節約しようとしている。もしエネルギーを節約すれば,私たちはより多くのエネルギーを保有することになり,より多くのエネルギーは私たちが世界でより良く機能できるということを意味する。疲れている時や空腹のときに考えるのがどれだけ難しいかを考えてみてほしい。私たちの脳が疲れすぎているので多くのミスをしてしまう。

実際,研究者たちは脳が常にエネルギーを節約しようとしているということを示してきた。カナダのサイモンフレーザー大学での実験で,③科学者たちは,脳がいかにうまくエネルギーを節約できるのかを検証したかった。彼らは9人のボランティアにランニングマシンで歩くようお願いした。ボランティアたちは当然のことながら,できるだけエネルギーを節約しようとした。その後科学者たちはそれをより難しくした。彼らは膝に重りを足したのだ。結果としてボランティアたちの元々のペースは最も効率が良いものではなくなってしまった。彼らはエネルギーを節約するために違う歩き方をし始めた。脳がリアルタイムでエネルギーを節約していたのだ。

したがって,エネルギーを節約しているので脳が怠惰になるのは良いことなのだ。しかし悲しいことにこれがすべての話とはならない。時に怠惰な考え方は問題を引き起こすことがある。

1つに,怠惰な考えをする人たちはたいてい証拠もないままに物事を信じてしまう。これは,実はそうではないのに物事が真実であると受け止めてしまうということを意味する。たとえば,誰か新しい人と出会ったとしよう。彼らはあなたに「私は正直者だ」と伝え,あなたは彼らを信じてしまう。しかし実際には彼らは人々に対して嘘をつく,友人であったとしてもだ。あなたの怠惰な脳は彼らが真実を言っていると受け止めてしまうのだ。④それが最も安易な考えなので,彼らが良い人だと信じてしまうのだ。

怠惰な考え方をする人たちは良くない決断もしてしまうことがある。ある研究で,怠惰な脳をY持つ人たちはお金に関してひどい決断をしてしまっていたことを示した。これは,彼らは自分たちがやっていることに深く考えなかったからである;代わりに自分たちの感情で素早い決断をしてしまったのである。彼らは多額のお金を失った。それは怠惰な脳を持つ人たちが自信を持ちすぎているからだということがよくある。そうではないのに,自分たちは全てをわかっていると思ってしまうのだ。

それでは,人々はどうやって怠惰な考えと闘えばよいのだろうか? 幸運にも,方法がある。人間はもう一つの種類の考え方を持っている。それは「熟考」と呼ばれるものだが，それはより多くのエネルギーを使う。熟考はよりゆっくりだ。それは B 17×24のような難しい問題を解決する時に使う考え方である。仕事上での決断や，どこに住むかというような，より難しい決断をする時に使うような類の考え方のことである。

熟考をすると，かなり多くのエネルギーを使うので私たちの体は喜ばない。生徒たちがテスト勉強をした後にとても疲れるのはそれが理由である。長い会話の後にコーヒーを一杯飲みたくなるのもそれが理由である。⑤もうエネルギーがないように感じてしまうのでカフェインが必要になるのだ。彼らはもう怠惰な脳を使ってはいない。

問題は，多くの人たちがあまり熟考をしないので，そのことが問題を引き起こしてしまうのだ。したがって，科学者たちからの忠告は，それと闘おうということである。つまり，あなたが聞いたことすべてが真実だとただ受け止めてはいけない。疑問に思いそれが本当に理にかなっているか否かを自分に問いかけてみよう。最初の考えは間違っているかもしれないのであなたが知っていることに対して過信してはいけない，それはあなたの怠惰な脳からくるものだからだ。また，次回からは階段を使うことも忘れないように！

基本 1 【call】→ called 「～と呼ばれる」という受け身の意味にするため過去分詞 called を入れる。
【be】→ is　the advice from scientists が主語で advice が単数のため is になる。

基本 2 instead of ～ で「～の代わりに」の意味。

3 A　動詞 add が直前にあるので足し算。2文後に，考えなくてもわかるとあるので簡単な計算だとわかる。　B　a difficult problem like B 「Bのような難しい問題」という文なので簡単に答えが出ない計算だとわかる。したがって「い」の組み合わせが適当。

4 直後に1つ目の考え方 lazy way とあり，これが lazy thinking。2つ目は第9段落第3文参照。「もう1つの考え方」として hard thinking が挙げられているので，う「怠惰な考え方と熟考」が正解。　あ「怠惰な脳と身体」　い「エレベーターと階段を使用すること」　え「決断をし，エネルギーを節約すること」

5 下線部の意味は「では，なぜ脳はこのような怠惰な決断を好むのでしょう？」という意味。下線部の後2文参照。脳はエネルギーを節約し余力を残そうとしていることがわかるので「う」に一致。その他の選択肢に関する記述はない。

6 how 以下は wanted to test「検証したかった」の目的語になる間接疑問文。be good at ～「～が上手い」に程度を表す疑問詞 how がつき「どれだけうまいか」という意味になっている。「あ」が正解。

7 下線部の前2文参照。相手が嘘を言っていても怠惰な脳がそれを真実だと受け取ってしまうとある。つまりそれは安易な考え方によるものだという流れにするため，あ easiest「最も安易な」を入れる。　い「最も難しい」　う「最も重要な」　え「最も興味深い」

8 people with lazy brains「怠惰な脳を持つ人々」という意味にする。い with はここでは所有の意味を表す。

9 (they feel) like they don't have any energy　feel like ～「～のように感じる」　not any「まったくない[何もない]」を使い they don't have any energy で「エネルギーがまったくない」という意味にする。

10 第4段落第3文で脳はエネルギーを節約することを常に考えているとある。また第5段落参照第4文で，脳が常にエネルギーを節約していることを裏付ける実験の結果，被験者がエネルギーをできるだけ節約しようとしていると書かれているので，え「できる限り少なく行う」が適当。
あ「恐怖を感じる」　い「お金がない」　う「大きな努力をする」

11　あ　第5段落第第6文に一致。　い，う，えに関する記述はない。

重要 VI　(英作文)

(1)　(When I'm with my friends, I try to) listen to what they say. 「私は友達といる時に，彼らの言うことを聞くようにしている」

(2)　I can understand their thoughts and feelings. I think understanding each other is important to build a good friendship. 「彼らの思いや気持ちを理解できる。互いを理解することは良い友情関係を作り上げるために重要なことだと思う。」

★ワンポイントアドバイス★

英作文問題では，内容に即したものであることは大前提だが，減点方式で採点されると推測されるので，主語＋動詞の形ができているか，単数複数のミス，時制のミス，スペルミスなどがないか気をつけて英文を完成させよう。

一般

2024年度

解　答　と　解　説

《2024年度の配点は解答欄に掲載してあります。》

＜数学解答＞ 《学校からの正答の発表はありません。》

1 (1) $4x$ (2) $-\sqrt{2}$ (3) $7a^2xy^3(x-2y)(x-4y)$ (4) $x=3$, $y=2$
(5) $x=-1$, -7 (6) $\angle x=38°$ (7) 7 (8) $\mathrm{P}(-4\sqrt{3},\ -2\sqrt{3})$

2 (1) 4通り (2) 116

3 (1) $x=9$, $y=13$ (2) ④ (3) (ア) × (イ) ○ (ウ) ○

4 (1) $18\sqrt{3}$ (2) $\dfrac{9\sqrt{7}}{2}$ (3) $\dfrac{2\sqrt{21}}{7}$

5 (1) $y=\dfrac{2\sqrt{6}}{3}x+2$ (2) (ア) $\dfrac{\sqrt{3}}{3}$ (イ) $y=-\dfrac{5\sqrt{3}}{3}x+2$

○推定配点○

1 各5点×8　2 各5点×2　3 (1)・(2) 各5点×2　(3) 各4点×3　4 各5点×3
5 (1) 5点　(2) 各4点×2　計100点

＜数学解説＞

1 (単項式の乗除，平方根，因数分解，連立方程式，2次方程式，角度，数の性質，関数と図形)

(1) $\left(\dfrac{9y^2}{2x^3}\right)^2\times\left\{-\left(-\dfrac{3}{2}x^2y\right)^2\right\}^3\div\left(-\dfrac{9}{4}xy^2\right)^5=\dfrac{9^2y^4}{4x^6}\times\left(-\dfrac{9x^4y^2}{4}\right)^3\times\left(-\dfrac{4^5}{9^5x^5y^{10}}\right)=\dfrac{9^2y^4}{4x^6}\times\dfrac{9^3x^{12}y^6}{4^3}\times\dfrac{4^5}{9^5x^5y^{10}}=4x$

基本 (2) $\dfrac{2\sqrt{3}+6\sqrt{2}}{\sqrt{6}}-\dfrac{4+2\sqrt{2}+\sqrt{6}}{\sqrt{2}}-\dfrac{3-2\sqrt{3}}{\sqrt{3}}=\dfrac{2}{\sqrt{2}}+\dfrac{6}{\sqrt{3}}-\left(\dfrac{4}{\sqrt{2}}+2+\sqrt{3}\right)-(\sqrt{3}-2)=\sqrt{2}+2\sqrt{3}-2\sqrt{2}-2-\sqrt{3}-\sqrt{3}+2=-\sqrt{2}$

基本 (3) $7a^2x^3y^3-42a^2x^2y^4+56a^2xy^5=7a^2xy^3(x^2-6xy+8y^2)=7a^2xy^3(x-2y)(x-4y)$

基本 (4) $\dfrac{2}{3}(x+1)-\dfrac{1}{2}(y+3)=\dfrac{1}{6}$より，$4(x+1)-3(y+3)=1$　$4x-3y=6$…①，$(2x+3):(y+1)=3:1$より，$2x+3=3(y+1)$　$2x-3y=0$…②　①－②より，$2x=6$　$x=3$　これを②に代入して，$6-3y=0$　$y=2$

基本 (5) $3(x+1)^2=2(x+1)(x-6)-(x+1)(x-1)$　$(x+1)\{3(x+1)-2(x-6)+(x-1)\}=0$　$(x+1)(2x+14)=0$　$(x+1)(x+7)=0$　$x=-1$, -7

基本 (6) 右の図で，三角形の内角と外角の関係より，$\angle a=77°-\angle x$　$\angle b=\angle a-20°$　よって，$\angle b=77°-\angle x-20°=57°-\angle x$　円周角の定理より，$\angle x=2\angle b$　$\angle x=2(57°-\angle x)$　$3\angle x=114°$　$\angle x=38°$

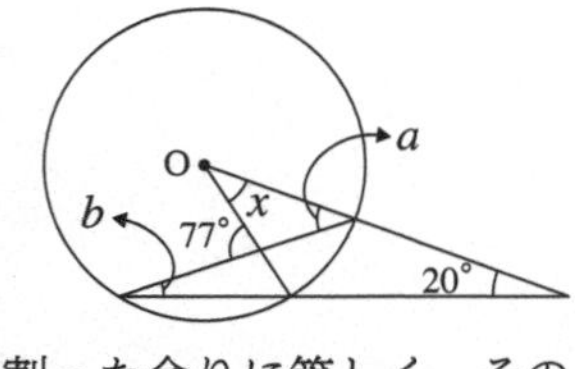

(7) $1963^{1963}=(1960+3)^{1963}$より，$1963^{1963}$を10で割った余りは$3^{1963}$を10で割った余りに等しく，その余りは，元の数の一の位の数である。$3^1=3$，$3^2=9$，$3^3=2\underline{7}$，$3^4=8\underline{1}$　$1963\div4=490$余り3より，$3^{1963}=(3^4)^{490}\times3^3$　よって，求める数は7

重要 (8) $\triangle\mathrm{OAB}=\triangle\mathrm{PAB}$だから，OP//AB　$y=\dfrac{24}{x}$に$x=12$，-4をそれぞれ代入して，$y=2$，-6

よって，A(12，2)，B(−4，−6)　　直線ABの傾きは，$\frac{-6-2}{-4-12}=\frac{1}{2}$　よって，直線OPの式は$y=\frac{1}{2}x$　$y=\frac{24}{x}$と$y=\frac{1}{2}x$からyを消去して，$\frac{24}{x}=\frac{1}{2}x$　　$x^2=48$　　$x<0$より，$x=-4\sqrt{3}$
よって，P$(-4\sqrt{3}，-2\sqrt{3})$

2　(場合の数，数の性質)

基本　(1)　$54=2\times3^3$より，求めるa，b，cの値の組は，$(a，b，c)=(1，2，27)$，$(1，3，18)$，$(1，6，9)$，$(2，3，9)$の4通り。

重要　(2)　$a=1$で，b，cが素数のとき，$X=b^2c$ならば，$(a，b，c)=(1，b，bc)$，$(1，b^2，c)$となる。よって，求める3桁の最小の数は，$X=2^2\times29=116$

基本　3　(データの整理)

(1)　$2+x+12+y+4=40$より，$x+y=22$…①　　最頻値が70冊だから，$y>12$となり，平均値が最小になることから，①を満たすx，yの値の組は，$(x，y)=(9，13)$

(2)　最小値が20冊未満の階級に含まれるから，箱ひげ図の②は不適。第1四分位数は，20冊以上40冊未満の階級に含まれるから，箱ひげ図の⑤は不適。第2四分位数(中央値)は，40冊以上60冊未満の階級に含まれるから，箱ひげ図の①は不適。第3四分位数は，60冊以上80冊未満の階級に含まれるから，箱ひげ図の③は不適。よって，最も適切な箱ひげ図は④

(3)　(ア)　データの範囲は，ひげの長さによるので，誤り。
(イ)　最小値から20冊未満の生徒が少なくとも1人いて，第1四分位数は，冊数の少ない方から10番目と11番目の平均で，41冊より多いから，10番目が20冊以上40冊未満の階級に含まれる生徒がいるならば，最大で9人いることになり，正しい。
(ウ)　B組の最大値は60冊未満で，A組の第3四分位数は，60冊以上であるから，正しい。

重要　4　(空間図形)

(1)　四角錐A−BCDEの高さをAHとすると，$BH=\frac{1}{2}BD=\frac{1}{2}\times\sqrt{2}BC=\frac{1}{2}\times\sqrt{2}\times3\sqrt{2}=3$より，$AH=\sqrt{AB^2-BH^2}=\sqrt{6^2-3^2}=3\sqrt{3}$　　よって，四角錐A−BCDEの体積は，$\frac{1}{3}\times(3\sqrt{2})^2\times3\sqrt{3}=18\sqrt{3}$

(2)　AからBCにひいた垂線をAIとすると，$BI=\frac{1}{2}BC=\frac{3\sqrt{2}}{2}$より，$AI=\sqrt{AB^2-BI^2}=\sqrt{6^2-\left(\frac{3\sqrt{2}}{2}\right)^2}=\frac{3\sqrt{14}}{2}$　　よって，$\triangle ABC=\frac{1}{2}\times3\sqrt{2}\times\frac{3\sqrt{14}}{2}=\frac{9\sqrt{7}}{2}$

(3)　球の半径をrとすると，△OBHにおいて，$OB^2=OH^2+BH^2$　　$r^2=(3\sqrt{3}-r)^2+3^2$　　$6\sqrt{3}r=27+9$　　$r=\frac{6}{\sqrt{3}}=2\sqrt{3}$　線分DEの中点をJ，求める垂線をOKとすると，右の図で，△OAK∽△IAHより，OK：IH＝AO：AI
$OK=\frac{3\sqrt{2}}{2}\times2\sqrt{3}\div\frac{3\sqrt{14}}{2}=\frac{2\sqrt{3}}{\sqrt{7}}=\frac{2\sqrt{21}}{7}$

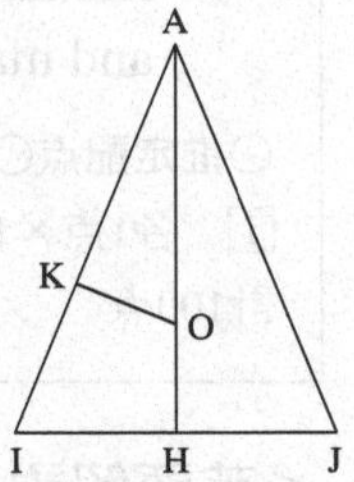

重要　5　(図形と関数・グラフの融合問題)

(1)　AE：EB＝1：3より，点Aのx座標を$t(<0)$，点Bのx座標を$-3t$とすると，$y=x^2$上の点だから，$A(t，t^2)$，$B(-3t，9t^2)$　　直線lの傾きは，$\frac{9t^2-t^2}{-3t-t}=-2t$　　直線lの式を$y=-2tx+b$とすると，点Aを通るから，$t^2=-2t^2+b$　　$b=3t^2$　　E(0，2)より，$3t^2=2$　　$t<0$より，$t=-\sqrt{\frac{2}{3}}=$

$-\frac{\sqrt{6}}{3}$　よって，直線lの式は，$y=\frac{2\sqrt{6}}{3}x+2$

(2)　(ア)　△DEB＝sとすると，△AEC：△DEB＝2：1より，△AEC＝2s，△AEC：△BEC＝AE：EB＝1：3より，△BEC＝6s　　よって，CE：ED＝△BEC：△DEB＝6：1　　点Dのx座標をd(＞0)，点Cのx座標を$-6d$とすると，$y=x^2$上の点だから，D(d，d^2)，C($-6d$，$36d^2$)　　直線mの傾きは，$\frac{36d^2-d^2}{-6d-d}=-5d$　　直線mの式を$y=-5dx+k$とすると，点Dを通るから，$d^2=-5d^2+k$　　$k=6d^2$　　E(0，2)より，$6d^2=2$　　$d>0$より，$d=\sqrt{\frac{1}{3}}=\frac{\sqrt{3}}{3}$

(イ)　(ア)より，直線mの式は，$y=-\frac{5\sqrt{3}}{3}x+2$

★ワンポイントアドバイス★

年度により出題構成が変わるが，問題数や難易度に大きな違いはない。②以降は，前問を手がかりにしっかりと考えていこう。

＜英語解答＞ 《学校からの正答の発表はありません。》

Ⅰ　リスニング問題解答省略

Ⅱ　1　①　to eat　②　moved　2　money　3　1　え　2　う　3　い　4　え　5　う　6　あ　7　え　8　う　9　え　10　あ

Ⅲ　1　え　2　い　3　A　い　B　う　C　あ　4　あ　5　う　6　い　7　あ　8　え　9　う　10　え

Ⅳ　1　い　2　え　3　あ　4　う　5　う

Ⅴ　1　Nothing　2　or　3　lend　4　too　5　without　6　join

Ⅵ　1　a　か　b　え　2　a　か　b　お　3　a　か　b　え　4　a　あ　b　え　5　a　あ　b　う

Ⅶ　(例)　(I think) time (will be the most important thing for me when I become a high school student. This is because) I want to use my time to experience a lot of things. For example, I want to study hard, do club activities, enjoy spending time with my friends and if possible, study abroad. As time is important, I'm going to use it wisely and make wonderful memories in high school.(I can't wait to start in April.)

○推定配点○

Ⅰ　各1点×10　　Ⅱ～Ⅵ　各2点×41(Ⅵ各完答)　　Ⅶ　最初の空所　2点　　英作文　6点

計100点

＜英語解説＞

Ⅰ　リスニング問題解説省略。

Ⅱ　**(長文読解問題・物語文：適語補充，内容把握)**

(全訳)　私はゾンビのようにカートを押していた。好きでもない仕事の長い一日の後，私のことはこれ以上は不要だという内容の上司からのメッセージで私の一日は終わった。何の理由も告げられず──ただ「さようなら」だけ。ただベッド入って泣きたかった。しかしながら，6人家族の母親としては家に帰り夕食の準備をしなければならないことはわかっていた。涙を拭き，スーパーに行った。

何か①おいしい食べ物を探そうと歩き回った。私のカートにはジャガイモ，人参，帰宅したら家族に作るためのカレーの他の材料が入っていた。私はおいしそうな肉を見つけた。それを手に取ると肉の下の何か黄色い物が見えた。それは「私を開けてみて」と書いてある封筒だった。それなのでそうしてみた。中にこんな言葉の書いてある小さな紙が一枚入っているのを見つけた：「すべてはうまくいく。良い人であり続けて。強くあり続ければ大丈夫。」

私は泣き始めた。どういうわけかこんなひどい日の後に世界が私を助けてくれた。このメッセージを持ってカスタマーサービス所に急いで行った。「あなたがこれを書いたのですか？」と紙を見せながら尋ねた。カウンターの後ろにいた男性はぼんやりと私を見た。

「申し訳ありませんが，これが何だか私には見当もつきません。何か他にご用はありますか？まもなく閉店時間ですが」と彼は言った。

「紙と封筒はありますか？」親切な行為のお返しに期待を込めて尋ねてみた。

「いいえ，申し訳ありません」と彼は言ったので，私は会計を済ませて家に帰った。

翌朝目が覚め，あの手紙は夢だったのではないかと思った。そこで自分のパソコンの所に行くと，そこにそれはあった――鮮やかな黄色い封筒である。本当に起こったのだ。メッセージは正しかった。すべてはうまくいったのだ。私はその手紙に励まされた。

私は急いでこの話をソーシャルメディアで共有した。人々は②感動し「私もこれをやってみる」というコメントには胸がいっぱいになった。私は封筒とメッセージカードを買いに急いで店に行った。私は心に響くメッセージを100個書き，聞いてくれる人皆に今では4月は全国「知らない人を楽しませる日」月間なのだと伝えた。使命を持った女性，自分が他の人を助けることができるのだと思うのは気分が良かった。もし100枚のカードのうち1枚が誰か1人を助けられたら，それはやる価値のあることだったのだ。

翌月は行ったところすべてに――店，レストラン，公園――メッセージを残した。私は他の人たちにもポジティブなエネルギーを作り出して欲しかったのだ。ある時レストランに行き，メッセージを忘れたことに気づき，ウェイトレスに紙とペンをお願いした。そこにいる間に私は洗面所にメッセージを残した。数週間後，同じレストランに行った時，見知らぬ人からの「ありがとう」と書いてあるメッセージを見つけた。

私は友人たちに毎日「知らない人を楽しませた？」と聞きながら話しをすることを始めた。答えはたいてい「はい」で，どこにメッセージを置いたとか，どのように列の後ろに人の分のコーヒーの支払いをしたかなど楽しそうに話してくれた。

数週間のうちに，「知らない人を楽しませる日」のメッセージを見つけた友人の友人たちから手紙やコメントをもらうようになった，それは私の地域からではなく国中からだった。彼らの話を聞きながら私の心は嬉しさでいっぱいになった。私は親切を始めたのではなく，他の人たちを励ましたのだと確信した。

4月が終わり私たちは皆普通の生活に戻った――うまくいけば，今では以前よりお互い相手に優しくできているだろう。私は今でも時々知らない人にメッセージを残しているが，最初の月の間にしてきたほどではない。

ある日，電話が鳴った。

「こんにちは，ジョーディー。私はナンシーと言います」とその声は言った。

「こんにちは，ナンシー」困惑しながら答えた。

「私が店にメッセージを残した女性です。あなたに電話をかけてご迷惑ではないといいけれど。

友人からあなたの電話番号を聞きました」その声の主は続けた。彼女は封筒の色とそれがどこにあり彼女が書いたメッセージについて話してくれた。それは私に封筒を残してくれたまさにその人だった！「あの日は誰かが助けを必要としているような気がしたの」彼女は話し終えた。彼女の優しさに感謝しどれだけ私に影響を与えてくれたかを話しながら涙があふれた。「あなた自身もご自分でたくさんの封筒を書いたと聞きましたよ」と彼女は言った。

「あなたの素敵なメッセージを真似して同じアイディアで他の人を助けようとしただけです」と私は言った。「個人的には，次の4月の『知らない人を楽しくさせる日』月間が待ちきれない。どのようなお手伝いができるか教えてくださいね」と彼女は言った。私は電話を置き微笑んだ。私が落ち込んでいた時に励ましてくれた見知らぬ人についに会えたのだ。友達になれてとても嬉しかった。

この間の土曜日，私の娘がその日にあった面白い話をしてくれた。私は家で忙しかったので，娘に米を1袋買いに行かせた。スーパーでは，彼女の前にいた紳士が支払いをしてくれたのだ。「その必要はないです」彼女は言い，持っていた③お金を彼に見せた。

「たいしたことじゃないよ。知らない人を楽しませる日，だよね？」 歩き去りながら彼はそう言った。

そこで娘は私が渡したお金を彼女の後ろにいた女性の牛乳代に使った。その女性は困惑していたようだった。「どういたしまして」娘は彼女に言った。「念のため，いつかの知らない人を楽しませる日までゆっくり時間を使ってね。」娘からこの話を聞いて私はとても誇らしく思った。優しさは拡がっている。

1 ① 【eat】→ to eat nice food to eat で「美味しい食べ物」。直訳すると「食べるための何か美味しいもの」ということ。to eat は nice food を修飾する形容詞用法の不定詞。for us が間に挿入されている形。 ② 【move】→ moved 人が主語になると be moved は「感動する」という意味になる。

2 前に並んでいた人が支払いをしてくれた場面で「その必要はない」と答えている。そのときに相手に見せた物なので money「お金」が適当。

3 ＊1 「筆者は…なのでスーパーに行った」 あ「彼女の夫がそこでアルバイトの仕事を得るために行くよう彼女に言ったから」 い「彼女は仕事を変え新しくそこで働き始めることに決めたから」 う「彼女は最近アルバイトとしてそこで働き始めたから」 え「彼女は家族の食事の準備のために食品を買う必要があったから」第1段落最後の2文に一致。

＊2 「筆者が肉を手に取った時，彼女はその下に…を見つけた」 あ「人参」 い「スパイス」 う「封筒」第2段落第4，5文に一致。 え「ノート」

＊3 「カスタマーサービス所で，カウンターの後ろにいた男性は…」 あ「そこで彼女にこれ以上働いてほしくなかったので筆者に去るようにお願いした」 い「そのメッセージに関して何も知らない，そしてまもなく店は閉店すると言った」第3段落直後の Sorry で始まるセリフに一致。 う「筆者に封筒と紙を買うために近くの店に行くよう言った」 え「筆者に多くの人たちが封筒のことについて話していたと伝えた」

＊4 「翌朝，筆者は…」 あ「前日に起こったことは全て夢に過ぎなかったことを認識した」 い「封筒とメッセージカードを買うことを忘れたことを認識した」 う「封筒とメッセージのことを子どもたちに話した」 え「前日に見つけた封筒を彼女のパソコンの近くで見つけた」 Waking で始まる段落第2文に一致。

＊5 「その日の朝遅く，筆者は…」 あ「彼女がスーパーで見つけた封筒を置いた人を探そうとした」 い「彼女の話と似たような話を見つけるためにインターネットで検索した」 う「前日に起こったことについての彼女の話をオンラインで共有した」 Quickly で始まる段落第一文に一

致。　え「オンラインショップでたくさんの封筒とメッセージカードを購入した」

＊6「封筒とメッセージカードを買った後，筆者は…」　あ「そこに優しい言葉を書き彼女が行ったあらゆる場所にそれらを置き始めた」 Quickly で始まる段落3，4文で購入したカードに励ましの言葉を書いたことがわかる。次の段落第1文でそれらをあらゆる場所に置いたことがわかるので一致。　い「彼女にもっと封筒とメッセージカードを送ってくれるよう友人たちに頼んだ」　う「店で見つけた封筒を置いた人を探すよう友人たちに頼んだ」　え「今では8月が『知らない人を楽しくさせる日』だと彼女の友人たちに伝えた」

＊7「筆者はレストランの洗面所にメッセージを残し，その数週間後…」　あ「知らない人が彼女に『ありがとう』というために電話をかけてきた」　い「レストランのウェイターが彼女に感謝した」　う「彼女の親しい友人の1人がそれを見つけて彼女にeメールを送った」　え「彼女は同じレストランで『ありがとう』というメッセージを見つけた」 Everywhere で始まる段落第3から5文に一致。

＊8「筆者が町中にメッセージを残し始めた後，彼女は…を受け取った」　あ「彼女の友人たちの特別な『知らない人楽しくさせる日』カード」　い「彼女が以前一度も会ったことがないたくさんの人からの『知らない人を楽しくさせる日』カード」　う「たくさんの場所で見つけた『知らない人を楽しくさせる日』カードについての手紙やコメント」 Within で始まる段落第1文に一致。　え「もっとたくさんのカードを残してくれるようにと彼女に頼んだ知らない人たちからの手紙とコメント」

＊9「ナンシーという名前の女性は…」　あ「とても若いころの筆者の友人だった」　い「筆者のメッセージを見つけられなかったので不幸だという知らない人だった」　う「筆者のカードの1つを受け取って幸せだったので筆者に感謝した」　え「『知らない人を楽しくさせる日』活動を始めるのに筆者を励ましたカードを書いた」 I'm the woman で始まる段落第1文に一致。

＊10「筆者の娘が米を買うために出かけた時…」　あ「彼女の前の男性が支払ってくれたので，彼女は自分の後ろにいた女性のために牛乳を買った」 Last Saturday で始まる段落第3文，その後の Then で始まる段落第1文に一致。　い「店にいた女性が『知らない人を楽しくさせる日』カードの1枚を見つけたと彼女に伝えた」　う「彼女は代わりに牛乳を買い，彼女の後ろの女性に米をあげた」　え「彼女の後ろの女性が牛乳を買わないように頼んだ」

Ⅲ (長文読解問題・論説文，資料読解：適語・適文選択補充，内容把握，内容正誤判断)

(全訳)　世界はあらゆる類のデータで①あふれている。たとえば，学校では生徒の成績を記録しデータ化される。ある生徒は数学で60点，別の生徒は70点，そして他の誰かは65点を取ったとする。しかしこれらの点数だけあってもそれは役に立たない。平均点やそのテストの難易度といった他の情報が役立つ。多くの人がこのような類の情報に興味を持っている。たくさんのデータを集めそれを役立つものとすることは②統計と呼ばれる。

統計の第一歩はデータを集めることである。Aいこのデータはあなたが気がつかないところによくある。たとえば簡単なレシートを取ってみよう。店で何かを買ったときに，店とあなたの両方がレシートをもらう。たいてい，人々はそれを棄ててしまう。しかし，もしあなたが店を経営していたら，これらのレシートは黄金のようなものである。それには店がもっと利益を出すために役立つ重要なデータがある。それぞれのレシートを整理し人々が何の商品を買っているのかを見ることで，よく一緒に買われる商品の組み合わせを見つけることができるのだ。たとえば，コンビニで一緒に買われる最も一般的な組み合わせ商品はフライドチキンとビールである。下の表を見てみよう。これらが一緒に買われる機会は80%だと示されている。これはフライドチキンとスナック菓子が一緒に買われる機会の2倍高い。驚くことにお茶とフライドチキンが一緒に買われたことはない。これが統計の大切なところになる。もしあなたが店の経営者なら，③この情報は本当に重要になる。フライドチキンとビールがもっと売れるよう計画を立てられる。店でそれらを近くに配置したり，一緒に購入すると割引にするというようにだ。もう1つのアイディアとしては，両方の商品を持った有名俳優のポスターを貼ることである。

	フライドチキン	a　ビール	b　スナック菓子	c　お茶
フライドチキン		80%	40%	0%
a　ビール	80%		40%	0%
b　スナック菓子	40%	40%		0%
c　お茶	0%	0%	0%	

ここの興味深い例えがある。1994年に外来魚レイクトラウトがアメリカのイエローストーン湖で急増した。これがそこにいた他の魚の数の減少を引き起こした。これは大きな問題となった。それを解決するためにレイクトラウトの数を調査する必要があった。しかしながら，一匹ずつ魚を数えることはほぼ不可能である。そこで，彼らは一般的な統計の手法を使った。彼らはレイクトラウトを何匹か捕獲し魚のヒレを切って印をつけ，再度湖に戻した。しばらくして，彼らは更に多くの魚を捕獲し印をつけた魚の割合を調べた。これでレイクトラウトの総数の見当がつく。たとえば，もし10匹のレイクトラウトに印をつけ放し，その後次に捕獲した10匹のうち印の付いた魚を1匹見つけたら，それは10%のレイクトラウトが印付きだったということを示していたということだ。つまりその湖にはおよそ④100匹のレイクトラウトがいることになる。Bうこのように統計を使うことで，最小限の努力で欲しい情報を簡単に得ることができる。

グラフにしたもので可視化すると一番わかりやすくなる情報もある。年齢別の日本人男性100,000人あたりの死亡者数を示すグラフを見てほしい。グラフの両サイドにピークがあるのがすぐに見てわかる。グラフ上のピークは特定の年齢で死亡者数が高いことを示している。面白いことに，グラフの左端では子供の死亡者数が激減していることがわかる。また，⑤右側のピークは長い年月で上昇した。最も古い1947年のデータでは，晩年でのピークは70歳ごろだった。2015年までにピークは85歳以上の集団に移動した。また線の形も変化した：1947年のデータでは10歳以降はなだらかな線になっている一方，2015年ではより急な線になっている。この情報から，社会が変化したことは明らかである。以前は「人々はさまざまな年齢で亡くなる」と言ってきたが，今では「⑥より多くの人が長生きになった」と言える。

上記の説明のように，統計はとても便利である。私たちの生活をより楽に，そしてより便利にしてくれる魔法の道具である。しかしながら，もしデータが正しい方法で収集されなければ間違った結果に導かれてしまうので，統計の使い方には気を付けるべきである。⑦「ゴミを入力したら，ゴミが出力される」というのは統計学では有名な言葉である。Cあ統計を使う時にはデータが正しい方法で収集されたかをチェックするべきである。

1　be full of ～ で「～でいっぱいだ[～であふれている]」という意味。え of を入れる。

2　たくさんのデータを集めてそれを役立つものにするものなので，い 統計が適当。

3　全訳参照。　A　い「このデータはあなたが気がつかないところによくある」客はレシートを棄ててしまうが，店の経営者にとってレシートはデータの宝庫だという流れにつなげる。

B　う「このように統計を使うことで，最小限の努力で欲しい情報を簡単に得ることができる」湖にいる魚の数を把握するのに統計を使えば簡単にわかると言う話に続くので，「う」が適当。

C　あ「統計を使う時にはデータが正しい方法で集められたかをチェックするべきである」　2文前の文の内容から考え，「あ」が適当。

4　第2段落中ほど For example で始まる文から5文参照。フライドチキンとビールが一緒に買われるのが80%で，それはフライドチキンとスナック菓子が一緒に買われる機会の2倍。お茶とフライドチキンは一緒に買われたことがないので，a beer，b snacks，c tea となり，「あ」が正解。

5 「あ」，「い」，「え」は③を含む文の後2文の内容に一致。「う」に関する記述はない。

6 ④を含む文の前2文参照。印のついた10匹の魚が全体の10%に相当するので全体では100匹となる。

7 直前で左端の数に内容について書かれている。この文は右端のピークについてで，右のピークは1947年に比べて高くなっていることから，「あ」を入れ「右のピークも長い年月で上昇した」という意味にする。 い「右のピークはあまり変わらなかった」う「左のピークは上昇した」 え「左のピークはあまり変わらなかった」

8 1947年と2015年では，亡くなる人の数が最も多くなる年齢が上がり，数そのものも上がっている。→ え「より多くの人たちが長生きしている」ということ。 あ「より少ない人たちが長生きする」 い「若くして人々が亡くなる」「さまざまな年齢の人たちが亡くなる」

9 直訳すると「ゴミを入れるとゴミが出てくる」という意味。入れる物がゴミならば出てくる物もゴミということ。間違った方法で収集されたデータとそれを元にして導き出された情報はいずれも garbage「ゴミ」だということを意味する。「う」が正解。

10 「え」グラフ参照。グラフのデータに一致。「あ」，「い」，「う」に関する記述はない。

基本 Ⅳ （適語選択補充問題：現在進行形，受動態，接続詞，慣用句，不定詞）

1 「彼は今度の土曜日に休暇で大阪に向けて出発する予定だ」 be ＋ …ing の現在進行形は「…する予定」という未来の意味があるので，He is leaving for ～ で「彼は～に向けて出発する予定」という意味になる。leave for～「～に向けて出発する」 this coming Saturday は「今度の土曜日」未来のことなので過去形，現在完了形は不可。現在形なら leaves と三単現 -s が必要。

2 「彼女は遅れていたので，彼女の父親が車でそこまで行った」 was と by があることから受動態になるとわかる。過去分詞 driven を入れる。run late「遅れている」 drive は「運転する」という意味の他「車で行く」という意味もある。ここでは後者の意味。

3 「私は家事をしながら音楽を何曲か聞いていた」 while は「～の間」という意味の接続詞なので後に〈主語＋動詞〉の形が続く。い during は前置詞なので名詞相当語句が続くため不可。which や that の関係代名詞は意味を成さないので不可。

4 「A：ここからあなたの学校までどのくらいの距離がありますか？／B：だいたい2キロ。」 う How far で距離を尋ねる表現。あ How large「どのくらいの大きさ」 い How often「どのくらいの頻度で」 え How long「どのくらいの長さ」

5 「今日はとても暑いので，私は何か冷たい飲み物を飲みたい」 something cold で「何か冷たい物」 to drink は something cold を修飾する形容詞用法の不定詞で，直訳すると「飲むための何か冷たい物」。-thing で終わる語に形容詞がつく場合，形容詞は -thing の後に置かれることに注意。

重要 Ⅴ （言い換え問題：比較，接続詞，慣用句，不定詞，動名詞）

やや難 1 Nothing is more important than time. 「時間は最も大切なものだ」→「時間ほど大切なものはない」 最上級の意味を比較級で表す構文を使う。〈No other ＋単数名詞＋ is ＋比較級 than ～〉の構文に当てはめるが，ここでは〈No other ＋単数名詞〉の部分を Nothing にする。important の比較級は more important。

2 Hurry up, or you will miss the bus. 「もし急がなければ，バスに乗れませんよ」→「急ぎなさい，さもないとバスを逃しますよ」 〈命令文＋ or …〉「～しなさい，さもないと…」の構文に換える。〈命令文，and …〉「～しなさい，そうすれば…」と混同しないよう注意。

3 Will you please lend me your textbook? 「あなたの教科書を貸してもらえませんか？」

〈lend ＋人＋物〉「人に物を借りる」の語順。Will you please ～? で「～してもらえませんか」という丁寧表現。

基本 4 The video game was too expensive for her to buy.「彼女はそのテレビゲームを買いたかったが十分なお金を持っていなかった」→「そのテレビゲームはとても高かったので彼女は買えなかった」〈too ～ for ＋人 to …〉「とても～なので人が…できない」の構文に当てはめる。

5 He went out of the room without making a noise.「彼は静かに部屋を去った」→「彼は音を立てずに部屋から出て行った」without …ing で「…することなしに」という意味。make a noise で「音を立てる」。前置詞 without の後なので動名詞 making になる。

基本 6 Would you like to join us?「私たちと一緒に来ませんか？」 join us は直訳すると「私たちと一緒に参加する」という意味だが，Would you like to join us? で「一緒に来ない？」という勧誘表現。Would you like to ～? は Do you want to ～? の丁寧表現。

重要 Ⅵ (語句整序問題：慣用句，動名詞，関係代名詞，受動態，比較，間接疑問)

基本 1 (I) am looking forward to working with her.「私は彼女と一緒に働くのが楽しみだ」 look forward to …ing で「…が楽しみだ」という意味。ここでは I am looking forward to と現在進行形になっている。現在進行形で用いると，楽しみな感情が大きくなる。この to は前置詞なので動名詞 working が続く。work with ～「～と一緒に働く」

2 (He is) an actor who is known to everyone.「彼は皆に知られている俳優だ」 who 以下は an actor を修飾する関係代名詞節。〈be known to ＋人〉で「人に知られている」という意味。

3 (Please) say hello to your father for (me.)「あなたのお父さんによろしくお伝えください」say hello to ～ (＝人) for me は直訳すると「私の代わりに人に hello と言ってください」という意味だが，日本語の「～によろしく伝えて」と言う時に使う表現と同じ意味合いになる。

4 (The population of) Australia is much smaller than that (of Japan.)「オーストラリアの人口は日本よりもずっと少ない」 The population of Australia と the population of Japan を比較する文。that of は繰り返しを避ける時に用いられる用法で直前の名詞を指す。ここでは that of ＝ the population of。much は比較級を強調するので much smaller で「ずっと少ない」。

やや難 5 (Can you imagine) what the next year will be like?「来年がどんなになるのか想像できますか？」 what 以下は imagine の目的語となる間接疑問文なので〈疑問詞＋主語＋動詞〉の語順 what the next year will be like とする。what ～ like で「どのような～なのか」という意味なので文尾に like を置く。

重要 Ⅶ (英作文)

解答例 (I think) time (will be the most important thing for me when I become a high school student. This is because) I want to use my time to experience a lot of things. For example, I want to study hard, do club activities, enjoy spending time with my friends and if possible, study abroad. As time is important, I'm going to use it wisely and make wonderful memories in high school.(I can't wait to start in April.)(50語) 解答例訳「高校生になった時に私にとって一番大事なものは時間だと思う。私は自分の時間でたくさんのことを経験したいからだ。たとえば，一生懸命勉強したり，クラブ活動をしたり，友人たちと過ごす時間を楽しんだり，可能なら留学もしたい。時間は大切なので，私はそれを賢く使い高校で素敵な思い出を作りたい。4月から始まるのがとても楽しみだ」

具体的なことを挙げながら英文を作れるよう題材に何を選ぶかが重要。スペルミスなどのケアレスミスに気をつけながら英文を完成させよう。

★ワンポイントアドバイス★

時間配分に気をつけよう。ボリュームのある読解問題はていねいに読みながらも時間を取られないようにしたい。最後の英作文問題に時間を残せるように文法問題は極力時間をかけずに解いていこう。

＜国語解答＞ 《学校からの正答の発表はありません。》

Ⅰ 問1 ⓐ 窓際 ⓑ 喪失 ⓒ 稼 ⓓ 紡 ⓔ 毛頭 問2 ロ
問3 A ハ B ニ C ヘ D ロ 問4 イ 問5 a ロ b ニ c ハ d イ 問6 ホ 問7 ⑤ ロ ⑥ ハ ⑧ イ 問8 特異性
問9 (1) ハ (2) ホ (3) ト (4) ヌ 問10 ニ 問11 a ロ b チ c ト d ニ

Ⅱ 問1 ニ 問2 ロ 問3 イ 問4 a チ b ロ c ハ d イ 問5 イ
問6 A ハ B ニ C ロ D イ 問7 a ニ b チ c ヘ d イ
問8 ⑦ ホ ⑧ ニ ⑨ ヘ ⑩ ロ 問9 ホ 問10 a ト b ホ c ニ d イ 問11 (1) ハ (2) ニ (3) チ (4) ル

○推定配点○

Ⅰ 問3・問5 各1点×8 他 各2点×21 Ⅱ 問6・問8 各1点×8 他 各2点×21 計100点

＜国語解説＞

Ⅰ (論説文―漢字の書き取り，内容理解，空欄補充，語句の意味，要旨)

基本 問1 ⓐ 「窓際」は，窓のそば，という意味だが，ここでは，会社などで部屋の窓際に席を与えられて業務の中心からもはずされた状態を表している。 ⓑ 「喪」の字形に注意する。 ⓒ 「稼ぐ」と「嫁ぐ」を区別しておくこと。 ⓓ 「一生を紡ぐ」は，一生を形づくる，という意味。 ⓔ 「毛頭ない」は，少しもない，という意味。

問2 冒頭からの文脈に注意する。ここでの「テレビ報道」は，「見えているのに見ていないもの」の一つである。

問3 それぞれ，選択肢の言葉を実際に空欄にあてはめて読みながら，合うものを選ぶ。Aは直後が「……か」という疑問の形になっているので，「なぜ」を選ぶ。Dの「かつて」は，以前，という意味。

問4 「不遜」とは，思い上がっていること。――②の直後の三つの段落の内容が，イに合致している。

問5 直後からの文脈を追って考える。aは「〈老い〉は老いゆくそのひとからも語られるべきものであるはずだ」，bは「〈老い〉とは，ひとにとって自然的な過程である」，c・dは「〈老い〉が……老いゆくひとを『世話』する側からばかり語りだされている」「〈老い〉は，それを介護する側からすれば，まず『問題』として立ち現れる」などに注目。

問6 直後の四つの段落の内容をふまえて考える。

問7 ⑤「しんじゅん」，⑥「けいき」，⑧「かくりつ」と読む。

問8 「〈わたし〉の生を編む偶然の出逢いとそれに由来する存在の特異性」「現代の〈老い〉の語りの

なかでかき消されているもの，それはそれぞれの〈老い〉が懐深くはらむ偶然性と特異性へのまなざしである」という筆者の考えをとらえる。

やや難 問9 (1)・(2)は「消える，亡くなるという契機が〈老い〉には否定しようもなく組み込まれている」「引き返すことが絶対に不可能なのがひとの生だ」，(3)・(4)は「ぼそぼそ，あるいはぽつりぽつり漏れてくる，そういう声が聴きたい」「『作る』『する』にのめり込んだ声とは異質な声としてやがて静かにとどろきはじめるだろう」などに注目して考える。

問10 直前の段落で述べられている「生産主義」のような固まった価値観を相対化していく必要があると，筆者は考えている。

重要 問11 aは問4で考えた内容，bは「わたしたちの社会は，……生産主義や，……資格主義が，ひとつの格律として支配している社会である」，c・dは文章の最後の段落の内容に注目してとらえる。

Ⅱ (小説―内容理解，心情理解，表現理解，空欄補充，主題)

問1 朝のももちゃんについて，「思い通りことが進む日の方が少ない」という前提と，この日の朝のももちゃんの「ぐるぐるまわりながら，……」という様子をふまえて考える。

問2 ふいちゃんの父は，ふいちゃんを保育園に引き渡す前であることに注意する。

問3 直後の段落の内容が，イに合致している。

重要 問4 会話文の主体が誰であるかや，誰の心の中が描かれているかに注意して文章を読み，穴埋め文に選択肢の言葉を実際にあてはめて読み，合うものを選ぶ。

問5 直後の文の「それは彼らの苦労と努力であると同時に，彼らが娘たちのことを大切に思いやってくれた確かな時間の表れでもあった」という内容に注目。

問6 マスクを外す前とあととで人の顔の見え方がどのように変わったのか，それぞれ，空欄の前後の言葉に注意して，あてはまる言葉を選ぶ。

問7 aは「自然と話題は日々の育児の苦労話になって」，bは「親たちには……仲間意識が醸成されていたし，どちらも第一子で……ことも共通していた」，c・dは「ずっと感染症対策のなかを生きてきたから，……その反動もきっとあった」などに注目。

基本 問8 傍線⑧～⑩を含む部分は，ふいちゃんの父の視点から描かれていることに注意する。

問9 直前の段落は，子どもであるふいちゃんの心の中の様子である。恐竜がいると思っているふいちゃんにとっては，恐竜は絶滅したという大人の説明は効力をもたないということ。

問10 aは「(ふいちゃんは『長生きしてね』という言葉に)大事なひとをいたわるニュアンスはきっと感じとっていて，それを父親である自分に向けてくれたのだと思う」，bは「連れていけとせがまれたら困るから，どこにもいないなんて言う」などに注目。c・dは，子どもと大人の視点や立場の違いをふまえて考える。

やや難 問11 (1)は「タメを利かせた芝居がかった言い方」から，子どもたちが新しい言葉を珍しがって楽しんでいる様子をとらえる。(2)は「(ふいちゃんは『長生きしてね』という言葉に)大事なひとをいたわるニュアンスはきっと感じとっていて，それを父親である自分に向けてくれたのだと思う」に注目。(3)はふいちゃんの心の中を描いた部分に注目。(4)はこの文章全体に，人物のさまざまな心の中の様子が描かれていることをふまえて考える。

★ワンポイントアドバイス★

細かい読み取りを必要とする読解問題が出題されている。特に小説は文章が長めなので，ポイントを的確に読み取れる力をつけておこう。論説文では文章のキーワードや論理の展開をおさえながら読むことが必要。ふだんからの読書が大切！

2023年度

入　試　問　題

2023年度

中央大学附属高等学校入試問題（推薦）

【数　学】（30分）　＜満点：60点＞

【注意】　1．答の$\sqrt{\ }$の中はできるだけ簡単にしなさい。

　　　　　2．円周率はπを用いなさい。

(1)　$\frac{1}{(8x^4y)^2}\div\left(-\frac{1}{2x^2y}\right)^3\times(-4x)^2$　を計算しなさい。

(2)　$\sqrt{32}-\sqrt{3}(\sqrt{6}-2)-\frac{6}{\sqrt{3}}$　を計算しなさい。

(3)　$(a-b)x^2+4b-4a$　を因数分解しなさい。

(4)　連立方程式 $\begin{cases}29x+31y=157\\31x+29y=143\end{cases}$　を解きなさい。

(5)　2次方程式 $(2x+1)(2x-1)-3(x+1)^2+9=0$ を解きなさい。

(6)　2つの関数 $y=3x^2$ と $y=ax+4$ について，x の変域がともに $-2\leqq x\leqq 1$ のとき，y の変域が一致するような定数 a の値を求めなさい。

(7)　8個の文字 a，a，b，b，b，c，c，c から，3個の文字を選んで1列に並べるとき，並べ方は何通りあるか求めなさい。

(8)　図において，$\angle\mathrm{ABD}=17^\circ$，$\overset{\frown}{\mathrm{CD}}=3\overset{\frown}{\mathrm{AD}}$，BDが円Oの直径であるとき，$\angle x$ の大きさを求めなさい。

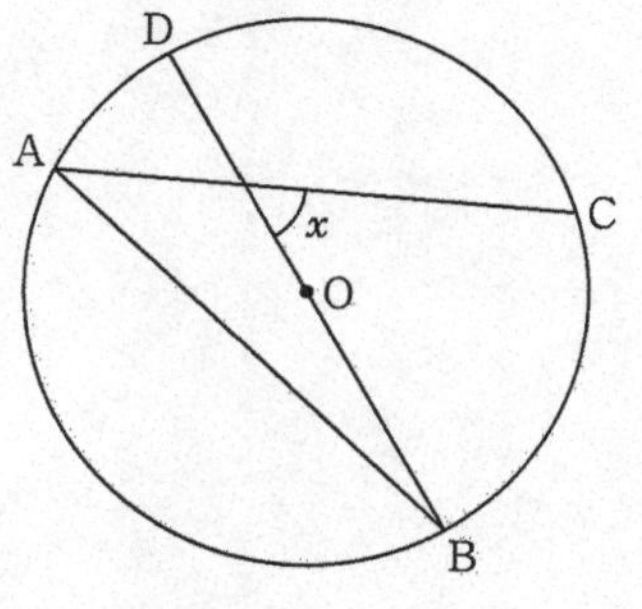

(9)　図において，AD//BC，$\angle\mathrm{B}=90^\circ$，$\mathrm{AB}=\sqrt{3}$，BC＝3，DA＝DCであるとき，次の問いに答えなさい。

(ア)　四角形ABCDの面積を求めなさい。

(イ)　四角形ABCDを直線ABを軸として1回転させてできる立体の体積を求めなさい。

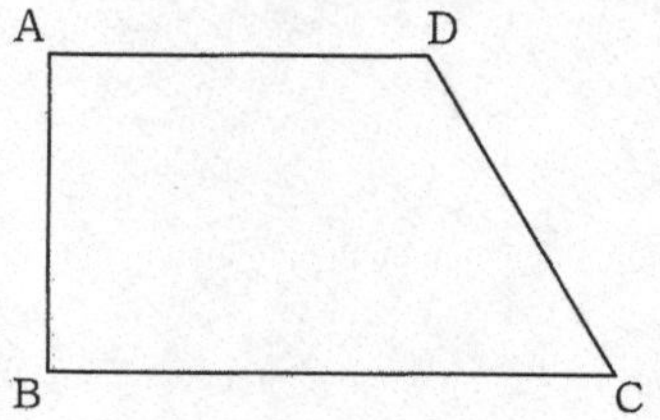

⑽　放物線 $y=\frac{1}{3}x^2$ と直線 $y=-\frac{1}{3}x+2$ の交点を x 座標が小さい順にA，Bとし，点Bにおける直線ABの垂線と放物線の交点のうちBと異なる点をCとする。

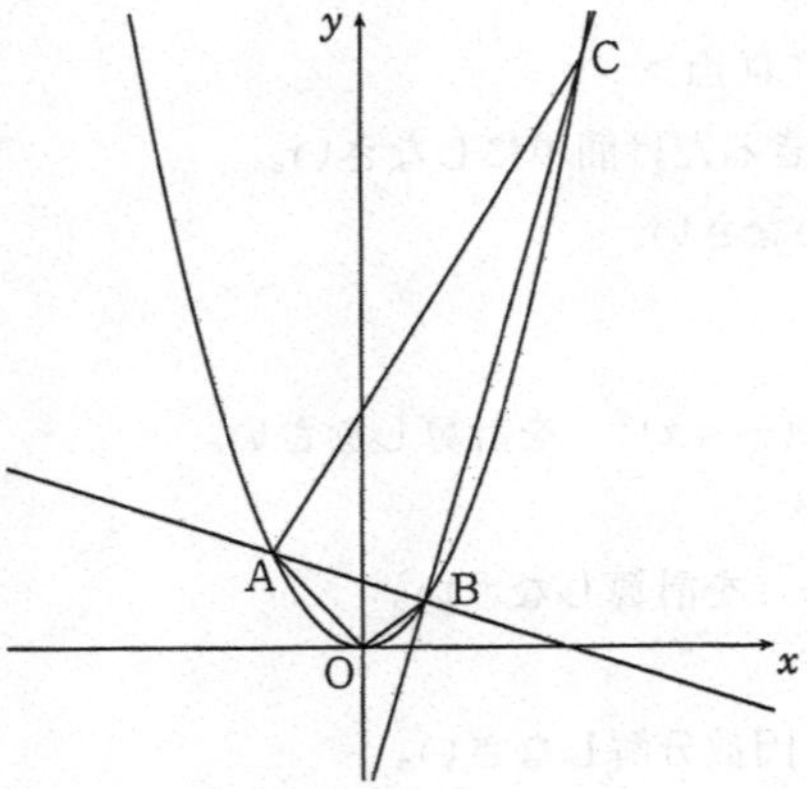

(ア)　２点A，Bの座標をそれぞれ求めなさい。

(イ)　点Cの座標を求めなさい。

(ウ)　△ABCと△AOBの面積比を最も簡単な整数の比で表しなさい。

【英　語】（30分）＜満点：60点＞

I 次の（　）に入る最も適切な語（句）を１つずつ選び，記号で答えなさい。

1．When（　　）to Australia?

あ．Tom went　い．did Tom go　う．has Tom gone　え．has Tom been

2．I don't think I can finish the job（　　）a few days.

あ．on　い．at　う．in　え．during

3．（　　）students could answer the question.　It was too difficult.

あ．Many　い．Little　う．Every　え．Few

4．I ride a bicycle every day, even when it's cold in winter.　I need a new（　　）of gloves.

あ．piece　い．loaf　う．pair　え．sheet

5．You see the elderly man jogging over there.　Do you know how（　　）?

あ．old he is　い．old is he　う．is he old　え．he is old

6．（　　）a good English essay takes a lot of practice.

あ．Write　い．Writing　う．You write　え．If you write

7．Tell him（　　）too much coffee before going to bed.

あ．not to drink　い．to drink not

う．not drinking　え．drinking not

8．When you are young, you should read（　　）as you can.

あ．many books　い．many as books

う．as books many　え．as many books

9．I'm going out.　If Tom（　　）, please tell him that I'll be back soon.

あ．calls　い．will call　う．called　え．is calling

10．I had a lot of things to do this morning,（　　）I forgot to mail this letter.

あ．though　い．after　う．so　え．when

II 次の各組の文がほぼ同じ意味になるように，（　）に最も適切な語を入れたとき，（＊）に入る語を答えなさい。

1．Look at the photo taken by Paul.

Look at the photo（　　）Paul（　＊　）.

2．I'd like to have one more glass of juice, please.

I'd like（　＊　）glass of juice, please.

3．My grandfather usually doesn't wear glasses to read books.

My grandfather usually reads books（　　）（　＊　）glasses.

4．Shall I open the window?

Do you want（　　）（　＊　）open the window?

5．She hasn't written to me for a long time.

I haven't（　＊　）（　　）her for a long time.

Ⅲ　次の対話が完成するように，（　）に最も適切な語を入れたとき，（＊）に入る語を答えなさい。

1．A：(　　　) French (　＊　) by a native French teacher at your school?
　　B：Yes.　We have two native teachers from Paris.　Their classes are popular.

2．A：Excuse me, (　＊　)(　　　) I get to Ueno Station from here?
　　B：Take the Yamanote Line going towards Tokyo Station.　It's five stops from here.

3．A：Dad, I have soccer practice tomorrow morning, so I have to get up much (　＊　)(　　　) usual.
　　B：Well, you should stop playing video games and go to bed soon.

4．A：Do you know how (　　　)(　＊　) Mr. Tanaka speaks?
　　B：I know it's at least three.　He speaks Japanese, Chinese, and English, right?

5．A：How long are you staying in Tokyo?
　　B：For about a month.　I will be here (　＊　) Saturday next week.

Ⅳ　次の２つの英文を読み，それぞれの問いの [　　] にあてはまる最も適切なものを１つずつ選び，記号で答えなさい。

［1］

One day in September 1999, Joan Murray was skydiving.　Skydivers jump out of airplanes with two parachutes on and fall towards the ground before opening their parachutes.　Unfortunately, Joan's main parachute did not open.　She was falling very fast towards the ground.　To help keep skydivers safe they have one more parachute.　They call it a spare.　Joan's spare parachute did open but it broke after a few seconds.　She hit the ground very hard and almost died.　Her heart stopped beating.　However, Joan had landed in a *mound of *fire ants.　Fire ants give painful burning *stings.　Amazingly, it was these stings which saved Joan's life.　The stings started her heart beating again.　Three years later, Joan jumped out of an airplane again.　This time her parachute opened correctly and she landed on the ground safely.

注：*mound　山　　*fire ant　ヒアリ　　*sting　とげ

The paragraph is about [　　　　].

あ．why skydivers should always have a spare parachute
い．how Joan Murray survived her skydiving accident
う．what fire ants do when people's hearts stop beating
え．how Joan Murray became a popular skydiver after her accident

［2］

Across the United States, National Cook A Sweet Potato Day celebrates a *root vegetable that has a lot of flavor and an interesting history, too. The sweet potato is loved and eaten every day by millions of people across the nation.　Either

Central America or South America is thought to be the origin of sweet potatoes. In Central America, sweet potatoes were introduced at least 5,000 years ago. The sweet potato is an excellent source of vitamin A. It supports good vision, the *immune system, and bone growth. So, how will you celebrate Sweet Potato Day? The best way is to plant sweet potatoes in your garden. They are very easy to grow. Plant them in late spring to early summer. It takes 90 to 120 days for sweet potatoes to be ready for harvest after planting.

注：*root vegetable　根菜　　*immune　免疫

According to the paragraph, you can celebrate Sweet Potato Day by [A].

あ. studying the history of Central America
い. cooking and eating a lot of sweet potatoes
う. learning about vitamins and your health
え. growing sweet potatoes in your garden

V　次の英文を読み，あとの問いに答えなさい。

"Sir, I don't think I can do this. My family has a trip planned for Christmas."

Lily could hear that her mom, Susan, was *urging the caller [A] the phone. "Are you sure you can't wait just a couple more days? No? Fine, I will come and pick him [B]."

Lily walked into the kitchen and found her mother with her head in her hands.

"[(a)]" Lily asked.

"Sweetie, I need to go and save a *stray dog from a farm. ①[あ. found い. is う. him え. to お. who か. the farmer き. ready く. take] him to the *pound. He says he can't wait until after Christmas."

"Oh no, we can't let that happen. When are we going?" Lily loved helping her mom when she was saving animals.

"Well, it will mean we wouldn't be able to go to Grandma's house. So, are you sure about this?"

"[(b)]" Lily said. She ran up to her mom and held her tight.

"I am proud that my mom has an animal rescue and I love【 be 】your partner."

Two years ago, Lily's mom started an animal rescue for stray *Labrador Retrievers. In truth, they saved all kinds of animals, but they really loved them.

Lily and her mom put a box, a blanket, and some *Milk-Bones in the back of the car. The farmer had told Susan that this dog was very thin and hungry.

The trip took about an hour and by the time Lily and her mom arrived at the farm, ② it was (　　) outside, and very (　　). This was not the kind of night any animal should stay outside alone.

"Lily, I will go first. I don't see any lights on, so I want to make sure it's safe."

"③ Not a chance." Lily insisted, "I am going too."

So the pair walked to the front door and knocked and knocked, but there was no answer.

Then Lily saw a piece of paper between the *crevices of the door. She carefully pulled it [C] and handed it to her mom. The note simply said, "We're in the backyard."

"Oh my goodness,"

Susan said, "What is going on?"

"A rescue!" Lily said with a smile.

Lily and Susan carefully made their way towards the backyard. All of a sudden, out of the darkness, they heard a loud sound coming straight at them. ④ Susan put her body in front of Lily's, [ ].

However, they felt at ease when they saw the dog. It was a beautiful black Labrador Retriever. The dog seemed to be smiling. He stopped and sat down in front of them. He was as friendly as they come, with big ears and a long tongue.

"[(c)]" Lily said as she began to *pet him from head to toe.

"Yes, he is. He is just skin and bones. Poor guy."

"[(d)]" Lily shouted. "That can be his name. ⑤ Let's call him Bones!"

Susan laughed as she said, "Of course we can, Dear, of course we can."

They put Bones in the car and went back home. He was quite the gentleman in the car and ate nearly all of his Milk-Bones.

As they arrived back at home, Bones really started *wagging his tail as he knew he was safe.

Later that night, Lily and her mom made a bed for Bones. He jumped right up and 【 fall 】 asleep. Lily put the last few Milk-Bones by his side.

"Mom, this is what Christmas is all about, helping and giving to others. And we helped Bones."

"Yes we did, Lily. This has turned out to be a wonderful Christmas Eve."

The next morning was Christmas. Lily jumped from her bed and ran downstairs to look for their new family member sleeping in his new home.

She looked on his bed, but he wasn't there. She decided to go into the kitchen as all dogs love the kitchen. But he wasn't there either. Lily was beginning to get worried.

Finally, Lily went into the office. In the office, there was their Christmas tree. And Bones was sitting beside the tree with the last few Milk-Bones by his side.

Lily knew this Christmas would be one to remember. ⑥ She learned that giving is far better than (r). And she learned this from a very special stray dog named Bones.

注：*urge　強く言う　*stray dog　野良犬　*pound　収容所
　*Labrador Retriever　ラブラドール・レトリーバー（犬の一種）
　*Milk-Bone　ミルクボーン（犬用ビスケットの商品名）　*crevice　細い割れ目
　*pet　優しくなでる　*wag　（尾を）振る

1．本文中の【be】,【fall】を文脈に合うように直しなさい。ただし，語数は1語のままとする。

2．本文中の A ～ C に入る最も適切な語を1つずつ選び，記号で答えなさい。ただし，同じ記号は一度しか使えない。

あ．out　い．to　う．on　え．of　お．after　か．up

3．本文中の (a) ～ (d) に入る最も適切な表現を1つずつ選び，記号で答えなさい。ただし，同じ記号は一度しか使えない。

あ．Oh mom, he is so skinny.　い．Of course!
う．That's it!　え．What's wrong, mom?

4．下線部①[あ．found　い．is　う．him　え．to　お．who　か．the farmer　き．ready　く．take]を意味が通るように並べ替えたとき，**2番目**と**8番目**にくる語を記号で答えなさい。ただし，先頭にくる語も小文字になっている。

5．下線部② it was (　　) outside, and very (　　)の空所それぞれに入る最も適切な組み合わせを1つ選び，記号で答えなさい。

あ．bright―cold　い．bright―warm　う．dark―cold　え．dark―warm

6．下線部③ Not a chance. が意味するものとして最も適切なものを1つ選び，記号で答えなさい。

あ．「そうはいかないわ」　い．「いい考えね」
う．「偶然じゃないわ」　え．「きっと平気よ」

7．下線部④ Susan put her body in front of Lily's, 　　　　. の空所に入る最も適切なものを1つ選び，記号で答えなさい。

あ．because Lily said she was cold
い．as the dog could be dangerous
う．as she was trying to give some Milk-Bones to the dog
え．because she couldn't hear the sound clearly

8．下線部⑤ Let's call him Bones! と述べた理由として最も適切なものを1つ選び，記号で答えなさい。

あ．Lily は飼いたい犬の名前を前から決めていたから。
い．Lily は犬用の骨を車に積んできていたから。
う．その犬は Milk-Bone が大好きだったから。
え．その犬はとても痩せていたから。

9．下線部⑥ She learned that giving is far better than (r　　　). の空所に入る最も適切な語を頭文字を参考に書きなさい。

10．本文の内容と一致するものを1つ選び，記号で答えなさい。

あ．2年前から Susan は野良犬の救助を専門として活動していた。
い．依頼主の庭で見つけた犬は，見るからに危険そうだった。

う．Bones を連れて家に帰るとき，車の中で Bones はとてもおとなしかった。

え．救助の翌朝，Lily が起きると Bones はキッチンにいた。

Ⅵ　12歳の自分に手紙を送れるとしたら，どんなアドバイスをしますか。以下の英語に続けて書きなさい。さらに，それに対する理由や説明を，15語以上の英語で書きなさい。複数の文を書いても良い。なお，ピリオド，コンマなどの符号は語数に含めない。

(1)　I would write a letter to the “12-year-old me” and tell myself ＿＿＿＿＿＿ .
（語数制限なし）

(2)　15語以上の英語

でも、これも使い方次第では「苦しいのはあなただけじゃない（だからガマンしましょう）」という意味になりえてしまう。

多くの人に向けられた言葉は、どうしても編み目が粗くなる。一口に「被災者」といっても、実際にそこにいるのはさまざまな事情を抱えた一人ひとりの人間だ。だから、ひとつの言葉が全員の心にぴったりと当てはまるなんてことがあるはずない。「その言葉は今の心情にそぐわない」という人がいれば、そのたびに言葉を探すことが必要だ。

もちろん、震災は言葉だけでなんとかなる問題じゃない。だからといって、言葉は二の次でいいわけでもない。

さっきのワークショップで気づいてほしいのは、「どんな場面でも人を励ませる便利な言葉なんてない」ということ。そんな「ドラえもんの秘密道具」みたいな言葉は存在しない。

でも、不思議なもので、ぼくたちは普段から「誰かの言葉に励まされる経験」をしている。やっぱり「言葉が人を励ます」ことは確かにあるのだ。

だから、「言葉は無力だ」と絶望することはない。言葉を信じて、「言葉探し」を続けたらいい。

【出典】荒井裕樹『まとまらない言葉を生きる』（柏書房、二〇二一年）
三二～三七ページより

公は加害者の男子生徒にコテンパンに言い負かされる。その言い負かされ具合があまりにも圧倒的で、読んでいて悲しくなったり、腹が立ったり、とにかく感情かぶれにぶれて、正直、読むのがしんどい場面だ。

実は、ぼくは授業や講演の中で、ときどきこの小説を採り上げてワークショップを開く。そして参加者に短い作文を書いてもらう。テーマは「いじめられている子を励ます」というものだ。

すると多くの参加者は、「いじめられる側」に同情し、「いじめる側」を許せないと怒る。本当にメラメラと怒りの炎が見えるくらいにヒートアップする人もいる。

でも、提出された作文を読むと、だいたい六割から七割近くの人は、「いじめる側」の肩を持つ（この比率はぼくの経験値によるもの）。正確に言うと、理屈としては「いじめる側」が言っていることに近い文章を書いてくる。心情的には「いじめられる側」に同情していても、出来上がる文章は「いじめる側」に近くなるのだ。

どうしてこんなことが起きるのか。たぶん、「言葉がないこと」が関係している。

「人を励ます言葉」というと、どんなフレーズを思いつくだろうか。

ワークショップで出てくる不動のトップ3は「がんばれ」「負けるな」「大丈夫」。他にもいろいろ出るけど、この三つの地位が揺らぐことはない。

でも、よくよく考えると、「がんばれ」と「負けるな」は、人を叱りつける時にも使う。「叱咤激励《しったげきれい》」という四字熟語があるように、日本語では「叱咤」と「激励」はコインの表裏の関係にある。

一方、「大丈夫」というのも、最近では「no thank you」の意味で使われることが多い。「コーヒーもう一杯飲みますか？」「あ、大丈夫です～」といった感じだ。

ぼくらが「励まし表現」の代表格だと思っている言葉は、時と場合によっては、「人を叱る言葉」や「人と距離をとる言葉」に姿を変える。どうやら日本語には、「どんな文脈にあてはめても、『人を励ます』という意味だけを持つ言葉」というのは存在しないらしい。

ワークショップでも、「いじめられる側」に同情する主旨で書きはじめられた文章が、後半に進むにつれて「こんな奴に負けないでがんばれ」という論調になっていくパターンが多い。

これは裏返すと、「自分を強く持て」ということなんだけど、受け取り方によっては、「いじめられるのはあなたが弱いからいけない」というメッセージにもなる。

「弱いからいけない」――実はこれ、課題小説の中で「いじめる側」が言ってる理屈と、ほとんど同じなのだ。

いまから振り返ってみれば、東日本大震災というのは、普段ぼくらが使っている「励まし言葉」ではまったく対応できない事態だったのだろう。

ひたすら堪え忍ぶ被災者に「がんばれ」は相応《ふさわ》しくない（もう限界までがんばっていた）。「負けるな」というのも変だ（被災に「勝ち負け」は関係ない）。「大丈夫だよ」もおかしい（実際「大丈夫」ではなかった人たちがたくさんいた）。

そうこうしているうちに、どこからともなく「ひとりじゃない」というフレーズが出回るようになった。被災者を孤立させず、連帯しようという思いを込めた新しい「励まし言葉」だったと思う。

【小論文】（六〇分）

【注意】一、小論文用紙は、2枚配布されます。どちらか1枚を提出しなさい。
二、提出する小論文用紙の所定欄に、受験番号と氏名を記入しなさい。
三、提出する小論文用紙の冒頭にある所定欄に、〇印を付けなさい。

【問】傍線部「『励まし言葉』という問題」とありますが、どういうことですか。本文の内容を踏まえて説明してください。また、筆者の主張に対するあなたの考えを述べてください。なお、字数は六〇〇字とします。

【時間六〇分】

人を励ます言葉って何だろう。そもそも、言葉で人を励ますことはできるのか。なんてことを考え出したのは、二〇一一年の東日本大震災がきっかけだった。

あの頃、テレビや新聞では連日、東北地方の深刻な状況が報じられていた。大津波の圧倒的な威力。人間のコントロールを超えて暴走した原子力発電所。身も心も傷つき疲れ果てた人たち。画面に写る被災地の様子は、文字通り筆舌に尽くし難いものだった。

言葉というものはなんて無力なんだろう。いや、言葉を仕事にしているにもかかわらず、こうした災害に対して何も言えないでいる自分は、なんて卑小な存在なんだろう。そうした猛烈な無力感に囚《とら》われた。

それでも、せめて言葉について考えることは諦めたくなかった。だから、とにかくぼくは目を凝らし、耳を澄ませた。

こうした非常時には、どんな言葉が飛び交うのか。非常時という極限状況は、ぼくらの言葉にどんな影響を及ぼすのか。そうした問題を確かめておきたくて、日々、目に映る文字、耳に入る声を必死にかき集めていた。

そこでぼくが気になったのが、「励まし言葉」という問題だった。

震災直後、テレビのコメンテーターも、公共のCMも、いろいろと手探りで「励まし言葉」を模索していた気がする。

きっと、あの時、多くの人が「被災者の力になりたい」「励ましたい」と願ったことだろう。でも、「がんばれ」なんてありきたりな言葉は、被災者に対して失礼な気がする。励ましたいけど、傷つけたくない。そんな葛藤からだろうか、みんな慎重に、あるいは怖々と、言葉を選んでいたように思う。

あれからずっと、モヤモヤと考え続けてわかったのは、どうやらぼくらが使う日本語には「純粋に人を励ます言葉」というものが存在しないらしい、ということだった。

『ヘヴン』という小説がある。川上《かわかみ》未映子《みえこ》さんが書いた名長編で、中学生の壮絶な「いじめ」がテーマになっている。

この作品の中に、加害者と被害者が一対一で話し合う場面がある。いじめられている主人公が、ばったり出会った加害者グループの一人を捕まえて、勇気を振りしぼって話しかけるという場面だ。主人公は震える声で問いかける。どうして君たちは、ぼくに対して、こんなひどいことができるんだ、と。

ネタバレになるから詳しくは書かないけれど、結論から言うと、主人

MEMO

大切なことはメモしておこうネ！

2023年度

中央大学附属高等学校入試問題（一般）

【数　学】（60分）　＜満点：100点＞

【注意】　1．答の$\sqrt{\quad}$の中はできるだけ簡単にしなさい。
　　　　　2．円周率はπを用いなさい。

1　次の問いに答えなさい。

(1)　$-48x^3yz^2 \div \left(-\frac{4}{3}xy^2\right)^2 \times \left(-\frac{1}{2}xyz^2\right)^3$　を計算しなさい。

(2)　$(\sqrt{5}+\sqrt{3})^2-\sqrt{2}(\sqrt{10}+\sqrt{6})(\sqrt{5}-\sqrt{3})+(\sqrt{5}-\sqrt{3})^2$　を計算しなさい。

(3)　$a^2b^2-2abd-c^2+d^2$　を因数分解しなさい。

(4)　2次方程式　$(3x+2)(2x-3)+x-2=2(x+1)^2$　を解きなさい。

(5)　関数$y=3x^2$において，xの変域が$a \leqq x \leqq 2a+11$ のとき，yの変域が$0 \leqq y \leqq 48$ となるような定数aの値をすべて求めなさい。

(6)　6つのデータ15，a，20，b，11，24がある。平均値が17，中央値が16.5のとき，a，bの値を求めなさい。ただし，$a<b$とする。

(7)　図において，$\mathrm{AC}=2\sqrt{3}+2$，$\angle \mathrm{B}=45^\circ$，$\angle \mathrm{C}=15^\circ$であるとき，△ABCの面積を求めなさい。

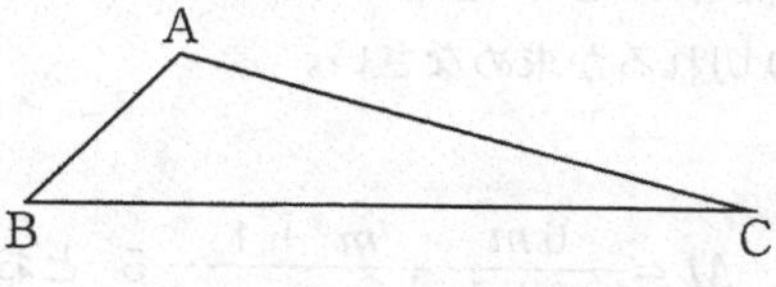

(8)　図において，点Oは円の中心，BO＝CD，$\angle \mathrm{ABC}=51^\circ$であるとき，$\angle x$の大きさを求めなさい。

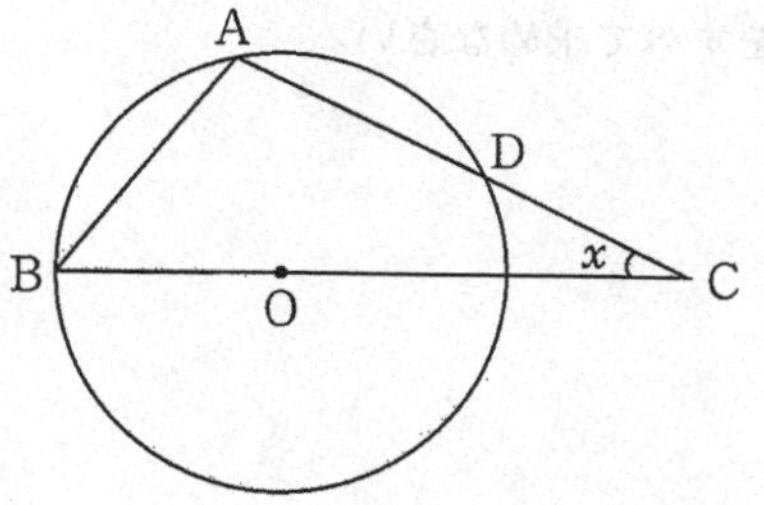

2　体積の等しい円柱と球がある。円柱の底面の半径をr，高さをhとし，球の半径をRとする。

(1)　hを，r，Rを用いて表しなさい。

(2)　$R=3r$のとき，円柱の表面積と球の表面積の比を最も簡単な整数の比で表しなさい。

3　図のように，放物線 $y=ax^2$ と直線 $y=bx-5$ は2点A，Bで交わり，A，Bの x 座標はそれぞれ－5，2である。

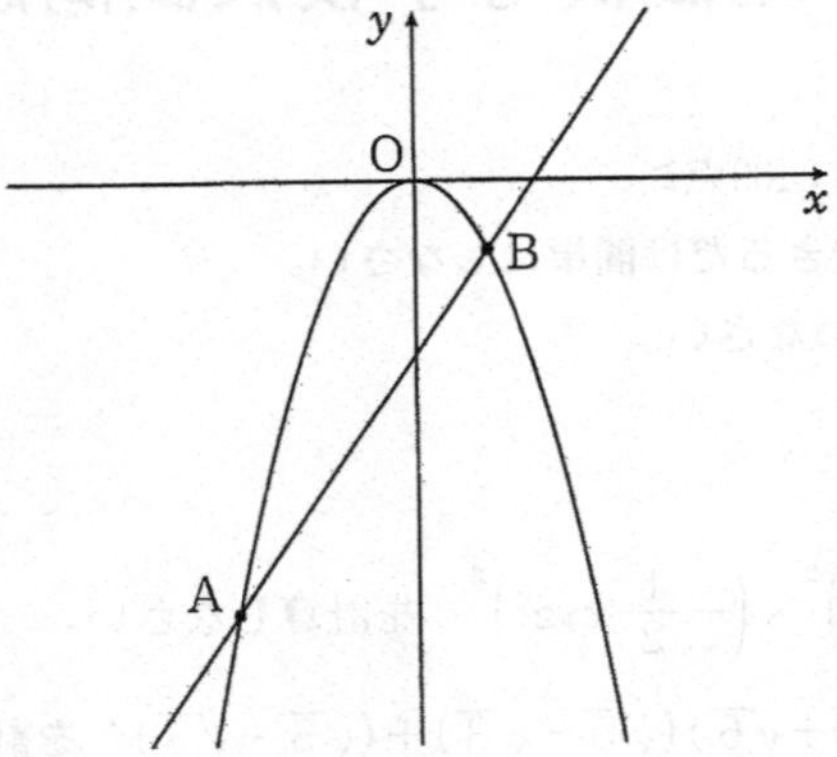

(1)　a，b の値を求めなさい。

(2)　放物線上に点Cをとる。△ACBの面積が105となるとき，点Cの座標をすべて求めなさい。

4　自然数 n に対して，$n!=n\times(n-1)\times(n-2)\times\cdots\cdots\times3\times2\times1$，また，正の偶数 m に対して，$m!!=m\times(m-2)\times(m-4)\times\cdots\cdots\times6\times4\times2$ と定める。

＜例＞　$6!=6\times5\times4\times3\times2\times1$，$6!!=6\times4\times2$

(1)　10! は3で最大何回割り切れるか求めなさい。

(2)　k を自然数とするとき，$(2k)!!$ を $k!$ を用いて表しなさい。

(3)　100!! は3で最大何回割り切れるか求めなさい。

5　0でない定数 m に対して，$M=\dfrac{6m}{m^2+1}+\dfrac{m^2+1}{m}-5$ とおく。

(1)　$t=m+\dfrac{1}{m}$ とおくとき，M を t を用いて表しなさい。

(2)　$M=0$ を満たす m の値をすべて求めなさい。

【英　語】（60分）　＜満点：100点＞

Ⅰ　リスニング問題

（Part 1）

これから放送される対話を聞いて，それに続く質問に対する最も適切な答えを１つずつ選び，記号で答えなさい。対話と質問は１度しか放送されません。

1．あ．Telephone a different store.　い．Go to ABC Sports Store.
　う．Order two basketballs.　え．Ask how much a basketball is.

2．あ．By taxi.　い．On a bus.
　う．On foot.　え．By subway.

3．あ．Pay 25 dollars.　い．Use a big boat.
　う．Find a place to rest.　え．Rent a canoe.

4．あ．She lost her phone.
　い．She couldn't find the book she needed.
　う．She borrowed a wrong book.
　え．She had a wrong number.

5．あ．Find a place to visit tomorrow.
　い．Ask her parents about tomorrow.
　う．Visit a strawberry farm.
　え．Call her uncle.

6．あ．He got married there ten years ago.
　い．He found a job at a jewelry store.
　う．He bought a present for his wife.
　え．He went to the tourist information center.

（Part 2）

これから放送される英語を聞いて，以下の質問に対する最も適切な答えを１つずつ選び，記号で答えなさい。英語は１度しか放送されません。

7．What is one thing we learn about Tom?
　あ．He is a better actor than Melissa.
　い．He wrote a play.
　う．He took an acting class.
　え．He wants to be in a play.

8．What is one thing the speaker says to the bandmembers?
　あ．There will be another concert tomorrow.
　い．The concert was successful.
　う．Tomorrow's practice will be canceled.
　え．He forgot about the music festival next month.

9．Why were Rob and Kate disappointed last Sunday?
　あ．They could not get movie tickets.
　い．They did not like the movie.
　う．They could not find a café.
　え．They didn't have time to talk.

10．What will the listeners do next?
　あ．Have lunch at a pub.　　い．Go to Stratford.
　う．Tour around Oxford.　　え．Walk along the river.

※リスニングテストの放送台本は非公表です。

Ⅱ 次の英文を読んで，設問に答えなさい。

The night was dark. And the house was dark. Dark—and silent. The two men ran toward it quietly. One had a suitcase and the other had a lot of keys in hand. They reached the porch. They waited—listening.

Silence. Perfect silence. "Let me try those keys. We've got to get in!"

Ten—twenty—thirty seconds. With one of the keys one of the men opened the door. Silently, the two men entered the house, closed the door behind them, locked it.

"Let's have a look at this place." "Careful, Hasty!" "Oh, there is not anybody awake!" They looked around the room with a flashlight.

It was a large room. A living room. The furniture—chairs, tables, couches—was covered by sheets. Dust lay like a light snow over everything.

The man who held the flashlight spoke first. "Well, Blackie," he said, "We're in luck. The house is empty.

"Yeah. Gone for the summer, I guess. We better make sure, though." They looked around every room very carefully without making a noise. There was no doubt about it. The family was away.

Hasty Hogan and Blackie Burns were lucky *except for one thing. They were running away from the police. A thousand-mile trip east by car. They broke into a bank and succeeded in stealing a lot of money. But, when Blackie was driving the car, he accidentally ran over a policeman.

There was a chase, of course. A wild crazy chase. And when a bullet damaged the gasoline tank and the car broke down, they had to leave the car behind. But luck or no luck, here they were. Alone, and without a car, in a strange new town. But safe and sound—with the suitcase.

In the suitcase, there was nearly three hundred thousand dollars!

"Listen," said Mr. Hogan. "We have to get a car. Quick, too. And we cannot steal one. It's too dangerous. I don't want to draw the attention of the police. We have to buy one. That means that we have to wait until the stores open.

That will be about 8 o'clock in this town."

"But what are we going to do with that?" Mr. Burns pointed to the suitcase.

"Leave it right here. Sure! Why not? It's much safer here than with us — until we get a car." They carried it down to the *basement. After this, just before *dawn, they left the house silently.

"Say, Blackie," Mr. Hogan said as they walked down the street, "The name of the gentleman we are visiting is Mr. Samuel W. Rogers."

"How do you know?"

"Saw it on some of the library books. He's surely got a lot of books. Looks like a wonderful library."

The automobile salesrooms opened at 8 o'clock. Shortly before nine, Mr. Hogan and Mr. Burns had a car. A nice little car. Very quiet and speedy.

A short distance from the house, they stopped the car. Mr. Hogan got out and walked toward the house. He had just to go around to the rear, he thought, and let himself in.

Fifty *yards from the house he stopped. To their surprise, the front door was open. The family was back!

Well, what bad luck. And what could they do? Break into the basement that night, and pick up the suitcase? No — too dangerous. Mr. Hogan would have to think of something.

"Leave it to me, kid." He told Mr. Burns. "You drive the car. I've got an idea. Let's find a telephone. Quick."

Ten minutes later, Mr. Hogan was looking up a telephone book. Yes, there it was — Samuel W. Rogers, Plainview 6329. A moment later he was talking to the surprised Mr. Rogers.

"Hello," he began, "Is this Mr. Rogers — Mr. Samuel Rogers?"

"Yes, this is Mr. Rogers."

Mr. Hogan cleared his throat. "Mr. Rogers," he said — and his tone was sharp, official, impressive — "this is the Police Headquarters. I am Simpson. *Sergeant Simpson, of the *detective division."

"Yes, yes!" said Mr. Rogers.

"The Chief — the Chief of Police, you know," — here Mr. Hogan lowered his voice a little — "has ordered me to get in touch with you. He's sending me out with one of our men to see you."

"Am I in trouble of some kind?" asked Mr. Rogers.

"No, no, no. Nothing like that. But I have something of great importance to talk to you about."

"Very well," came the voice of Mr. Rogers. "I'll wait for you."

"And, Mr. Rogers," Mr. Hogan said, "please keep quiet about this. Don't say anything to anybody. You'll understand why when I see you."

On the way back to the house, Mr. Hogan explained his idea to Mr. Burns.

Within ten minutes "Sergeant Simpson" and "Detective Johnson" were speaking with the surprised Mr. Rogers. Mr. Rogers was a small man. He was also nervous.

Mr. Hogan told the whole story. Somewhat changed. Very much changed. And Mr. Rogers was surprised, but also pleased.

He followed Mr. Hogan to the basement. And together they discovered the suitcase. Took it to the living room, opened it. All the money was there—safe.

Mr. Hogan closed the suitcase.

"And now, Mr. Rogers," he announced, in his best official manner, "Johnson and I must run along. The Chief wants a report—quick. We have to catch the rest of the robbers. I'll keep in touch with you."

He picked up the suitcase and rose. Mr. Burns also rose. Mr. Rogers rose, too. They walked to the door. Mr. Rogers opened it. "Come in boys," he said. And in walked three men. Large men. Strong men. Men in police uniform who without fear, looked carefully at Mr. Hasty Hogan and Mr. Blackie Burns.

"What does this mean, Mr. Rogers?" asked Mr. Hogan.

"It's quite simple." said Mr. Rogers. "It just happens that I am the Chief of Police!"

注：*except for　～除けば　　*basement　地下室　　*dawn　夜明け

*yard　《単位》1ヤード＝91.44センチメートル　　*Sergeant　巡査部長

*detective division　刑事課

本文の内容に合うように，［　］に最もよくあてはまるものを1つずつ選び，記号で答えなさい。

＊ The two men entered the house quietly because ［ 1 ］.

あ. they had to look around the house with a flashlight

い. they wanted to surprise their children with a sudden visit

う. they were not able to enter the house using the front door

え. they did not want anyone in the house to wake up

＊ The two men thought that there was no one home because ［ 2 ］.

あ. all the doors and windows were locked

い. the sheets on the furniture were all covered with dust

う. there were no chairs, tables, and couches

え. they heard the family was planning to go on a trip

＊ The two men were running away from the police because ［ 3 ］.

あ. they damaged the gasoline tank and broke their car

い. they stole a car and drove away

う. they stole money from the bank

え. they had to wait until the stores opened

* The two men gave up their car because [4].

あ. they came across the family while driving

い. they got lost in an unfamiliar town

う. something was wrong with it

え. they needed to buy a smaller and quicker one

* The two men decided to buy a car because [5].

あ. they needed a place to hide the suitcase

い. the police would soon notice the stolen car

う. they thought the stores would open at about 8 o'clock

え. they couldn't find a car in front of the house

* Mr. Hogan knew the name of the house owner because [6].

あ. he noticed the name on the porch of the house

い. Mr. Rogers was an old friend of Mr. Hogan's

う. he noticed the name on some of the books in the house

え. Mr. Rogers was a famous writer

* When the two men got back to the house, they were surprised because [7].

あ. someone broke into the house and stole the suitcase

い. the car they bought was very quiet and speedy

う. they had to go around to the rear to enter the house

え. Mr. Rogers and his family returned

* When Mr. Hogan called Mr. Rogers by telephone, [8].

あ. he said he was the detective from the police department

い. he told Mr. Rogers to get in touch with the Chief of Police

う. he said Mr. Rogers was involved in some kind of trouble

え. he told Mr. Burns to drive a car to find a telephone

* Mr. Hogan asked Mr. Rogers not to tell anybody about the phone call from him because [9].

あ. he was afraid that Mr. Rogers would know he was lying

い. he wanted to tell Mr. Rogers that the Chief of Police would visit the house soon

う. the Chief of Police ordered him to keep it a secret

え. he wanted the Chief of Police to explain the situation later

* After Mr. Hogan told the story, Mr. Rogers was surprised, but also pleased because [10].

あ. he was a small and nervous man

い. the suitcase was in the basement

う. he knew the two men were not police officers

え. he found all the money was in the suitcase

＊ Mr. Hogan closed the suitcase and said, "Johnson and I must run along." because [11].
あ. he wanted to keep in touch with Mr. Rogers
い. he had to give a report to the Chief of Police
う. he had to catch the rest of the robbers
え. he wanted to escape from the house as soon as possible

＊ When Mr. Hogan and Mr. Burns were about to leave, [12] outside the front door.
あ. the Chief of Police was waiting
い. the real police officers were waiting
う. Sergeant Simpson and Detective Johnson were waiting
え. the family that owned the house was waiting

Ⅲ 次の英文を読んで，設問に答えなさい。

In the present age, with more and more people around the world living in large cities, it has become more and more important to think about and improve city environments. To do this, a number of companies have begun to produce reports which *rank the world's cities on how *eco-friendly they are.

The most well-known of these reports is the Green City Index created by The Economist Intelligence Unit. The Green City Index judges cities on eight different *factors: how clean the air is, water use, CO_2 *emissions, how energy is used, land use, transportation, waste recycling and environmental laws. Each city is ranked *according to their scores in each of these areas. Let's look at some of the latest results.

In Europe, the top five greenest cities are Copenhagen, Stockholm, Oslo, Vienna, and Amsterdam, while Berlin is eighth, Paris 10th and London 11th. What makes them special? One thing they all share is excellent public transportation systems. In Copenhagen, the capital city of Denmark, (①). Therefore, people can easily get to a station on foot. Another factor is that they strongly encourage the use of bicycles. This reduces air pollution and CO_2 emissions. In Sweden's capital Stockholm, over two-thirds of people walk or cycle to work. In Copenhagen, they have increased the number of bicycle users from one-third in 2009 to one-half in 2015 by building a nine-kilometer cycle *path known as the Green Path through the center of the city. These must be clearly marked because drivers are not allowed to drive or park on those paths. This is important because a cyclist (②) move into the road to go around a parked car. The city also has 150 parking areas for bikes. A third factor is how the cities control their energy needs. Through many new projects, the buildings of Copenhagen and Berlin, the capital of Germany, use 40 percent (③) energy than the world average.

Another interesting point is in Norway's capital Oslo. It gets most of its electricity from *renewable sources like water and the sun. A final factor is (④). Over half of the land space in Vienna, the capital of Austria, is made up of green areas while in London it is just under 40 percent. This compares, for example, to just 3 percent in Tokyo.

Outside of Europe, the most eco-friendly cities in each *continent are San Francisco in North America, the Brazilian city of Curitiba in Latin America, Cape Town in Africa, and Singapore in Asia. Singapore ranks highly in all the eight factors in the Green City Index. It has spent a lot of money on public transportation. [A] Japan too ranks quite well on the Index, with Tokyo and Osaka both on the "above average" list. It does well in most of the factors in the Green City Index, but *scores less well in (⑤) because there are not enough green areas and parks.

(⑥) all the countries studied in the report, China is perhaps the most interesting. This is because of the large number of people that live in large cities. China has around 160 cities with a population of over 1 million people, far more than any other country; and this number is set to rise to over 220 by 2025. [B] In 2013, for example, it was found that only 1 percent of people who live in Chinese cities could *breathe safe air. [C] But one step that China is taking is creating "eco-cities," like the one in Copenhagen.

注：*rank ～を順位づける　*eco-friendly 環境にやさしい　*factor 要因　*emission 排出
*according to ～に従って　*path 道　*renewable source 再生可能資源　*continent 大陸
*score 評価される　*breathe ～を吸う

1．空欄（①）に入る最も適切なものを選び，記号で答えなさい。

あ. there are not many trains or buses in the city
い. more companies are trying to create eco-friendly cars
う. people usually walk instead of using trains or buses
え. almost everyone lives near either a train or bus station

2．空欄（②）に入る最も適切なものを選び，記号で答えなさい。

あ. shouldn't　　い. didn't need to
う. will be able to　　え. had better

3．空欄（③）にあてはまる1語を答えなさい。

4．空欄（④）に入る最も適切なものを選び，記号で答えなさい。

あ. what people think about green areas
い. what governments use green areas for
う. how large green areas are in cities
え. how much money cities spend on the environment

5．空欄 [A] ～ [C] に入る最も適切なものを1つずつ選び，記号で答えなさい。

あ. The environmental problems many of these cities face are well-known.

い．Solving these problems will take a lot of time and money.

う．It also controls the number of cars that can be driven in the city.

6．空欄（⑤）に入る最も適切なものを選び，記号で答えなさい。

あ．water use　　い．waste recycling

う．land use　　え．public transportation

7．空欄（⑥）に入る最も適切なものを選び，記号で答えなさい。

あ．In　　い．Of　　う．With　　え．From

8．本文の内容と一致するものを2つ選び，記号で答えなさい。

あ．「環境に対する意識」は，The Green City Index の指標の１つである。

い．「環境にやさしい都市」に共通することは，公共交通機関が充実していることである。

う．ストックホルムでは，通勤に電車やバスを利用する人が半数を占める。

え．コペンハーゲンの車道は，自動車より自転車が優先される。

お．再生可能エネルギーを利用している国はあるが，そこから多くのエネルギーを得ることはまだ難しい。

か．日本の環境への取り組みは，The Green City Index の観点から世界の国々と比較すると良くない。

き．中国は，人口増加による大気汚染が深刻だが，「環境にやさしい街づくり」に取り組んでいる。

Ⅳ 英語の授業でおこなうプレゼンテーションの内容について，グループの４人で話し合っています。４人の会話を読み，設問に答えなさい。

Yuki: So, last week we decided to do our presentation on "reading," right? Now I think we need to decide on what to research. Do you have any ideas?

Taro: Actually, I've already started researching.

Yuki: Seriously? That's great. What did you find?

Taro: Well... I was particularly interested to see how much Japanese people read compared to other countries. I found some nice data. Look at Graph 1. It shows the percentage of people in each country who read books every day or almost every day. From this data, we can see that people in China read the most. However, only 20% of Japanese people read every day or almost every day and only Korea and Belgium are below Japan of the 10 countries that were in the research. Therefore, it could be said that Japanese people read fewer books than they do in other countries.

Yuki: It's a bit surprising. I thought reading would be more popular in Japan. It's interesting data. How about you, Eri? Did you find any good research?

Eri: Yeah, I looked into Japanese students' book reading *habits. A researcher asked students in each grade how long they usually read books each day. Graph 2 shows the percentage of students who answered, "I have no time to read books."

Yuki: That sounds interesting. Can I take a look? Oh, it shows the percentage of students who don't read books （　1　）.

Eri: Yeah. When students enter high school, the percentage of students who don't read books increases a lot. The biggest difference is between the third-year junior high school students and the first-year high school students.

Yuki: Let me see. Oh, it's （　2　）. Why do you think this happens?

Eri: Well, there is some research that asked high school students （　3　） at high school. Many students said that they didn't have enough time to read because they had many things to do. In addition, the researcher found that they spent more time watching movies or videos on YouTube. These were the most common reasons that stopped them from reading.

Yuki: I see. The change of environment seems to have a big effect on their reading habits. In any case, the graph shows us that students who read at an early age don't necessarily continue to read as they get older. ④[あ. something　い. schools or parents　う. do　え. need to　お. to　か. special　き. encourage] students to read books.

Mio: When I was in elementary school, we were given time to read our favorite books in the morning.

Yuki: Yeah, that sounds like an effective way to help children enjoy reading. It would be good if we could introduce some programs like that in the last part of our presentation. Mio, did you find anything else about reading?

Mio: I did. I researched some of the advantages of reading. I've found plenty of great research that shows reading develops our creativity and imagination. Also, we can increase our vocabulary. However, the one I was most interested in was that reading increases your concentration. To follow where a writer is going, you need to pay close attention to the words you're reading and their meaning. ⑤This process is good for the brain and improves your ability to focus.

Yuki: Sounds interesting. We can also introduce some other good points of reading. I think we have enough things to talk about in our presentation. Now we just need to think about the structure of our presentation.

注：*habit　習慣

1．グラフ1（次のページ）の A ～ C に当てはまる国名の組み合わせとして最も適切なものを選び，記号で答えなさい。

あ．A：Japan　B：China　C：Korea
い．A：Japan　B：Korea　C：China
う．A：China　B：Japan　C：Korea
え．A：China　B：Korea　C：Japan
お．A：Korea　B：Japan　C：China
か．A：Korea　B：China　C：Japan

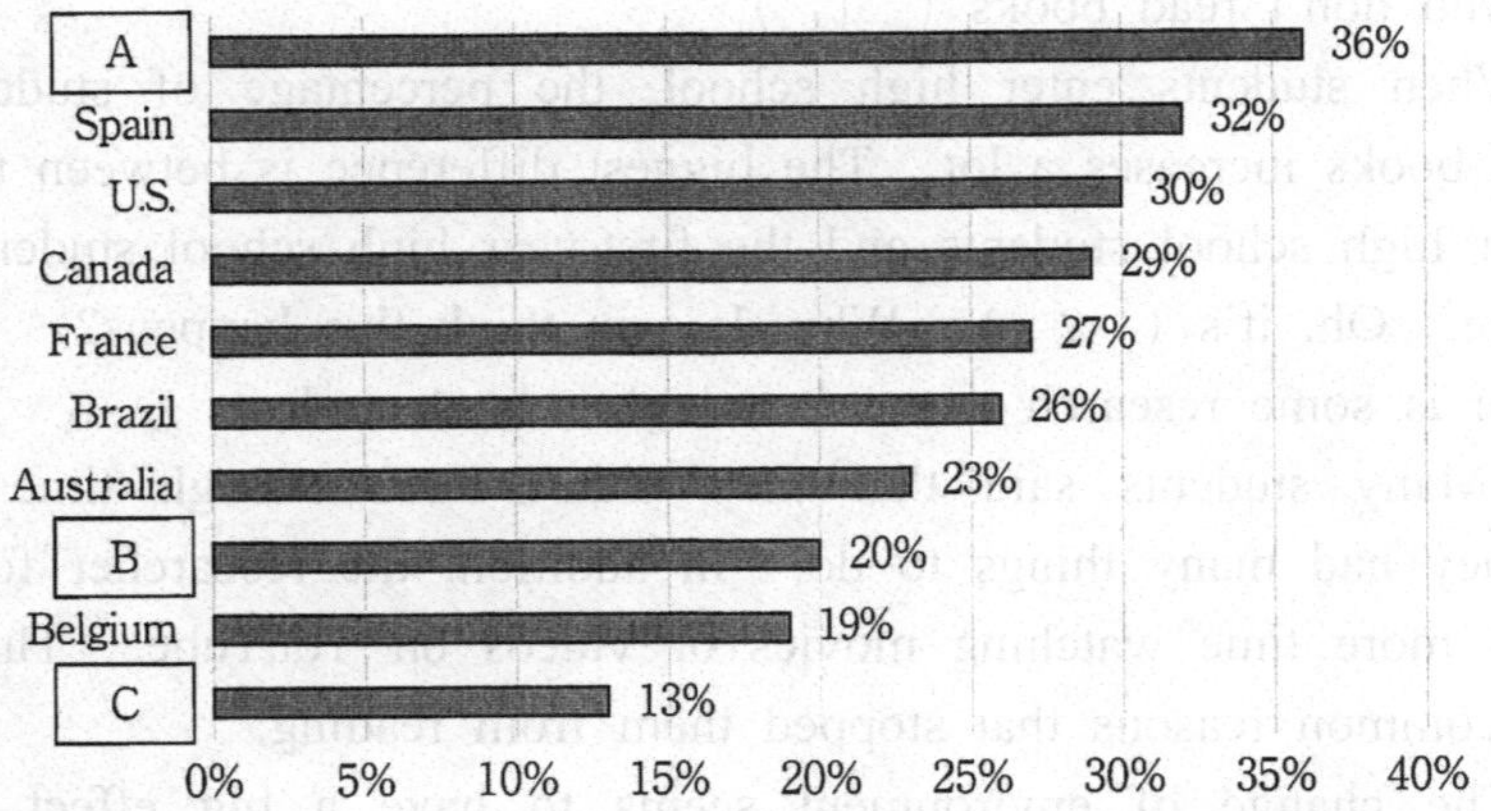

Graph 1: The Percentage of People Who Read Books Every Day or Almost Every Day
（参考：読書頻度に関するグローバル調査, 2016, GfK ジャパン）

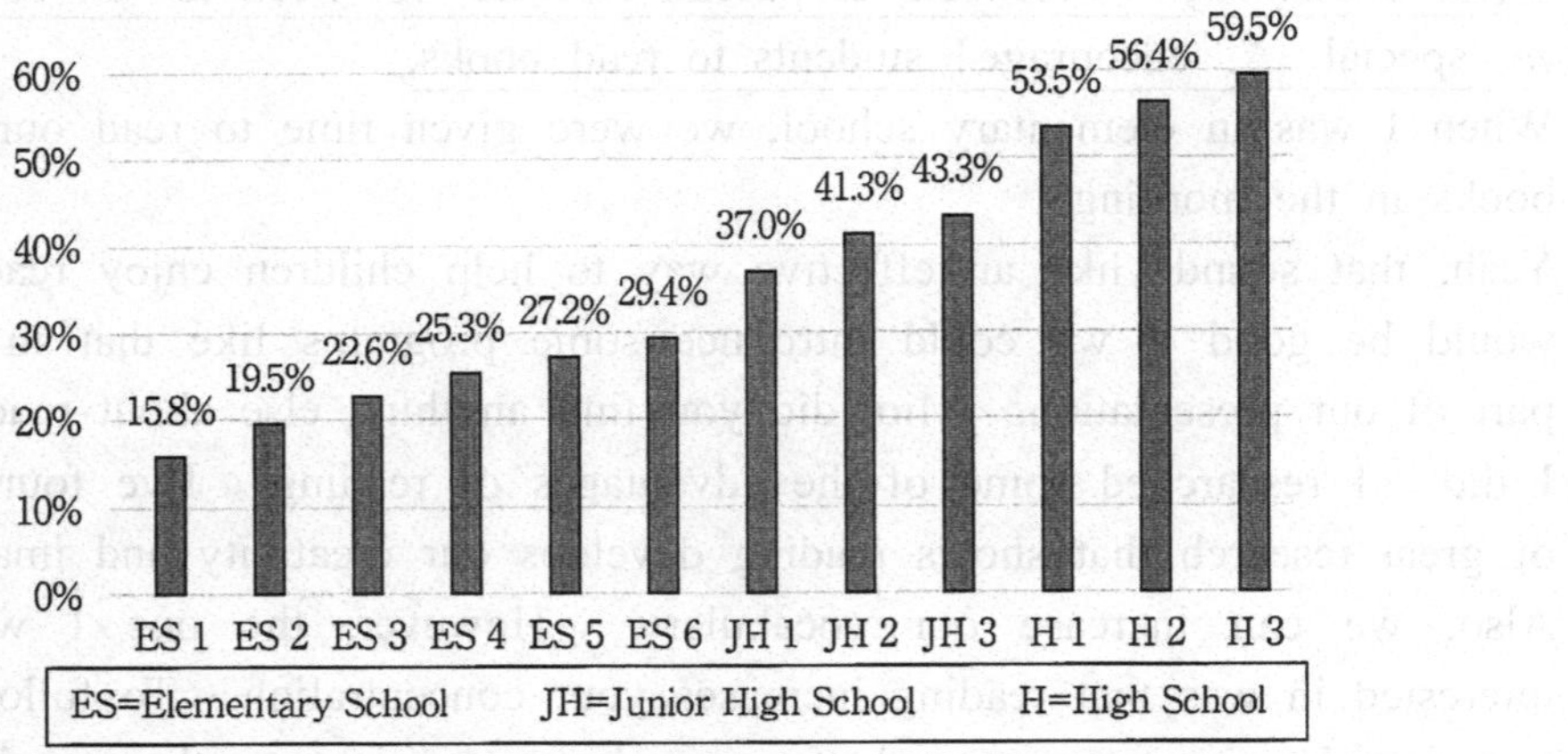

Graph 2: The Percentage of Students Who Have No Time to Read in Their Daily Lives
（参考：子どもの生活と学びに関する親子調査 Wave 1~4, 2015-2019, ベネッセ教育総合研究所）

2．空欄（１）に入る最も適切なものを選び，記号で答えなさい。

あ．doesn't change so much

い．is increasing these days

う．falls slightly as the years go by

え．increases gradually as they get older

3．空欄（２）に入る最も適切なものを選び，記号で答えなさい。

あ．10.2%　　い．43.3%　　う．46.5%　　え．53.5%

4．空欄（３）に入る最も適切なものを選び，記号で答えなさい。

あ．why they liked reading books

い．why they didn't read as much

う．what they usually did

え．what they became interested in

5．下線部④[あ．something い．schools or parents う．do え．need to お．to か．special き．encourage] students to read books. を文脈に合う英文になるように並べかえ，**[ ]内で4番目と6番目**にくるものを記号で答えなさい。文頭にくる語も小文字になっている。

6．下線部⑤ This process の内容として最も適切なものを選び，記号で答えなさい。

あ．集中力を保つこと。　い．単語や意味に注意を払うこと。

う．物語を面白いと思うこと。　え．読書を通して知識を増やすこと。

7．会話文および前のページのグラフの内容と一致するものを1つ選び，記号で答えなさい。

あ．59.5% of third-year high school students said they read books every day.

い．Students who are in the habit of reading from an early age don't stop reading as they get older.

う．High school students spend more time watching TV, so they lose interest in reading books.

え．The four group members want to introduce some programs to make reading more fun.

V　次の（　）に入る最も適切な語（句）を1つずつ選び，記号で答えなさい。

1．There's a farmer's market (　　) the first Tuesday of each month.

あ．at　い．on　う．in　え．with

2．Yumi is going to visit Okinawa on a school trip tomorrow, so she's very (　).

あ．excited　い．enjoyed　う．fun　え．surprinsing

3．The story (　) very strange.

あ．thought　い．heard　う．seen　え．sounded

4．I will ask her as soon as I (　) her.

あ．see　い．saw　う．will see　え．have to see

5．We like the meat (　　) sell at that store.

あ．that　い．which　う．they　え．to

VI　次の各組の文がほぼ同じ意味になるように（　）に最も適切な語を入れたとき，（＊）に入る語を答えなさい。

1．The students don't know the teacher's age.
The students don't know (　　)(＊) the teacher is.

2．You don't need to finish this homework by tomorrow.
It's not (＊) for you (　　) finish this homework by tomorrow.

3．I wasn't able to catch the last train.
I (＊) the last train.

4．My mother can cook miso soup.
My mother knows (＊)(　　) cook miso soup.

5．Cathy drew all the pictures in this room. They are really beautiful.
All the pictures in this room (　　　)(＊) Cathy are really beautiful.

6．Keiko kindly showed me the way to the station.
Keiko was kind (＊)(　　　) show me the way to the station.

Ⅶ　(　) 内のあ．～か．を並べかえ，意味の通る英文を完成させなさい。ただし，解答はそれぞれの [a]，[b] に入る記号のみ答えなさい。文頭にくる語も小文字になっている。

1．(____ [a] ____ ____ [b] ____) delicious that it's hard to decide what to buy.
(あ．at　い．so　う．the shop　え．the cakes　お．are　か．sold)

2．"Do (____ ____ [a] ____ [b] ____) Japan?" — "Yes. He leaves next Saturday."
(あ．will　い．know　う．when　え．leave　お．you　か．Sam)

3．"Do you think it (____ ____ [a] ____ ____ [b])?" — "Yes, of course."
(あ．keep　い．clean　う．to　え．the earth　お．is　か．important)

4．"Can you recommend a book about Chinese history?"
— "([a] ____ ____ [b] ____ ____) about it."
(あ．this book　い．you　う．a good　え．give　お．idea　か．will)

5．"I think family (____ [a] ____ ____ [b] ____)." — "I agree."
(あ．important　い．is　う．than　え．more　お．else　か．anything)

Ⅷ　あなたが考える「日本が世界に誇れるもの（日本についてあなたが一番好きなもの）」は何ですか。1つ具体的な例を挙げ，その理由を書きなさい。
＊25語以上の英語で答えること。なお，ピリオド，コンマなどの符号は語数に含めない。

ぞれ選び、符号で答えなさい。

この社会にはさまざまなストーリーがあります。そのさまざまなストーリーのうち、まず筆者は主流メディアによって作られるストーリーについて批判的に言及します。というのも筆者によれば、主流メディアというのは、おなじみのストーリーを拠《よ》りどころにしているため、

（1）
- （イ）社会に対する人々の興味を失わせてしまう傾向
- （ロ）すでに定着している偏見をさらに強化する傾向
- （ハ）世間に知られている事実ばかりを報道する傾向

を持つからです。

加えて、筆者が指摘するところによれば、主流メディアが報じるこれらのストーリーはしばしば、

（2）
- （ニ）公正な社会に対して大規模な変化をもたらします
- （ホ）あえて多数派を失望させるようなことを言います
- （ヘ）特定の人に対する不当な抑圧をともなっています

。

一方、このような主流メディアによるものとは異なるストーリーも存在します。それは言うなれば、

（3）
- （ト）社会の周縁に追いやられたストーリー
- （チ）データの断片を寄せ集めたストーリー
- （リ）権威ある人々に認められたストーリー

といったものです。

筆者によれば、このような見過ごされがちなストーリーは、だからこそ

（4）
- （ヌ）主流メディアの足りない部分を補完するもの
- （ル）主流メディアの後継となる無視できないもの
- （ヲ）主流メディアのストーリーに対抗しうるもの

として重要なのです。

筆者がジャーナリストを「とても強力な存在」だと考えるのは、筆者がジャーナリストに対して、ストーリーを「作る者」「ブレイクする者」というふたつの側面を見出《みいだ》しているからです。つまりジャーナリストとは、ストーリーを「作る者」、すなわち、

（5）
- （ワ）この社会における制度や体制を作り上げる存在
- （カ）この社会に生きる少数者の声を掘り起こす存在
- （ヨ）この社会の事件をいち早く世の中に伝える存在

であると同時に、ストーリーを「ブレイクする者」すなわち、

（6）
- （タ）この社会における支配的な考えを解体する存在
- （レ）この社会の成り立ちにまつわる謎を解読する存在
- （ソ）この社会の人々が抱く苦悩そのものを解消する存在

にもなりうるのです。

筆者にとって「ブレイク・ザ・ストーリー」という言葉は、そのような「奥深い響き」を持ったものなのです。

【出典】

Ⅰ 黒井千次「昼の星」（『枝の家』文藝春秋、二〇二一年所収）一四〇頁～一五〇頁

Ⅱ レベッカ・ソルニット、渡辺由佳里［訳］『それを、真の名で呼ぶならば』（岩波書店、二〇二〇年）一九五頁～二〇五頁

【問6】――⑥「物書きの仕事は、ほかの誰かが建てた家の窓から外を眺めることではなく、外に出て家の枠組に疑問を投げかけることです」とありますが、どういうことですか。次の中から最も適当なものを選び、（イ）～（ホ）の符号で答えなさい。

（イ）物書きは、既存の物の見方にしたがうのではなく、その見方の裏側に何が存在するのかということにこそ注目すべきだ、ということ。

（ロ）物書きは、身近な問題ばかり取り上げるのではなく、自分が生きてきた世界の外側にある問題にこそ目を向けるべきだ、ということ。

（ハ）物書きは、誰かが見つけてきた情報に頼るだけではなく、いまだ誰も知らない事実を発見することにこそ注力すべきだ、ということ。

（ニ）物書きは、主流メディアが流す情報を鵜呑《うの》みにするのではなく、その情報をめぐる真偽の確認にこそ力を費やすべきだ、ということ。

（ホ）物書きは、あらかじめ他の誰かに用意された問題をただ解くのではなく、自分自身が設定した課題にこそ答えるべきだ、ということ。

【問7】――⑦「歴史を知る必要があるのです」とありますが、ここでの「歴史を知る」に**当てはまらないもの**はどれですか。次の中から最も適当なものを選び、（イ）～（ホ）の符号で答えなさい。

（イ）ある事件に対して、そういった事件がどのくらいの頻度で起こっているのかを知ること。

（ロ）ある事件に対して、その裏で誰が苦しんでいて誰が得しているのかということを知ること。

（ハ）ある事件が起こったとき、それがどのような手順でおこなわれたのかという詳細を知ること。

（ニ）ある事件に対して、それがどのようなかたちで人々の認識の型に押し込まれるのかを知ること。

（ホ）ある事件が起こったとき、かつてそういった事件がどのように正当化されてきたのかを知ること。

【問8】――⑧「主流メディアには、それほど右翼あるいは左翼のバイアスがあるわけではなく、現状維持のバイアスがあるのだと思います」とありますが、どういうことですか。次の中から最も適当なものを選び、（イ）～（ホ）の符号で答えなさい。

（イ）主流メディアは政権交代には興味がなく、もっぱら現在の政治体制の維持を望んでいる可能性がある、ということ。

（ロ）主流メディアは政治的偏向があるというよりも、大きな変化を受け入れない傾向があるのではないか、ということ。

（ハ）主流メディアには政治的な意見こそ見られないものの、自らの権威を高めようとする態度が見られる、ということ。

（ニ）主流メディアが政治に対して無関心なのは、単に自分たちの社会的な立場を守りたいからではないか、ということ。

（ホ）主流メディアが政治的に中立の姿勢を示そうとするのは、未来に対する期待が低いことの現れだろう、ということ。

【問9】［A］には共通する漢字1字が入ります。当てはまる漢字1字を書きなさい。

【問10】――⑨「ストーリーを作る者として、ブレイクする者として、わたしたちはとても強力な存在なのです」とありますが、これに関する次の説明文を読んで、（1）～（6）について、適当なものをそれ

とですか。次の中から最も適当なものを選び、（イ）～（ホ）の符号で答えなさい。

（イ）　政府が示す方針に異論を唱えて反政府運動をおこなった、ということ。

（ロ）　主流メディアが報じていることの事実誤認を明らかにした、ということ。

（ハ）　実際に起きた出来事を物語仕立てにしてわかりやすく伝えた、ということ。

（ニ）　メディアが流す根拠の乏しい情報の裏取りをおこない補足した、ということ。

（ホ）　あまり報じられる機会のない災害時の行動について記事を書いた、ということ。

【問４】　――④「共同作業」とありますが、どういうことですか。次の中から最も適当なものを選び、（イ）～（ホ）の符号で答えなさい。

（イ）　ストーリーをブレイクするためには、個人の力ばかりに頼るのではなく、主流メディアとうまく連携を取ることが大事である、ということ。

（ロ）　新しいストーリーの浸透には、その出来事を体験した当事者のみならず、周囲に伝えていこうとする第三者の力も重要である、ということ。

（ハ）　ストーリーをブレイクするにあたっては、その物語や神話を築き上げてきた先人たちに対する畏敬の気持ちを抱くべきである、ということ。

（ニ）　新しいストーリーの形成には、メディアによる報道や伝達以上に、さまざまな人々による集団的な想像力の働きが求められる、ということ。

（ホ）　新しいストーリーを無視した人たちも、そのストーリーを見聞きしていたという点で、ストーリーのブレイクに携わっている、ということ。

【問５】　――⑤「客観的になることはできませんが、公正であることはできます」とありますが、このことに関する次の説明文の［a］～［d］にそれぞれ該当する語句を（イ）～（ヘ）の中から選び、符号で答えなさい。

> 　ベン・バグディキアンというジャーナリストの「客観的になることはできませんが、公正であることはできます」という言葉の背後にあるのは、［a］などというものは存在しない、という認識です。例えば、ジャーナリストが何か伝えようとするとき、その人が何を価値あるものとして考えているかということには、すでにその人の［b］が含まれていると言えます。
>
> 　このように考えると、現状に対してつとめて「客観的」であろうとすること自体、主流メディアの報道に対する［c］を示すことにつながりかねません。だからこそ筆者は、ストーリーをブレイクすることの重要性を説くのです。だとすれば、ジャーナリストに求められるのは、公正な社会の実現に向けた［d］なのだと言えるかもしれません。

（イ）　実質的な賛意　　（ロ）　主体的な関係　　（ハ）　政治的な判断

（ニ）　積極的な介入　　（ホ）　中立的な立場　　（ヘ）　挑発的な態度

です。

未来の世代は、地球が燃えているときに取るに足らないことで気をそらしているわたしたちのほとんどを恨むことでしょう。ジャーナリストは、この危機における可能性や責任に関して極めて重要な立場にあります。⑨ストーリーを作る者として、ブレイクする者として、わたしたちはとても強力な存在なのです。

ですから、どうか、ストーリーをブレイクしてください。

【注】＊ハリケーン……二〇〇五年八月末にアメリカ南東部を直撃した、ハリケーン・カトリーナ。

＊ボルチモア……二〇一五年四月、刃物を持っていた黒人青年が警察から受けた暴行で死亡した。この出来事を受けて抗議デモが拡大、ボルチモアで激しい衝突が起きた。

【問1】――①「二〇〇五年、ニューオリンズは三重の災害に遭いました」とありますが、このことに関する次の説明文の a ～ d にそれぞれ該当する語を（イ）～（ヌ）の中から選び、符号で答えなさい。

> 筆者は、「カトリーナ」と名付けられたハリケーンがニューオリンズに「三重の災害」をもたらした、ということを指摘しています。「三重の災害」とはどのようなものでしょうか。
>
> 第一の「災害」として、多くの建物が吹き飛ばされたり市の大部分が水没したりといった、ハリケーンそのものがもたらした被害が挙げられます。また第二の「災害」として、インフラの不備をはじめとする政府・自治体による長年の a がもたらした被害も挙げられます。さらに第三の「災害」としては、決まりきったイメージに頼った b がもたらした被害があります。
>
> 筆者からすれば、異なる三つの水準の被害をもたらしたカトリーナは、第一の「災害」に見られるような c 災害としての側面と同じかそれ以上に、第二・第三の「災害」に見られるような d 的な災害という側面が看過できないのです。

（イ）医療　（ロ）偶然　（ハ）経済　（ニ）自然
（ホ）失策　（ヘ）人為　（ト）必然　（チ）貧困
（リ）報道　（ヌ）劣悪

【問2】――②「恐ろしい犯罪」とありますが、どういうことですか。次の中から最も適当なものを選び、（イ）～（ホ）の符号で答えなさい。

（イ）明確な動機を持っていないのに犯罪に手を染めている、ということ。

（ロ）きわめて狡猾《こうかつ》な手口を用いて暴力的な行為を働いている、ということ。

（ハ）同じ街に住む市民でありながら互いに犯罪を容認している、ということ。

（ニ）被害者であるはずの人がさらに弱い立場の人を傷つけている、ということ。

（ホ）社会的に強い立場の者が弱い者に対して犯罪をおこなっている、ということ。

【問3】――③「公式バージョンのストーリーを裏返したり、ひっくり返したりして、実際にブレイクしたのだ」とありますが、どういうこ

の関係があるというかこつけに追従しました。そして、化石燃料企業が資金提供した気候変動否定派が正当な見解を代表しているとして、権威ある科学者の大部分が合意する気候変動と同等の紙面や報道時間を割き、長期にわたってそれについての臆病な言い訳をしてきたのです。ジャーナリストやほとんどの人にとって、「部屋の中にいる象」は長年にわたり存在してきたものでした。それは象どころではありません。部屋の中の象は、部屋そのものであり、現在知られている宇宙に存在するすべての生命を取り囲む生物圏であり、すべてが依存するものであり、気候変動によって現在打撃を受けている生物圏であり、その気候変動によってさらにもたらされる変化なのです。そのスケールは、たぶん全面的な核戦争の脅威を除けば、人類がかつて直面したことがない、ジャーナリストも報じたことがない規模のものです。核戦争は起こる可能性はありますが、現在起こっていることではありません。けれども、気候変動はすでに起こっており、すべてを変えています。気候変動は、何よりも大きなことです。なぜなら、想像し得る未来において、これこそがすべてだからです。

　地球上の人が住んでいる土地は、人の住めない土地になるでしょう。作物の不作が増え、それが飢饉《ききん》を引き起こし、気候難民を生み出し、紛争が起きるでしょう(シリア内戦は気候が一因でした)。グリーンランド氷床は溶けて崩壊し、奔流を起こしています。南極西部の氷床も数年前のモデルでの予測よりもはるかに[A]く溶けています。今世紀末までに海面は劇的に上昇し、世界中のすべての地図が廃品になり、海抜が低い場所にはまったく新しい海岸線ができることでしょう。ニューヨーク市の大部分は長期的には破滅することを運命づけられていて、バングラデシュ、エジプト、ベトナム、そして、フロリダ南部や大西洋岸のほかの場所も同様です。海は酸の浴槽になりつつあり、相当な数の地球上の人間に食物を供給している魚たちの育成場であるサンゴ礁は、急[A]に死んでいます。絶滅は加[A]しています。そして、激しい天候は新しい日常になり、カナダで史上最大の災害だった二〇一六年春のアルバータ州での大規模火災（ちなみに、アメリカ合衆国ではあきれるほど小さく報じられました）や、二〇一七年に起こった数々の壊滅的な火災やハリケーンのような災害が起こっていくことでしょう。

　こうした気候変動についてのニュースはすべて、とりわけ義憤を掻《か》き立てやすくて多くのクリックをかき集められる、つかの間の人間ドラマと競争するのに四苦八苦しています。気候変動は、ある程度は人間の本質においての失敗ですが、ある程度は、メディアの失敗なのです。気候変動の影響の規模や脅威を最大限にするのではなく最小限にとどめる選択肢がどんどん減っていることについて、メディアが大局的な視点を持って報じていないという失敗です。わたしたちが自分たちの住処《すみか》を、主にはゆっくりとした運びで、間接的に、入り組んだ方法で破壊しているストーリーの数々は、見過ごされているか、軽視されているのです。それは、最近勃発したものではなく現在進行中の過程なので、スキャンダル、嘘《うそ》、金という「普通のニュース」であっても報道してもらうのが難しいのです。たとえば、気候変動が大きく報道されて認識されるようになる前からエクソンやその他の化石燃料企業がそれを知っていて隠していたというニュースがそうです。世界規模の壮大なグローバル気候ムーブメントの展開や、驚くほど迅速で効果的なエネルギー転換が進んでいることは、まったく話題にならないか、なっても断片的な解説だけ

か、いつもどう正当化されているのか、といったことです。だからこそ、みなさんが歴史学者ではなくジャーナリストであっても、⑦歴史を知る必要があるのです。人びとがどのように事実の断片を寄せ集めて自分がすでに持っている認識に当てはめるのか、そのパターンを知らなければなりません。選択、誤解、歪曲《わいきょく》、排除、脚色。ある対象には共感するが別の対象には共感しない。ある反響を記憶する、あるいは別の前例を忘却する。そうしたパターンです。

わたしたちが伝えなければならないニュースのいくつかは、例外的な出来事ではありません。それらはわたしたちの日常生活にある、「見慣れてしまった」醜い壁紙のようなものなのです。たとえば、「女性は」レイプされたと嘘《うそ》をつくものだという信念が蔓延《まんえん》しています。「少数の女性は」ではなく、「特異な女性は」でもなく、「一般に女性は」嘘をつくというのです。こうした構想《フレームワーク》は、男性が持つ信頼性と信憑性《しんぴょうせい》は、女性が持つ不正直さと執念深さと同じくらい自然なことだという思い込みから生まれたものです。言い換えると、フェミニストがすべてでっちあげた嘘だというのです。さもなくば、家父長制度というニックネームのとても大きなストーリーを疑わなければならなくなります。ですが、データは、レイプされたことを名乗り出た人びとが全般的に真実を伝えていること（また、レイプ加害者は嘘《うそ》をつく傾向がある。しかも多くの）を裏付けているのです。多くの人がデータに同調するようになっていますが、同調しない人も多くいます。そのため、すべての性暴力の報道の背後では、わたしたちが何を伝えるのか、ジェンダーと暴力について何を信じるのか、それらの条件についての闘いが繰り広げられているのです。

すべての劣悪なストーリーは「誰かを閉じこめる」刑務所になるのです。このストーリーを破壊《ブレイク》することで、誰かが刑務所から脱出《ブレイクアウト》することができます。これは解放活動です。重要なことなのです。それは世界を変えます。詩人が世界の真の立法者であるという、パーシー・ビッシュ・シェリーの有名な言葉があります。ジャーナリストは、立法や制度変更の機動力となる信念の体系をしばしば変える、「ストーリーブレイカー」なのです。それは、情熱と主体性と勇気を持って行なえば、力強く、高潔で、極めて必要不可欠な仕事になります。『スポットライト　世紀のスクープ』があれほど素晴らしい映画になったのは、カトリック教会内部で蔓延《まんえん》していた性虐待についてのストーリーを『ボストン・グローブ』紙の調査報道記者のチームがいかにスクープしたのかという部分ではありません。安楽な関係や信念を打ち砕くことがわかっているストーリーを、『ボストン・グローブ』紙がブレイクすることを長年避けてきたことも伝えている映画だからです。

⑧主流メディアには、それほど右翼あるいは左翼のバイアスがあるわけではなく、現状維持のバイアスがあるのだと思います。現状維持バイアスとは、権威がある人びとを信じ、機関や企業、裕福な者や権力がある者、スーツを着たひとりよがりの白人男性ならほぼ誰でも信頼する傾向のことです。そして、既にしてお墨付きの嘘つきが、さらなる嘘をつくことを許し、その嘘を疑いもせずに報じることです。また、容易に否定できる文化的な偏見をそのままにして前進することであり、その人の信頼を傷つけ、嘲笑《あざわら》い、あるいは無視するというやり方で、ほとんどすべての部外者を貶《おとし》めることです。このようにして、過去三〇年ほどにわたってわたしたちの経済がはるかに不公平なものになったという変化はうやむやにされ、主流メディアはイラクがアルカイダと9・11に何らか

を持つ人びとです。出来事を最初から知っているジャーナリストはいませんし、一人称で出来事を知ることもありません。けれども、起こったことをほかの人に報じようとするなら、みなさんが最初に耳を傾ける人になるかもしれません。ただし、みなさんが、たとえどれほどうまく伝えても、どれほど大きく広めても、常に他者のストーリーであることが第一義であり、彼らのストーリーでなくなることはありません。

　二〇一六年三月、現代のもっとも偉大なジャーナリストのひとりであるベン・バグディキアンが亡くなりました。わたしがカリフォルニア大学バークレー校のジャーナリズム大学院で彼に教わっていた当時、バグディキアンはメディアの独占が民主主義にもたらす大きな脅威についてのストーリーを解き明か《ブレイク》しました。それよりもっと前には、彼はダニエル・エルズバーグがペンタゴン・ペーパーズを信頼して渡したジャーナリストでした。ペンタゴン・ペーパーズは四人の大統領がベトナム戦争に関してついた嘘《うそ》を暴露し、戦争についてのストーリーをブレイクしました。わたしは幸運にも彼が教える倫理学の授業を取っており、「⑤客観的になることはできませんが、公正であることはできます」とそこで教わりました。「客観的」というのは、あなたたちや主流メディアがたむろできる中立領域や政治的な無人地帯があるという、フィクションです。あなたが何を伝える価値があるものとみなすか、また、あなたが誰の文章を引用するのかといったことさえ、政治的な判断なのです。わたしたちは、極端な人たちをイデオロギー信者とみなし、中道を中立として扱う傾向があります。まるで、「車を持たない」という決意は政治的だけれど「車を持つ」という決意はそうではなく、「戦争支持」は中立だけれども「戦争反対」はそうではないといったように。非政治的でいることも、傍観者でいることもできませんし、中立領域もありません。わたしたちはみな、主体的に関わっているのです。

　「アドボカシー・ジャーナリズム」という言葉は批判的に使われることが多いのですが、良い暴露記事のほとんどは「見解の擁護や主張である」アドボカシーです。もしあなたが、バグディキアンとエルズバーグがしたように大統領の嘘《うそ》を暴露するとしたら、たぶんあなたは、大統領は嘘をつくべきではないと思っていることでしょう。企業が、たとえば水圧破砕法《フラッキング》で地下水を汚染していることを暴露するのであれば、たぶんあなたは有毒物質による汚染に賛成していないし、少なくとも人びとがそれを知ることを支持しているはずです。驚くべきことですが、人間や動物や土地が汚染されることを擁護する人はかなり多いのです。たいていの場合は、毒が有毒であることを否定するとか、あるいは、毒素がそこに存在することを知る権利を否定するといったかたちですが。汚染に反対する立場がときに物議を醸すのは、こういった理由からです。

　⑥物書きの仕事は、ほかの誰かが建てた家の窓から外を眺めることではなく、外に出て家の枠組に疑問を投げかけることです。あるいは、家を取り壊して中にあるものを自由にすることであり、視界から締め出されたものをほかの人が見えるようにすることなのです。ニュース・ジャーナリズムは、昨日、何が変わったのかに焦点を絞り、その背後にある勢力は何なのか、現時点での現状維持で得をする見えない受益者は誰なのか、といったことを問いかけようとしません。警察官が黒人を撃つ事件があります。この事件の詳細のほかに、みなさんは何を知る必要があるのでしょうか？　それは、こういったことがどれほどの頻度で起こっているのか、それがコミュニティに長期的にどんな影響を与えるの

も阻止された。ニューオリンズは、悪意ある行政府の手により、牢獄《ろうごく》になったのだ。昨年（二〇一五年）蜂起した＊ボルチモアの人びとが、いかに悪者扱いされたのか、そして、チェーン店や客を搾取する小切手現金化店が、突如として、多くのアメリカ人にとって最たる聖域になったことを考えると、同じような災害が再び起こることは容易に想像できる。

ニューオリンズでの人間性の抹殺や幽閉、そして、おびただしい数の死（そのほとんどはアフリカ系アメリカ人で、多くは老人であった）において、不起訴のままの共犯者は主流メディアだったし、今でもそうだ。主流メディアは、略奪、レイプ、襲撃団といった、いつもの災害物語をよりどころにして、黒人のことを、傷つきやすい困窮した災害の被害者というよりも、敵の怪物として悪者に仕立て上げるのにやっきになる。彼らは、人びとがヘリコプターを射撃しているとか、スーパードームに大量殺戮《さつりく》による巨大な死体の山があるといった妄想とか、あとでまったく根拠がないと判明した新しいストーリーをでっちあげた。

わたしにとって、これらは壊れた《ブロークン》ストーリー、あるいは壊す《ブレイク》必要があるストーリーです。カトリーナのあとでニューオリンズ市を訪問しつづけたわたしは、実際にそこで②恐ろしい犯罪があったことに気づきました。市に押し寄せた記者の大群は、そうした犯罪を完全に見過ごしているか、まったく目に入っていないようでした。それは、下層階級《アンダークラス》による体制への犯罪ではなく、体制が下層階級に対して行なっている犯罪の数々、つまり警察官による殺人や白人の自警団員による犯罪でした。わたしは、情報源や関係者、写真、目につく場所に隠されていた手がかりやスクラップをかき集め、調査にとても長《た》けたジャーナリストであるA・C・トンプソンに渡しました。彼は、その資料を使って取材を推し進めました。ニューオリンズに到着すると、彼は自力でほかのストーリーを、とくに武装していないのに背中を撃たれた黒人のヘンリー・グラヴァーについてのストーリーを、掘り起こしました。このストーリーは、警察官を刑務所に送りこみました。これは、めったに起こらないことです。わたし自身も、さらにいくつか記事を書き、災害時に人びとが実際にどのような行動を取るのかについて、『災害ユートピア』という本を書きました。

わたしがハリケーン・カトリーナの直後に実際に何が起きたのかをラジオ番組で話し、そのラジオ局から帰ろうとしたときのことです。車に乗ってカーラジオのスイッチを入れたら、A・Cが別の局でわたしと同じことを話していました。車の座席に座ったまま、わたしは考えました。わたしたちは、③公式バージョンのストーリーを裏返したり、ひっくり返したりして、実際にブレイクしたのだと。一〇年後に人びとが覚えている二〇〇五年の歴史は、主流メディアにお馴染《なじ》みの貧しい黒人たちや人間性全般を中傷するストーリーではなくなったのです。むろん、わたしたち二人が単独でやったことではありません。いつでも、長い時間をかけた④共同作業のプロセスがストーリーをブレイクするのです。ストーリーのブレイクは、たいていの場合、社会活動家、目撃者、内部告発者、被害者、影響を受ける人びと、最前線にいる人びと、そのストーリーを直接体験した人びとから始まります。次のステップを引き受けるのは、多くの場合、耳を傾ける意志があり、ストーリーを伝えるパワー

いよ。」と重也が繰り返し訴えたのは、

(7)
(タ) 自分自身に起きている異変をどうしても自分のものとして受け入れがたい
(レ) 妻の幾子が予言した通りに自分の病が進行していることをもはや疑えない
(ソ) 先ほど耳にした級友と同じような満天の星が見えるようになってきている

からであって、それゆえに、「輪島が脇で何か言っていたが、その言葉は重也の耳に届かなかった」のである。重也はここでも「ひと繋りの世界との切れ目」に出会っていると言える。

(B) [(2)] に入る適当な語句を本文中から10字以内で見出し、解答欄に記しなさい。

Ⅱ 次の文章は、未来のジャーナリストに向けたスピーチをもとに書かれたものです。文章を読んで、以下の設問に答えなさい。

①二〇〇五年、ニューオリンズは三重の災害に遭いました。＊ハリケーンそのものは序の口で、インフラの不備と何十年にもわたる劣悪な計画、その計画よりさらに劣悪な実施が、予測にたがわず大規模な人災を引き起こし、社会契約の失敗がさらに事態を深刻化させたのです。貧しい人びとは取り残され、溺れるか苦痛を味わうことになりました。そこにマスメディアが登場し、生き残ろうとしてもがいている人たちを犯罪者のように扱い、誰かが〔店で売られている〕テレビを盗んでいる可能性に執着し、死にかけているおばあさんやトラウマを抱えた幼児を救うよりも、テレビを守ることを重視しているのを明らかにしたのです。メディアは、一九〇六年にサンフランシスコで地震が起きたときに出来上がったお決まりのステレオタイプに、ふたたびしがみついたわけです。

偶然のめぐりあわせで、わたしには、狂暴化した群衆がレイプや略奪、人殺しをするという筋書きに懐疑的になる心構えができていました。一九〇六年の地震についての調査と執筆をちょうど終えたところだったのです。これらの都市伝説は一九〇六年にも真実ではありませんでしたし、『ガーディアン』紙、『ニューヨーク・タイムズ』紙、『ワシントン・ポスト』紙、NBC、CBS、CNN、その他の多くのメディアがそうした現象を報じた二〇〇五年にも真実ではなかったのです。「彼らは群れをなして移動し、同じストーリーを報じる傾向がある」。〔作家、ジャーナリストの〕アダム・ホックシールドは少し前に、スペイン内戦のジャーナリストについて、そう語っていました。カトリーナという名の人為的な大災害の一〇周年に際し、わたしはこう書きました。

八〇%が水没したニューオリンズ市で、そのほとんどがアフリカ系アメリカ人である膨大な数の市民が、屋根の上や地面より高いところに作られた高速道路やコンベンションセンターや〔多目的大規模スタジアムの〕スーパードームで身動きが取れなくなっていた。それなのに、救助したり市から離れるのを許可したりするには彼らは凶暴で危険すぎると、政府や主流メディアから悪者扱いされた。救助を申し出た部外者らは役人たちから追い返され、市外に逃れようとした人たち

の時間の美しさが色あせてしまったことを突きつけられているような気がしたから。

【問11】――⑪「靴が違う」について次の設問に答えなさい。

（A）この時の重也の思いや考えはどのようなものであったと考えられますか。次の説明文の（1）と（3）～（7）より適当なものを選び、それぞれ（イ）～（ソ）の符号で答えなさい。

　輪島に呼び止められ、皆より一足遅れて部屋を出た重也だったが、履いた靴が自分のものではなかった。重也はすぐさま、悲鳴に似た声をあげて慌てて靴を脱いでいる。

　ここで、重也の今日の服装に改めて注目してみよう。今日の重也は、

（1）
（イ）級友との久しぶりの再会に備えた正装で身なりを調えていた
（ロ）機能性と保温性を兼ね備えたいつもと同じ普段着を着ていた
（ハ）礼装とまではいかないが決して軽装ではない格好をしていた

ようである。

　とすれば、最近新調したらしい「黒い靴」もそれに見合った代物であった可能性が高い。少なくともそれは、「（2）」ではなかっただろう。つまり重也は、足を通す前にそれが自分の靴ではないことに気づけたはずなのである。ここまで重也は、自分に降り注いだ災厄はすべて、

（3）
（ニ）自分とは直接関係のないできごとの連鎖
（ホ）加齢による抗《あらが》えない運動する能力の低下
（ヘ）脳梗塞の前兆とおぼしき初期症状の数々

、として認識しようとしていた。

　しかし、あらためて振り返ってみれば、

（4）
（ト）「例年顔を揃《そろ》える男達《たち》はほぼ見憶えがあった」
（チ）「数人いる女性たちは名前もわからない者の方が多かった」
（リ）「星塚の姿は見えなかった」

ことや、

（5）
（ヌ）「去年まではこんな会ではなかった」
（ル）「一年前の様子がうまく呼び起せない」
（ヲ）「二時間ほどの会が終って御開《おひら》きとなった」

ことを踏まえると、実際に靴を履いてみるその時まで、重也が事態に気がつけないのも致し方なかったと考えられる。このあと、「ただ黒い靴だけが鋪石の上を軽々と遠ざかって行く」ような錯覚に襲われたのも、

（6）
（ワ）自分の身体感覚を制御できなくなりつつあること
（カ）履き違えた当人が自分のすぐ側にいたということ
（ヨ）意志だけでは乗り越えられない壁が存在すること

、を証し立てている。

　それでも最後、口の中で「俺ではないよ。俺が間違えたのではな

変更に柔軟に対応してもらえるものと高をくくっている。

（ハ）幾子は、かなり前からもの覚えが悪かった夫を心配して声をかけ続けてきたが、重也は自分の記憶違いは何か気にかけるほどの大事ではなく、妻の声に憐《あわれ》みを感じ取っていらだっている。

（ニ）幾子は、夫の今日の予定を把握しきれていなかったことを反省しているが、重也は自分の用事が同じ日に並立してしまった状況を抜け出す方法が何かないか探さなければとあせっている。

（ホ）幾子は、夫が古い友人に会う機会などめったにないので送り出してあげたいが、重也はどちらも気乗りしない用件なのでこうなってしまったのは自分の認識不足だったと思い返している。

【問9】――⑨「妻の言葉をやり過ごすようにして彼はドアを押した」とありますが、この時の重也の気持ちとして最も適当なものを次の中から選び、（イ）～（ホ）の符号で答えなさい。

（イ）妻が言う通り自分の様子が普段と違っていることは確かであり、不測の事態を繰り返さないよう何とかしなければと思案している。

（ロ）妻が自分を気遣ってくれていることは理解しながらも、自分の脳の状態に不安を覚えてしまう現状を認めたくはないと思っている。

（ハ）妻の言葉に自分へのさげすみの響きがあることで傷つき、この場から逃げ出してしまいたいほど悔しく、いきどおりを感じている。

（ニ）妻の小言は毎度のことだとあきらめつつも、長く夫婦を続けてきていてもわかりあえないことはあるのだと自分をなぐさめている。

（ホ）妻が言うことに一理あることは認めているが、今日だけはどうしても小学校時代の友人との約束を優先すべきなのだと思っている。

【問10】――⑩「益々《ますます》居心地の悪さが募って来る」とありますが、その理由を説明したものとして最も適当なものを次の中から選び、（イ）～（ホ）の符号で答えなさい。

（イ）自分にとって落ち着くことのできる仲間に囲まれることで老齢の不安から解き放たれたいと思っていたのに、妻が心配していた通りの展開となってしまうことに、苛《いら》立《だ》ちと後悔を感じざるを得なかったから。

（ロ）かつての同級生たちの近況報告が、近い将来の自分の姿と重ねられることによって、小学校時代を共に過ごすことを通じて自分たちが築いてきたはずの美しい思い出が一方的な形で汚されているように感じたから。

（ハ）旧友と思い出話を交わすことで自身が抱える身体への不安を少しでも紛らわせようと期待していたのに、結局、年を重ねていくことで実感される苦労ばかりを聞かされて、年齢には到底、抗《あらが》えないように感じたから。

（ニ）ただでさえ、現在親交を結んでいない人々と同時に居合わせるのは神経を使うのに、飛び交う会話のひとつひとつに救いがなく、お互いが重ねてきた年月の価値を、自分たちの手で損なっているように思えたから。

（ホ）青春時代の美しい時間を束の間思い出すことを通じて、この世に生まれてきたことを喜びたいと思って馳《は》せ参じたはずなのに、そ

ものを選び、（イ）～（ホ）の符号で答えなさい。

（イ）幾子の指摘は重也には驚きの連続で、自分のことのように思えなかった。しかしそれよりも、自分の記憶があやふやになっていくに従って、妻の幾子に余計な心配と苦労をかけてしまうことに罪悪感を覚えた。

（ロ）幾子の指摘は、重也の身に覚えがないことの方が多かった。しかしそれよりも、それらの出来事に口をはさまずに黙っていた妻の態度を重也は恐ろしく思い、身体がほてっていっそう息苦しくなるのを感じた。

（ハ）幾子の指摘によって、重也は自分では抑えられない病の進行に気づき不安を覚えた。しかしそれよりも、夫の病の進行を知りつつ、そばでじっと見つめていただけの妻の態度に不信感を抱き、恐ろしく感じた。

（ニ）幾子の指摘は、重也が何度も聞かされていることばかりだった。しかしそれよりも、すでに終わったはずのことを、今になって持ち出して自分を責め続ける妻の態度に怒りを覚え、身体が熱くなるのを感じた。

（ホ）幾子の指摘のひとつひとつについて、重也はその時のことをまざまざと思い出した。しかしそれよりも、今度こそ次に取り返しのつかないことが起こり、自分自身が終わりを迎えてしまいそうな予感を覚えた。

【問7】――⑦「こういう日があるんだ」とありますが、この時の重也の気持ちとして最も適当なものを次の中から選び、（イ）～（ホ）の符号で答えなさい。

（イ）小学校の同級生たちと会う約束がある日に、たまたま歯医者の予約が重なってしまったので、これからはカレンダーに自分の予定を書き込んでおこうと反省している。

（ロ）どこで記憶が狂ったか、歯医者の診察券の裏面に間違いなく今日の日付が記入してある事実に今さらながら驚きつつ、世話役の大浜が来られないことを心配している。

（ハ）災難というのは重ねてやってくるものなので、今回のようなことが起こるのはやむを得ず、嵐が過ぎ去るのを待つようにひたすら我慢するしかないのだと思っている。

（ニ）カレンダーの数字が自分の思惑とは別に動き回っているかのような錯覚にとらわれ、自分の記憶の頼りなさをふがいなく思いつつ、得体のしれない不安を感じている。

（ホ）今日が小学校の同級生たちと集う予定の金曜日であることを、他人からの指摘を受けるまで気づかないという事態に、何となく当事者としての意識を持てないでいる。

【問8】――⑧「いつになく慰める響きの声が妻から寄せられるのに触れると俄《にわ》かに重也は反撥《はんぱつ》を覚えた」とありますが、この時の幾子と重也の気持ちとして最も適当なものを次の中から選び、（イ）～（ホ）の符号で答えなさい。

（イ）幾子は、家の中での物忘れにとどまらず、よその人にも影響が出てしまうことを心配しているが、重也はこの状況はあくまで偶発的なもので、妻の心配をよけいなお世話だと思っている。

（ロ）幾子は、歯医者の予約というものが取りづらいことは自明であり、すぐ別の日にとはいかないことを知っているが、重也は予約の

(ホ)　A＝ありありと　　B＝のろのろと　　C＝ひっそりと

(ヘ)　A＝のろのろと　　B＝ひっそりと　　C＝ありありと

【問4】――②「ひと繋《つなが》りの世界の切れ目との出会い」について次の設問に答えなさい。

(A)　この時の重也の思いや考えはどのようなものであったと考えられますか。次の説明文の(1)(2)(4)より適当なものを選び、それぞれ(イ)～(リ)の符号で答えなさい。

飲み物が入ったコップを落としてしまうこと自体は、

(1)
(イ)　事前に予測できる範囲のこと
(ロ)　自分で統制できないできごと
(ハ)　誰にとってもありふれたこと

であって、各段、気にするようなことでもない。

しかし現在の重也はある予感をもってこの事態を受け止めている。「食卓での失敗の瞬間」が、

(2)
(ニ)　過去から呼び戻されたかのように見えるとき
(ホ)　他者の視点から見ているかのように映るとき
(ヘ)　自らの死を予見したかのように思われるとき

、「突然時が停止」し、そこから

「何か巨大なもの」が「ゆくりと動き出そうとする気配」が感じられる。それは、「［(3)］」に似ていて、

(4)
(ト)　確かな手応えのある世界が世界ごと失われていくように
(チ)　老いた事実を今すぐに受け入れなければならないように
(リ)　天動説がくつがえされて地動説へと認識が変わるように

重也には感じられたのである。

(B)　［(3)］には「ひと繋りの世界の切れ目との出会い」と同様の意味を示す表現が入ります。適当な語句を――②より前の部分から21字（句読点を含みます）で見出し、始めの5字を記しなさい。

【問5】――④「変ですよ」とありますが、この時、幾子は何を心配しているのですか。次の中から最も適当なものを選び、(イ)～(ホ)の符号で答えなさい。

(イ)　指が滑って物を落としてしまうのが今日だけに限ったことではない重也は、注意力が散漫になっているのではないか、ということ。

(ロ)　昨夜、戸締りをお願いしたはずの玄関の鍵が開いたままだったことに、果たして重也は気づいていないのではないか、ということ。

(ハ)　別のことをしているうちに、その前に取り組んでいたことがなおざりになる重也に、何か心配事でもあるのではないか、ということ。

(ニ)　ここのところあまりにも物忘れの激しい重也の身体の中で、本人でも気づきようのない病が進行しているのではないか、ということ。

(ホ)　以前の重也からは想像もつかないほど、性格や人格が変わってしまっていることに本人が気づいていないのではないか、ということ。

【問6】――⑤「立て続けに幾子の指摘が始まった」とありますが、この指摘を重也はどのように受け止めましたか。次の中から最も適当な

輪島に呼び止められた。入院した大浜のことで君には知らせておきたいことがある、と言われた彼は皆より一足遅れて部屋を出た。狭い＊濡《ぬ》れ縁《えん》の形をした踏み板の下に二足の靴が残っていた。一方は紐《ひも》のついた重そうな黒靴で、輪島が躊躇《ためら》いもなく足を入れた。もう一方の軽そうな＊スリップオンを突掛け、輪島から渡された靴箆《くつべら》で踵《かかと》を滑り込ませた時、異様な窮屈さに足が締めつけられた。

「⑪靴が違う」

悲鳴に似た声が重也の咽喉《のど》から洩《も》れた。

「間違えたのかな、先に出た誰かが」

輪島の言葉が長閑《のどか》な風のように吹き過ぎる。

「靴が違うよ」

慌てて脱いだ靴を重也は気味悪い生き物でも見下《みおろ》すように眺めやった。自分の足に快く馴染《なじ》んだ黒靴が新宿の街を勝手に歩いて行くような気がした。履く足は見えず、ただ黒い靴だけが舗石の上を軽々と遠ざかって行く――。

俺ではないよ。俺が間違えたのではないよ。重也は口の中で幾子に繰り返し訴えた。輪島が脇で何か言っていたが、その言葉は重也の耳に届かなかった。

【注】＊暗剣殺……最凶の方角。転じて、会っては都合の悪い人がいる方向、災難に遭う方向のこと。
＊オープンシャツ……ネクタイを結ばない襟元があいた開放的なシャツ。開襟シャツ。
＊アスコットタイ……結んだ時にスカーフのように見える、幅の広いネクタイ。
＊濡れ縁……雨戸の外に張り出した縁側。
＊スリップオン……ひもや留め具がなく、着脱の容易な靴。スリッポン。

【問1】＝ⓐ～ⓔのカタカナを漢字に改めなさい（楷書で、丁寧に書くこと）。

ⓐ アツデ　ⓑ ユルめて　ⓒ ヒナン
ⓓ フキン　ⓔ ツヤ

【問2】――①「有無をいわせぬ」③「たじろいだ」⑤「鷹揚《おうよう》に」とありますが、（1）「有無をいわせず」（2）「たじろぐ」（3）「鷹揚」とはどういうことですか。次の中から適当なものを選び、それぞれ（イ）～（ヘ）の符号で答えなさい。

（イ）人を見下したようなえらそうな態度を取ること。
（ロ）後先を考えずに度を超えて行うこと。
（ハ）ゆったりと振る舞うこと。余裕があって目先の小事にこだわらないこと。
（ニ）相手の承知不承知にかかわらず無理矢理にすること。
（ホ）思い切りがつかなくて行動に移れず、しようかしまいか迷うこと。
（ヘ）圧倒されてひるむこと。しりごみすること。

【問3】[A]～[C]に当てはまる語の組み合わせとして適当なものを選び、（イ）～（ヘ）の符号で答えなさい。

（イ）A＝ひっそりと　B＝ありありと　C＝のろのろと
（ロ）A＝ありありと　B＝ひっそりと　C＝のろのろと
（ハ）A＝のろのろと　B＝ありありと　C＝ひっそりと
（ニ）A＝ひっそりと　B＝のろのろと　C＝ありありと

の手助けをして世話を焼いていた、遂《つい》に姓の変ることのなかった星塚《ほしづか》のツヤのある銀髪と、濃紺の丈長いワンピース姿が頭の奥に見え隠れしてもいた。

下駄箱《げたばこ》から取り出した黒い靴はまだ新しさを失ってはいなかったが、適度に履き馴《な》らされて快く足を迎え入れた。

「良かったよな、この靴は」

玄関でコートの襟を立てながら、妻の反応を窺《うかが》うように重也は軽く足踏みしてみせた。

「それだって、買うまでがあれやこれや言って大変だったくせに」

「大変だった結果、良い靴に出会えたのだから満足しているよ」

「歩くのは靴ではなくて足ですよ。躓《つまず》いたり、転んだりしないように気をつけなくては」

「大丈夫、靴が良いから」

重也はもう一度足踏みを繰り返してからドアのノブに手をかけた。

「朝から今日は少しおかしかったの、気がついているんですか」

幾子の声が改まったようだった。

「同じだよ、いつもと」

⑨妻の言葉をやり過ごすようにして彼はドアを押した。

「本当に頭の検査をしましょうよ。私が病院の手配はするから」

背にかかる幾子の声が日頃と違って湿っているように感じられた。わかった、と大きく頷《うなず》いて重也は玄関を出た。相手の言葉を受け入れたというのではなく、とりあえず声を返したつもりだった。信号のない所を走って渡ったりしないでよ、という忠告が閉りかけたドアの隙間から尚《なお》も追って来る。振り向かずに片手を上げて彼は道に踏み出した。背後にドアの鍵をかけるひっそりした音が起ったようだった。それが家の溜息《ためいき》のように耳に届いた。

重也が新宿の店についたのは定刻少し前だった。表通りから少しはいったビルの三階にある和食の店の個室には、既に十人ほどの仲間が集っていた。中腰で会費を集めていた輪島が重也を見ると手招きして自分の横を指差した。畳に敷かれた座布団に尻をつけると重也は室内を見廻《まわ》した。例年顔を揃《そろ》える男達《たち》はほぼ見憶《おぼ》えがあったが、数人いる女性達は名前もわからぬ者の方が多かった。星塚の姿は見えなかった。

形どおりの乾杯と、老人ホームで暮す卒業時の担任の先生の様子、この一年の級友の消息などが輪島から告げられ、ついで出席者が順に近況を報告し始めると、重也は次第に気持ちの冷めていくのを覚えた。小学校の運動場を思わせる伸びやかな温《ぬく》もりに身を浸すつもりで出かけて来たにもかかわらず、妻を亡くした一人暮しの話や抱えている病気の苦労などを聞くうちに⑩益々《ますます》居心地の悪さが募って来る。去年まではこんな会ではなかった筈《はず》だと思うのに、その一年前の様子がうまく呼び起せない。クラスで駆けっこの一番早かった級友が軽い脳梗塞を起し、頭の検査をしたと告げた時だけ重也は低いテーブルに身を乗り出した。小さな異常がみつかった他にも満天の星の如く点々が脳に散らばっていたという。その星というのは何だい、と重也は思わず聞き糺《ただ》した。どうも血栓みたいだよ。そっちの方はでも年齢相応のものらしくてね、と六年間を通じてリレー選手だった男が医学の知識にはあまり自信なさそうに答えた。

二時間ほどの会が終って御開《おひら》きとなった時、畳の上に長く坐《すわ》っていたためにすぐには伸ばせぬ足と腰を労《いたわ》りながらようやく立ち上《あが》った重也は

「やっぱり電話してよかった。重ちゃんまでそうなんだものな」

「勘違いしていた。ごめん。でも大丈夫、行きますよ」

「去年と同じ新宿の店ね。十五人位は集《あつま》るから」

「大浜君はどうしたの？」

「倒れたりしたわけではないらしいけど、急いで何かの検査をしなければならなくなって。重ちゃんも気をつけてよ」

仇名《あだな》で呼び合った記憶はあっても、名前をちゃんづけで口にした覚えのない重也には輪島のわざとらしい親しげな口調が疎ましかった。

電話を切って振り向くと、ソファーの端に幾子が膝を揃《そろ》えて坐っている。

「一週間、間違えていた」

間の悪さを嚙《か》み締《し》めるようにして彼は呟《つぶや》いた。幾子はガラス戸から外に目をやったまま何も応えない。

「来週だとばかり思っていた。でも一時に新宿だから、昼頃に出れば間に合うよ。電話をもらってたすかった」

壁の時計をちらと見上げ、出かけるまでのゆとりある時間を彼は味わうかのように頭の中にゆっくり遊ばせた。幾子が椅子の上で身動《みじろ》ぎしたようだった。

「今日は二時から歯医者さんではなかった？」

不意に足許《あしもと》を掬《すく》われた。日付と曜日が目紛《めまぐる》しく駆け廻って重也を混乱に突き落した。

「金曜日……あれは今週の金曜だったか？」

狼狽《うろた》えてサイドボードの引き出しから取り出した診察券の裏面に記入されている予約日は間違いなく今日の日付だった。どこで記憶が狂ったかわからなかったが、カレンダーの数字が勝手に動き出して共食いを始めたかのようだった。
⑦こういう日があるんだ、と重也は他人事めいた感じで自分の窮状を眺めやった。厄日とか＊暗剣殺とか、二度あることは、といった言葉が遠い空を火花を散らして飛び交った。
「困ったわね」
⑧いつになく慰める響きの声が妻から寄せられるのに触れると俄《にわ》かに重也は反撥《はんぱつ》を覚えた。
「困りはしないさ。予約をキャンセルして別の日をとればいい」

「歯医者さんより小学校の同窓会を優先するんですね」

「輪島君に行くと言ったばかりだもの。今特に痛んでいる歯があるわけでもなし」

気がついていたならあの時そばから言ってくれればよかったものを、と不満が湧くのを重也は押し殺した。幾子が黙ってこちらの過ちを見守っていたのかもしれぬ、という疑いが頭を掠《かす》めたからだった。

歯科医院に電話して今日の予約を取り消すと、三週間先の午後に来るように告げられた。来週にでも行けばいいかと気軽に考えていた重也はその治療の間のあくことに不安を覚えたが、幾子には黙っていた。知られれば、今度は逆に直ちに文句を言われそうな恐れがあった。歯の治療を犠牲にしたために、輪島に念を押された集りが逃すことの出来ぬ貴重な機会として俄《にわ》かに重みを増すようだった。

そんな気分が出かける重也に珍しくネクタイを締めさせた。スーツを着ることまでは考えなかったが、＊オープンシャツの襟元に＊アスコットタイを巻くような気楽な身形《みなり》を遠ざけた。前々回のレストランで大浜

「だから、脳のCTを撮ってもらうんですよ」

「血管が詰まっている?」

「そうでなければいいですけど、このところ貴方《あなた》おかしいでしょ」

「年のせいで動きが少し鈍くはなったろうが、血管や神経がどうこういうほどのことはない」

「いいえ。自分で気がつかないだけで、④変ですよ」

「健全な老化だと思うがね」

「昨夜、寝る前に戸締りを見てくれたのでしょう?」

「全部確かめた」

「玄関の鍵が閉めてなかった」

え、と声をあげたまま重也は息を飲んだ。最後に戸締りを確かめるのは彼の習慣である筈《はず》だが、昨夜の玄関で自分がどんなことをしたかの記憶がない。急に不安を覚えて彼はセーターの裾をぐいと引いた。首が締めつけられ呼吸の詰まる感じがしたからだ。

それから⑤立て続けに幾子の指摘が始まった。散歩の折に頼んだ買物の何が抜けていたか。ポストに投函《とうかん》すると受け合った葉書がコートのポケットによれよれの形ではいっていた。洗濯機に入れたシャツからはクリーニングの伝票が紙の塊として出て来たし、公衆電話のボックスに置き忘れた手帳は親切なおじいさんが電話で知らせてくれた……。

覚えていることより、心当りもないことの方が多かった。その都度幾子がそれらの失敗に文句を言わず、何かを待つかのごとく息をひそめていたらしいことの方が気味悪かった。身体が熱くなり、咽喉《のど》の窮屈な感じが高まった。

「だから脳が詰まっているのか」

重也は無意識のうちに椅子を立っていた。

「そうでなければいいけど、心配しているのよ」

「どこもかも詰まっているのかもしれんな」

吐き捨てるように言って彼はテーブルを離れた。食事が終ったのか、まだ途中であったのかもはっきりしなくなっていた。その場を逃れる如く寝室にはいると毟《むし》り取る勢いで着ているものを脱ぎ捨てた。半袖の肌着一枚になった時、V形の胸の刳《く》りが背にまわり、ラベルのついた後ろ側が咽喉仏の下を締めているのを発見した。前後を間違えて着た肌着が食卓の失策の遠因であったに違いない、と思った重也は慌てて肌着を脱ぐと生温かなそれを被り直した。室内の寒気の身を包むのが感じられ、彼は大きく肩を震わせた。

居間に電話の鳴る音が聞えた。幾子の長話が始まるのかとの予想に反し、短い応対の後に重也を呼ぶ声が届いた。残りの衣服を慌てて身に着けた彼は、一度首を廻《まわ》して肌着の襟が具合よく納まっているのを確かめてから⑥鷹揚《おうよう》に居間に踏み込んだ。

重ちゃん、と受話器の奥から馴《な》れ馴《な》れしい口調で呼びかけて来たのは小学校の同級生である輪島《わじま》の高い声だった。世話役の大浜《おおはま》が急に入院してしまったので自分が代りを押しつけられたが、今日、大丈夫だろうね、と問いかける言葉に重也は驚いた。

「今日?　来週の金曜日ではなかった?」

「しっかりしてよ。九日の金曜日。今日ですよ」

「次の週だとばかり思ってた」

身体の芯からすっと金曜日の中身の抜け落ちていくような心許《こころもと》なさを覚えた。

【国　語】（六〇分）〈満点：一〇〇点〉

Ｉ　次の文章を読んで、以下の設問に答えなさい。

あ、と思った時には遅かった。世界の上下が逆転し、地球が裏返しになる感じだった。ⓐアツデのコーヒーカップがテーブルの端で弾んでからフローリングの床に転がった。その前に濃い茶色の液体は宙に拡《ひろ》がって食卓に降り、重也《しげや》のズボンの前にかかった。コール天の布地は直ちに熱さを肌に伝えはしなかったが、ズボン下を通して尿を洩《も》らした時のような濡《ぬ》れた温かさを腿《もも》の辺りに生み出した。

「どうしたの。早くズボンをお脱ぎなさい」

思わず立ち上がった重也に幾子《いくこ》の声が飛んだ。

「指が滑った。ズボンも焦茶だから染みにはならんよ」

ベルトをⓑユルめて覗《のぞ》き込む目にズボン下の白さが映った。その上に二、三箇所、茶色のぼやけた形が浮き出している。

「この前から二度目でしょう。少しおかしいわよ」

ⓒヒナンする声の終りの方が妙に暗く翳《かげ》っているのに重也は苛立《いらだ》った。

「ただ指が滑っただけだ。重いカップにコーヒーを注ぎ過ぎた」

幾子の差し出す濡れた膳ⓓフキンで形だけズボンの前を拭《ぬぐ》った重也はまた食卓につこうとした。

「穿《は》き替えていらっしゃい。代りのズボンがあるでしょ」

①有無をいわせぬ妻の言葉に彼は渋々寝室に足を向けた。ダイニングとは違う　Ａ　沈んだ冷たい空気が、食卓での失敗の瞬間をどこかから眺めるように甦《よみがえ》らせた。指から丸みのあるカップの取手が滑り抜けた時、次にはとんでもないことの起るのがはっきりわかった。それは恐れでも後悔でも驚きでもなく、②ひと繋《つなが》りの世界の切れ目との出会いだった。突然時が停止し、そこから何か巨大なもののゆっくり動き出そうとする気配が伝わった。こんなふうにして道路で車にぶつかり、プラットフォームから線路に落ち、道の窪《くぼ》みに躓《つまず》いて足の骨を折ったりするのだろう、という予感が　Ｂ　身に迫った。どの際にも、その一瞬前には地球がめくり返されるらしかった。それで終りになるのだ、と考えながら重也は寒い部屋で　Ａ　ウールのズボンに穿《は》き替えた。足許《あしもと》に蹲《うずくま》るコール天のズボンを見下すと、コーヒーをぶちまけた自分が何かを諦めたかのようにそこにしゃがみ込んでいるのが感じられた。

「これは、どうするんだ」

脱いだズボンを手に提げたまま、重也はつとめて平静な声で廊下から幾子に訊《たず》ねた。

「うちで洗ってもいいけれど、ⓔツヤがなくなるからクリーニングに出しますよ」

意外に穏やかな声に拍子抜けした重也は廊下の隅にズボンを落して食卓に坐《すわ》り直した。零《こぼ》れたコーヒーは綺麗《きれい》に拭《ぬぐ》い去られ、食器の位置も変ってテーブルは何事もなかったかのように整えられている。ただ長年使っていた大振りのモーニングカップだけは見当らない。

「あれは割れたかね」

カップの落ちた床の辺りをさりげなく目で探りながら彼は幾子に確かめた。

「一度、ちゃんと調べた方がいいと思うんですよ」

肩でひとつ息をついた幾子の言葉に重也は③たじろいだ。

「何を調べるんだ」

推薦

2023年度

解 答 と 解 説

《2023年度の配点は解答欄に掲載してあります。》

＜数学解答＞ 《学校からの正答の発表はありません。》

(1) $-2y$　(2) $\sqrt{2}$　(3) $(a-b)(x+2)(x-2)$　(4) $x=-1$, $y=6$　(5) $x=1$, 5
(6) $a=-4$　(7) 26通り　(8) $\angle x=56°$　(9) (ア) $\frac{5\sqrt{3}}{2}$　(イ) $\frac{19\sqrt{3}}{3}\pi$
(10) (ア) A$(-3,\ 3)$, B$\left(2,\ \frac{4}{3}\right)$　(イ) C$\left(7,\ \frac{49}{3}\right)$　(ウ) 25：3

○推定配点○
(1)～(8)　各5点×8　(9)　各4点×2　(10)　各4点×3　計60点

＜数学解説＞

(単項式の乗除，平方根，因数分解，連立方程式，二次方程式，関数，場合の数，角度，平面図形，図形と関数・グラフ)

基本 (1) $\frac{1}{(8x^4y)^2}\div\left(-\frac{1}{2x^2y}\right)^3\times(-4x)^2=\frac{1}{64x^8y^2}\times(-8x^6y^3)\times16x^2=-2y$

基本 (2) $\sqrt{32}-\sqrt{3}(\sqrt{6}-2)-\frac{6}{\sqrt{3}}=4\sqrt{2}-3\sqrt{2}+2\sqrt{3}-2\sqrt{3}=\sqrt{2}$

基本 (3) $(a-b)x^2+4b-4a=(a-b)x^2-4(a-b)=(a-b)(x^2-4)=(a-b)(x+2)(x-2)$

基本 (4) $29x+31y=157$…①　$31x+29y=143$…②　①＋②より，$60x+60y=300$　$y=5-x$…③　③を①に代入して，$29x+31(5-x)=157$　$-2x=2$　$x=-1$　これを③に代入して，$y=5-(-1)=6$

基本 (5) $(2x+1)(2x-1)-3(x+1)^2+9=0$　$4x^2-1-3(x^2+2x+1)+9=0$　$x^2-6x+5=0$　$(x-1)(x-5)=0$　$x=1$, 5

基本 (6) $y=3x^2$において，$x=-2$のとき，$y=3\times(-2)^2=12$　$x=0$のとき，$y=0$　よって，yの変域は$0\leqq y\leqq12$　$a>0$のとき，$y=ax+4$は$x=-2$のとき$y=0$となるので，$0=-2a+4$　$a=2$　また，$x=1$のとき$y=12$となるので，$12=a+4$　$a=8$　aの値が一致しないので不適。$a<0$のとき，$y=ax+4$は$x=-2$のとき$y=12$となるので，$12=-2a+4$　$a=-4$　また，$x=1$のとき$y=0$となるので，$0=a+4$　$a=-4$　aの値が一致するので適する。

重要 (7) 文字が1種類のとき，並べ方は，bbb，cccの2通り。文字が2種類のとき，3個の文字の組み合わせは，(aab)，(aac)，(abb)，(acc)，(bbc)，(bcc)でそれぞれ3通りの並べ方があるから，全部で$3\times6=18$(通り)　文字が3種類のとき，並べ方は，$3\times2\times1=6$(通り)　よって，求める並べ方は，全部で$2+18+6=26$(通り)

基本 (8) 点Aと点Dを結ぶ。BDは直径だから，$\angle\mathrm{BAD}=90°$　円周角と弧の長さは比例するから，$\angle\mathrm{CAD}=3\angle\mathrm{ABD}=3\times17°=51°$　よって，$\angle\mathrm{BAC}=90°-51°=39°$　三角形の内角と外角の関係より，$\angle x=17°+39°=56°$

重要 (9) (ア) DからBCにひいた垂線をDHとし，$\mathrm{DA}=\mathrm{DC}=x$とする。△CDHに三平方の定理を用いて，$\mathrm{CD}^2=\mathrm{CH}^2+\mathrm{DH}^2$　$x^2=(3-x)^2+(\sqrt{3})^2$　$6x=12$　$x=2$　よって，四角形ABCDの面

積は，$\frac{1}{2}\times(2+3)\times\sqrt{3}=\frac{5\sqrt{3}}{2}$

重要 (イ) 直線BAとCDとの交点をOとすると，平行線の同位角は等しく，2組の角がそれぞれ等しいので，$\triangle OAD\backsim\triangle OBC$　OA：OB＝AD：BC＝2：3より，$OA=2AB=2\sqrt{3}$，$OB=3AB=3\sqrt{3}$　よって，求める立体の体積は，△OADと△OBCを直線ABを軸として1回転させてできる円錐の体積の差に等しく，$\frac{1}{3}\pi\times3^2\times3\sqrt{3}-\frac{1}{3}\pi\times2^2\times2\sqrt{3}=\frac{19\sqrt{3}}{3}\pi$

基本 (10) (ア) $y=\frac{1}{3}x^2$と$y=-\frac{1}{3}x+2$からyを消去して，$\frac{1}{3}x^2=-\frac{1}{3}x+2$　$x^2+x-6=0$　$(x+3)(x-2)=0$　$x=-3,\ 2$　よって，$A(-3,\ 3)$，$B\left(2,\ \frac{4}{3}\right)$

重要 (イ) 垂直に交わる2直線の傾きの積は−1であることより，直線BCの式を$y=3x+b$とすると，点Bを通るから$\frac{4}{3}=3\times2+b$　$b=-\frac{14}{3}$　よって，$y=3x-\frac{14}{3}$　$y=\frac{1}{3}x^2$と$y=3x-\frac{14}{3}$からyを消去して，$\frac{1}{3}x^2=3x-\frac{14}{3}$　$x^2-9x+14=0$　$(x-2)(x-7)=0$　$x=2,\ 7$　したがって，$C\left(7,\ \frac{49}{3}\right)$

重要 (ウ) 直線ABに平行で原点Oを通る直線の式は，$y=-\frac{1}{3}x$　この直線と直線BCとの交点をDとすると，AB//ODより，△OAB＝△DAB　よって，△ABC：△AOB＝△ABC：△ABD＝CB：BD　ここで，点Dのx座標は，$y=3x-\frac{14}{3}$と$y=-\frac{1}{3}x$の連立方程式を解いて，$x=\frac{7}{5}$　したがって，CB：BD＝$(7-2):\left(2-\frac{7}{5}\right)=25:3$より，△ABC：△AOB＝25：3

★ワンポイントアドバイス★

特別な難問もなく，取り組みやすい内容の出題である。時間配分を考えながら，ミスのないように解いていこう。

＜英語解答＞ 《学校からの正答の発表はありません。》

Ⅰ　1. い　2. う　3. え　4. う　5. あ　6. い　7. あ　8. え　9. あ　10. う

Ⅱ　1. took　2. another　3. his　4. to　5. heard

Ⅲ　1. taught　2. how　3. earlier　4. languages　5. until

Ⅳ　[1] い　[2] え

Ⅴ　1. 【be】being　【fall】fell　2. A う　B か　C あ
3. (a) え　(b) い　(c) あ　(d) う　4. 2番目 お　8番目 く
5. う　6. あ　7. い　8. え　9. receiving　10. う

Ⅵ　(例) (1) (I would write a letter to the “12-years old me” and tell myself) “Do your best and enjoy it.”　(2) Club activities, studying, school events, hobby, anything will be OK, do your best and enjoy it. It will become your precious memory.

〇推定配点〇
Ⅰ　各1点×10　　Ⅱ～Ⅳ　各2点×12　　Ⅴ　4　2点(完答)　　6・7・8・10　各2点×4
他　各1点×11　　Ⅵ　(1)　2点　　(2)　3点　　計60点

＜英語解説＞

基本 **Ⅰ　(適語選択補充問題：前置詞，慣用句，関越疑問文，動名詞，不定詞，比較)**

1. 「トムはいつオーストラリアに行ったのですか」 疑問詞を含む疑問文。疑問詞 when がある時は現在完了形は使えない。い：did Tom go を入れる。
2. 「数日のうちにその仕事を終えられないと思う」「～のうちに」という意味を表す in を入れる。あ：on は限定された日　い：at は時間　え：during は「～の間」で期間を表す。
3. 「ほとんどの生徒がその質問に答えられなかった。それは難しすぎた」 students は数えられる名詞なので，え：Few を入れ「ほとんど～ない」という意味にする。あ：Many では意味が合わない。い：Little は不可算名詞と共に使う。う：Every の後は単数形。
4. 「たとえ冬の寒い時でも私は毎日自転車に乗る。私は新しい手袋が必要だ」 glove「手袋」は2つセットで数えるので a pair of gloves で手袋1つ。あ：a piece of ～「一片」　い：a loaf of ～「一斤，一塊」　え：a sheet of ～「一枚」
5. 「あそこでジョギングをしている年を取った男性が見えるでしょう。彼が何歳だか知っていますか」 how 以下は know の目的語になる間接疑問文。間接疑問文内は平叙文の語順〈主語＋動詞〉になるため，あ：old he is が正解。
6. 「良い英作文を書くには多くの練習が必要だ」 空所部分は主語なるので動名詞にする。Writing から essay までがひとまとまりでこの文の主語。takes が動詞。take a practice「練習が必要である」
7. 「寝る前にたくさんのコーヒーを飲んではいけないと彼に伝えてください」〈tell ＋人＋ to …〉で「人に…するように言う」の意味。to 不定詞の否定形は not を to の前に置くので，あ：not to drink が正しい形。
8. 「若い時はできるだけたくさんの本を読むべきだ」〈as ～ as ＋人＋ can〉で「できるだけ～」の意味。「～」の部分に many books「多くの本」を入れる。
9. 「私は出かける。もしトムから電話が来たら，すぐに戻ると伝えてください」条件を表す副詞節では未来のことも現在形で表す。したがって，あ：calls を入れる。
10. 「今朝はやるべきことがたくさんあったので，この手紙を送るのを忘れた」「…なので」という意味を表す接続詞 so を入れる。あ：though「…にもかかわらず」　い：after「…の後」　え：when「…の時」

重要 **Ⅱ　(言い換え問題：関係代名詞，慣用句，不定詞，現在完了)**

1. Look at the photo which[that] Paul took. 「ポールによって撮られた写真を見て」→「ポールが撮った写真を見て」 上の文：taken by Paul の taken は photo を後置修飾する分詞。下の文：photo を先行詞にした関係代名詞節にする。photo は物なので使う関係代名詞は which または that。写真は過去に撮られたものだと考えられるので took と過去形にする。
2. I'd like another glass of juice, please. 「ジュースをもう一杯ください」 another glass of ～ で「～をもう一杯」という意味になる。I'd like to は I would like to の短縮形で「～が欲しい」という意味。
3. My grandfather usually reads books without his glasses. 「祖父は本を読むために普段は

眼鏡をかけない」→「祖父は普段は眼鏡なしで本を読む」 上の文：to read「読むために」という目的を表す副詞用法の不定詞。下の文：without ～「～なしで」という意味の前置詞を使う。grandfather なので his glasses とする。

4. Do you want me to open the window? 「窓を開けましょうか」→「私に窓を開けてほしいですか」 上の文：Shall I ～?「～しましょうか」という提案を表す表現。下の文：〈want ＋人＋ to …〉「人に…してほしい」に当てはめる。

5. I haven't heard from her for a long time. 「彼女は長い間ずっと私に手紙を書いていない」→「私は彼女から長い間ずっと連絡をもらっていない」 上の文：write to ～ で「～に手紙を書く」という意味。現在完了形なので「ずっと…していない」という意味になる。下の文：hear from ～ で「～から連絡がくる」という意味。I haven't に続けるので下の文も現在完了形にするため heard と過去分詞を入れる。heard のスペルに注意。

基本 Ⅲ (対話文完成)

1. Is French taught by a native French teacher at your school? A：あなたの学校ではフランス語はネイティブのフランス人の先生が教えていますか？ B：はい。パリ出身の二人のネイティブの先生がいます。彼らの授業はとても人気があります。French is taught by ～「フランス語は～によって教えられている」という受け身の文を疑問文にした形。French は単数扱いなので Is と過去分詞 taught を入れる。

2. Excuse me, how can I get to Ueno Station from here? A：すみません。ここから上野駅にはどうやって行けばいいですか？ B：東京駅方面行きの山手線に乗ってください。ここから5つ目の駅です。how can I get to ～? である場所への行き方をたずねる表現。

3. Dad, I have soccer practice tomorrow morning, so I have to get up much earlier than usual. A：お父さん，明日の朝はサッカーの練習があるから，いつもよりもずっと早く起きなくてはならない B：あぁ，ゲームをするのをやめてすぐに寝るべきだね get up early で「早く起きる」の後に than usual「いつもより」と続くので，early を比較級 earlier にする。much は比較級を強調する語。

4. Do you know how many languages Mr. Tanaka speaks? A：タナカさんは何か国語話せるか知っていますか？ B：最低3か国語だと知っている。彼は，日本語，中国語，英語を話すよね？ how many languages で「何か国語」と言語の数をたずねる表現になる。how many の後は複数名詞 languages となることに注意。how 以下は know の目的語になる間接疑問文。

5. I will be here until Saturday next week. A：東京にはどのくらい滞在しているの？ B：約1か月。来週の土曜日までここにいる予定。「～までずっと」という意味を表す前置詞は until.

Ⅳ (読解問題・説明文：要旨把握)

[1] (全訳) 1999年のある日，ジョアン・マレーはスカイダイビングをしていた。スカイダイバー[スカイダイビングをする人]は，2つのパラシュートを背負って飛行機から飛び降り，パラシュートを開く前に地面に向かって落ちていく。不幸なことに，ジョアンの主パラシュートは開かなかった。彼女はすごい速さで地面へと落ちて行った。スカイダイバーたちの安全確保のためにもう一つのパラシュートがある。彼らはそれをスペアと呼んでいる。ジョアンのスペアのパラシュートは，開きはしたが，数秒で壊れてしまった。彼女は地面に強くたたきつけられ死にかけた。彼女の心臓の鼓動は止まった。しかしながら，ジョアンはヒアリの山の中に着地してしまっていた。ヒアリは強烈なとげで刺す。奇跡的にジョアンの命を助けたのはこのとげだったのだ。このとげが彼女の心臓の鼓動を再開させたのだ。3年後，ジョアンは再び飛行機から飛び降りた。今回は彼女のパラシュートはきちんと開き安全に地面に下りた。

(問) 「この章は…についてである」 **あ**「なぜスカイダイビングをする人はいつもスペアのパラシュートを持つべきなのか」 **い**「ジョアン・マレーがスカイダイビング事故からどのように生き残ったのか」事故で止まったジョアンの心臓がヒアリのとげで再び動き出し命が助かったという話である。(○) **う**「人々の心臓が止まった時，ヒアリはどうするのか」 **え**「事故の後ジョアン・マレーがどのように人気のスカイダイバーになったのか」

[2] 全国さつまいも料理デーでは，たくさんの味を持ち，興味深い歴史も持つ根菜をアメリカの国中で祝う。さつまいもは皆に愛され，国中何百万人もの人たちが毎日食べている。中央アメリカか南アメリカのどちらかががさつまいも発祥の地と考えられている。中央アメリカでは少なくとも5千年前にはさつまいもは広まっていた。さつまいもはビタミンAの優れた供給源だ。良い視界，免疫機能，骨の成長を助ける。では，あなたはどのようにさつまいもデーを祝いますか？最も良い方法は庭にさつまいもを植えることだ。さつまいもの栽培は簡単である。春の遅い時期か夏の早い時期に植えよう。さつまいもは，植えてから収穫できるようになるまで，90日から120日かかる。

(問) この章によると，あなたは…することでさつまいもデーを祝うことができる。**あ**「中央アメリカの歴史を学ぶことで」 **い**「たくさんのさつまいもを料理し食べることで」 **う**「ビタミンとあなたの健康について学ぶことで」 **え**「庭にさつまいもを植えることで」最後から4，5文目に一致。(○)

V **(長文読解問題・物語文：適語補充，語句整序，内容把握，内容正誤判断)**

(全訳) 「それはできないと思います。家族でクリスマス旅行の計画があるのです。」

リリーは母親のスーザンがA電話で相手に強く言っているのが聞こえた。

「たったの2，3日も，絶対に待てないというのですか？ だめ？ わかりました，私が彼をB引き取りに行きます。」

リリーは台所に歩いていくと，頭を抱えている母親を見つけた。

「(a)えお母さん，どうしたの？」リリーがたずねた。

「私のかわいい子，農場から野良犬を保護しに行かなくてはならないの。①この犬を見つけた農夫は収容所に連れていくつもりでいる。彼はクリスマスが終わるまで待てないと言うのよ。」

「だめよ，そんなことあってはならないわ。いつ行くつもり？」リリーはお母さんが動物を保護しているのを手伝うのが大好きだった。

「えぇと，それはおばあちゃんの家には行かれないということよ。それでもいいの？」

「(b)いもちろん！」リリーは言った。彼女はお母さんのところに走って行って強く抱きついた。「自分のお母さんが動物保護をすることを誇りに思っているし，そのパートナーになることが大好きなの。」

2年前にリリーの母親は野良犬のラブラトール・レトリーバーの動物保護を始めた。実際には，彼女たちはあらゆる種類の動物たちを保護してきたが，彼女たちはそれらのことが本当に大好きだった。

リリーと母親は箱と毛布，ミルクボーンを数本車の後ろに運び入れた。農夫はスーザンに，この犬はとても痩せていて空腹だと伝えていたのだ。

旅は1時間かかり，リリーと母親が農場に着いた頃には②外は暗くとても寒かった。どんな動物もひとりぼっちで外にいるべきではない，そんな夜だった。

「リリー，私が先に行くわ。明かりが何も見えないから，安全を確認したいの。」

「③そうはいかないわ。」リリーは主張した。「私も一緒に行くわ。」

そこで，二人は玄関のドアまで歩いていきドアを何度もノックしたが，応答はなかった。

その時リリーはドアの細い割れ目の間にある紙切れが目に入った。彼女は注意深くそれを🄲引っ張り出し母親に渡した。メモには簡単に「裏庭にいる」とだけ書かれてあった。

「なんてことなの。」

スーザンは言った「どうなっているの？」

「保護よ！」リリーは微笑みながら言った。

リリーとスーザンは気を付けながら裏庭まで向かっていった。突然，暗闇の中から，彼女たちにまっすぐに向かってくる大きな音を聞いた。④スーザンはリリーの前に立った，その犬が危険である可能性があったので。

しかしながら，その犬を見て安心した。それは美しい黒いラブラドール・リトリーバーだった。その犬は笑っているように見えた。彼は彼女たちの前で止まり座った。彼女たちがやってくると，彼はとてつもなくフレンドリーで，大きな耳と長い舌を持っていた。。

「(c)あああお母さん，彼はとっても痩せているわ」リリーは頭から足先まで優しくなで始めながら言った。

「そうね。彼は骨と皮だわ。かわいそうに。」

「(d)うそれだわ！」リリーが叫んだ。「これを彼の名前にできる。⑤ボーンズって呼びましょうよ。」

スーザンは笑いながら言った「もちろんよ！ もちろんいいわよ。」

彼女たちはボーンズを車の後ろに入れ家に戻った。彼は車の中でとてもおとなしく，ミルクボーンをほとんど食べてしまった。

彼女たちが家に着くと，ボーンズは自分が安全だと知って尻尾をすごく振り始めた。

その晩遅く，リリーと母親はボーンズの寝床を作った。彼は飛び込んで寝てしまった。リリーは彼のそばに最後のミルクボーンを何本か置いた。

「お母さん，これが本当のクリスマスよね。他者を助けて与える。そして私たちはボーンズを助けた。」

「そのとおりね，リリー。とても素敵なクリスマスイブになったわね。」

翌朝はクリスマス。リリーはベッドから飛び起き階下に向かい，新しい家で眠っている新しい家族を探した。

彼女は彼のベッドを見たが彼はそこにいなかった。彼女は台所に行くことにした，なぜならどの犬も台所が大好きだから。しかし彼はそこにもいなかった。リリーは心配になってきた。

最後にリリーは事務所に行った。事務所にはクリスマスツリーがあった。そしてボーンズは自分のそばに最後のミルクボーンを何本か置いてツリーの横に座っていた。

これは思い出になるクリスマスだとリリーにはわかっていた。⑥与えることは受け取ることよりもずっと良いということを彼女は学んだ。そしてボーンズという名前のとても特別な野良犬からこのことを学んだのだ。

1. 【be】love の目的語となるので，動名詞 being にする。「あなたのパートナーになること」という意味。 【fall】jumped という過去形に合わせて過去形にする。fall の過去形は fell。fall asleep「眠る」

2. 🄰 on the phone で「電話で」という意味。 🄱 pick up ～ で「～を拾う，迎えに行く」の意味。ここでは～の部分が代名詞なので pick him up という語順になる。犬なので「引き取る」ということ。 🄲 pull out ～ で「～を引っ張り出す」の意味。～が it と代名詞なので pulled it out という語順になる。

3. 全訳参照。

4. The farmer who found him is ready to take (him to the pound.) 主語は The farmer who

found him「彼を見つけた農夫」 The farmer を先行詞にして関係代名詞 who を使い who found him で修飾する。be ready to ～ は直訳すると「～する準備ができている」で「～するつもりでいる」という意味になる。この文の動詞は be ready to のbe動詞 is になる。

5.　続く文で night であることがわかる。また時期はクリスマス，そして犬は outside 外にいることがわかるので dark「暗い」と cold「寒い」を入れる。bright「明るい」 warm「暖かい」

6.　Not a chance! で「ありえない，そうはいかない，とんでもない」という意味。

7.　暗闇の中にはどのような犬かわからない野良犬がいる。その犬が大きな音でこちらに向かってきている状況なので，い「犬が危険である可能性があったので」が適当。　あ「なぜならリリーが寒いと言ったから」 う「彼女はその犬にミルクボーンを数本あげようとしていたから」
え「なぜなら彼女は音がはっきり聞こえなかったから」

8.　(d)とその直前の文でこの犬が骨と皮になっているくらいに痩せていることがわかる。bone「骨」から Bones という名前を考えたと推測できる。

9.　giving「与えること」と対になる receiving「受け取ること」を入れる。giving に合わせて動名詞 receiving にするがスペルにも注意。far better の far は比較級を強調する副詞で「はるかに」という意味。

10.　あ　Two years ago で始まる段落参照。さまざまな種類の動物を助けたとあるので不一致。
い　However で始まる段落最後の文参照。とてもフレンドリーだったとあるので不一致。
う　They put Bones in the car. で始まる段落2文目参照。quite a gentleman 直訳すると「かなりの紳士」つまりおとなしかったということ。　え　Finally で始まる段落最後の文参照。ボーンズは事務所にいたので不一致。

重要 VI　(英作文)

(1)　(I would write a letter to the “12-years old me” and tell myself) “Do your best and enjoy it.”

(2)　Club activities, studying, school events, anything will be OK, do your best and enjoy it. It will become your precious memory.(21語)　(1)「12歳の自分に手紙を書いて自分に「一生懸命やろう，そしてそれを楽しもう」と伝えたい。」 (2)「クラブ活動，勉強，学校行事，何でもいい。一生懸命やってそれを楽しもう。それが大切な思い出になるだろう。」
自分が中学で経験したこと，その時に感じたことなどを思い出して書くとよい。語数が足りていないと減点になるので最後に必ず語数を確認する。

★ワンポイントアドバイス★

語句整序問題，英作文問題など英文を作る時だけでなく英文の意味を理解する時もまず主語と動詞が何かを考えるようにしよう。主語は1語とは限らず，修飾語句を伴うことも多い。〈主語＋動詞〉を正確に把握することが英語理解の大切なポイント！

一般

2023年度

解 答 と 解 説

《2023年度の配点は解答欄に掲載してあります。》

<数学解答>《学校からの正答の発表はありません。》

1　(1)　$\frac{27}{8}x^4z^8$　(2)　12　(3)　$(ab+c-d)(ab-c-d)$　(4)　$x=\frac{2\pm\sqrt{14}}{2}$

(5)　$a=-4,\ -\frac{7}{2}$　(6)　$a=14,\ b=18$　(7)　$3+\sqrt{3}$　(8)　$\angle x=26°$

2　(1)　$h=\frac{4R^3}{3r^2}$　(2)　37：18

3　(1)　$a=-\frac{1}{2},\ b=\frac{3}{2}$　(2)　$(-10,\ -50),\ \left(7,\ -\frac{49}{2}\right)$

4　(1)　4回　(2)　$2^k\times k!$　(3)　22回

5　(1)　$M=\frac{6}{t}+t-5$　(2)　$m=1,\ \frac{3\pm\sqrt{5}}{2}$

○推定配点○

1　各6点×8　2　各5点×2　3　各6点×2　4　各6点×3　5　各6点×2

計100点

<数学解説>

1　(単項式の乗除，平方根，因数分解，二次方程式，関数，データの整理，平面図形，角度)

基本　(1)　$-48x^3yz^2\div\left(-\frac{4}{3}xy^2\right)^2\times\left(-\frac{1}{2}xyz^2\right)^3=-48x^3yz^2\times\frac{9}{16x^2y^4}\times\frac{-x^3y^3z^6}{8}=\frac{27}{8}x^4z^8$

基本　(2)　$(\sqrt{5}+\sqrt{3})^2-\sqrt{2}(\sqrt{10}+\sqrt{6})(\sqrt{5}-\sqrt{3})+(\sqrt{5}-\sqrt{3})^2=8+2\sqrt{15}-2\{(\sqrt{5})^2-(\sqrt{3})^2\}+8-2\sqrt{15}=16-2\times2=12$

基本　(3)　$a^2b^2-2abd-c^2+d^2=(ab-d)^2-c^2=(ab-d+c)(ab-d-c)=(ab+c-d)(ab-c-d)$

基本　(4)　$(3x+2)(2x-3)+x-2=2(x+1)^2$　$6x^2-5x-6+x-2=2x^2+4x+2$　$2x^2-4x-5=0$

解の公式を用いて，$x=\frac{-(-4)\pm\sqrt{(-4)^2-4\times2\times(-5)}}{2\times2}=\frac{4\pm\sqrt{56}}{4}=\frac{2\pm\sqrt{14}}{2}$

重要　(5)　$x=a$で最大値$y=48$のとき，$48=3a^2$　$a^2=16$　$a<0$より，$a=-4$　$x=2a+11$で最大値$y=48$のとき，$48=3(2a+11)^2$　$(2a+11)^2=16$　$2a+11>0$より，$2a+11=4$　$a=-\frac{7}{2}$

(6)　平均値が17であるから，$\frac{15+a+20+b+11+24}{6}=17$　$a+b=32$…①　$15\leqq a<b\leqq20$のとき，中央値が16.5であるから，$\frac{a+b}{2}=16.5$　$a+b=33$　これは①に反する。$15\leqq a<20\leqq b$のとき，中央値が16.5であるから，$\frac{a+20}{2}=16.5$　$a=13$　①より，$b=19$　これは仮定に反する。$a\leqq15<b$のとき，中央値が16.5であるから，$\frac{15+b}{2}=16.5$　$b=18$　①より，$a=14$　これは適する。

重要　(7)　Cから直線BAにひいた垂線をCHとすると，∠CAH＝∠ABC＋∠BCA＝45°＋15°＝60°より，

△CAHは内角が30°，60°，90°の直角三角形だから，$AH=\frac{1}{2}AC=\frac{2\sqrt{3}+2}{2}=\sqrt{3}+1$，$CH=\sqrt{3}AH=3+\sqrt{3}$　また，△BCHは直角二等辺三角形だから，$BH=CH=3+\sqrt{3}$より，$AB=BH-AH=3+\sqrt{3}-(\sqrt{3}+1)=2$　よって，$\triangle ABC=\frac{1}{2}\times AB\times CH=\frac{1}{2}\times 2\times(3+\sqrt{3})=3+\sqrt{3}$

基本 (8)　三角形の内角と外角の関係より，$OA=OB=OD=CD$だから，$\angle OAD=\angle ODA=\angle DCO+\angle DOC=2\angle DCO=2\angle x$　$\angle AOB=\angle OAC+\angle ACO=2\angle x+\angle x=3\angle x$　△OABの内角の和は180°だから，$3\angle x+51°+51°=180°$　$3\angle x=78°$　$\angle x=26°$

基本 **[2]　(等式の変形，空間図形の計量)**

(1)　円柱の体積はπr^2h，球の体積は$\frac{4}{3}\pi R^3$だから，$\pi r^2h=\frac{4}{3}\pi R^3$　$h=\frac{4R^3}{3r^2}$

(2)　$h=\frac{4R^3}{3r^2}$に$R=3r$を代入して，$h=\frac{4\times(3r)^3}{3r^2}=36r$　円柱の表面積は，$2\pi rh+2\pi r^2=2\pi r\times 36r+2\pi r^2=74\pi r^2$　球の表面積は，$4\pi R^2=4\pi\times(3r)^2=36\pi r^2$　よって，求める表面積の比は，$74\pi r^2:36\pi r^2=37:18$

[3]　(図形と関数・グラフの融合問題)

基本 (1)　$y=ax^2$に$x=-5$，2をそれぞれ代入して，$y=25a$，$4a$　よって，$A(-5,\ 25a)$，$B(2,\ 4a)$　2点A，Bは$y=bx-5$上の点でもあるから，$25a=-5b-5$　$5a+b=-1$…①　$4a=2b-5$…②　①，②の連立方程式を解いて，$a=-\frac{1}{2}$，$b=\frac{3}{2}$

重要 (2)　$D(0,\ -5)$とし，y軸上にy座標が-5より小さい点Eをとると，$\triangle AEB=\triangle AED+\triangle BED=\frac{1}{2}\times DE\times 5+\frac{1}{2}\times DE\times 2=\frac{7}{2}DE=105$　$DE=\frac{105\times 2}{7}=30$　よって，$E(0,\ -35)$　$\triangle AEB=\triangle ACB$より，AB//CEだから，点Eを通り直線ABに平行な直線$y=\frac{3}{2}x-35$と$y=-\frac{1}{2}x^2$との交点がCである。$y=-\frac{1}{2}x^2$と$y=\frac{3}{2}x-35$からyを消去して，$-\frac{1}{2}x^2=\frac{3}{2}x-35$　$x^2+3x-70=0$　$(x+10)(x-7)=0$　$x=-10$，7　よって，点Cの座標は，$(-10,\ -50)$，$\left(7,\ -\frac{49}{2}\right)$

[4]　(数の性質，約束記号)

基本 (1)　$10!=10\times 9\times 8\times 7\times 6\times 5\times 4\times 3\times 2\times 1$　$10\div 3=\underline{3}$余り1，$10\div 9=\underline{1}$余り1より，10!は3で最大$3+1=4$(回)割り切れる。

(2)　$(2k)!!=2k\times(2k-2)\times(2k-4)\times\cdots\times 4\times 2=2k\times 2(k-1)\times 2(k-2)\times\cdots\times(2\times 2)\times(2\times 1)=2^k\times k\times(k-1)\times(k-2)\times\cdots\times 2\times 1=2^k\times k!$

(3)　$(100)!!=2^{50}\times 50!$　$50\div 3=\underline{16}$余り2，$50\div 9=\underline{5}$余り5，$50\div 27=\underline{1}$余り23より，100!!は3で最大$16+5+1=22$(回)割り切れる。

[5]　(二次方程式)

基本 (1)　$t=m+\frac{1}{m}=\frac{m^2+1}{m}$より，$\frac{1}{t}=\frac{m}{m^2+1}$　よって，$M=\frac{6m}{m^2+1}+\frac{m^2+1}{m}-5=\frac{6}{t}+t-5$

(2)　$M=0$より，$\frac{6}{t}+t-5=0$　$t^2-5t+6=0$　$(t-2)(t-3)=0$　$t=2$，3　$t=2$のとき，$2=m+\frac{1}{m}$　$m^2-2m+1=0$　$(m-1)^2=0$　$m-1=0$　$m=1$　$t=3$のとき，$3=m+\frac{1}{m}$　$m^2-3m+1=0$　$m=\frac{-(-3)\pm\sqrt{(-3)^2-4\times 1\times 1}}{2\times 1}=\frac{3\pm\sqrt{5}}{2}$

★ワンポイントアドバイス★

昨年より大問数は1題増え，小問数は1題減り，数と式，方程式分野の出題が多い構成となった。難易度はほぼ変わらない。確率を含めあらゆる分野の基礎をしっかりと固めておこう。

＜英語解答＞ 《学校からの正答の発表はありません。》

Ⅰ　リスニング問題解答省略

Ⅱ　1. え　2. い　3. う　4. う　5. い　6. う　7. え　8. あ　9. あ　10. う　11. え　12. い

Ⅲ　1. え　2. あ　3. less　4. う　5. A う　B あ　C い　6. う　7. あ　8. い，き

Ⅳ　1. う　2. え　3. あ　4. い　5. 4番目 あ　6番目 お　6. い　7. え

Ⅴ　1. い　2. あ　3. え　4. あ　5. う

Ⅵ　1. old　2. necessary　3. missed　4. how　5. by　6. enough

Ⅶ　1 a か　b お　2 a う　b あ　3 a う　b い　4 a あ　b い　5 a え　b か

Ⅷ　(例)　I like the four seasons in Japan, especially spring cherry blossoms. Our school year starts in April and ends in March. I feel these beautiful cherry blossoms celebrate our graduation and new starts.(34語)

○推定配点○

Ⅰ 各1点×10　Ⅱ 各2点×12　Ⅲ 2・7 各1点×2　他 各2点×9
Ⅳ 各2点×7(5完答)　Ⅴ 各1点×5　Ⅵ 各2点×6　Ⅶ 各2点×5(各完答)　Ⅷ 5点
計100点

＜英語解説＞

Ⅰ　リスニング問題解説省略。

基本　Ⅱ　**(長文読解問題・物語文：内容把握)**

(全訳)　その夜は暗かった。そしてその家も暗かった。暗く―そして静寂。2人の男たちは静かにそこに向かって走っていった。1人はスーツケースを持ち，もう1人は手にたくさんの鍵を持っていた。彼らは玄関にたどり着いた。彼らは待った―耳をすませていた。

静寂。完璧な静寂。「これらの鍵を試させてくれ。中に入らないとならない！」

10―20―30秒。その中の1つの鍵を使って男の1人がドアを開けた。静かに2人の男たちは家の中に入り，後ろのドアを閉め，鍵をかけた。

「この場所を見てみようか。」「ヘイスティ，気をつけて！」「あぁ，誰も起きてないよ！」彼ら懐中電灯で部屋を見渡した。

そこは大きな部屋だった。居間だ。家具―椅子，テーブル，ソファーはシーツで覆われていた。すべての物には薄い雪のようにほこりがかぶっていた。

懐中電灯を持っていた男が最初にしゃべった。「あぁブラッキー」彼は言った。「俺たちはついて

いる。家は空っぽだ。」

「そうだな。夏休みだと思う。でも確かめた方がいい。」彼らは各部屋を音を立たずに注意深く見て回った。疑わしいことは何もなかった。家族は留守だった。

ヘイスティ・ホーガンとブラッキー・バーンズは1つのことを除けばついていた。彼らは警察から逃げていたのだ。車で東へ1000マイルの旅だった。彼らは銀行強盗をし，多額のお金を盗むことに成功したのだ。しかし，ブラッキーが車を運転していた時，彼は事故で警官をひいてしまったのだ。

もちろんそこで追跡があった。激しくとんでもない追跡だった。そして銃弾がガソリンタンクを破壊し車は壊れ，彼らは車を置いていかざるを得なかった。しかし，幸運なのか不幸なのか，彼らは今ここにいる。彼らだけで，車もなく，新しい見知らぬ町に。しかし，無事に—スーツケースも持って。

スーツケースの中には，およそ30万ドルが入っているのだ！

「聞くんだ」ホーガン氏が言った。「我々は車を手に入れなければならない。しかも早く。そして盗むことはできない。それは危険すぎる。警官の注意を引きたくない。買わなくてはならない。つまり店が開くまで待たないとならないということだ。この町ではそれはだいたい午前8時だ。」

「でも我々はこれをどうするんだ？」バーンズ氏がスーツケースを指さした。

「ここに置いておこう。もちろん。いいじゃないか？　持ち歩くよりもここの方がずっと安全だ—車を手に入れるまでの間は。」彼らは地下室にそれを運び下ろした。その後，夜明け直前に彼らは静かに家を出た。

「なぁ，ブラッキー」道を下りながらホーガン氏が言った。「我々が訪問している紳士の名前はサミュエル・W・ロジャーズだ。」

「どうしてわかるの？」

「何冊かあった図書館の本で見たんだ。彼は本当にたくさんの本を持っている。素晴らしい図書館のようだよ。」

車の販売所は8時に開店した。9時少し前にホーガン氏とバーンズ氏は車を手に入れた。小さくて素敵な車だ。とても静かで速い。

家の近くに車を止めた。ホーガン氏は車を降りて家に向かって歩いた。後ろに回っていくだけだ，そして中に入ろうと彼は思った。

家から50ヤードのところで彼は立ち止まった。驚いたことに，玄関のドアが開いていた。家族が帰ってきたのだ！

あぁなんて運が悪い。どうしたらいい？　夜に地下室に押し入って，スーツケースを取るか？　いや—危険すぎる。ホーガン氏は何か考えなければならなくなった。

「おい，俺に任せておけ」彼はバーンズ氏に言った。「お前が車を運転しろ。俺に考えがある。電話を探そう。早く。」

10分後，ホーガン氏は電話帳を調べていた。そう，あった—サミュエル・W・ロジャーズ，プレインビュー6329番地。少ししてから彼は驚くロジャーズ氏に話をしていた。

「もしもし」と切り出した。「ロジャーズさん—サミュエル・ロジャーズさんのお宅ですか？」

「そうです，ロジャーズです。」

ホーガン氏は咳払いをした。「ロジャーズさん」彼は言った—そして厳しく，事務的で印象的な声色で—「こちらは警察署のシンプソンです。刑事課の巡査部長シンプソンです。」

「はい，はい！」ロジャーズ氏は言った。

「署長—ほら，警察の署長」—ここでホーガン氏は声を少し低めた—「があなたと連絡を取るように私に命じたんです。あなたに会うために私と同僚が派遣されました。」

「私は何かトラブルに巻き込まれているのですか？」ロジャーズ氏がたずねた。

「いえいえ，いえ。まったくそのようなことではありません。しかし，あなたにお伝えしなければならない非常に大切なことがあります。」

「わかりました」ロジャーズ氏の声が返ってきた。「お待ちしています。」

「それから，ロジャーズさん」ホーガン氏は言った。「このことは黙っていてください。誰にも何も言わないように。あなたにお会いした時にその訳もわかるでしょう。」

家まで戻る途中，ホーガン氏はバーンズ氏に彼の考えを説明した。

10分もしないうちに「シンプソン巡査部長」と「ジョンソン刑事」は驚くロジャーズ氏と話していた。ロジャーズ氏は小柄な男だった。彼は緊張もしていた。

ホーガン氏は話の全部を伝えた。少々変えられていた。かなり変えられていた。そしてロジャーズ氏は驚いたが喜びもした。

彼は地下室までホーガン氏についていった。そして一緒にスーツケースを発見した。それを居間に持っていき開いた。全てのお金がそこに入っていた―無事に。

ホーガン氏はスーツケースを閉めた。

「さてロジャーズさん。」彼はできる限りの儀礼的に告げた。「ジョンソンと私は行かなくてはならない。署長が報告を待っているので―急ぎで。我々は残りの盗人を捕まえなければならない。また連絡します。」

彼はスーツケースを取り立ち上がった。バーンズ氏も立ち上がった。ロジャーズ氏も立ち上がった。彼らはドアのところまで歩いていった。ロジャーズ氏がドアを開けた。「君たちは中に入って」彼が言った。そして3人の男たちが歩いて入ってきた。大きな男たち。強い男たち。ヘイスティ・ホーガン氏とブラッキー・バーンズ氏を恐れることなく注意深く見た警察の制服を着た男たち。

「どういうことですか，ロジャーズさん？」ホーガン氏が聞いた。

「簡単なことですよ。」ロジャーズ氏が言った。「偶然にも私が警察署長なだけのことですよ。」

＊「2人の男たちは静かに家に入った，なぜなら…」**あ**「彼らは寒中電灯でその家を見回さなければならなかったから」 **い**「突然の訪問で彼らは彼らの子どもたちを驚かせたかったから」 **う**「彼らは玄関のドアを使って中に入れなかったから」 **え**「彼らは家の誰も起こしたくなかったから」本文前半 “Let’s have a look…” で始まる段落参照。静かにするよう注意した後「誰も起きてないよ」と答えている。(○)

＊「2人の男たちは誰も家にいないと思った，なぜなら…」 **あ**「すべてのドアと窓に鍵がかけられていた」 **い**「家具にかけられていたシーツはすべてほこりで覆われていた」本文前半 It was a large room. で始まる段落で，家具にかけられたシーツにほこりが積もっていたことがわかる。その次の段落で男たちがこの家は空だと言っている。(○) **う**「そこには椅子もテーブルもソファーもなかった」 **え**「彼らは家族が旅行に行く計画を立てているのを聞いた」

＊「2人の男たちは警察から逃げていた，なぜなら…」 **あ**「彼らはガソリンタンクを損傷させ彼らの車を壊した」 **い**「彼らは車を盗み走り去った」 **う**「彼らは銀行からお金を盗んだ」本文前半 Hasty Hogan and Blackie Burns were lucky …. で始まる段落参照。銀行強盗をして警察に追われていることがわかる。break a bank で「銀行強盗をする」という意味。(○) **え**「彼らは店が開くまで待たなければならなかった」

＊「2人の男たちは彼らの車をあきらめた，なぜなら…」 **あ**「運転中にその家族に出会った」 **い**「見知らぬ町で迷子になった」 **う**「何かが故障した」 本文前半 There was a chase…. で始まる段落参照。第3文に一致。break down「壊れる」(○) **え**「彼らはより小さく速い車が必要

だった」

＊「2人の男たちは車を買うことにした，なぜなら…」 あ「スーツケースを隠す場所が必要だった」 い「警察がすぐに盗難車に気付くだろう」本文中ほど“Listen,”で始まる段落参照。警察の注意を引きたくないから車を買おうとしていることがわかる。(○) う「だいたい8時ごろに店が開くだろうと彼らは思った」 え「彼らは家の前に車を見つけられなかった」

＊「ホーガン氏はその家の持ち主の名前を知った，なぜなら…」 あ「その家の玄関にある名前に気づいたから」 い「ロジャーズ氏はホーガン氏の旧友だった」 う「その家にある何冊かの本にある名前に気づいた」本文中ほど“How do you know?”に続く“Saw it on some ～.”の文に一致。この it が名前のこと。(○) え「ロジャーズ氏は有名な作家だった」

＊「2人の男が家に戻った時，彼らは驚いた，なぜなら…」 あ「誰かがその家に押し入りスーツケースを盗んだ」 い「彼らが買った車はとても静かで高速で走った」 う「彼らはその家に入るのに後ろに回らなければならなかった」 え「ロジャーズ氏と家族が帰ってきた」本文中ほど Fifty yards from ～. で始まる段落参照。玄関のドアが開いていて家族が帰ってきたとある。To their surprise は「驚いたことに」という意味。(○)

＊「ホーガン氏がロジャーズ氏に電話をかけた時…」 あ「彼は警察署の刑事だと言った」本文後半 Mr. Hogan cleared his throat. で始まる段落はホーガン氏がロジャーズ氏に電話で話したセリフ。最後に刑事課の巡査部長だと言っている。(○) い「彼はロジャーズ氏に警察署長に連絡を取るように言った」〈tell ＋人＋ to …〉「人に…するように言う」 get in touch with ～「～と連絡を取る」 う「彼はロジャーズ氏が何かのトラブルに巻き込まれたと言った」 え「彼はバーンズ氏に電話を探すために車を運転するように言った」

＊「ホーガン氏は電話がかかってきたことを誰にも言わないようロジャーズ氏に頼んだ，なぜなら…」〈ask ＋人 not to …〉「人に…しないよう頼む」 あ「彼が嘘をついていることにロジャーズ氏が気付くことを恐れた」 ホーガン氏がロジャーズ氏に伝えていることは全てうその内容だという状況から推察する。(○) い「彼はまもなく警察署長が家を訪れることをロジャーズ氏に伝えたかった」 う「警察署長が秘密を守るよう彼に言った」 え「彼は警察署長に後で状況を説明したかった」

＊「ホーガン氏が話を伝えた後，ロジャーズ氏は驚いたが喜びもした，なぜなら…」 あ「彼は小柄で緊張している男だった」 い「地下室にスーツケースがあった」 う「その2人の男たちが警察の人ではないと知っていた」 最終文参照。ロジャーズ氏が警察署長なので2人の男たちが嘘をついていることがわかっていたはずである。(○) え「スーツケースに全てのお金が入っていたのを見つけた」

＊「ホーガン氏はスーツケースを閉めて言った「ジョンソンと私は行かなくてはならない」なぜなら…」 あ「彼はロジャーズ氏と連絡を取りたかった」 い「彼は警察署長に報告をしなければならなかった」 う「彼は残りの盗人たちを捕まえなければならなかった」 え「彼は一刻も早くその家から逃げ出したかった」状況から考える。ホーガン氏は銀行強盗でスーツケースには盗んだお金が入っている。(○)

＊「ホーガン氏とバーンズ氏が去ろうとしたとき，玄関の外に…」 あ「警察署長が待っていた」 い「本物の警察官たちが待っていた」本文最後 He picked up…. で始まる段落最終文参照。警察の制服を着た男たちが3人いたことがわかる。(○) う「シンプソン巡査部長とジョンソン刑事が待っていた」 え「その家の持ち主家族が待っていた」

Ⅲ (長文読解問題・論説文：適語・適文選択補充，内容正誤判断)

(全訳) 今の時代は，大きな町に住む人たちが世界中でどんどん増え，都市環境について考え改善することがますます重要になってきた。これをするために，いくつかの企業が，どのくらい環境に優しいのか世界の都市に順位をつける調査書の作成を始めた。

これら調査書のうち最も有名なのがエコノミスト・インテリジェンス・ユニットが作成したグリーン・シティー・インデックスである。グリーン・シティー・インデックスでは8つの異なる要因で都市を評価する：空気汚染，水の使用，二酸化炭素の排出，エネルギーの使用法，土地利用，交通機関，廃棄物の再生利用，環境法。各都市は各分野の評価に従って順位がつけられる。最新の結果を見てみよう。

ヨーロッパでは最も環境に優しい都市トップ5がコペンハーゲン，ストックホルム，オスロ，ウィーン，アムステルダムであると同時に，ベルリンは8位，パリは10位，ロンドンは11位だった。そこの何が特別だったのだろうか？　全てに共通するのは素晴らしい公共交通機関だ。デンマークの首都であるコペンハーゲンでは①ほぼ全員が電車の駅やバス停の近くに住んでいる。したがって人々は簡単に駅まで歩いて行くことができる。別の要因としては，自転車利用を強く推進している。これは空気汚染や二酸化炭素排出を削減することになる。スウェーデンの首都ストックホルムでは3分の2以上の人が自転車や徒歩で職場に行く。コペンハーゲンでは，グリーンパスとして知られている9キロに及ぶ自転車道を都市の中心に建設したことで，自転車を利用する人が2009年は3分の1だったのに対し，2015年には半分にまで増加した。これらの道を車で通ったり駐車したりすることは禁止されているのではっきりとわかるようになっていなければならない。自転車に乗る人が駐車されている車の周りを通るために車道に②出るべきではないので，これはとても重要なことなのだ。町には150の駐輪場もある。3つ目の要因は，都市のエネルギー需要を規制する方法だ。たくさんの新しいプロジェクトによりコペンハーゲンやドイツの首都であるベルリンの建物のエネルギー使用量は世界の平均より40％③少ない。別の興味深い点はノルウェーの首都オスロにある。電力のほとんどを水や太陽といった再生可能資源から得ている。最終要因は④都市にどれだけ多くの緑地があるかである。オーストリアの首都であるウィーンの土地の半分以上が緑地で構成されていると同時にロンドンでは40％を下回るだけとなっている。これと比較して，たとえば東京はたった3％だけだ。

ヨーロッパ以外の各大陸で最も環境に優しい都市は，北アメリカではサンフランシスコ，ラテンアメリカではブラジルの都市クリティバ，アフリカのケープタウン，アジアのシンガポールである。グリーン・シティー・インデックスではシンガポールは8要因全てにおいて高い順位となっている。シンガポールは公共交通機関に多額のお金を費やした。[A]うまた都市に入って来られる車の数を規制している。インデックスでは日本もかなり良い順位となっており，東京も大阪も平均よりも上位となっている。グリーン・シティー・インデックスのほとんどの要因で良い結果を出しているが，緑地や公園が十分にないために⑤土地利用において良い評価がされていない。

この調査書で調査された全ての都市の⑥中では，おそらく中国が最も興味深いだろう。それは，大都市に住む人たちの膨大な数が理由である。中国には100万人以上の人口を持つ都市がおよそ160もあり，それは他のどの国よりもはるかに多く，その数は2025年には220に増えると予測されている。[B]あこれらの都市の多くが直面している環境問題は有名だ。たとえば，2013年には，中国の都市に住む人たちのたった1％しか安全な空気を吸うことができないことがわかったのだ。[C]いこれらの問題を解決するには多くの時間とお金がかかる。しかし，中国が最初の一歩として取っているのはコペンハーゲンのような環境に優しい都市を作ることである。

1. **あ**「都市には多くの電車やバスがない」 **い**「多くの企業が環境に優しい車を作ろうとしている」 **う**「人々はたいてい電車やバスを利用する代わりに歩く」 **え**「ほぼ全員が電車の駅やバス停の近くに住んでいる」人々は簡単に駅まで歩いて行くことができるという文が続くので**え**が適

当。(○)

2. shouldn't を入れて駐車している車を避けて通るために車道に行くべきでないという意味にする。　い「…する必要がなかった」 う「…することができるだろう」 え「…する方が良い」

3. less を入れてエネルギー需要を規制することにより世界平均より40%も少なくできたという流れにする。

4. 続く内容が都市の土地の緑地の割合に関するものであるため，う「都市にどれだけ多くの緑地があるか」を入れる。　あ「人々が緑地について何を思うか」 い「政府が緑地を何のために使うか」 え「都市が環境にどれだけのお金を使うか」

5. 全訳参照。

6. 空所後参照。緑地や公園が十分にないことが低評価の理由となる要因はう land use「土地利用」

7. 「すべての国の中で」という意味にするため，あ In を入れる。

8. い　第3段落第3文に一致。　き　最終文に一致。

Ⅳ (読解問題・会話文，資料読解：適語選択補充，語句整序，指示語，内容正誤判断)

(全訳) ユキ　：それで，先週「読書」について発表をすることに決めたわよね？　これから何を調査するかを決める必要があると思うの。何か考えはある？

タロウ：実は，もう調査を始めているんだ。

ユキ　：そうなの？　それはすごいわ。なにかわかった？

タロウ：えっと…他の国の人達と比べて日本の人達はどのくらい読書をするか確かめることに特に興味があったんだ。良いデータをいくつか見つけたよ。グラフ1を見て。これは各国で毎日，あるいはほとんど毎日読書をする人の割合を示すものだ。このデータから中国の人が一番読書をすることがわかる。しかしながら，日本人はたった20%の人しか毎日あるいはほぼ毎日読書をする人がいない，そして調査をした10か国で韓国とベルギーだけが日本より下だった。だから日本人は他の国の人達よりも本を読まないと言える。

ユキ　：それは少し驚きだわ。日本では読書がもっと人気だと思っていた。それは面白いデータね。エリ，あなたはどう？　何か良い調査を見つけた？

エリ　：うん，私は日本の学生の読書習慣について調べてみた。調査者が各学年に普段毎日どのくらいの時間読書をするかを聞いたの。グラフ2は「読書をする時間がない」と答えた生徒の割合を示しているわ。

ユキ　：それは面白そうね。見てもいい？　あぁ，本を読まない生徒たちの割合は(1)年齢が上がるにつれ徐々に増えることを示しているね。

エリ　：うん。生徒が高校に入ると，本を読まない生徒の割合が大きく増えるの。中学三年生と高校一年生の差が一番大きいわ。

ユキ　：そうね。あぁ，(2)10.2%ね。どうしてそうなるのだと思う？

エリ　：えっと…高校では(3)なぜそれほど読書をしなかったのかを高校生に聞いた調査がいくつかあるわ。多くの生徒が，やらなくてはならないことがたくさんあり，本を読む時間がなかったと言っていた。さらに，彼らは映画を観たり，YouTube で動画を見ることにより多くの時間を費やしていたことに調査者が気づいたわ。これが彼らが読書をやめる最も一般的な理由よ。

ユキ　：わかったわ。環境の変化が彼らの読書習慣に大きな影響を与えるようね。どの場合も，幼いころに読書をしていた生徒たちも年齢が上がるにしたがって必ずしも読書を続けるわけではないということをグラフが私たちに示しているのね。④学校や親たちは生徒たちが読書するよう働きかけるために何か特別なことをする必要があるわね。

ミオ　：私が小学生だった時，朝お気に入りの本を読む時間が与えられていたわ。

ユキ　：そうね，それは子供たちが楽しく読書をするのに役立つ効果的な方法のようね。私たちの発表の最後にそのようなプログラムをいくつか紹介できたらいいわね。ミオ，読書について何か他に見つかった？

ミオ　：見つけたわ。読書のいくつかの利点について調べたの。読書が私たちの創造性や想像力を伸ばすことを示す素晴らしい調査をたくさん見つけた。また，自分たちの語彙力も高められるの。しかしながら，私が一番興味を持ったのは，読書が集中力を高めるということ。作者が向かっているところについていくためには，読んでいる単語や意味に細心の注意を払う必要がある。⑤この過程が脳に良くて集中力を向上させるのよ。

ユキ　：面白そうね。読書の良い点を他にもいくつか紹介できるわね。発表で話すことは十分にあると思う。さぁ，発表の構成を考えればいいだけね。

グラフ1「毎日あるいはほぼ毎日本を読む人の割合」　グラフ2「日常生活で本を読む時間がない生徒の割合」

1. タロウの2つ目のセリフ参照。第5文参照。中国の人の読書量が一番多いとあるのでAは China。第6文参照。韓国とベルギーだけが日本の下にくるとあるのでBに Japan，Cに Korea が入る。
2. グラフ2と続くエリのセリフ参照。学年が上がるにつれ本を読まない人の割合が増えていくことがわかるので，え「年齢が上がるにつれ徐々に増える」を入れる。　あ「あまり変わらない」い「最近増えている」　う「年が経つにつれかすかに落ちる」　本文。it shows that と that が省略された文。that節内の主語は the percentage から books まで。increases が動詞になる文の構造に注意。
3. 直前のエリのセリフに対する反応になるのでエリのセリフ参照。一番差があるのは中学三年生と高校一年生だと言っている。したがってその差10.2%を入れる。
4. 直前のユキの「なぜそうなるのだろう？」は，高校生になると本を読まなくなる割合が増える理由を聞いている。それに対してエリが答える場面なので，い「なぜ彼らがそれほど読書をしなかったのか」を高校生に聞いた調査がある，という流れが適当。　あ「なぜ彼らが読書が好きだったのか」　う「彼らが普段何をしたか」　え「彼らは何に興味を持つようになったのか」
5. Schools or parents need to do something special to encourage (students to read books.)「学校や親たちは生徒たちが読書するよう働きかけるために何か特別なことをする必要がある」主語は Schools or parents で動詞に need to を置く。need to ～ で「～する必要がある」　do something special「何か特別なことをする」　-thing で終わる語を修飾する場合，形容詞は -thing の直後に置く。to encourage students「生徒たちに働きかけるために」　to read books「本を読むために」いずれも目的を表す副詞用法の不定詞。
6. this は前出の内容を指す。ここでは直前の文を指すので，いが正解。pay attention to ～ で「～に注意を払う」という意味。
7. あ「高校3年生の59.5%が毎日本を読むと言った」グラフ2は本を読む時間がない生徒の割合。い「幼いころから読書習慣のある生徒たちは年齢が上がっても読書をやめない」　6つ目のユキのセリフに不一致。　う「高校生は多くの時間をテレビを見ることに費やすので読書への興味を失う」　3つ目のエリのセリフ参照。映画を観たり YouTube を見ることに時間を使うとある。え「グループのメンバー4人は読書がより楽しくなるようなプログラムをいくつか紹介したいと思っている」7つ目のユキのセリフ2文目に一致。

基本 V (適語選択補充問題：前置詞，受動態，関係代名詞)

1. 「毎月第一火曜日にファーマーズマーケットがある」 曜日に付ける前置詞は on。
2. 「ユミは明日修学旅行で沖縄を訪れる予定なので，彼女はわくわくしている」「人がわくわくする」は be excited。She's は She is の短縮形。
3. 「その話は奇妙に聞こえた」 sound ~(形容詞)で「~に聞こえる，~のようだ」という意味。
4. 「彼女に会ったらすぐに彼女に聞くつもりだ」 as 以下は時を表す副詞節なので，未来のことも現在形で表す。
5. 「私たちはあの店で売っている肉が好きだ」 the meat that they sell と関係代名詞 that が省略された文。先行詞 the meat が sell するのではないので空所に関係代名詞を入れることはできない。目的格の関係代名詞は省略できることを思い出したい。

重要 VI (言い換え問題：間接疑問文，不定詞，慣用句，後置修飾，慣用句)

1. The students don't know how old the teacher is. 「生徒たちは先生の年齢を知らない」→「生徒たちは先生が何歳なのか知らない」 下の文：how old で「何歳なのか」という意味。how 以下は know の目的語になる間接疑問文。〈how old ＋主語＋動詞〉の語順になることに注意。
2. It's not necessary for you to finish this homework by tomorrow. 「明日までに宿題を終わらせる必要はない」 don't need to ~ で「~する必要がある」を〈It is not ~ for ＋人＋ to …〉の構文を使って言い換える。「~」の部分には形容詞が入るので need の形容詞形 necessary「必要な」を入れる。
3. I missed the last train. 「私は終電に乗ることができなかった」→「私は終電を逃した」 電車やバスなどを逃すという時には動詞 miss が使える。wasn't と過去形になっているので missed と過去形にする。
4. My mother knows how to cook miso soup. 「私の母は味噌汁を作れる」→「私の母は味噌汁の作り方を知っている」 how to ~ で「~のやり方」という意味。
5. All the pictures in this room drawn by Cathy are really beautiful. 「キャシーがこの部屋にある全ての絵を描いた。それらは本当に美しい」→「キャシーによって描かれたこの部屋の全ての絵は本当に美しい」 空所を含む drawn by Cathy「キャシーによって描かれた」は All the pictures in this room を後置修飾する分詞句。All から Cathy までがこの文の主語になる。
6. Keiko was kind enough to show me the way to the station. 「ケイコは親切に駅までの道を教えてくれた」〈~(形容詞)＋ enough to …〉は直訳すると「…するのに十分~」という意味で「とても~なので…」という意味になる。

重要 VII (語句整序問題：後置修飾，慣用句，間接疑問文，不定詞，比較)

1. The cakes sold at the shop are so (delicious that it's hard to decide what to buy.)「あの店で売られているケーキはとてもおいしいので，何を買うのか決めるのが難しい」「あの店で売られているケーキ」は The cakes を sold at that shop が後置修飾する形で表す。分詞が他の語句を伴う場合は修飾する名詞の後ろにひとまとまりで置く。この部分がひとまとまりでこの文の主語。続けて動詞 are を置く。後半は so ~ that …「とても~なので…」という構文の形。what to buy「何を買うべきか」
2. ("Do) you know when Sam will leave (Japan?") 「サムがいつ日本を発つか知っている？— はい。次の土曜日に発ちます」 Do you know ~? で「あなたは~を知っていますか」 when 以下は間接疑問文になるので when Sam will leave と〈疑問詞＋主語＋動詞〉の語順になることに注意。
3. ("Do you think it) is important to keep the earth clean? 「地球をきれいに保つことが大切

だと思いますか？― はい，もちろんです。」〈it is ～ to …〉「…するのは～だ」という意味の形式主語構文。it は to 以下の内容を表す。〈keep A ＋ B〉で「AをBの状態に保つ」という意味。Bには形容詞が入るので keep the earth clean という語順。

4. This book will give you a good idea (about it.)「中国の歴史に関する本をお勧めしてくれますか？― この本があなたにそれについての良いアイディアをくれる」 主語には This book を置く。〈give ＋ A(人)＋ B(物・事)〉で「AにBを与える」の意味。AとBの位置関係に注意。

5. ("I think family) is more important than anything else."「家族が他の何よりも大切だと思う。― 同意する」 比較級を用いて最上級の意味を表す構文〈A is ＋比較級＋ than anything else〉にあてはめる。比較対象がはっきりしない場合 than anything else を使う。important の比較級は more important.

重要 Ⅷ (英作文)

I like the four seasons in Japan, especially spring cherry blossoms. Our school year starts in April and ends in March. I feel these beautiful cherry blossoms celebrate our graduation and new starts.(34語)

「私は日本の美しい四季，特に春の桜が好きだ。私たちの学校生活は4月に始まり3月に終わる。私はこの美しい桜が私たちの卒業や新生活の始まりを祝ってくれているように感じる。」

日本特有の文化や習慣などを書くとよい。

★ワンポイントアドバイス★

Ⅵ，Ⅶの問題では，空所や余白に必ず単語，英文を書くようにしよう。問題量が多いので書く時間がもったいないように感じるが，ミスを少なくするために必要な作業。語句整序問題は語句を全て使ったかどうかのチェックも忘れずに。

＜国語解答＞《学校からの正答の発表はありません。》

Ⅰ 問1 ⓐ 厚手 ⓑ 緩 ⓒ 非難 ⓓ 布巾 ⓔ 艶 問2 (1) ニ (2) ヘ (3) ハ 問3 イ 問4 A (1) ハ (2) ホ (4) ト B 世界の上下 問5 ニ 問6 ロ 問7 ハ 問8 ロ 問9 ロ 問10 ロ 問11 A (1) ハ (3) ニ (4) チ (5) ル (6) ヨ (7) タ B 軽そうなスリップオン

Ⅱ 問1 a ホ b リ c ニ d ヘ 問2 ホ 問3 ロ 問4 ロ 問5 a ホ b ハ c イ d ニ 問6 イ 問7 ハ 問8 ロ 問9 速 問10 (1) ロ (2) ヘ (3) チ (4) ヲ (5) ヨ (6) タ

○推定配点○

Ⅰ 問1・問2・問4・問11 各2点×19 他 各3点×7

Ⅱ 問1・問5 各1点×8 問10 各2点×6 他 各3点×7 計100点

＜国語解説＞

Ⅰ　(小説―漢字の書き取り，語句の意味，空欄補充，内容理解，表現理解，心情理解，主題)

基本　問1　ⓐ「厚手」は，紙・織物・陶器などが厚いこと。　ⓑ「緩」の右側の形に注意する。
ⓒ「非難」は，欠点や過失などを責めとがめること。　ⓓ「布巾」は，食器類を拭く小さな布。
ⓔ「艶」は，光沢のこと。

問2　(1)「有無」は「うむ」と読む。　(2)　ひるんだり，しりごみしたりすること。　(3)　鷹が空を飛揚するように，何物も恐れず悠然としていること。

問3　それぞれ，選択肢の言葉を実際に空欄にあてはめて読みながら，合うものを選ぶ。

重要　問4　――②は，重也がコーヒーカップを落としたときのことである。この出来事について書かれている冒頭の段落と，――②の直前の部分の言葉に注目して，解答を考える。――②と似た内容を表す表現として，冒頭の段落に「世界の上下が逆転し，地球が裏返しになる感じ」とある。

問5　――④の直前に「自分で気がつかないだけで」とあることに注目。自分(重也)は気づかなくても，「変」なこと(重也の物忘れがひどくなっていること)が起きていると，幾子は思っているのである。

問6　「幾子の指摘」を聞いた重也の心情として，「覚えていることより，心当りもないことの方が多かった。その都度幾子がそれらの失敗に文句を言わず，……ことの方が多かった。……咽喉の窮屈な感じが高まった」とある。これに合う選択肢を選ぶ。

問7　直後で重也は自分のことを「他人事めいた感じで」考え，「厄日とか暗剣殺とか，二度あることは(三度ある)」といった一般的な言い回しを思い浮かべて，今日はたまたま災難が重なったのだと考えようとしている。

問8　幾子は，重也の二つの予定が重なってしまい，どうするのか「困ったわね」と言っている。これに対して重也は，たいしたことはないと考えようとしている。

問9　重也は，約束や予約の日の間違えたり，「治療の間のあくことに不安を覚え」たりなど，自分の健康にも心配な気持ちがあり，幾子が重也を心配していることもわかるが，そうした現状を認めなくないのである。

問10　直前の「妻を亡くした一人暮らしの話や抱えている病気の苦労」などは，重也にとっては今後自分が経験するかもしれない，気分が暗くなるような事柄であるといえる。

やや難　問11　重也が出かける前の服や靴の選び方や，輪島と帰るとき重也が履いた「軽そうなスリップオン」をとらえる。また，靴を履いて初めてそれが自分の靴でないことを知り，「俺が間違えたのではない」と考えた重也の心境を想像する。

Ⅱ　(論説文―内容理解，空欄補充，要旨)

問1　「ハリケーンそのもの」による自然災害としての側面と，「インフラの不備」「劣悪な計画」「劣悪な実施」「社会契約の失敗」などによる人為災害としての側面をとらえる。

問2　「体制が下層階級に対して行っている犯罪の数々，つまり……」という部分に注目する。

問3　直後の文にある「主流メディアにお馴染みの貧しい黒人たちや人間性全般を中傷するストーリー」などに見られる事実誤認を明らかにしたということ。

問4　「社会活動家，……最前線にいる人びと，そのストーリーを直接体験した人びと」と，「耳を傾ける意志があり，ストーリーを伝えるパワーを持つ人びと」との「共同作業」である。

重要　問5　筆者は，「中立領域や政治的な無人地帯」は実は存在しない「フィクション」にすぎず，ジャーナリストが伝える内容には「政治的な判断」が含まれており，「わたしたちはみな，主体的に関わっている」と考えている。

問6　直後の文の「視界から締め出されたものをほかの人が見えるようにすること」が表している

内容をとらえる。

問7 ―――⑦を含む段落全体に注目。「ニュース・ジャーナリズム」が何を「問いかけようとし」ないのかをとらえ,「この事件の詳細のほかに,みなさんは何を知る必要があるでしょうか?」のあとの部分の内容から,あてはまらない選択肢を選ぶ。

問8 変化を求めず,「権威がある人びとを信じ」るということである。

基本 問9 空欄を含む段落では,現代における地球の気候変動の〝速さ〟を述べている。

やや難 問10 筆者によれば,主流メディアが作るストーリーは,「二〇〇五年,ニューオリンズ」の具体例にあるように,すでに人びとに定着してきた偏見を強化するものであり,黒人など特定の人に対する不当な抑圧を伴うものである。こうしたストーリーを「ブレイクする(壊す)」材料となるものは,「情報源や関係者,写真,目につく場所に隠されていた手がかりやスクラップ」や,「直接体験した人びと」の話である。これをふまえたうえで,最後の二つの段落に注目して,筆者の考える「ジャーナリスト」の役割をとらえる。

★ワンポイントアドバイス★

読解問題は細かい読み取りを必要とする。小説・論説文ともに文章が長めなので,ポイントを的確に読み取れる力をつけておこう。論説文では文章のキーワードや論理の展開をおさえながら読むことが必要。ふだんからの読書が大切!

2022年度

★★★★★★★★★★★★★★★★★★★★★★★★

入　試　問　題

2022
年
度

2022年度
中央大学附属高等学校入試問題（推薦）

【数　学】（30分）〈満点：60点〉

【注意】1. 答の$\sqrt{}$の中はできるだけ簡単にしなさい。
　　　　2. 円周率はπを用いなさい。

(1)　$(a^2b^3)^2\times(-2a^2)\div\left(-\dfrac{1}{2}ab\right)^3$　を計算しなさい。

(2)　$\left(\dfrac{\sqrt{6}-\sqrt{2}}{2}\right)^2-\left(\dfrac{\sqrt{6}+\sqrt{2}}{2}\right)^2+(\sqrt{3}+1)(\sqrt{3}-2)$　を計算しなさい。

(3)　$3abd+6bcd-9ab-18bc$　を因数分解しなさい。

(4)　連立方程式 $\begin{cases}\dfrac{4x+y}{3}-\dfrac{3x-5y}{4}=-3\\(x-2y+1):(3x-y+3)=2:3\end{cases}$ を解きなさい。

(5)　xについての2次方程式$x^2-ax-2a^2=0$の解の1つが$x=2$であるとき，定数aの値をすべて求めなさい。

(6)　3つのサイコロA，B，Cを同時に投げるとき，目の和が5以上となる確率を求めなさい。

(7)　半径の差が1，表面積の和が34πである2つの球がある。この2つの球の体積の和を求めなさい。

(8)　図のように，平行四辺形を頂点が辺と重なるように折り返したとき，$\angle x$の大きさを求めなさい。

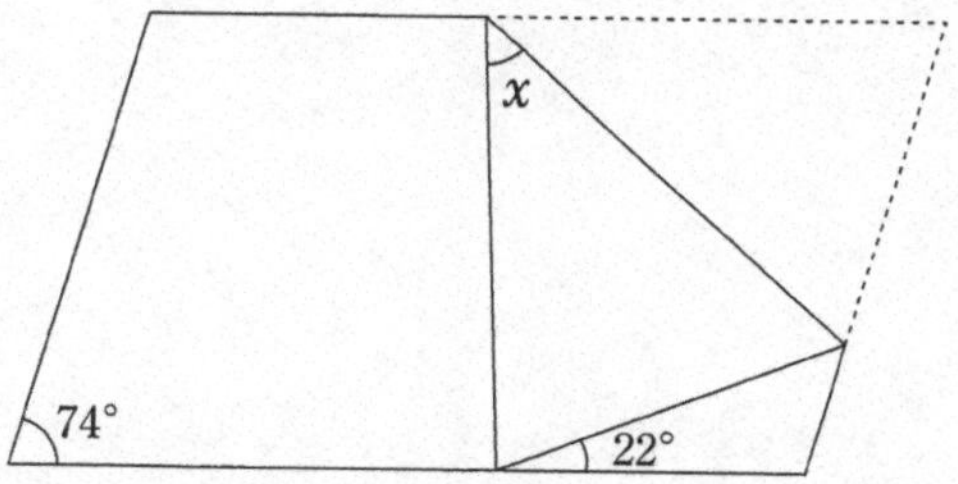

(9)　図において，ACは円の直径であり，AC＝8，AD＝6，AE＝5である。
　(ア)　ABの長さを求めなさい。
　(イ)　BEの長さを求めなさい。

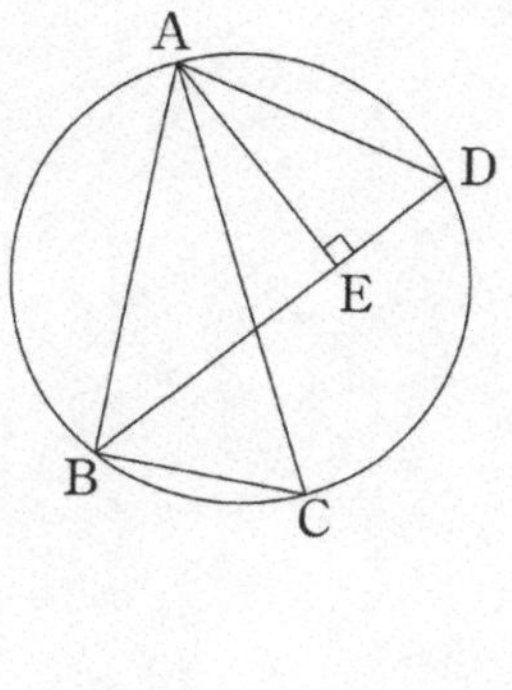

(10) 関数$y=ax^2$のグラフと直線ℓが2点A，Bで交わり，関数$y=bx^2$のグラフと直線ℓが2点C，Dで交わっている。点Aのx座標が3，点Bの座標が$(-1,\ 1)$，△OADの面積をx軸が2等分しているとき，次の問いに答えなさい。ただし，$a>0$，$b<0$とする。

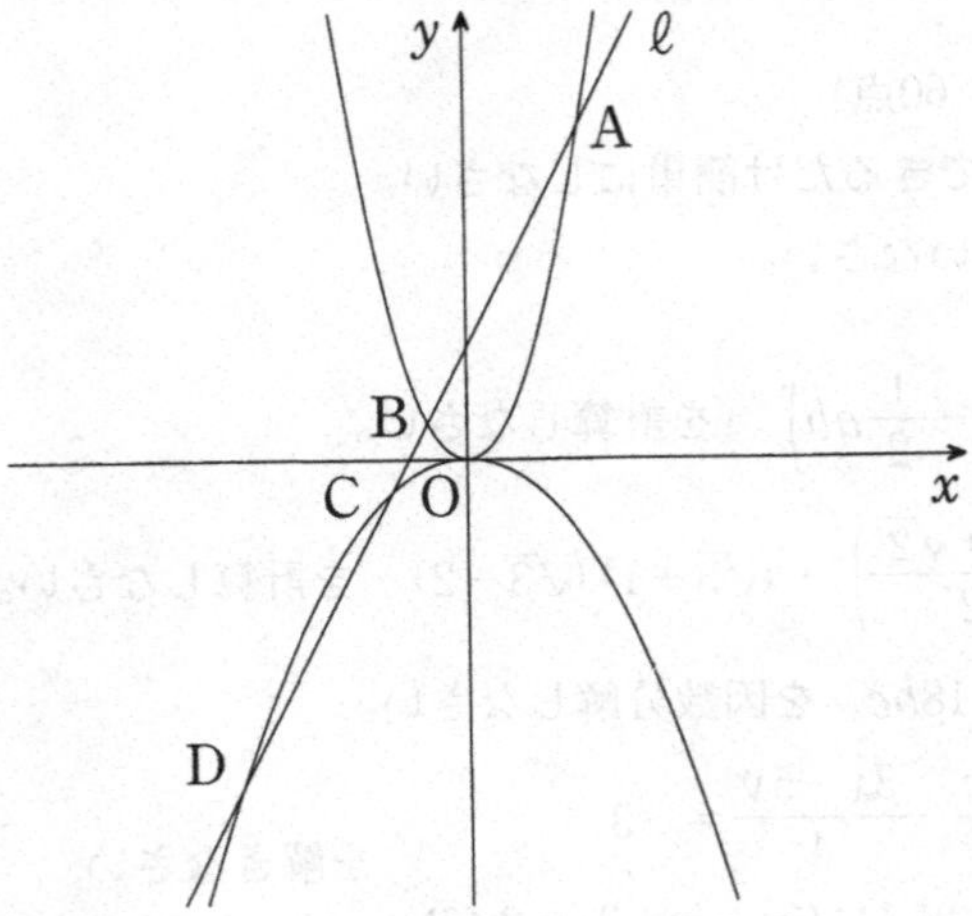

（ア） aの値を求めなさい。

（イ） 直線ℓの式を求めなさい。

（ウ） bの値を求めなさい。

（エ） 点Cの座標を求めなさい。

【英　語】（30分）〈満点：60点〉

Ⅰ　次の（　　）に入る最も適切なものを１つずつ選び，記号で答えなさい。

1．Tom（　）a better way to solve the problem.
あ．suggested　い．suggested about　う．suggested for　え．suggested on

2．According to the astronauts, the earth（　）from space is really beautiful.
あ．see　い．seeing　う．sees　え．seen

3．（　）we tried our best, we lost the game.
あ．Although　い．However　う．If　え．Unless

4．The teacher gave each student a（　）of paper to write a report on.
あ．bit　い．sheet　う．slice　え．group

5．Jane kept looking（　）her house key. She lost it last night.
あ．about　い．after　う．for　え．on

6．I overslept, so I had（　）time to go shopping to buy a present for my father.
あ．a few　い．a little　う．few　え．little

7．I don't like the color of this T-shirt. Could you show me（　）?
あ．another　い．one　う．other　え．it

8．It was very careless（　）you to make such a mistake.
あ．at　い．of　う．for　え．to

9．The man asked me（　）.
あ．which would student run the fastest　い．which would run the fastest student
う．which the fastest student would run　え．which student would run the fastest

10．Aki went to the beach with her family（　）the summer holidays.
あ．at　い．on　う．during　え．while

Ⅱ　次の各組の文がほぼ同じ意味になるように，（　）に最も適切な語を入れたとき，（＊）に入る語を答えなさい。

1．Miki speaks English well.
Miki（　）a good（＊）of English.

2．How is the weather in Okinawa today?
（　）is the weather（＊）in Okinawa today?

3．Alaska is the largest state in the United States.
（　）（＊）state in the United States is as large as Alaska.

4．Taro said to his mother, "Could you drive me to the station, please?"
Taro（＊）his mother（　）drive him to the station.

5．Mary sent Jim a Christmas card.
A Christmas card was（　）（＊）Jim by Mary.

Ⅲ　次の対話が完成するように，（　　）に最も適切な語を入れたとき，（ ＊ ）に入る語を答えなさい。

1．A：(　　) (＊) is the station from here?

B：I think it's about a kilometer from here.

2．A：I (　　) (＊) been to Hokkaido before, so I'm really looking forward to my first visit there next spring.

B：Oh, really? My grandparents live there, so I go there almost every summer.

3．A：I have no idea (　　) (＊) give my mother on Mother's day.

B：Some red carnations would make a good present, but I think a handkerchief would also be nice.

4．A：I (＊) (　　) eat out at night before COVID-19, but now I cook dinner at home every day.

B：Wow! With over a year of practice, you must be a good cook now!

5．A：Naoko can not (　　) play the piano really well (＊) also the violin.

B：Really? It must be great to be able to play two different instruments.

Ⅳ　次の２つの英文を読み，[　　　　]にあてはまる最も適切なものを１つずつ選び，記号で答えなさい。

[1] One of the first solo drum performances in front of an audience was an accident. In the early 1900s, a famous actress, Anna Held, was in a play. At the start of each performance, when the curtain began to rise, the drummer in the theater played a drumroll. One day, however, the curtain did not rise. So, the drummer gave the signal again. Still the curtain stayed down. After a few more rolls of the drum, the drummer started a long drum solo. Finally, the curtain went up. Surprisingly, the drummer's solo was a hit with the audience and it became a regular part of the show.

The paragraph is about [　　　　].

あ. why a famous actress did not appear on time

い. how an accident started a new type of performance

う. who the most wonderful drummer in the world was

え. when Anna Held became popular on stage as a famous musician

[2] If you think the feminist movement began in recent years, you're wrong. As early as 1776, Abigail Adams, the wife of the second US President, John Adams, began fighting for women's rights. Abigail thought that it was unfair that men had unlimited power over their wives. She also felt that women had no voice in government. She even sent her husband, the president, a formal list of women's honest thoughts and opinions, and told him that if he didn't listen to them, they would stand up for themselves and fight against the government. He told her that it was impossible, and wouldn't support her. However, Abigail's hard work was possibly the first step toward equal rights in the US.

The paragraph is about how [　　　　].

あ. President John Adams supported women's rights in 1776

い. The US Government supported women's rights in 1776

う. Abigail Adams fought for women's rights

え. Abigail Adams received a lot of support from men and women in the US

V 次の英文を読み，あとの問いに答えなさい。

A group of researchers in Europe have started a 3-year project to collect information about the important smells of Europe, from the 1500s to the early 1900s. One part of the project will be (1)[try] to create the *scents of long ago.

The project is called "Odeuropa," and ①it includes scientists and experts from a wide range of areas, including history, art, language, *chemistry, and computer technology. The European Union has given Odeuropa $3.3 million to spend over the next three years to help them research smells and try to bring them back.

The people behind the project believe that smell is an important part of history, but ②one that we often forget. Through pictures, photos, videos, and audio recordings we have records of how things looked and sounded. But we don't have records of how they smelled.

And yet smell is an important sense. As the project's website says, "Much more so than any other sense, our sense of smell is linked directly to our feelings and our memories."

The project isn't just collecting information about pleasant scents. They also want to collect strong or bad smells as well. This includes smells such as *incense or spices, but also things like burning *coal or *animal droppings.

At different times in history, different smells have been more common. Long ago, the smell of *tobacco was unknown in Europe. Then it became common. In the 1800s, coal smoke was everywhere. These days, it's more common to smell other kinds of air pollution.

For ③[あ. and い. half う. year え. the お. a か. first], the project will focus on collecting information about European smells going back to the 1500s. The group plans to create digital versions of historical books in seven different languages. They will also *scan old paintings.

The scanned information will be used to train an AI system to look for anything to do with smells. Once the system is trained, ④it should be able to collect information on the smells of many different types of things.

This information will become part of an online database which will show [⑤] over time. This database will include information on the places and events (2)[connect] with the smells, and the stories behind them.

The final part of the project is even more difficult. The team will work with scientists to ⑥[あ. aren't い. to う. that え. smells お. around か. create き. anymore く. try].

The team hopes to produce about 120 different scents. Odeuropa will then give the smells [X] museums across Europe.

One of the project's goals is to help museums do a better job of using smells in their *exhibits. Using smells is also a way for museums to help include people who have lost other senses, such as sight or hearing.

Members of the Odeuropa team point out that the coronavirus has reminded many people

[Y] the importance of smell. One sign that a person may have the coronavirus is the loss of taste and smell. Once people lose a sense, ⑦they finally realize how much they (　　) it.

注：*scent　香り　*chemistry　化学　*incense　香《こう》　*coal　石炭　*animal droppings　動物のふん
*tobacco　タバコ　*scan　スキャナで読み込む　*exhibit　展示品

1．本文中の(1)[try]，(2)[connect]を文脈に合うように直しなさい。ただし，語数は１語のままとする。

2．下線部①it includes scientists and experts from a wide range of areasが意味するものとして最も適切なものを１つ選び，記号で答えなさい。

あ．このプロジェクトに対しては，多くの研究者たちが反対している
い．このプロジェクトには，世界の多くの地域から専門家たちが参加している
う．このプロジェクトに参加できるのは，限られた分野の学者のみである
え．このプロジェクトには，様々な分野の科学者や専門家が関わっている

3．下線部②one that we often forgetが意味するものとして最も適切なものを選び，記号で答えなさい。

あ．人間には共通して忘れてしまうものが一つだけある
い．かつて嗅いだにおいをよく忘れてしまう
う．においが歴史上重要な意味を持つことを忘れてしまう
え．開発に携わる研究者たちのことをよく忘れてしまう

4．下線部③[あ. and　い. half　う. year　え. the　お. a　か. first]を意味が通るように並べ替えたとき，**2番目**と**6番目**にくる語を記号で答えなさい。

5．下線部④itが具体的に指しているものを本文から**3語**で抜き出しなさい。

6．空欄[⑤]に入る最も適切なものを選び，記号で答えなさい。

あ．how the number of different bad smells has increased
い．how clean the air was in the 1800s
う．how AI systems are not as important as before
え．how the collection of smells around us has changed

7．下線部⑥[あ. aren't　い. to　う. that　え. smells　お. around　か. create　き. anymore　く. try]を「もはや存在しないにおいを作り出そうとする」という意味になるように並べ替えたとき，**3番目**と**6番目**にくる語を記号で答えなさい。

8．本文中の[X]，[Y]に入る最も適切な語を１つずつ選び，記号で答えなさい。

あ．out　い．to　う．at　え．of　お．from　か．for

9．下線部⑦they finally realize how much they (　　) itの(　　)内に入る最も適切なものを選び，記号で答えなさい。

あ．feel　い．hat　う．miss　え．learn

10．本文の内容と一致するものを**2つ**選び，記号で答えなさい。

あ．Odeuropaの研究では，古代ヨーロッパにおけるにおいが対象とされている。

い．欧州連合は，Odeuropaの研究に対して年間換算で110万ドルに値する資金を拠出した。

う．Odeuropaによると，人類の嗅覚は，五感の中で最も感情や記憶に直結している。

え．Odeuropaの研究では，人類が好むにおいの収集のみを行った。

お．研究の結果，大気汚染の原因は時代によって違いがなかったことがわかった。

か．ヨーロッパの博物館では，視覚や聴覚に障がいを持つ人々のために，120種類ものにおいがすでに活用されている。

Ⅵ　学校の授業をオンラインで受けることの利点を，以下の英語に続けて書きなさい。さらに，それに対する理由や説明を**15語以上**の英語で書きなさい。複数の文を書いても良い。なお，ピリオド，コンマなどの符号は語数に含めない。

1．The advantage of taking lessons online is that ＿＿＿＿＿＿＿＿＿＿＿＿.

（語数制限なし）

2．15語以上の英語

う気体側のアプローチが必要です。この出会いの相互性が「ふれる」という言葉の使用を引き寄せていると考えられます。

　人間を物のように「さわる」こともできるし、物に人間のように「ふれる」こともできる。このことが示しているのは、「ふれる」は容易に「さわる」に転じうるし、逆に「さわる」のつもりだったものが「ふれる」になることもある、ということです。

　相手が人間である場合には、この違いは非常に大きな意味を持ちます。たとえば、障害や病気とともに生きる人、あるいはお年寄りの体にかかわるとき。冒頭に出した傷に「ふれる」はよいが「さわる」は痛い、という例は、より一般的な言い方をすれば「ケアとは何か」という問題に直結します。

　ケアの場面で、「ふれて」ほしいときに「さわら」れたら、勝手に自分の領域に入られたような暴力性を感じるでしょう。逆に触診のように「さわる」が想定される場面で過剰に「ふれる」が入ってきたら、その感情的な湿度のようなものに不快感を覚えるかもしれません。ケアの場面において「ふれる」と「さわる」を混同することは、相手に大きな苦痛を与えることになりかねないのです。

　あらためて気づかされるのは、私たちがいかに、接触面のほんのわずかな力加減、波打ち、リズム等のうちに、相手の自分に対する「態度」を読み取っているか、ということです。相手は自分のことをどう思っているのか。あるいは、どうしようとしているのか。「さわる」「ふれる」はあくまで入り口であって、そこから「つかむ」「なでる」「ひっぱる」「もちあげる」など、さまざまな接触的動作に移行することもあるでしょう。こうしたことすべてをひっくるめて、接触面には「人間関係」があります。

　この接触面の人間関係は、ケアの場面はもちろんのこと、子育て、教育、性愛、スポーツ、看取《みと》りなど、人生の重要な局面で、私たちが出会うことになる人間関係です。そこで経験する人間関係、つまりさわり方／ふれ方は、その人の幸福感にダイレクトに影響を与えるでしょう。

【出典】伊藤亜紗『手の倫理』（講談社、二〇二〇年）より

る」というと必ずしも怒りを外に出さず、イライラと腹立たしく思っている状態を指します。

つまり私たちは、「さわる」と「ふれる」という二つの触覚に関する動詞を、状況に応じて、無意識に使い分けているのです。もちろん曖昧な部分もたくさんあります。「さわる」と「ふれる」の両方が使える場合もあるでしょう。けれども、そこに私たちは微妙な意味の違いを感じとっている。同じ触覚なのに、いくつかの種類があるのです。

哲学の立場からこの違いに注目したのが、坂部恵《さかべめぐみ》です。坂部は、その違いをこんなふうに論じています。

愛する人の体にふれることと、単にたとえば電車のなかで痴漢が見ず知らずの異性の体にさわることとは、いうまでもなく同じ位相における体験ないし行動ではない。

一言でいえば、ふれるという体験にある相互嵌入《かんにゅう》の契機、ふれることは直ちにふれ合うことに通じるという相互性の契機、あるいはまたふれるということが、いわば自己を超えてあふれ出て、他者のいのちにふれ合い、参入するという契機が、さわるということの場合には抜け落ちて、ここでは内－外、自－他、受動－能動、一言でいってさわるものとさわられるものの区別がはっきりしてくるのである。

「ふれる」が相互的であるのに対し、「さわる」は一方的である。ひとことで言えば、これが坂部の主張です。

言い換えれば、「ふれる」は人間的なかかわり、「さわる」は物的なかかわり、ということになるでしょう。そこにいのちをいつくしむような人間的なかかわりがある場合には、それは「ふれる」であり、おのずと「ふれ合い」に通じていきます。逆に、物としての特徴や性質を確認したり、味わったりするときには、そこには相互性は生まれず、ただの「さわる」にとどまります。

重要なのは、相手が人間だからといって、必ずしもかかわりが人間的であるとは限らない、ということです。坂部があげている痴漢の例のように、相手の同意がないにもかかわらず、つまり相手を物として扱って、ただ自分の欲望を満足させるために一方的に行為におよぶのは、「さわる」であると言わなければなりません。傷口に「さわる」のが痛そうなのは、それが一方的で、さわられる側の心情を無視しているように感じられるからです。そこには「ふれる」のような相互性、つまり相手の痛みをおもんぱかるような配慮はありません。

もっとも、人間の体を「さわる」こと、つまり物のように扱うことが、必ずしも「悪」とも限りません。たとえば医師が患者の体を触診する場合。お腹《なか》の張り具合を調べたり、しこりの状態を確認したりする場合には、「さわる」と言うほうが自然です。触診は、医師の専門的な知識を前提とした触覚です。ある意味で、医師は患者の体を科学の対象として見ている。この態度表明が「さわる」であると考えられます。

同じように、相手が人間でないからといって、必ずしもかかわりが非人間的であるとは限りません。物であったとしても、それが一点物のうつわで、作り手に思いを馳《は》せながら、あるいは壊れないように気をつけながら、いつくしむようにかかわるのは「ふれる」です。では「外の空気にふれる」はどうでしょう。対象が気体である場合には、ふれようとするこちらの意志だけでなく、実際に流れ込んでくるとい

【小論文】（六〇分）

【注意】一、小論文用紙は、2枚配布されます。どちらか1枚を提出しなさい。
二、提出する小論文用紙の所定欄に、受験番号と氏名を記入しなさい。
三、提出する小論文用紙の冒頭にある所定欄に、〇印を付けなさい。

【問】　傍線部「傷に『ふれる』はよいが『さわる』は痛い」とありますが、これについて筆者はどう考えていますか。説明してください。また、《例》に掲げたような、「ふれる」－「さわる」と同様の類語一組を挙げ、その二語についてのあなたの考察を述べてください。字数は、全体で五〇〇～六〇〇字とします。

なお、適当な類語が見出《みいだ》せない場合には、《例》にあるものを用いてもかまいません。

《例》　「あける」－「ひらく」
「つかむ」－「にぎる」
「こわい」－「おそろしい」
「風景」－「光景」

【時間六〇分】

日本語には、触覚に関する二つの動詞があります。

①さわる

②ふれる

英語にするとどちらも「touch」ですが、それぞれ微妙にニュアンスが異なっています。

たとえば、怪我《けが》をした場面を考えてみましょう。傷口に「さわる」というと、何だか痛そうな感じがします。さわってほしくなくて、思わず患部を引っ込めたくなる。

では、「ふれる」だとどうでしょうか。傷口に「ふれる」というと、状態をみたり、薬をつけたり、さすったり、そっと手当てをしてもらえそうなイメージを持ちます。痛いかもしれないけど、ちょっと我慢してみようかなという気になる。

虫や動物を前にした場合はどうでしょうか。「怖くてさわれない」とは言いますが、「怖くてふれられない」とは言いません。物に対する触覚も同じです。スライムや布地の質感を確かめてほしいとき、私たちは「さわってごらん」と言うのであって、「ふれてごらん」とは言いません。

不可解なのは、気体の場合です。部屋の中の目に見えない空気を、「さわる」ことは基本的にできません。ところが窓をあけて空気を入れ替えると、冷たい外の空気に「ふれる」ことはできるのです。

抽象的な触覚もあります。会議などで特定の話題に言及することは「ふれる」ですが、すべてを話すわけではない場合には、「さわりだけ」になります。あるいは怒りの感情はどうでしょう。「逆鱗《げきりん》にふれる」というと怒りを爆発させるイメージがありますが、「神経にさわる」

2022年度

中央大学附属高等学校入試問題（一般）

【数　学】（60分）〈満点：100点〉

【注意】 1. 答の$\sqrt{\quad}$の中はできるだけ簡単にしなさい。

2. 円周率はπを用いなさい。

1 次の問いに答えなさい。

(1) $\left(-\dfrac{\sqrt{3}}{2}a^4b^3\right)^2 \div \left(-\dfrac{2a}{1.5b^2}\right)^3 \div \left(-\dfrac{3ab^3}{4}\right)^4$ を計算しなさい。

(2) $(\sqrt{5}+\sqrt{10}+\sqrt{15})(1+\sqrt{2}-\sqrt{3})$ を計算しなさい。

(3) $ab^3c^2-2ab^2c+ab$ を因数分解しなさい。

(4) 連立方程式 $\dfrac{x-y+14}{3}=\dfrac{2x+3y-1}{4}=\dfrac{3x+2y+11}{6}$ を解きなさい。

(5) 2次方程式 $(2x-3)^2+4(2x-3)-45=0$ を解きなさい。

(6) $\sqrt{\dfrac{n^2+297}{n^2+1}}$が整数となるような整数$n$をすべて求めなさい。

(7) 粘土でできた表面積が16πである球を体積の等しい8つの小球に分割するとき，8つの小球の表面積の和を求めなさい。

(8) 図において，線分BDは円の直径であり，AB＝ACであるとき，$\angle x$の大きさを求めなさい。

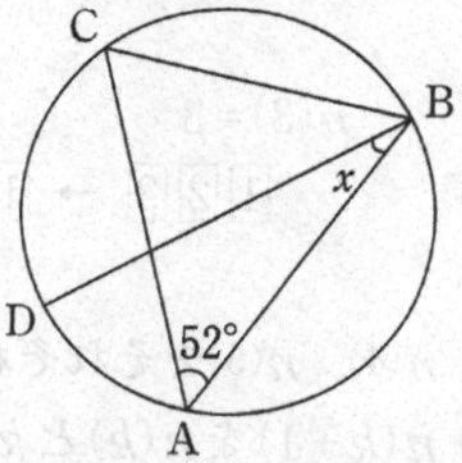

(9) 図のような，辺の長さが1である正方形を底面とし，高さが4の正四角柱ABCD－EFGHがある。点Pは頂点Aを出発して正四角柱のすべての側面を通るように進み頂点Eまで動く。点Pが辺DHの中点を経由して最短経路で移動するとき，点Pの描く線の長さを求めなさい。

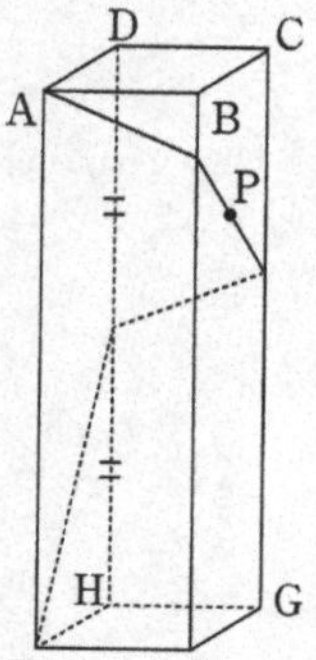

$\boxed{2}$　1辺の長さが10 cmである立方体ABCD－EFGHの辺上を秒速1 cmで動く2点P，Qがある。2点P，Qは同時に頂点Aを出発し，点Pは頂点Bを経由して，点Qは頂点Dを経由して，それぞれ最短距離で頂点Cに向かう。出発からx秒後に，3点P，Q，Fを通る平面でこの立方体を切って2つの立体に分けたときの表面積の差をy cm^{2}とするとき，次の問いに答えなさい。ただし，$0<x<20$とする。

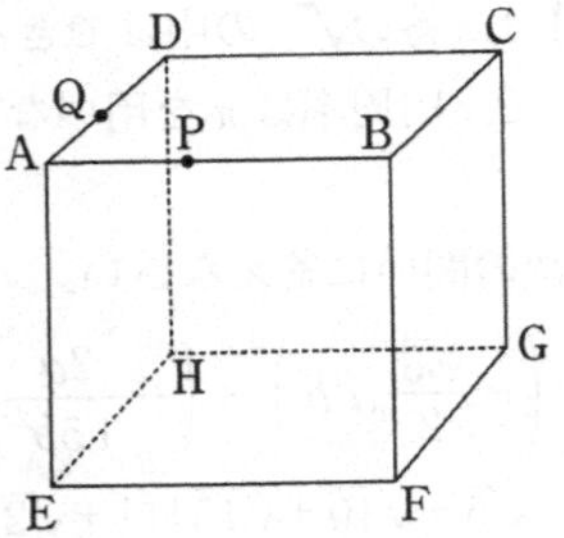

(1)　$10 \leqq x < 20$のとき，四角形PFGCの面積をxの式で表しなさい。

(2)　$0 < x \leqq 10$のとき，yをxの式で表しなさい。

(3)　$y=76$となるxの値を求めなさい。

$\boxed{3}$　1からkまでの整数が書かれたカードを小さい順に並べ，隣り合う2枚のカードを次々と交換し，できるだけ少ない回数で大きい順になるまで並びかえるのに必要な交換の回数を$n(k)$とする。ただし，1回に交換できるのは，隣り合う2枚1組のカードのみとする。

〈例〉　$n(2)=1$

$\boxed{1}\boxed{2} \rightarrow \boxed{2}\boxed{1}$

$n(3)=3$

$\boxed{1}\boxed{2}\boxed{3} \rightarrow \boxed{1}\boxed{3}\boxed{2} \rightarrow \boxed{3}\boxed{1}\boxed{2} \rightarrow \boxed{3}\boxed{2}\boxed{1}$

(1)　$n(4)$，$n(5)$をそれぞれ求めなさい。

(2)　$n(k+1)$を$n(k)$とkの式で表しなさい。

(3)　$k=10$のとき，カードを何回か交換したら$\boxed{1}\boxed{2}\boxed{3}\boxed{4}\boxed{5}\boxed{10}\boxed{6}\boxed{7}\boxed{8}\boxed{9}$となりました。あと何回の交換で大きい順に並べかえることができますか。

4　図のように，2点A，Bは関数$y=ax^2$のグラフ上にあり，四角形OABCがひし形となるように点Cをとる。また，対角線ACとOBの交点Mの座標は(1，1)である。さらに，点Mを通る直線と，辺AB，辺OC，関数$y=ax^2$のグラフの交点を順にP，Q，Rとするとき，次の問いに答えなさい。ただし，aの値は正，Rのx座標は負とする。

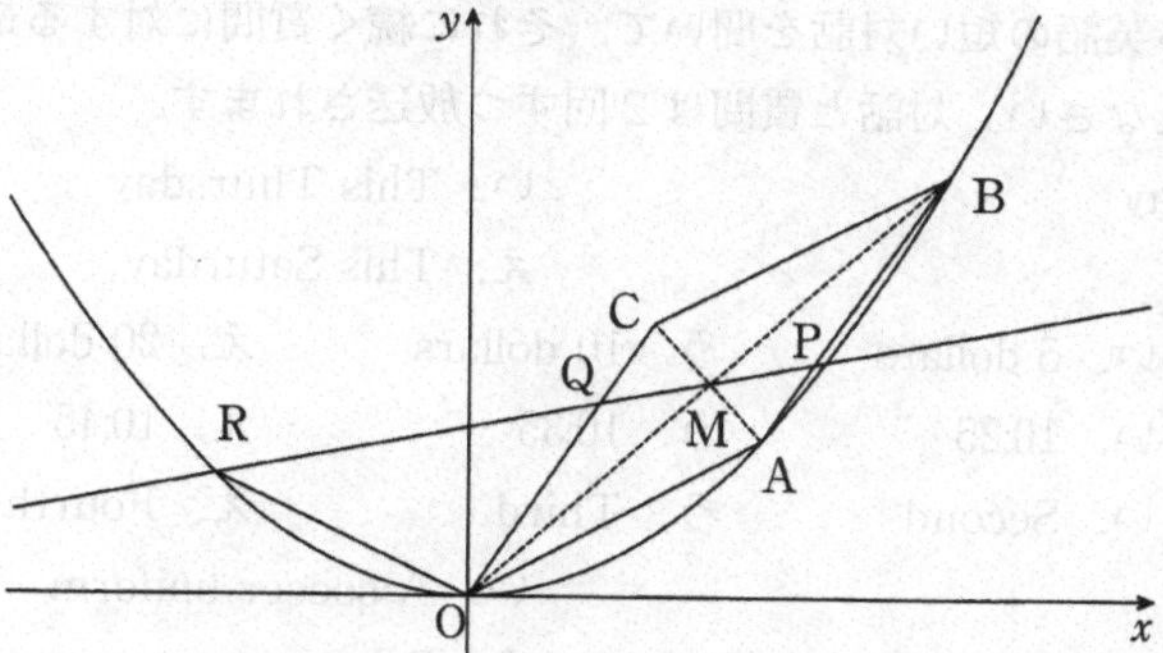

(1)　aの値を求めなさい。

(2)　2点A，Cの座標をそれぞれ求めなさい。

(3)　四角形OAPRの面積とひし形OABCの面積が等しいとき，△OQRの面積を求めなさい。

【英　語】（60分）〈満点：100点〉

I　リスニング問題

(Part 1)

これから放送される英語の短い対話を聞いて，それに続く質問に対する最も適切な答えを１つずつ選び，記号で答えなさい。対話と質問は２回ずつ放送されます。

1．あ．This Wednesday　い．This Thursday
　　う．This Friday　え．This Saturday
2．あ．4 dollars　い．5 dollars　う．10 dollars　え．20 dollars
3．あ．10:15　い．10:25　う．10:35　え．10:45
4．あ．First　い．Second　う．Third　え．Fourth
5．あ．A video game　い．A soccer uniform
　　う．Some clothes　え．Some money
6．あ．That's great. I'll call again later.　い．Certainly. I'll come in later on today.
　　う．Sorry, but that's not what I ordered.　え．No, thanks. It's fine.

(Part 2)

これから放送される英語を聞き，その内容に関する質問に対する最も適切な答えを１つずつ選び，記号で答えなさい。英語は２回放送されます。

7．Which one of the following do you **NOT** need to make pancakes?
　あ．300 milliliters of milk　い．120 grams of plain flour
　う．120 grams of sugar　え．Two eggs
8．Which of the following sentences is **NOT** true?
　あ．More than 50 million pancakes are made in the UK on Pancake Day.
　い．Pancake Day is on a different day each year.
　う．The biggest ever pancake was over 15 meters wide.
　え．Pancakes are easy to make.

※リスニングテストの放送台本は非公表です。

II　次の英文を読んで，設問に答えなさい。

My daughter and I pushed the heavy cart up and down the *aisles of the crowded store. Suddenly, she picked up a game, and without asking, threw it in the cart. "Is that for you?" I asked.

"No, it's for my friend," she answered. I was proud of her. She didn't have any brothers or sisters so I worried she might be *selfish, but instead she was a very kind and giving person.

My daughter always talked a lot, but on the drive home she was unusually quiet. Finally, she said, "Mommy, if Santa brings all the gifts, why are we buying them?"

"That's a good question," I said as I quickly tried to think of an answer.

Before I could say anything else, she *yelled, "I know why. We're Santa's helpers!"

I laughed as I said, "You took the words right out of my mouth. Yes, we're Santa's helpers."

A few days later, she came home from school upset. When I asked her why, she said,

"Mommy, there's a girl in my class who's not very kind to me and my friends. We talk to her anyway, and when we asked her what she wanted for Christmas, she started crying. She said she wasn't getting anything because her mother is very sick and her father doesn't have the money to pay for anything, not even food."

I calmed her down as I tried to tell her that the holiday season can be a very hard time for some people, but this little girl and her family would be all right because Santa has special helpers who always help people who really need it.

A few days before school closed for Christmas vacation, my daughter wanted this little girl to come over to make holiday cookies. I told her that of course she could. When she came, I was happy to see the two girls getting along well and having so much fun. When we gave her new friend a box full of cookies to take home for her family, she was delighted. She told us she would give them to her mother for Christmas.

Later that evening, my daughter wanted some wrapping paper and ribbons to wrap the gifts she got for her friends. I gave her a roll, but ten minutes later she came back and asked for more. I told her to use anything she needed. However, when she came back again, I thought it was a little strange and asked why she was using so much paper. She said, "Because I want the gifts to look pretty," and quickly ran back into her room.

On the last day of school, I had to leave for work extra early, so I called her best friend's mother. Luckily, she could pick up my daughter as she had a lot of gifts and cupcakes to take for the class Christmas party. I never actually saw her leave the house.

Then, on Christmas Eve, I was wrapping gifts and noticed a few of them were gone. I looked high and low and couldn't find them. Finally, I woke my daughter. I asked her where the presents were. She said, "Mommy, I wrapped them and gave them to my friend."

I yelled. "All of them?"

She said, "Mommy, you said we were Santa's helpers!"

I said, "Yes we are, but I didn't say you could give those gifts away."

She started crying and said, "But you told me to use anything I needed."

She continued, "Mommy, my friend said ..."

I *interrupted her and shouted, "Don't take anything out of this house without asking me!"

My daughter began crying. I told her to go back to sleep, walked out of the room, and *slammed the door behind me.

I was so angry. I sat in the living room to see what presents were gone. A pair of bedroom slippers, a nightgown, a housecoat, her father's expensive *cologne, toys, games, hats and gloves were all gone.

Early Christmas morning, I answered the phone to a woman crying. She introduced herself and thanked me over and over again for the beautiful gifts. She said they were the only presents they received for Christmas. She told me that she was sick and was in and out of the hospital, and they didn't have any money to buy anything for the kids, not even a Christmas tree. She told me how happy the kids were with their toys, games, hats, gloves and cookies. She told me how much she needed the slippers, nightgown and housecoat, and how much her husband loved the cologne.

I was sad. I had tears in my eyes, so I told her I would call her back later. I told my daughter about the phone call, and then we looked for our old tree and ornaments, packed some food, and took everything over to her friend's house. The mother and I prepared the family a quick dinner as the kids played and her husband set up the tree. I'll never forget their smiling faces.

Before my daughter and I left to go to my parents' house, we ate, played games and sang Christmas carols with them. We had the best time ever. It was the beginning of a wonderful friendship.

That was a long time ago, but I think that was one of the best Christmases we ever had. It changed our lives and showed us how lucky we really were. That year a tradition was started, and from then on, we have made sure to give or do something special for people who need help at Christmastime.

My daughter and her friend are now grown women, and our families have kept up the tradition of spending Christmas together. I'll always be very proud of my daughter, and thankful for her kindness that year. From her we learned the true meaning of helping and giving, and we became Santa's very special helpers for life.

注：*aisle　通路　　*selfish　わがままな　　*yell　叫ぶ
　　*interrupt　さえぎる　　*slam　バタンと閉める　　*cologne　香水

本文の内容に合うように，［　　］に最もよくあてはまるものを１つずつ選び，記号で答えなさい。

* At the store, ［ 1 ］.
　あ．it was so crowded that the writer couldn't get the items she wanted
　い．the writer didn't think it was OK to get a game for her daughter's friend
　う．the writer's daughter put the game in the cart because she wanted to give it to her friend
　え．the cart was so heavy because it was full of toys and games for the writer's children

* The writer's daughter was unusually quiet in the car because ［ 2 ］.
　あ．she wanted to ask her mother an important question
　い．she was tired after buying a lot of things at the crowded store
　う．she couldn't buy the things she wanted at the store
　え．she knew her mother didn't want to be one of Santa's helpers

* One day, the writer's daughter was upset when she came home from school because ［ 3 ］.
　あ．some of her friends' families didn't have enough money to buy food
　い．she was told that one of her classmates was very sick
　う．she had a fight with one of her friends at school
　え．one of her classmates wasn't going to get anything for Christmas

* A few days before Christmas vacation, the writer's daughter ［ 4 ］.
　あ．invited her friend to her house and they made cookies together
　い．went to her friend's house and they ate cookies together
　う．bought a box full of cookies and gave it to her friend
　え．enjoyed making a lot of cookies with her mother

＊When the writer's daughter asked for some wrapping paper and ribbons, [5].
あ. she thought she would look pretty with them in her hair
い. her mother thought there would be no problem with that
う. she thought her friends would help wrap the gifts with her
え. her mother thought it was strange and told her she couldn't have any

＊On Christmas Eve, [6].
あ. the writer woke her daughter and found the gifts in her room
い. the writer's daughter didn't know where the gifts were
う. the writer's daughter was still wrapping the gifts
え. the writer noticed some gifts were not there

＊The writer was so angry on Christmas Eve because her daughter [7].
あ. slammed the door behind her
い. started crying and wouldn't go to bed
う. gave the gifts to her friend without asking her
え. said they were Santa's helpers

＊When the writer answered the phone, a woman was crying because [8].
あ. she was very sick and in a lot of pain
い. she was so happy with the gifts she received for Christmas
う. she couldn't pay the writer enough money for the things she received
え. she couldn't even get a Christmas tree on Christmas Eve

＊After the phone call with the woman, [9].
あ. the woman's family came over, and the two families spent Christmastime together at the writer's house
い. the writer and her daughter visited the writer's parents' house and they sang Christmas carols
う. the writer and her daughter had a party at the woman's house and everyone there helped to cook dinner
え. the writer and her daughter visited the woman's house with the things she needed for Christmas

＊After Christmas day that year, [10].
あ. the two families started a wonderful friendship and still spend Christmas together
い. the writer could see how lucky she was and got a new job helping poor people
う. the writer and her daughter began doing something special for Santa
え. the two families didn't spend another Christmas together

＊The writer learned from her daughter [11].
あ. the importance of showing kindness to Santa
い. the importance of saving children around the world
う. the importance of helping and giving
え. the importance of giving a lot of gifts to children

Ⅲ 次の英文を読んで，設問に答えなさい。

Are you tired of always feeling sleepy? Is it difficult for you to stay awake in class? Do you *struggle to get out of bed for school in the morning? If the answer was yes to any of these questions, you are not alone. Many teenagers feel that they are always tired. Did you know that humans spend about one-third of their life ①asleep? Sleep is necessary for our health. Most people think of sleep as a time of rest, but a lot of important activity occurs in the brain and body during sleep. Actually, a new study showed that our body repairs the DNA in our *nerves while we are sleeping. [A]

Sleep is important because it is the only part of the day that your body gets to rest and repair itself. It gives you energy to do tasks and can also make you more *alert. （ ② ） enough sleep you may have problems with thinking, concentrating, memory, reaction times and how you feel. This can lead you to having difficulty in school.

Teens need more sleep because their bodies and minds are growing quickly. [B] A recent study discovered that most teenagers only get about 6.5-7.5 hours' sleep a night. However, to be at your best, you need between 8 and 10 hours of sleep every day. While you may not always be able to get this much, it's important to try and get as much as you can.

There are many reasons for not getting enough sleep. Even though you probably have a very busy life, you still need "③downtime" to relax, *unwind and spend time with friends. This usually happens *at the expense of sleeping. [C]

However, there are some things you can do to improve your sleep *routine. A good place to start is to try to go to bed at about the same time every night. It also helps to keep your room cool, dark, and quiet. It's also important to use your bed only for sleeping in. Try to *avoid doing homework, using a smartphone or tablet, or playing video games while in bed. Limiting your ④screen time before bed is a great *habit to develop. This is because being *exposed to the screen's light wakes you up, so it's more difficult to （ ⑤ ） asleep.

Another great way to improve your sleep routine is to make your lifestyle as healthy as （ ⑥ ）. Many teenagers love to exercise, but you need to try and avoid very hard exercise in the evening. Sleep specialists often recommend avoiding exercise within a few hours of bedtime. This is because exercise raises your body temperature and can stop you from sleeping.

Diet also plays a key role in our sleep. Doctors recommend we avoid drinks that have a lot of *caffeine. Drinks such as coffee, tea, or energy drinks will keep you awake. Having a light snack (such as a glass of milk) before bed is much better for you.

The teenage brain wants to go to bed late and sleep late the following morning but this is usually hard to *manage. You may be able to adjust your body clock, but it takes time. The fact is that a good night's sleep is really important for us if we want to feel happy and enjoy our lives. The one thing we can all probably agree on is there's （ ⑦ ） than a good night's sleep.

注：*struggle （～しようと）もがく　*nerve 神経　*alert 機敏な　*unwind くつろぐ
*at the expense of ～ ～を犠牲にして　*routine 決まってすること，日課　*avoid ～ ～を避ける
*habit 習慣　*(be) exposed to ～ ～にさらされた　*caffeine カフェイン　*manage うまくやっていく

1．下線部①asleepの反対語となる１語を，本文中から抜き出し答えなさい。

2．空欄（　②　）に入る最も適切なものを選び，記号で答えなさい。

あ．From　　い．By　　う．With　　え．Without

3．下線部③downtime，④screen timeの内容として最も適切なものを１つずつ選び，記号で答えなさい。

あ．眠りが一番深くなる時間

い．映画館で映画を見る時間

う．電子機器の画面を見ている時間

え．学校で友人と会話を楽しむ時間

お．電子機器の使用を制限された時間

か．心身を休め，ゆったりと過ごす時間

4．空欄（　⑤　），（　⑥　）にあてはまる１語をそれぞれ答えなさい。

5．空欄（　⑦　）に入る最も適切なものを選び，記号で答えなさい。

あ．something good　　い．anything better

う．everything better　　え．nothing better

6．空欄［　A　］～［　C　］に入る最も適切なものを１つずつ選び，記号で答えなさい。

あ．However, scientific research shows that many teens do not get enough sleep.

い．Many teens also like to relax by themselves after their parents have gone to bed.

う．The quality of the time we spend asleep greatly influences the quality of the time we are awake.

7．本文の内容と一致するものを２つ選び，記号で答えなさい。

あ．睡眠は身体を休めるだけでなく，神経内のDNAを修復するなど，体内に重要な働きをもたらすことが分かっている。

い．最近の研究により，若者は毎日最低でも６時間半から７時間半の睡眠をとることが必要であることが分かっている。

う．毎晩決まった時間に寝ること，ベッドを眠る目的以外に使わないことは，よい睡眠のために効果的である。

え．寝る前に激しい運動をすると，体温が上がることにより，よい睡眠が得られる。

お．無理な減量や，寝る前のカフェイン摂取は，よい睡眠をとるために避けるべきである。

か．十代の若者たちは，脳の作用により，早く寝て，翌朝遅くまで寝ていたいと思っている。

Ⅳ　次のAkikoと両親の会話を読み，設問に答えなさい。

Akiko：Mom, can I use the kitchen this afternoon?

Mother：Sure. What are you going to make?

Akiko：I'm going to make some chocolate cakes for Valentine's Day. I want to give them to my friends.

Father：Sounds nice. Do you know that in Europe, a man gives flowers, especially red roses, to a woman he likes on Valentine's Day?

Akiko：Really? Interesting!

Father : Yeah, one of my friends works for *Tokyo Customs at Narita Airport. Actually, he said Japan imports the most flowers in March.

Mother : Really? I guess we do have many ceremonies and need a lot of flowers in March.

Akiko : I wonder what kinds of flowers Japan imports the most.

Father : Let's see. There is a good website that my friend gave me. [(1)] this website, 56% of all *carnations, 18% of roses and 16% of *chrysanthemums in Japan are imported. Can you guess the top two countries which *export cut flowers to Japan?

Akiko : Sorry, I have no idea.

Father : The top two countries are Columbia and Malaysia. They make up 44.6% of the total number of imports. Columbia makes up 22.4% and Malaysia is only 0.2% less. Look at these graphs. Each graph shows the percentage of the countries that export each item to Japan, such as carnations, chrysanthemums and roses. About 70% of imported carnations are from Columbia, and about 60% of imported chrysanthemums are from Malaysia.

Akiko : Vietnam is in the top five on all three graphs. We can find China in the graphs for chrysanthemums and carnations but not in the one for roses.

Mother : As for roses, I was surprised that about half of all the imported roses are from Kenya. I can't imagine that roses are (2)[grow] in Africa!

Father : Well, the top three countries that export roses to Japan are Kenya, Ecuador and Columbia. Roses are (2)[grow] in *highlands that are between 1000m to 2000m high in the countries around the *equator. The farms are rich in sunlight and have a steady temperature. The daily temperature is 20 degrees and it doesn't change much throughout the year. These conditions are perfect for making good roses. What is more, it takes only three days to *transport the roses from the farm in Kenya to an airport in Japan.

Akiko : That's amazing. The roses travel all the way from Kenya. Sounds interesting! Dad, [(3)] enjoy a European style Valentine's Day this year? I'm sure Mom would be happy if you gave her a bouquet of red roses!

Father : That's a nice idea.

Mother : Yes, we should try it!

注：＊Tokyo Customs 東京税関 ＊carnation カーネーション ＊chrysanthemum 菊
＊export 輸出する ＊highland 高原 ＊equator 赤道 ＊transport 輸送する

Flower Exports to Japan, *by Origin

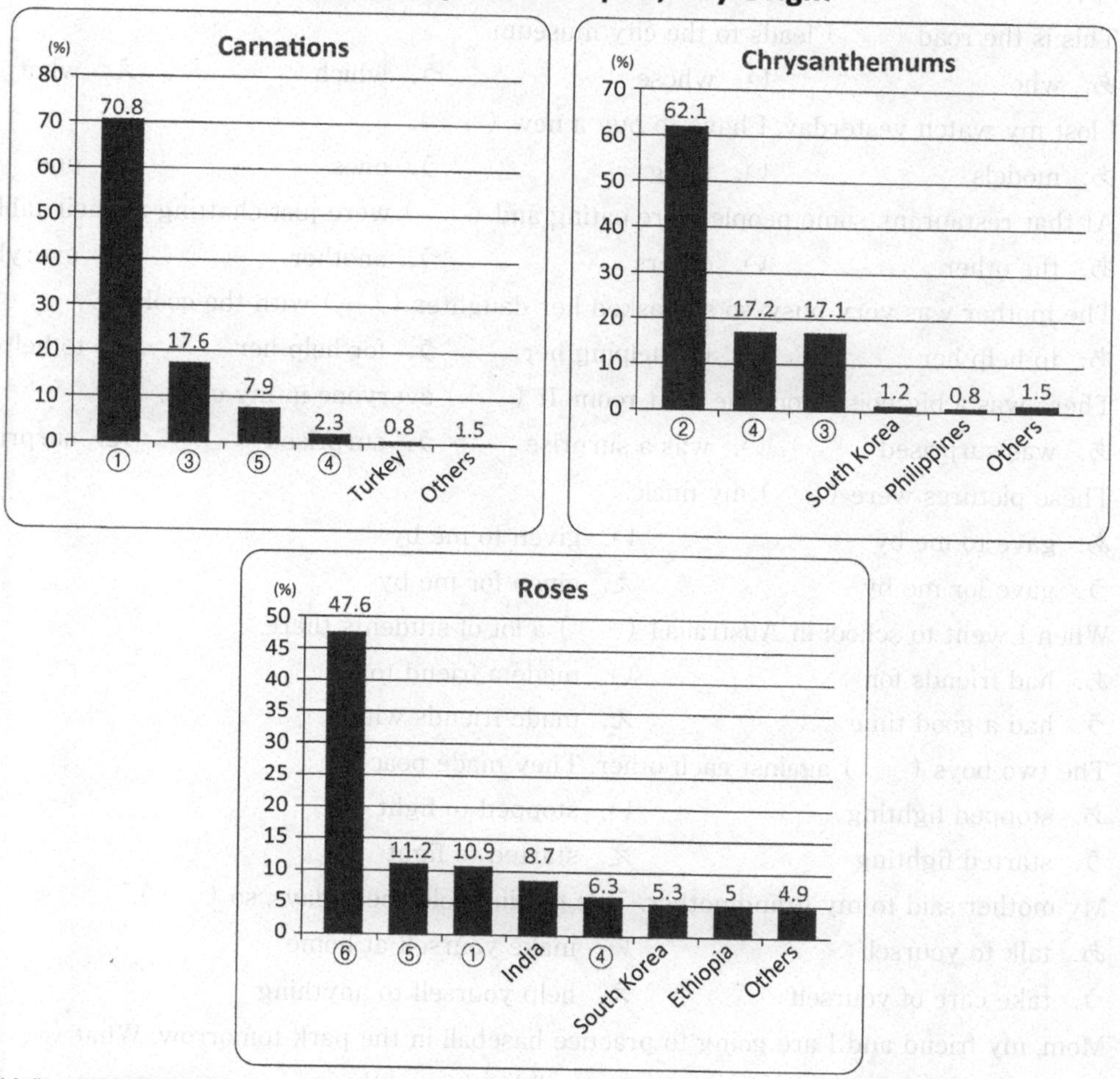

（出典：東京税関2016年）

注：＊by origin　原産国ごとの

1．空欄［　(1)　］に入る最も適切なものを選び，記号で答えなさい。

あ．Because of　　い．To begin with　　う．According to　　え．Thanks to

2．下線部(2)[grow]を適切な形に直しなさい。

3．空欄［　(3)　］に入る適切なものを１つずつ選び，記号で答えなさい。

あ．why don't we　　い．how about　　う．let's　　え．I wonder if

4．グラフ中の①～⑥にあてはまる国名を１つずつ選び，記号で答えなさい。

あ．China　　い．Columbia　　う．Ecuador　　え．Kenya

お．Malaysia　　か．Vietnam

5．会話文の内容と一致するものを１つ選び，記号で答えなさい。

あ．Japan imports the most flowers in February.

い．22.2% of Japan's imported flowers were from Malaysia.

う．The best place to grow roses is far from the equator.

え．It takes three days to transport roses from the farm to the airport in Kenya.

V　次の（　　）に入る最も適切な語(句)を１つずつ選び，記号で答えなさい。

1．This is the road (　　) leads to the city museum.
　あ．who　　い．whose　　う．which　　え．what

2．I lost my watch yesterday. I have to buy a new (　　).
　あ．models　　い．thing　　う．ones　　え．one

3．At that restaurant, some people were eating and (　　) were just chatting at their tables.
　あ．the other　　い．others　　う．another　　え．everybody

4．The mother was very busy, so she asked her daughter (　　) with the cooking.
　あ．to help her　　い．for helping her　　う．for help her　　え．to helping her

5．There was a big noise from the next room. It (　　) everyone in my class.
　あ．was surprised　　い．was a surprise　　う．surprised　　え．surprising

6．These pictures were (　　) my uncle.
　あ．gave to me by　　い．given to me by
　う．gave for me by　　え．given for me by

7．When I went to school in Australia,I (　　) a lot of students there.
　あ．had friends for　　い．made a friend to
　う．had a good time　　え．made friends with

8．The two boys (　　) against each other. They made peace.
　あ．stopped fighting　　い．stopped to fight
　う．started fighting　　え．started to fight

9．My mother said to my grandmother, "It's getting cold these days, so (　　)."
　あ．talk to yourself　　い．make yourself at home
　う．take care of yourself　　え．help yourself to anything

10．"Mom, my friend and I are going to practice baseball in the park tomorrow. What (　　)?"
　あ．is going to be the weather　　い．will be the weather
　う．will the weather be　　え．will the weather be like

VI　次の各組の文がほぼ同じ意味になるように（　　）に最も適切な語を入れたとき，（ ＊ ）に入る語を答えなさい。

1．She became very famous from this TV program.
　This TV program (＊) (　　) very famous.

2．My sister is a good cook.
　My sister is good (＊) (　　).

3．I'm very busy, so I can't go shopping with you.
　I'm (＊) busy (　　) go shopping with you.

4．Your question was more difficult than hers.
　Her question was (＊) than (　　).

5．Yumi can swim the fastest in our class.
　Yumi is the (　　) (＊) in our class.

Ⅶ　(　　)内のあ．～か．を並べかえ，意味の通る英文を完成させなさい。ただし，解答はそれぞれの [a]，[b] に入る記号のみ答えなさい。なお，文頭にくるべき語も小文字になっている。

1．Your friends are coming soon. Clean (____ ____ [a] ____ [b] ____).
（あ．as　い．as you　う．your　え．can　お．quickly　か．room）

2．Tom (____ ____ [a] ____ [b] ____), so he couldn't buy anything.
（あ．all　い．had　う．that　え．he　お．spent　か．the money）

3．I want to go to the city museum. Would you (____ ____ [a] ____ [b] ____)?
（あ．tell　い．can　う．me　え．get there　お．how　か．I）

4．"(____ ____ [a] ____ [b] ____) Koganei park?" — "Three times."
（あ．been　い．your children　う．to　え．many times　お．how　か．have）

5．My mother won the first prize in the contest, and the ([a] ____ ____ [b] ____ ____) bike.
（あ．a　い．she　う．red　え．gift　お．was　か．got）

Ⅷ　あなたは，何をして過ごす時間が好きですか。1つ例を挙げて英語で書きなさい。
さらに，その理由を**15語以上**の英語で書きなさい。なお，ピリオド，コンマなどの符号は語数に含めない。

I ________________________ .（この英文は語数に含めない）

____

15語以上

____

____

舞いである、ということ。

（ホ）　学者や政治家の、国民の意志を尊重するという主張は公平な態度のあらわれのようだが、そう主張する者は、自分自身も国民の一員であるという「現実」を受け入れてはいない、ということ。

【問9】　本文の内容と合致するものを、次の選択肢より**2つ選び**、（イ）～（ト）の符号で答えなさい。

（イ）　知識人は、不公正な社会のありかたを分析し批判する理論をもっているのだから、言論の力によって一般の国民を望ましい方向へ先導することによって、いまあるものとは異なる新しい世論を作り出していく責任を有しているといえる。

（ロ）　どのような時代にあっても、その時その時の「現実」には様々な動向が矛盾しながら同時に存在しているのであって、「現実」のあらゆる側面を公平な形で人々の前に明らかにしていくといった作業は、実際のところ不可能に近いのである。

（ハ）　過去の積み重ねによって形成されていく「現実」を、人々の意志によって「非現実」なものとすることは不可能だが、終戦という大きな歴史的転換点においては、「現実」が「非現実」的なものとなってしまうことが実際に起こったのだった。

（ニ）　日本社会において「現実」とは、日々新たに変化していくものとしてではなく、過去にできあがった既成事実としてとらえられがちであるが、そのような「現実」観は、かつての日本において戦争へと突き進む流れが加速する一つの要因となった。

（ホ）　戦時下の国民は、一部の指導者層にとっての「現実」をそのまま受け入れざるをえなかったが、戦争が終わったことによって、国民みずからが自由な発想を持ち、それを実現することができる新たな民主主義的「現実」があらわれることとなった。

（ヘ）　再軍備問題のような社会的課題に対して国民が適切な判断をくだすためには、国民の判断の材料となる情報を伝えるメディアに偏りがないのはもちろんのこと、そのようなメディアの公正なあり方を支える法制度がととのっていることも必要となる。

（ト）　戦前から終戦にいたる日本において、新聞やラジオなどは軍部の意向をそのまま伝えるきわめて一面的な報道を続けたことによって国民の信頼を失ってしまったが、そのようなメディアに対する信頼を取り戻すことは戦後における緊急の課題である。

【出典】

Ⅰ　冥王まさ子『天馬空を行く』（河出文庫文藝コレクション、一九九六年）二一〇～二一七ページ。

Ⅱ　丸山真男「『現実』主義の陥穽」（『増補版現代政治の思想と行動』未来社、一九六四年）一七二～一八二頁。ただし、改変・省略した箇所がある。

> [a]の思うままとなってしまうだろう。ちょうど、見栄えの良い赤い靴を履いたことで終わりのない舞踏を踊り続けざるをえなかったアンデルセンの童話の少女のように。アジア・太平洋戦争への道すじは、その一つの例であるといえる。だからこそ私たちは、その「現実」観を克服し、[b]によって自分たちの真の現実をつかみとり、[c（5字）]をより豊かなものとしてつくり上げていかなければならない。

【問6】[F]の（イ）～（ニ）の各文を、意味が通るように並べかえて、その符号を解答欄の指示にしたがって答えなさい。

【問7】――④「再度知識人がこの過ちを犯したら、それはもはや茶番でしかありません」とありますが、どういうことですか。次の中から最も適当なものを選び、（イ）～（ホ）の符号で答えなさい。

（イ）高度な専門的知識を持つ知識人が、近い過去に起こった出来事を無意識のうちに反復してしまうことは、これまでにも何度も起こってきた事実である、ということ。

（ロ）学問研究を専門にしているはずの知識人が、歴史的経験に学ぶことなく同じ間違いを繰り返すことは、知識人という名に値しない愚かな振る舞いである、ということ。

（ハ）現代政治の情勢に対して客観的な分析を試みようとする知識人でも、一般の人びとと大差のない認識しか持っていないことは、ごくありふれた事例である、ということ。

（ニ）思想や歴史の専門家として研究をしている知識人が、専門外の分野である政治に手をのばして失敗することは、知識人がみずから学問を裏切る行為である、ということ。

（ホ）学識をより深めることを目指すべき知識人は、過去の苦い経験があるからといって、それにとらわれて自らの学問の歩みをとめてしまってはならないのである、ということ。

【問8】――⑤「私たちはそういう人たちの議論に誠実さを認めることはできません」とありますが、どういうことですか。次の中から最も適当なものを選び、（イ）～（ホ）の符号で答えなさい。

（イ）学者や政治家は、国民がくだす決定が重要だと主張する前に、メディアを通して国民に提示されている不公正な「現実」を批判し、改善しようとする努力をしていく必要がある、ということ。

（ロ）学者や政治家は、「現実」を目の前にした時の国民の意見は常に揺れ動くものであることを認識しないまま、世論の重要性をいたずらに強調する無責任な態度をとりがちである、ということ。

（ハ）学者や政治家が、国民に冷静な判断を求めるのならば、自国の優勢のみを伝える戦争報道のあり方を、ありのままの「現実」の戦況を伝える公平なものに改めなければならない、ということ。

（ニ）学者や政治家が、メディアにおいて政治的な問題ばかりを大きくとりあげるのは、国民にとっての「現実」の多くの部分を結果として無視してしまう、不公平な振る

しかし、社会的現実とは本来（3）｛（ト）その時どきの世論の動向によって左右される／（チ）多種多様な要素が折り重なって形づくられる／（リ）その実態の把握ができないほど流動的である｝という事実を忘れてはならない。このことをふまえれば、「現実を直視せよ」といった言葉を発する者は、実は、（4）｛（ヌ）自分にとって都合のいい「現実」を選び取っているにすぎない／（ル）「現実」の行方を案じる思いをそのまま表しているにすぎない／（ヲ）自分にとって望ましい「現実」の姿を明確に思い描けていない｝ことがわかるだろう。

【問3】 A ・ E に当てはまる表現として、適当なものを次の中から選び、それぞれ（イ）～（ホ）の符号で答えなさい。

A
（イ）寝耳に水
（ロ）豚に真珠
（ハ）鶴の一声
（ニ）他山の石
（ホ）知らぬが仏

E
（イ）あごで人をつかってきた
（ロ）うだつがあがらなかった
（ハ）火中の栗《くり》をひろってきた
（ニ）大風呂敷をひろげてきた
（ホ）長いものにまかれてきた

【問4】 B ～ D に当てはまる語を次の中から選び、それぞれ（イ）～（ヘ）の符号で答えなさい。

（イ）まるで　（ロ）決して　（ハ）さらに
（ニ）いまだ　（ホ）むろん　（ヘ）いかに

【問5】――③『現実』という赤い靴をはかされた国民は自分で自分を制御できないままに死への舞踏を続けるほかなくなります」とありますが、これに関する次の説明文の a ～ c に当てはまる語句を、指示された文字数にしたがって本文中から抜きだし、解答欄に記しなさい。

日本の人々の傾向として、 a（4字） による判断こそが、「現実的」な選択だと無批判に考えがちである。しかし、そのような一方的な「現実」観にとらわれてしまうと、 b（9字） が不可能になってしまい、人々の生活は

勝利し、一九四九年に中華人民共和国を樹立した。

「マッカーサーの罷免」……朝鮮戦争勃発後、マッカーサーは米国を中心とする国連軍司令官に任命される。しかし、強硬策を主張したマッカーサーはトルーマン大統領と対立、一九五一年四月に罷免された。

【問1】――①「それは容易に諦観に転化します」とありますが、どういうことですか。次の中から最も適当なものを選び、（イ）～（ホ）の符号で答えなさい。

（イ）「現実」を改善することは、多くの人々が同じ目標に向かって努力しないかぎり不可能であると考えるようになる、ということ。

（ロ）「現実」は過去によって規定されるので、これまでに犯した過ちを反省し続けなければならないと考えるようになる、ということ。

（ハ）「現実」はすでに存在しているのだから、自らの働きかけによって変化させることなどできないと考えるようになる、ということ。

（ニ）「現実」とは誰も無視できないものであるため、いたずらに混乱を及ぼす言動をとるべきではないと考えるようになる、ということ。

（ホ）「現実」とは常に移り変わるものであるから、いま直面している事柄だけを問題視しても意味はないと考えるようになる、ということ。

【問2】――②「現実の一次元性」とありますが、これに関する次の説明文の（1）～（4）について適当なものを選び、それぞれ符号で答えなさい。

戦前の日本社会にあっては （1）
- （イ）「現実的」な選択が「反国家的」とされた
- （ロ）戦争は「非現実的」な想像上のものだった
- （ハ）戦争に向かう道だけが「現実的」とされた

。しかし、現在の視点からすれば、当時「非現実的」とされたものが、「現実的」な選択だったとも考えられる。この例に見られるように、

（2）
- （ニ）ある特定の方向性が重視されて、「現実的」という判断がくだされがちである
- （ホ）「現実的」という判断は、一人一人の見方によって大きく異なるものである
- （ヘ）どんな専門家にとっても、「現実的」という判断は本来ありえないものである

。

あって、実際は自分の内心の立場はきまっているのだが、現在それを表明するのは具合が悪いので、もう少し「世論」がそちらの方に動いて来るのを待とう――あるいはもっと積極的には「世論」をその方へ操作誘導して行ってから後にしよう、という戦術派もあれば、また形勢を観望して大勢のきまる方に就こうという文字通りの日和見《ひよりみ》派もあるでしょう。しかしながら、いうまでもなく国民がこの問題に対して公平な裁断を下しうるためには最小限度次のような条件が満たされていなければなりません。第一は通信・報道のソースが偏らないこと、第二に異なった意見が国民の前に――一部インテリの前にだけでなく――公平に紹介されること、第三に以上の条件の成立を阻みもしくは阻むおそれのある法令の存在しないこと、以上です。ですから再軍備問題を国民の判断に委ねよと主張する人が、いやしくも真摯な動機からそれをいうのなら、彼は必ずや同時に右のような条件を国内に最大限に成り立たせることを声を大にして要求すべき道徳的義務を感ずるはずです。もし彼がそうした条件の有無や程度については看過し、もしくは無関心のまま、手放しに国民の判断を云々《うんぬん》するなら――もし現在のように新聞・ラジオのニュース・ソースが甚だしく一方的であり、また異なる意見が決して紙面や解説で公平な取り扱いをうけず、ソ連や中国の悪口は言い放題であるのに対して、アメリカの批判や軍事基地の問題はおっかなびっくりでしか述べられないという状況――一言にしていえば言論のフェア・プレーによる争いを阻んでいる諸条件――に対して何ら闘うことなしに、ただ世論や国民の判断をかつぎ出して来るならば、⑤私たちはそういう人たちの議論に誠実さを認めることはできません。それらの人は何千万の国民の生死に関係する問題に対しても一段高い所に立って傍観者的姿勢をくずさず、むしろそうしたとりすましたジェスチュアのうちに叡智《えいち》を誇ろうとする偽《にせ》賢人か、さもなければ、現在のマス・コミュニケーションにおいて上のようなフェア・プレーの地盤が欠如していることを百も承知で、逆にそれを利用して目的を達成しようという底意を持った政治屋か、恐らくそのどちらかでしょう。

「講和論議」……敗戦後、米国の占領下におかれた日本は、一九五一年に調印されたサンフランシスコ講和条約によって主権を回復した。しかし、ソ連や中国など社会主義国家との間には講和条約は締結されなかったため、「単独講和」と称された。当時、すべての交戦国と講和条約を締結すべきだとする「全面講和」論も盛んだった。

「再軍備問題」……朝鮮戦争（一九五〇～一九五三年休戦）に出動した在日米軍の空白を埋めるため、ＧＨＱ最高司令官マッカーサーの指示に基づき、現在の自衛隊の前身である警察予備隊が編成された。当初より日本国憲法第九条との矛盾が指摘され、社会的に大きな問題となった。

「平和問題談話会」……全面講和や軍事基地反対を訴え、戦後日本の平和運動に大きな影響を与えた知識人団体。筆者の丸山真男はその活動の中心を担った。

「プラスティック」……ここでは「可塑的」の意味。加熱によって容易に成形できるところからいう。

「中国共産党の勝利」……日本の敗戦後、中国では蒋介石《しょうかいせき》の国民政府と中国共産党との間に内戦が起こる。農民の支持を得た共産党はこの内戦に

上のような考え方もそれだけ普遍的となっているともいえますが、なんといっても昔から［E］私たちの国のような場合には、とくに支配層的現実すなわち現実一般と見なされやすい素地が多いといえましょう。この点も私たちの判断をできるだけ総合的にするために忘れてならないことと思います。（中略）

私たちの言論界に横行している「現実」観も、ちょっと吟味してみればこのようにきわめて特殊の意味と色彩をもったものであることがわかります。こうした現実観の構造が無批判的に維持されている限り、それは過去においてと同じく将来においても私たち国民の自発的な思考と行動の前に立ちふさがり、それを押しつぶす契機としてしか作用しないでしょう。そうしてあのアンデルセンの童話の少女のように③「現実」という赤い靴をはかされた国民は自分で自分を制御できないままに死への舞踏を続けるほかなくなります。私たちは観念論という非難にたじろがず、なによりもこうした特殊の「現実」観に真っ向から挑戦しようではありませんか。そうして既成事実へのこれ以上の屈服を拒絶しようではありませんか。そうした「拒絶」がたとえ一つ一つはどんなにささやかでも、それだけ私たちの選択する現実をより推進し、より有力にするのです。これを信じない者は人間の歴史を信じない者です。（中略）

これに関連して私はとくに知識人特有の弱点に言及しないわけにいきません。それは何かといえば、知識人の場合はなまじ理論をもっているだけに、しばしば自己の意図にそわない「現実」の進展に対しても、いつの間にかこれを合理化し正当化する理屈をこしらえあげて良心を満足させてしまうということです。

［F］

（イ）ところが本来気の弱い知識人はやがてこの緊張に堪えきれずに、そのギャップを、自分の側からの歩み寄りによって埋めて行こうとします。

（ロ）その限りで自分の立場と既成事実との間の緊張関係は存続しています。

（ハ）既成事実への屈服が屈服として意識されている間はまだいいのです。

（ニ）そこにお手のものの思想や学問が動員されてくるのです。

しかも人間の果てしない自己欺瞞《ぎまん》の力によって、この実質的な屈服はもはや決して屈服として受けとられず、自分の本来の立場の「発展」と考えられることで、スムーズに昨日の自己と接続されるわけです。かつての自由主義的ないし進歩的知識人の少なからずはこうして日中戦争を、大政翼賛会を、大東亜共栄圏を、太平洋戦争を合理化して行きました。一度は悲劇といえましょう。しかし④再度知識人がこの過ちを犯したら、それはもはや茶番でしかありません。（中略）

それからもう一つ、学者や政治家の間には、再軍備の是非は結局国民自身が決めるべき問題であるという――それ自体まことにもっともな――議論を煙幕として自分の態度表明を韜晦《とうかい》しようという兆しがはやくも見えております。もっともそこにもまたいろいろニュアンスが

で反国家的と断ぜられました。いいかえればファッショ化に沿う方向だけが「現実的」と見られ、いささかもそれに逆らう方向は非現実的と考えられたわけです。しかしいうまでもなく当時の世界はいたるところにおいてファッショ化の方向と民主主義の動向とが相抗争していました。それは枢軸国対民主主義国といった国際関係についてだけでなく、各々の国内においても程度の差こそあれ、そうした矛盾した動向があったわけです。ファッショ化への動きだけが「現実」で、しからざるものは「非現実」という根拠は毫《ごう》もないのであって、もしそうでなければ一九四五年の世界史的転換も、あの天気晴朗なる日に忽然《こつぜん》「枢軸」的現実が消え去って「民主主義」的現実がポッカリ浮かび出たというふうな奇妙な説明に陥らざるをえません。また事実、戦時中のように新聞・ラジオなどのマス・コミュニケーションの機関が多面的な現実のなかから一つの面だけを唯一の「現実」であるかのように報道し続けている場合には、国民は目隠しされた馬車馬のように一すじの「現実」しか視界に入って来ませんから、そうした局面のあらわな転換が全くの「突然変異」に映ずるのも無理はないでしょう。戦後にしても、*中国共産党の勝利や*マッカーサーの罷免など、いずれも私たち日本国民にとっては［A］だったわけですが、実はそうした事件に導く「現実」は前々から徐々に形成されていたのであって、ただ日本の新聞やラジオが故意か怠慢かでそれを充分に報道しなかっただけのことです。戦後、米ソの対立が日を追うて激化してきたことは、［B］子どもにもわかる「現実」にちがいありませんが、同時に他の諸国はもとより当の米ソの責任ある当局者が何とかして破局を回避しようとさまざまの努力をしているのも「現実」ですし、［C］世界の至るところで反戦平和の運動が――その中に様々の動向を含みながら――ますます高まって来ていることも否定できない「現実」ではありませんか。「現実的たれ」というのはこうした矛盾錯雑した現実のどれを指していうのでしょうか。実はそういうとき、ひとはすでに現実のうちのある面を望ましいと考え、他の面を望ましくないと考える価値判断に立って「現実」の一面を選択しているのです。講和問題にしろ、再軍備問題にしろ、それは［D］現実論と非現実論の争いではなく、実はそうした選択をめぐる争いにほかなりません。

（中略）

そう考えてくると自《おの》ずからわが国民の「現実」観を形成する第三の契機に行き当たらざるをえません。すなわち、その時々の支配権力が選択する方向が、すぐれて「現実的」と考えられ、これに対する反対派の選択する方向は容易に「観念的」「非現実的」というレッテルを貼られがちだということです。さきに挙げた戦前戦後の例をまた繰り返すまでもなくこのことは明らかでしょう。われわれの間に根強く巣くっている事大主義と権威主義がここに遺憾なく露呈されています。むろんこうした考え方も第二の場合と同様、それを成り立たせる実質的な地盤があるわけで、権力に対する民衆のコントロールの程度が弱ければ当然、権力者はその望む方向に――少なくもある時点までは――どんどん国家を引っぱっていけるので、実際問題としても支配者の選択が他の動向を圧倒して唯一の「現実」にまで自らを高めうる可能性が大きいといわねばなりません。古典的な民主政の変質は世界的に政治権力に対する民衆の統制力を弱化する傾向を示しているので、

が読み取れるのである。

Ⅱ　次の文章は、第二次世界大戦が終結した一九四五年から、七年が経過した一九五二年（昭和二七年）に書かれたものです。これを読んで、以下の設問に答えなさい。

＊講和論議の際も今度の＊再軍備問題のときも＊平和問題談話会のような考え方に対していちばん頻繁に向けられる非難は、「現実的でない」という言葉です。私はどうしてもこの際、私たち日本人が通常に現実とか非現実とかいう場合の「現実」というのはどういう構造をもっているかということをよくつきとめておく必要があると思うのです。私の考えではそこにはほぼ三つの特徴が指摘出来るのではないかと思います。

第一には、現実の所与性ということです。

現実とは本来一面において与えられたものであると同時に、他面で日々造られていくものなのですが、普通「現実」というときはもっぱら前の契機だけが前面に出て現実の＊プラスティックな面は無視されます。いいかえれば現実とはこの国では端的に既成事実と等置されます。現実的たれということは、既成事実に屈服せよということにほかなりません。現実が所与性と過去性においてだけ捉えられるとき、①それは容易に諦観に転化します。「現実だから仕方がない」というふうに、現実はいつも、「仕方のない」過去なのです。私はかつてこうした思考様式がいかに広く戦前戦時の指導者層に食い入り、それがいよいよ日本の「現実」をのっぴきならない泥沼に追いこんだかを分析したことがありますが、他方においてファシズムに対する抵抗力を内側から崩していったのもまさにこうした「現実」観ではなかったでしょうか。「国体」という現実、軍部という現実、統帥権という現実、満州国という現実、国際連盟脱退という現実、日中戦争という現実、日《にち》独伊《どくい》軍事同盟という現実、大政翼賛会という現実――そうして最後には太平洋戦争という現実、それらが一つ一つ動きのとれない所与性として私たちの観念にのしかかり、私たちの自由なイマジネーションと行動を圧殺していったのはついこの間のことです。いな、そういえば戦後の民主化自体が「敗戦の現実」の上にのみやむなく肯定されたにすぎません。戦後まもなく「ニューズウィーク」に、日本人にとって民主主義とは、"It can't be helped" democracy だという皮肉な記事が載っていたことを覚えています。「仕方なしデモクラシー」なればこそ、その仕方なくさせている圧力が減れば、いわば「自動」的に逆コースに向かうのでしょう。そうして仕方なし戦争放棄から今度は仕方なし再軍備へ――ああ一体どこまで行ったら既成事実への屈服という私たちの無窮動《ペルペトゥーム・モビーレ》は終止符に来るのでしょうか。

さて、日本人の「現実」観を構成する第二の特徴は②現実の一次元性とでもいいましょうか。いうまでもなく社会的現実はきわめて錯雑し矛盾したさまざまの動向によって立体的に構成されていますが、そうした現実の多元的構造はいわゆる「現実を直視せよ」とか「現実的地盤に立て」とかいって叱咤《しった》する場合にはたいてい簡単に無視されて、現実の一つの側面だけが強調されるのです。再び前の例に戻れば、当時、自由主義や民主主義を唱え、英米との協調を説き、反戦運動を起こす、等々の動向は一様に「非現実的」の烙印《らくいん》を押され、つい

（4）
- （ヌ）現状を抜け出して、自身の運命を生きて行こうとする弓子のエネルギー
- （ル）弓子が、子どもたちと新たな家庭をつくりだすために描いた未来予想図
- （ヲ）自身の荒涼とした心を耕しながら、子どもたちと生み出す穏やかな生活

が読み取れるのである。

【問11】――⑧「龍夫は鷹揚《おうよう》に笑っている。気持ちがふっきれた証拠だ」とありますが、これに関する次の説明文の（1）～（4）について適当なものを選び、それぞれ符号で答えなさい。

弓子は、龍夫を大蛇になぞらえて、子供たちに「呑《の》み込《こ》まれないように」と注意する。ここでの弓子は、

（1）
- （イ）自分の手で未来を切り拓《ひら》いて自身の力で生きていく覚悟をすでに決めている
- （ロ）家族を無意識のうちに崩壊にまで導いてしまう龍夫という存在を認めている
- （ハ）龍夫とこれ以上生活を共にしていくことができないとあきらめがついている

。そのため、アメリカ滞在をめぐる龍夫とのやりとりで生じた感情は和らぎ、

（2）
- （ニ）子どもに対するように、龍夫に慈愛の眼差《まなざ》しを送るのだ
- （ホ）子どものような龍夫の振舞いをも受け止められるのだ
- （ヘ）子どもたちに冗談を言い、場を明るくしようとするのだ

。それは言い換えれば、弓子がここで、

（3）
- （ト）家庭で割り当てられる母の役目を、自ら引き受けたことを意味する
- （チ）自らの運命を諦め、母の役割に徹する覚悟を決めたことを意味する
- （リ）仕事を得て自活する帰国後の未来に、思いを馳《は》せたことを意味する

。一方、龍夫はそんな弓子にゆったりと笑う。子どもも反応したこの場の様子を見て、龍夫の「気持ちがふっきれた」と思う弓子の様子からは、

（4）
- （ヌ）弓子がすでに龍夫への愛情を失っており、心の内では龍夫を侮っていること
- （ル）弓子がこれまでとは異なる形で龍夫へ接することができるようになったこと
- （ヲ）弓子は龍夫との夫婦関係を継続することで息子たちの母であろうとすること

してもっと早くいってくれなかったのよ

【問10】 ——⑦「そこを全速力で駆け抜けて、地平線までたどり着きたい」とありますが、どういうことですか。これに関する次の説明文の（1）～（4）について適当なものを選び、それぞれ符号で答えなさい。

十一年のあいだ、弓子は龍夫と夫婦として共に生きてきたはずだったが、いま弓子は、

（1）
（イ）龍夫は自己中心的な性格であり、父親としては慕われていなかった
（ロ）龍夫は己の道を行く人であり、家族の一員としての自覚がなかった
（ハ）龍夫には生まれもった運命があり、周囲はそれに振り回されていた

と思う。さらに弓子は、

（2）
（ニ）龍夫の人生を支え続けてきたにもかかわらず、結局自分は捨てられる運命にあると気づく
（ホ）龍夫の人生に伴走してきたようで、結局同じ道を歩んでいたわけではなかったことに気づく
（ヘ）龍夫もその人生を一人で生きる他なく、結局自分はその手助けしかできない存在なのだと気づく

。いま自身の運命を生きようと思う弓子の前には、道もない「荒原」が「はてしなくひろがる」が、この表現からは、

（3）
（ト）自身の運命を開拓しようとする弓子の期待と喜びが入り混じる思い
（チ）自身の運命に子どもたちを巻き込んだことの罪悪感と緊張した思い
（リ）自身の運命がたどり着く先が見えない弓子の不安と寂寞《せきばく》とした思い

が読み取れる。

一方で、「全速力で駆け抜けて、地平線までたどり着きたい」との表現からは、

のだと感じるが、この二つの感覚が同時に成り立つことはないということ。

（ハ）　日本では外国から見た日本文学を論じれば外国屋と言われ、外国で日本文学を論じると世界が狭いと言われるが、これらは同時に成立し得ない都合の良い指摘にすぎないということ。

（ニ）　日本では島国という地形の影響で日本中心の考え方に囚《とら》われ、外国にいると自分は井《い》の中《なか》の蛙《かわず》に過ぎないと反省するが、これらの考え方に折り合いをつけることはできないということ。

（ホ）　日本では文学の問題を人生の主要な問題として扱い、外国では文学の問題を趣味の問題として尊重するが、どちらの態度や方法も観念的すぎて、世界の実相を捉えきれないということ。

【問8】　――⑥「為替レートみたいだ」とありますが、どういうことですか。次の説明文の［a］～［d］に当てはまるものを後の選択肢から選び、それぞれ（イ）～（ヘ）の符号で答えなさい。

> 私たちは、日本にいる時は、日本の通貨「円」によって商品やサービスの価値を把握し、外国にいる時は、その国で目にする値段を自分が慣れている［a］して、商品やサービスの価値を把握していると思っている。しかし、「為替」という仕組みにおいては、各国のお金の価値は、換算する通貨と為替レートの影響によって絶え間なく動き続けることになる。つまり、通貨は価値を測るための［b］にはなり得ない。
>
> ここで龍夫は、「中心のない世界」という［c］を主要な関心事として提示している。一方、これまで家計のやりくりを担ってきた弓子は、欧州旅行をとおして為替レートという不安定な指標でモノやコトの価値を把握することに慣れていったのだろう。そのため、龍夫が頭を悩ませる問題を、自分にとって身近な「為替レート」に置き換えることで、龍夫の［d］しているのだ。

（イ）　価値を具体化　　（ロ）　抽象的な問題

（ハ）　絶対的な基準　　（ニ）　相対的な価値

（ホ）　主張を相対化　　（ヘ）　通貨単位に換算

【問9】　［E］～［H］に当てはまる会話文を次の中から選び、それぞれ（イ）～（ホ）の符号で答えなさい。

（イ）　もちろんぼく一人でいいんだよ、これ以上きみに迷惑かけられないし

（ロ）　そのときはそんなつもりは全然なかったからさ、きみに話す気もなかったんだよ

（ハ）　きみが言っていたとおり、ぼくもアメリカに長くいても仕方ないと思っているよ

（ニ）　あたしはこれ以上あんな何もできないところで中途半端な暮らしをするのはまっぴらですよ

（ホ）　それじゃ、かなり前からその話はあったわけね。どう

(3)
(ト) 各々の役割を担えない不甲斐《ふがい》なさを互いに許し合うが
(チ) それぞれ課せられた役割を演じることを求められるが
(リ) 必要とされる役割などなかったかのように振る舞うが

、一方で、

(4)
(ヌ) 互いに役割を押しつけあって苦しくなる
(ル) 各々の役割を無視して勝手に生きている
(ヲ) 自身の役割を理解することすらできない

、と考えていたのだ。

【問5】 ——③「無情な鉄鎖」とありますが、何が「無情」なのですか。次の中から最も適当なものを選び、(イ)～(ホ)の符号で答えなさい。

(イ) 子どもたちは普段から衛兵と仲が良いのに、無機質な鉄鎖の設置で衛兵との間に距離が生まれてしまうこと。

(ロ) 大げさな鉄鎖の設置が子どもたちと衛兵の間を引き裂き、衛兵が子どもたちの見世物になってしまったこと。

(ハ) 豪華絢爛《ごうかけんらん》な鉄鎖により荘厳な宮殿らしさが演出され、普段着の子どもたちが立ち入りにくくなっていること。

(ニ) 野放図な子どもたちを頑丈な鉄鎖で遠ざけることで、国家の安全を担う衛兵の威厳を保とうとしていること。

(ホ) 子どもたちは衛兵に興味津々だが、冷たく重々しい鉄鎖に阻まれ衛兵に手の届くところまでは行けないこと。

【問6】 ——④「胸の中を小さな稲妻が走る」とありますが、どういうことですか。次の中から最も適当なものを選び、(イ)～(ホ)の符号で答えなさい。

(イ) 自分のことを龍夫が遠回しに責めていると感づいて、緊張しつつも反撃の機会を窺《うかが》っているということ。

(ロ) 龍夫に軽はずみな冗談を言って傷つけてしまったかもしれないと思い、ひどく後悔しているということ。

(ハ) 自分たち一家に何らかのよくない変化が起こるのかもしれないと感じて、不安を覚えているということ。

(ニ) 龍夫が夫としての威厳を見せるために怒り出すのではないかと思って、恐ろしく感じているということ。

(ホ) 自分たち一家が予期せぬ悲劇に見舞われると確信し、平静を装いつつ内心では混乱しているということ。

【問7】 ——⑤「どっちもリアルでしかも同時にその両方を生きることはできない」とありますが、どういうことですか。次の中から最も適当なものを選び、(イ)～(ホ)の符号で答えなさい。

(イ) 日本にいると日本との関係の中でしか外国を捉えられず、外国にいると日本を中心とする捉え方を相対化できるが、どちらをも現実として同時に体験することはできないということ。

(ロ) 日本にいると日本文学の良さを外国に伝える使命を感じ、外国にいるとまだまだ日本文学は評価されていない

【問1】 ——ⓐ～ⓔのカタカナを漢字に改めなさい（楷書で、ていねいに書くこと）。

ⓐ フンスイ　ⓑ キゲン　ⓒ ナグリ

ⓓ ソウゼツ　ⓔ ホガらか

【問2】 ——①「獏と羚が両手で空を掻《か》きながら走ってくる」とありますが、二人の様子の説明として最も適当なものを次の中から選び、（イ）～（ホ）の符号で答えなさい。

（イ） 何とかして父母の関心を自分たちに向けたいと思う兄弟が、仲良さげに歩く父母の邪魔をしている様子。

（ロ） 父母の同情を買いたいあまりに、喧嘩《けんか》の被害者は自分だと兄弟がそれぞれ必死にアピールしている様子。

（ハ） 兄弟でふざけ合っていた先ほどまでの興奮が冷めないまま、はしゃぎながら父母を追いかけている様子。

（ニ） 父母の歩みがあまりに速いので、置いていかれるとの不安から兄弟が懸命に父母を追いかけている様子。

（ホ） 先ほどの喧嘩で負傷した足をかばいながら、滑稽に振る舞うことで父母を楽しませようとしている様子。

【問3】 [A]～[D]に当てはまる語を次の中から選び、それぞれ（イ）～（ヘ）の符号で答えなさい。

（イ） とみに　（ロ） うっかり　（ハ） ばっさりと

（ニ） ごてごてと　（ホ） しみじみと　（ヘ） ひょっこり

【問4】 ——②「家庭は諸悪の温床だ」とありますが、これに関する次の説明文の（1）～（4）について適当なものを選び、それぞれ符号で答えなさい。

弓子は（1）
- （イ） 父親に肩車をしてもらって楽しげな様子の羚に、兄を気遣えない自分勝手な性格を見る
- （ロ） 獏が自分からは父母に甘えないでいる様子に、幼かった獏のたくましい成長ぶりを見る
- （ハ） 息子である獏が弓子の手を払いのけない様子に、日常では感じがたい家族らしさを見る

。

なぜなら、その様子は「聖家族」に例えられるような姿でありながら、一方でそれは、

（2）
- （ニ） 自分たち家族が家という環境から離れているゆえに生まれるのだ
- （ホ） 自分たち家族が互いを気遣う度量があるからこそ生起するものだ
- （ヘ） 自分たち家族が仲の良い家庭を求め続けているから実現するのだ

と弓子はわかっているからだ。

普段の「家庭」での彼らは、いまヨーロッパの地で美しく寄り添っているような「家族」ではないと弓子は考える。そもそも弓子は、「家庭」における「家族」とは、

もう少しアメリカにいれば何かつかめるんじゃないか、という気がしてきたんだ」

「　G　」

「　H　」。それに今度は教えるんじゃないから、金が出るといってもわずかだしな」

龍夫はやはり地動説の太陽なのだ。輝く中心なのだ。弓子を含めた周囲の人は龍夫を中心に回っている。いつもそうだ。自分は動かなくても、周囲が動いてちゃんとお膳立てするようになっている。どこまで幸運な人なのだろう、と弓子は龍夫が妬ましい。そして、不調のときは弓子をどこまでも巻き込むが、好調になると弓子を置いて一人で先に進んでしまう。ついて行けなければ、それは弓子が悪いのだ。十一年一緒に暮らしたって、運命というものは共有できない。運命は個人的なものなのだ。きっと龍夫にはそれなりの天命があって、それを果たすべく生まれついているのだろう。龍夫が必死でそれを追求するのなら、弓子は弓子の運命を一人で生きなければならない。ふいに駆け出したくなった。草も生えない荒原が眼《め》の前にはてしなくひろがる。⑦そこを全速力で駆け抜けて、地平線までたどり着きたい。

サーペンタイン池が見えてきた。ここでヴァージニア・ウルフが入《じゅ》水《すい》自殺したという人もいる。本当はウーズ川に身を投げたのだ。たそがれの中で水面は色もなく鈍く光っている。ニューヘイヴンにあと半年も閉じこめられるなら、わたしはきっと死に場所を探してうろつくだろう。泳げないからウルフみたいに水にとび込むのはいやだ。落下恐怖症だからイースト・ロックからとび降りるのもいやだ。首を吊《つ》るのは息苦しいし、自動車事故を起こすのは運転が下手だと思われるからいやだ。やっぱり死ぬのはいやだ。わたしはまだ十分生きていない。運命に抗《あらが》ってでも生きのびてみせる。

「いいわよ、あたしは子どもを連れて先に日本に帰る。獏の学校のこともあるんだし」

「そうするか。きみも早く仕事を探した方がいいからな」

「あたしのことなんかどうでもいいでしょ、大きなお世話よ」

弓子は手を伸ばして、頭の上に垂れかかっている枝から葉を数枚むしり取り、空にむかって投げた。はらはらと落ちてくる葉を追って走り、その一枚を顔で受けとめた。

サーペンタイン池のほとりに来ると、弓子はもうけろけろとしてサンダルを脱ぎ、白いパンタロンの裾をたくし上げた。子どもたちに誘いかけ、三人並んで水辺に座って、池にそろそろ足を入れる。水は思ったよりつめたい。

「すごく深いかもしれないんだから、足をちょっと浸けるだけよ。それから、池の主に引きずり込まれないように気をつけて」

「池の主、いるの」と獏がまさかと思いながら興味にかられて訊《き》く。

「この池はサーペンタインっていうんだよ。蛇のことよ。大蛇。大蛇が池の主なんだぞお」

「大蛇、見てみたい」と羚がいう。

「大蛇なら一匹お前たちのうしろにいるから見てごらん」と弓子は巳《み》年《どし》生まれの龍夫を指さしていう。「気をつけないと蛙《かえる》みたいに呑《の》み込《こ》まれちゃうよ」

⑧龍夫は鷹揚《おうよう》に笑っている。気持ちがふっきれた証拠だ。

なってくるんだ」

「ところが日本に帰ればまた日本がリアルになって、外国は日本から見た外国、日本に入ってくる外国でしかない。日本にいるんだから日本で問題であるようなことをやらなくちゃただの外国屋になってしまう、ということなんでしょ?」

「そう。日本にいるとどうしても日本中心でしかものが考えられなくなる。日本はやっぱり島国なんだよな。かといって、アメリカが世界の中心だというわけではない。ヨーロッパももちろん中心なんかじゃないし、何かこう」と龍夫はマージャンの牌《パイ》をかきまぜるように両手を動かす。「世界が捉えどころなく動いていてね。外国にいると自分も含めた世界が絶えず動いていて、中心なんてものはないんだってことが手に取るようにわかるんだ」

⑥為替レートみたいだ、といおうとしたが、下らん、おれがいいたいのはそんなことじゃない、と龍夫に痛罵されそうな気がして、弓子は類比を一人で楽しむ。二、三日毎《ごと》に、お札や硬貨の種類や単位を覚える暇もなく、つぎの国に移動するたびに、その国の通貨をなじんだドルに換算して、これは高いあれは安いと一喜一憂していたが、ドルの価値だって日々変わるのだ。もしドル本位の考えを放棄すれば、価値というものがまったく測れなくなってしまう。通貨が通貨を相対化し合い、不断に動きつづける価値の世界。ぶつかり合ういくつもの価格体系の波頭でもみくちゃにされてしまい、弓子は今は従順に要求額を支払うだけだ。

「でも、あなたはどこへ行こうとちゃんと自分を中心に置いて考えている人ですよ。天動説の地球みたいにでんと構えている人だ」

あるいは地動説の太陽のように。でも太陽系は銀河系のはじっこにあって、その銀河系は宇宙のはじっこにあって、宇宙は宇宙で動きつづけ、無限でありながら拡大していることになっている。そんな宇宙になぜ中心とか隅とかの概念があてはまるのか、弓子にはとんと理解できないが、ともかく龍夫は複雑に動くことによって関係が変わってしまう、中心のない世界に一人曝《さら》されているらしい。これから何を考え出すのだろう。

「弓さん、ぼく、もうちょっとアメリカにいちゃ駄目かな。あと半年ぐらい」

「何だ、そういうことだったの、話って。もっと抽象的なことかと思った。それならそんな深刻そうな顔で気をもたせることはなかったじゃない」

「いやね、きみに怒られやしないかと思って、いい出しにくかったんだよ」

そういわれると、弓子は怒りたくなってくる。

「日本の大学はどうするのよ」

「その方はどうせ学年なかばだから留学延期届を出せばすむんだよ。もともと一年半いてもいいことになっているんだ」

「お金がないじゃないの」

「ニューヘイヴンにもっといたければあと半年分の金を出してくれるって、主任がいっているんだよ」

「　E　」

「　F　。でもこの頃《ごろ》考えが変わってきてね、こんなからっぽの頭で日本に帰るわけには行かない、

で一生を終える。人類史というものがもしそういう世代交替のメカニズムにすぎないなら、どこかで［B］その連鎖を断ち切ってしまう方がましだ。ゴルディアスのもつれた結び目のように。健全な家庭のみせかけの下で、一つ一つの魂がそれぞれの業にあえいでいるのだ。その業を雄々しく生きなくて、人生は何だろう。ギリシャ悲劇はそういう業がぶつかり合う家族の悲劇だ。そこには崇高な率直さが表れている。獏や羚を見ていると、弓子はこの家族がそういう悲劇をはらんでいるように思えてならない。その種子は龍夫の中にもあり、弓子自身の中にもある。心構えはしておかねば。だが、たった今、家族は美しく寄り添っている。

公園の東端から西端まで延びる細長い池に沿ってぶらぶら歩いて行くと、［C］バッキンガム宮殿の前に出た。

「あ、兵隊さんだ」と叫ぶなり、羚は父親の背をするすると滑り降りて、宮殿前の広場を駆け抜けて行った。

くすぐっても身じろぎ一つしないという衛兵の前には③無情な鉄鎖が張ってあって、くすぐりたくても近寄れない。両脚を八の字に開いて番所を背に立っている衛兵を、子どもたちは飽きもせず胸の高さの鉄鎖を揺すりながらみつめている。大学のような殺伐とした建物に、ライオンやら何やらの装飾を［D］ほどこした黒い鉄の門が宮殿らしい華やかさをわずかに添えている。

宮殿の正面から横に回るとまた公園があり、誘われるようにその中に入って西の方に歩く。公園を横切って広い通りに出ると、その向こうにまた緑がどこまでとも知れずつづいている。

「あれがハイド・パークだよ、行ってみるか」と龍夫がいう。「でかい公園だぞ」

歩くよりほかにすることがないのだから、日が暮れるまで歩こう。どうせ歩くなら街より公園の方が気疲れしなくていい。子どもたちも自由に走り回れるのだし。

「弓さん、ちょっと話があるんだけどさ」とだしぬけに龍夫がいった。

「なに、愛人がいるから別れてほしいって」と弓子は茶化《ちゃか》すが、④胸の中を小さな稲妻が走る。

「それはきみがいつもいいたがっているセリフだろ。いいから聴いてくれる？」

「はい、聴きますよ」と答えながら、弓子は龍夫が何をいい出すのか不安になる。新しい考えがひらめいたのだろうか。

「日本にいたときはアメリカも含めて西洋がはっきり外部に見えていたんだけどさ、これは当然のことなんだけどね、アメリカにいると逆に日本が外部というか世界の周縁に見えてきちゃうだろ。そういう反転、つまり自分のいる場所をずらすと内部と外部が入れ替わってしまうことなんだけど、それが自分の中でどうしようもなく起こるんだよね」

「メヴィウスの輪みたいなものか」

「うん、まあそうだ。地と図の反転といってもいいんだけどね。ということは⑤どっちもリアルでしかも同時にその両方を生きることはできないってことなんだよ。これは外国に出てみないと実感できないんだな。日本では日本との関係の図式でしか外国を捉えられなかったけれど、アメリカで日本文学を教えながらいろいろ考えていたら、日本がものすごく卑小で非現実的に見えてきたんだよ。世界はこっちだ、おれはあんな井の中で何をいい気になっていたんだろうってやに

【国　語】（六〇分）〈満点：一〇〇点〉

Ⅰ　次の文章を読んで、以下の設問に答えなさい。

　一九七六年の夏、アメリカの大学で教鞭《きょうべん》をとる龍夫《たつお》はその任務を終え、さしあたってしなければならないことがなくなった。妻の弓子は、日本に帰国する前にヨーロッパ周遊旅行をしたいと提案した。かくして、龍夫と弓子は、就学前の息子である獏《ばく》と羚《れい》を連れてヨーロッパを旅行することになった。以下は、四人のロンドン滞在中の場面である。

　聖ジェームズ公園。葉の多い枝を重たげに垂らした大木が発散する活力素を肺の底まで吸い込むと、弓子はたちまち生気をとり戻した。夏だというのに早くも落ちこぼれた葉が茶色に乾いて、芝生の上につもっている。木々の向こうでⓐフンスイが白い花火のようなしぶきを上げている。木洩《こも》れ陽《び》が芝生の上に小さな丸い光を泉に投げ込まれた硬貨のようにきらきらと落としている。

「どうしてこの光が丸いのか知ってる、獏?」と弓子が訊《き》く。

「知ってる」と獏が答える。

「どうしてなの、お兄さん」と羚が訊く。

　獏はめずらしくⓑキゲンよく、重なり合う葉の隙間が針穴写真機のように働くのだ、と説明するが、羚にはちんぷんかんぷんだ。よく聞きもせずとんちんかんな質問ばかりするので、獏はすぐに、「馬鹿だな、お前は」と怒鳴り出し、ついでにこぶしで羚の頭をⓒナグりにかかる。こぶしが頭に触れもしないうちに、羚は、「あ、痛い」と大げさにわめいて、兄につかみかかって行く。つぎの瞬間、芝生はⓓソウゼツな決闘の場に変わった。

「ここならいいよね」と弓子と龍夫は笑って見ている。

「ずっと大人しかったんだから」

　兄弟喧嘩《げんか》がここ数日[A]減っていることに弓子は気づいた。とっくみ合いはまもなく仔犬《こいぬ》のじゃれ合いになり、羚がⓔホガらかな笑い声を上げた。

「歩こうよ」と龍夫が弓子を促し、二人で先に歩き出すと、しばらくしてはるか後方から、「お父さん、お母さん、待ってえ」と叫ぶ声がして、①獏と羚が両手で空を掻《か》きながら走ってくる。

「ああ、疲れた」と羚が息をはあはあさせる。

「お父さんがおんぶしてやろうか」と龍夫がしゃがんで背中を差し出すと、羚は勢いよくとびついたついでに肩車をせがむ。龍夫は羚を肩に乗せ、兎《うさぎ》とびで鍛えた脚で造作なく立ち上がる。羚は父親の頭に顎を乗せ、『家なき子』の猿将軍のように威張りくさって、ちょっと広くなった世界を睥睨《へいげい》する。弓子は獏の傍《そば》に寄って、手を取り軽く握る。獏は払いのけもせず、黙ってされるがままになっている。聖家族、という言葉がふと浮かんだ。家を離れて漂っているとき、親子は家庭の埃《ほこり》を払い落して、家族そのものに上昇する。②家庭は諸悪の温床だ。似たり寄ったりの幸福な家庭を築くために、親は子に子であることを強制し、子は親に親であることを強制する。それぞれが自分に合わない役割をふり当てられ、それぞれが借り着の暴君になって、お互いの首を締め上げる。親兄弟への恨みや憎しみを暖めながら、それを孵化《ふか》させることを諦めて、つぎの世代の家庭にそっとパスするだけ

推薦

2022年度

解 答 と 解 説

《2022年度の配点は解答欄に掲載してあります。》

＜数学解答＞ 《学校からの正答の発表はありません。》

(1) $16a^3b^3$　(2) $1-3\sqrt{3}$　(3) $3b(a+2c)(d-3)$　(4) $x=3$，$y=-3$

(5) $a=-2$，1　(6) $\frac{53}{54}$　(7) $\frac{76}{3}\pi$　(8) $\angle x=42°$

(9) (ア) $\frac{20}{3}$　(イ) $\frac{5\sqrt{7}}{3}$

(10) (ア) $a=1$　(イ) $y=2x+3$　(ウ) $b=-\frac{1}{4}$　(エ) C$(-2,\ -1)$

○推定配点○

(1)～(8) 各5点×8　(9) 各4点×2　(10) 各3点×4　計60点

＜数学解説＞

(単項式の乗除，平方根，因数分解，連立方程式，2次方程式，確率，空間図形，角度，平面図形，図形と関数・グラフ)

基本 (1) $(a^2b^3)^2\times(-2a^2)\div\left(-\frac{1}{2}ab\right)^3=a^4b^6\times2a^2\times\frac{8}{a^3b^3}=16a^3b^3$

基本 (2) $\left(\frac{\sqrt{6}-\sqrt{2}}{2}\right)^2-\left(\frac{\sqrt{6}+\sqrt{2}}{2}\right)^2+(\sqrt{3}+1)(\sqrt{3}-2)=\frac{6-4\sqrt{3}+2}{4}-\frac{6+4\sqrt{3}+2}{4}+3-2\sqrt{3}+\sqrt{3}-2=2-\sqrt{3}-(2+\sqrt{3})+1-\sqrt{3}=1-3\sqrt{3}$

基本 (3) $3abd+6bcd-9ab-18bc=3b(ad+2cd-3a-6c)=3b\{(a+2c)d-3(a+2c)\}=3b(a+2c)(d-3)$

基本 (4) $\frac{4x+y}{3}-\frac{3x-5y}{4}=-3$より，$4(4x+y)-3(3x-5y)=-36$　$7x+19y=-36$…①　$(x-2y+1):(3x-y+3)=2:3$より，$2(3x-y+3)=3(x-2y+1)$　$3x+4y=-3$…②　①×3－②×7より，$57y-28y=-108+21$　$29y=-87$　$y=-3$　これを②に代入して，$3x-12=-3$　$3x=9$　$x=3$

基本 (5) $x^2-ax-2a^2=0$に$x=2$を代入して，$4-2a-2a^2=0$　$a^2+a-2=0$　$(a+2)(a-1)=0$　$a=-2$，1

重要 (6) サイコロの目の出方の総数は，$6\times6\times6=216$(通り)　このうち，目の和が5未満となるのは，(1，1，1)，(1，1，2)，(1，2，1)，(2，1，1)の4通りだから，求める確率は，$1-\frac{4}{216}=\frac{53}{54}$

重要 (7) 小さい方の球の半径をrとすると，大きい方の球の半径は$r+1$と表せるから，2つの球の表面積の和について，$4\pi r^2+4\pi(r+1)^2=34\pi$　$4r^2+4(r^2+2r+1)=34$　$4r^2+4r-15=0$　$r=\frac{-4\pm\sqrt{4^2-4\times4\times(-15)}}{2\times4}=\frac{-4\pm16}{8}=\frac{3}{2}$，$-\frac{5}{2}$　$r>0$より，$r=\frac{3}{2}$　よって，2つの球の体積の和は，$\frac{4}{3}\pi\times\left(\frac{3}{2}\right)^3+\frac{4}{3}\pi\times\left(\frac{5}{2}\right)^3=\frac{76}{3}\pi$

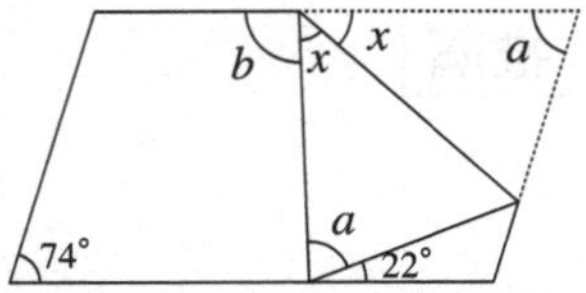

基本　(8)　右の図で，平行四辺形の対角は等しいので，$\angle a=74^\circ$　折り返しの角は等しく，平行線の錯角は等しいので，$\angle b=\angle a+22=96^\circ$　よって，$\angle x=(180-96)\div 2=42(^\circ)$

重要　(9)　(ア)　△ABCと△AEDにおいて，ACは直径だから，∠ABC=90°　仮定より，∠AED=90°よって，∠ABC=∠AED…①　$\overset{\frown}{\mathrm{AB}}$の円周角だから，∠ACB=∠ADE…②　①，②より，2組の角がそれぞれ等しいので，△ABC∽△AED　AB：AE=AC：AD　$\mathrm{AB}=\frac{5\times 8}{6}=\frac{20}{3}$

基本　(イ)　$\mathrm{BE}=\sqrt{\mathrm{AB}^2-\mathrm{AE}^2}=\sqrt{\left(\frac{20}{3}\right)^2-5^2}=\sqrt{\frac{175}{9}}=\frac{5\sqrt{7}}{3}$

基本　(10)　(ア)　点Bは$y=ax^2$上の点だから，$1=a\times(-1)^2$　$a=1$

基本　(イ)　$y=x^2$に$x=3$を代入して，$y=9$　よって，A(3，9)　直線ℓの式を$y=mx+n$とすると，2点A，Bを通るから，$9=3m+n$，$1=-m+n$　この連立方程式を解いて，$m=2$，$n=3$　よって，$y=2x+3$

重要　(ウ)　直線ℓとx軸との交点をEとすると，$y=2x+3$に$y=0$を代入して，$0=2x+3$　$x=-\frac{3}{2}$　よって，$\mathrm{E}\left(-\frac{3}{2},\ 0\right)$　題意より，Eは線分ADの中点であるから，D(x，y)とすると，$\frac{x+3}{2}=-\frac{3}{2}$より，$x=-6$　$\frac{y+9}{2}=0$より，$y=-9$　よって，D(−6，−9)　点Dは$y=bx^2$上の点だから，$-9=b\times(-6)^2$　$b=-\frac{1}{4}$

基本　(エ)　$y=-\frac{1}{4}x^2$と$y=2x+3$からyを消去して，$-\frac{1}{4}x^2=2x+3$　$x^2+8x+12=0$　$(x+2)(x+6)=0$　$x=-2,\ -6$　$y=-\frac{1}{4}x^2$に$x=-2$を代入して，$y=-\frac{1}{4}\times(-2)^2=-1$　よって，C(−2，−1)

★ワンポイントアドバイス★

特別な難問もなく，取り組みやすい内容の出題である。時間配分を考えて，できるところから解いていこう。

＜英語解答＞《学校からの正答の発表はありません。》

Ⅰ　1 あ　2 え　3 あ　4 い　5 う　6 え　7 あ　8 い　9 え　10 う

Ⅱ　1 speaker　2 like　3 other　4 asked　5 to

Ⅲ　1 far　2 never　3 to　4 used　5 but

Ⅳ　1 い　2 う

Ⅴ　1 (1) trying　(2) connected　2 え　3 い　4 2番目 か　6番目 い　5 an AI system　6 え　7 3番目 か　6番目 あ　8 X い　Y え　9 う　10 い，う

Ⅵ　1　(例)　we can lower the risk of getting the coronavirus.　　2　(例)　When we take lessons online, we don't have to get on crowded trains or meet a lot of people at school.

○推定配点○

Ⅰ　各1点×10　　Ⅲ～Ⅳ・Ⅵ　各2点×14

Ⅴ　1・8　各1点×4　　他　各2点×9(4・5・7各完答)　　計60点

＜英語解説＞

基本　Ⅰ　(語句補充・選択：動詞，分詞，接続詞，熟語，代名詞，前置詞，疑問詞，間接疑問)

1 「トムはその問題を解決するより良い方法を提案した」 suggest「～を提案する」は他動詞なので前置詞はつかない。

2 「宇宙飛行士たちによると宇宙から見られる地球は本当に美しい」 形容詞的用法の過去分詞句 seen from space「宇宙から見られる」が earth を後ろから修飾する。

3 「私たちは最善を試みたけれども，その試合に負けた」 although ～「～だけれども」

4 「先生は各生徒にレポートを書く紙を1枚渡した」 a sheet of paper「1枚の紙」

5 「ジェーンは家の鍵を探し続けた。彼女はそれを昨晩なくした」 look for ～「～を探す」

6 「私は寝過ごしてしまったので，父へのプレゼントを買いに買い物へ行く時間がほとんどなかった」〈little ＋数えられない名詞〉「ほとんど～ない」

7 「私はこのTシャツの色が好きではありません。別のものを見せてくれませんか」 another「別のもの」

8 「そんな間違いをするとはあなたはとても不注意だった」〈It is ＋人の性質を表す形容詞＋ of ＋人＋ to ＋動詞の原形〉「～するとは(人)は…だ」

9 「その男性は私にどの生徒が最も速く走るだろうかと尋ねた」〈which ＋名詞〉「どの～」

10 「アキは夏休みの間に家族とビーチに行った」〈during ＋名詞〉「～の間に」

Ⅱ　(言い換え・書き換え：口語表現，比較，不定詞，受動態，前置詞)

1 「ミキは英語を上手に話す」「ミキは英語の上手な話者だ」 is，speaker を入れる。

2 「今日の沖縄の天気はどうですか」 What is the weather like?「天気はどうですか」

3 「アラスカは合衆国で最も大きい州だ」「合衆国にアラスカほど大きい州は他にない」 No other を入れる。〈No other ＋単数名詞＋ as … as ～〉「～ほど…な(名詞)は他にない」は最上級を使った文に書き換えることができる。

4 「タロウは母に『駅まで車で連れて行ってください』と言った」「タロウは母に駅まで車で連れていくよう頼んだ」 asked，to を入れる。〈ask ＋人＋ to ＋動詞の原形〉「(人)に～するように頼む」

5 「メアリーはジムにクリスマスカードを贈った」「クリスマスカードがメアリーによってジムに送られた」 sent to を入れる。〈send ＋人＋もの〉「(人)に(もの)を送る」の構文を，ものを主語にした受動態にする時は，〈もの＋ be sent to ＋人〉「(もの)が(人)に送られる」となる。

重要　Ⅲ　(語句補充問題：疑問詞，現在完了，不定詞，助動詞，熟語)

1 A：ここから駅までどのくらい遠いですか。／B：ここから1kmくらいだと思います。How far は距離を尋ねる。

2 A：私は今までに北海道に行ったことがないので，今春に初めて行くのを本当に楽しみにしています。／B：本当ですか。私の祖父母が住んでいるので私はほぼ毎年の夏にそこに行きます。

have never been to ～「～へ行ったことがない」

3　A：母の日に私の母に何をあげるべきかわかりません。／B：何本かの赤いカーネーションは良いプレゼントになるでしょう，でもハンカチもいいと思います。　〈what to ＋動詞の原形〉「何を～するべきか」

4　A：コロナの前は夜に外食していたけれど，今は毎日家で夕食を作ります。／B：すごい！　1年以上実践しているのだから，今は料理が得意でしょうね！　〈used to ＋動詞の原形〉「(かつては)～したものだった」は過去の習慣を表す。

5　A：ナオコはピアノをとても上手に演奏するだけでなく，バイオリンもできる。／B：本当？　2つの異なる楽器を演奏できるのはきっと素晴らしいことでしょうね。　not only A but also B「AだけでなくBも」

Ⅳ　(長文読解問題・紹介文：要旨把握)

[1]　(全訳)「聴衆の前で行われた最初のドラムソロ演奏の1つは，偶然の出来事だった。1900年代初め，有名な女優であるアンナ・ヘルドが劇に出ていた。各公演の始まりに幕が上がる時，劇場のドラマーがドラムロールを演奏した。しかしある日，幕が上がらなかった。そこでドラマーはもう一度シグナルを送った。それでも幕は下がったままだった。さらに数回のドラムロールの後，そのドラマーは長いドラムのソロ演奏を始めた。ようやく幕が上がった。驚くべきことにそのドラマーのソロ演奏は聴衆に受け，それはその劇で定番になった」

い「この文章は，ある偶然の出来事が新しい種類の演奏になったいきさつに関するものだ」

[2]　(全訳)「もしあなたが女性解放運動(フェミニズム)は最近始まったと思っていたら，それは誤りだ。早くも1776年に，アメリカ第2代大統領ジョン・アダムズの妻である，アビゲイル・アダムズが女性の権利のために戦い始めた。アビゲイルは男性が自分たちの妻に対して無制限の力を持つことは不公平だと考えた。彼女はまた，女性は政府内で代弁者がないと思った。彼女は自分の夫，つまり大統領に，女性の正直な考えや意見を載せた正式なリストを送りつけ，もし彼が女性たちの言うことを聞かないならば，女性たちは自分たちのために立ち上がり，政府と戦うだろうと言った。彼は彼女にそれは不可能だと言い，彼女を支援しようとしなかった。しかし，アビゲイルの熱心な取り組みは，おそらくアメリカにおける平等な権利への最初の1歩だっただろう」　う「この文章はアビゲイル・アダムズが女性の権利のために戦ったいきさつに関するものだ」

Ⅴ　(長文読解問題・紹介文：語形変化，動名詞，分詞，語句解釈，語句整序，前置詞，指示語，語句補充・選択，間接疑問，不定詞，関係代名詞，前置詞，内容一致)

(全訳)　ヨーロッパの研究者チームは，1500年代から1900年代初期のヨーロッパの重要なにおいについて情報を集める，3か年プロジェクトをスタートさせた。そのプロジェクトの1つの部分は，昔の香りを作りだ(1)そうとすることである。

そのプロジェクトはオデウロパと呼ばれ，①それには，歴史，芸術，語学，化学，コンピュータ技術などを含む，様々な分野の科学者や専門家が含まれる。欧州連合はオウデロパのにおいの研究とそれを再現する試みを支援するため，この先3年間にわたって使える330万ドルをオウデロパに援助した。

そのプロジェクトに関わる人々は，においは歴史の重要な部分だが②私たちがよく忘れてしまうものだと確信している。絵，写真，動画，録音を通じて私たちは物事の見え方や聞こえ方を記録してきた。しかし私たちはそれがどんな匂いだったかという記録を持っていない。

しかもにおいは重要な感覚だ。そのプロジェクトのウェブサイトが言うように，「他のどの感覚よりもずっと，私たちの嗅覚は感情や記憶に直接結びついている。」

そのプロジェクトは心地よい香りに関する情報だけを集めているのではない。彼らはきついにおいや臭いにおいも同様に集めたいと思っている。これにはお香や香辛料のようなにおいや，燃える石炭や動物のふんのようなものも含まれる。

歴史において，異なる時代には異なるにおいが一般的だった。昔，たばこのにおいはヨーロッパでは知られていなかった。その後それは一般的になった。1800年代，石炭の煙は至る所にあった。近頃では，他の空気汚染のにおいのほうが一般的である。

③最初の1年半は，そのプロジェクトは1500年代のヨーロッパのにおいの情報を集めることに集中する。そのグループは7つの言語で歴史書のデジタル版を作る計画だ。彼らは古い絵画もスキャナで読み込む。

スキャナで取り込まれた情報は，においに関するものを探すようにAIシステムを学習させるために使われる。そのシステムが学習されれば，④それは様々な種類のもののにおいについて情報を集めることができるようになるはずだ。

この情報は，時がたつにつれて⑤私たちの周りの様々なにおいがどのように変わってきたのかを示す，オンラインデータベースの一部となるだろう。このデータベースにはそのにおいと(2)関連する場所や出来事，その背景事情に関する情報も含まれる。

そのプロジェクトの最後の部分はさらに困難だ。そのチームは科学者たちと協力して，⑥もはや存在しないにおいを作り出そうとする。

そのチームは約120の様々なにおいを作り出すことを望んでいる。そしてオデウロパはそのにおいをヨーロッパ中の博物館Xに与えるだろう。

そのプロジェクトの目標の1つは，博物館が展示品ににおいを使うという良い仕事ができるよう，手助けすることだ。においを使うことは，博物館にとって視覚や聴覚などの感覚を失った人々を助ける方法の1つでもある。

オデウロパのチームメンバーたちは，コロナウィルスが多くの人Yににおいの大切さを思い出させた，と指摘する。人がコロナウィルスに感染した1つの兆候が，味覚や嗅覚の消失だ。人は感覚を失うと，⑦自分たちがそれがなくてどれほどつらいか，ようやく実感するのだ。

1 (1) 「～すること」を表す動名詞 trying にする。〈try to ＋動詞の原形〉「～しようとする」
(2) connected with ～「～と関係する」は後ろから前の名詞を説明する過去分詞句。

2 a wide range of ～「幅広い～」 area「分野」

3 下線部②の2つ後の文参照。においを記録したものはなく，私たちはしばしば，においを忘れてしまう。

やや難 4 (for) the first year and a half「最初の1年半の間」 ふつう「1年半」という時は one year and a half という。ここでは，the first「最初の」を付けて the first year and a half となる。

5 前文の an AI system を指す。

6 全訳下線部参照。how 以下は間接疑問で〈疑問詞＋主語＋動詞〉の語順。

やや難 7 try to create smells that aren't around anymore 〈try to ＋動詞の原形〉「～しようとする」 that は主格の関係代名詞で，that aren't around anymore「もはや存在しない」が smells を後ろから修飾する。be around「存在する」 not anymore「もはや～ない」

8 X 〈give ＋もの＋ to ～〉「(もの)を～に渡す，あげる」 Y 〈remind ＋人＋ of ＋もの〉「(人)に(もの)を思い出させる」

やや難 9 miss「～がなくていやだと思う」 下線部⑦は，ある感覚を失ってはじめて，その感覚がないことがいかにつらいかわかる，という意味である。

やや難 10 い．とう．が本文の内容と一致する。あ(×) 「古代ヨーロッパ」の部分が誤り。 え(×) 人類が好むにおいだけでなく，悪臭も収集した。 お（×） 1800年代は石炭による大気汚染があったが，近年は異なる種類の大気汚染がある。 か（×） においはまだ活用されていない。

重要 VI （条件英作文）

1 （解答例の訳）「オンライン授業を受ける利点はコロナウィルスに感染するリスクを下げることができることだ」 接続詞 that に続けて書くので，〈主語＋動詞〉の形でなければならない。 lower the risk of ~ing「～するリスクを下げる」

2 （解答例の訳）「オンライン授業を受ければ，混んだ電車に乗ったり学校で大勢の人に会ったりする必要がない」 when ～「～する時には，～すれば」〈don't have to ＋動詞の原形〉「～する必要がない」

★ワンポイントアドバイス★

Vの長文読解問題は中学生になじみの薄い内容で理解するのが難しい。
昨年度の長文読解に比べてかなり難化したと言える。

一般

2022年度

解　答　と　解　説

《2022年度の配点は解答欄に掲載してあります。》

＜数学解答＞ 《学校からの正答の発表はありません。》

1　(1)　$-a$　(2)　$2\sqrt{10}$　(3)　$ab(bc-1)^2$　(4)　$x=-3$, $y=5$　(5)　$x=-3$, 4
(6)　$n=\pm 6$　(7)　32π　(8)　$\angle x=26°$　(9)　$\sqrt{13}+\sqrt{5}$

2　(1)　$(-5x+150)$cm²　(2)　$y=-x^2-20x+300$　(3)　$x=8$, 12

3　(1)　$n(4)=6$, $n(5)=10$　(2)　$n(k+1)=k+n(k)$　(3)　41回

4　(1)　$a=\frac{1}{2}$　(2)　$A(-1+\sqrt{5},\ 3-\sqrt{5})$, $C(3-\sqrt{5},\ -1+\sqrt{5})$　(3)　$2\sqrt{5}-4$

○推定配点○

1　各5点×9　2　各6点×3　3　各6点×3　4　(1)　6点　(2)　7点　(3)　6点
計100点

＜数学解説＞

1　(単項式の乗除，平方根，因数分解，連立方程式，2次方程式，数の性質，空間図形，角度)

(1)　$\left(-\frac{\sqrt{3}}{2}a^4b^3\right)^2\div\left(-\frac{2a}{1.5b^2}\right)^3\div\left(-\frac{3ab^3}{4}\right)^4=\frac{3a^8b^6}{4}\times\left(-\frac{27b^6}{64a^3}\right)\times\frac{256}{81a^4b^{12}}=-a$

基本　(2)　$(\sqrt{5}+\sqrt{10}+\sqrt{15})(1+\sqrt{2}-\sqrt{3})=\sqrt{5}(1+\sqrt{2}+\sqrt{3})(1+\sqrt{2}-\sqrt{3})=\sqrt{5}\{(1+\sqrt{2})^2-(\sqrt{3})^2\}=\sqrt{5}(1+2\sqrt{2}+2-3)=2\sqrt{10}$

基本　(3)　$ab^3c^2-2ab^2c+ab=ab(b^2c^2-2bc+1)=ab(bc-1)^2$

(4)　$\frac{x-y+14}{3}=\frac{2x+3y-1}{4}$より，$4x-4y+56=6x+9y-3$　$2x+13y=59$…①　$\frac{2x+3y-1}{4}=\frac{3x+2y+11}{6}$より，$6x+9y-3=6x+4y+22$　$5y=25$　$y=5$…②　②を①に代入して，$2x+65=59$　$2x=-6$　$x=-3$

(5)　$(2x-3)^2+4(2x-3)-45=0$　$\{(2x-3)+9\}\{(2x-3)-5\}=0$　$(2x+6)(2x-8)=0$　$2x+6=0$より，$x=-3$　$2x-8=0$より，$x=4$

(6)　$\sqrt{\frac{n^2+297}{n^2+1}}=\sqrt{1+\frac{296}{n^2+1}}$　$296=2^3\times 37$より，296の約数は1, 2, 4, 8, 37, 74, 148, 296　よって，n^2+1が296の約数になりうるn^2の値は0, 1, 36となり，nは整数であるから，$n=0$, ± 1, ± 6　このうち，$n=0$, ± 1のとき，$\sqrt{\frac{n^2+297}{n^2+1}}=\sqrt{297}$, $\sqrt{149}$は整数ではない。$n=\pm 6$のとき，$\sqrt{\frac{n^2+297}{n^2+1}}=\sqrt{9}=3$　したがって，求める整数nは，± 6

基本　(7)　もとの球の半径をRとすると，$4\pi R^2=16\pi$　$R^2=4$　$R>0$より，$R=2$　小球の半径をrとすると，$\frac{4}{3}\pi\times 2^3=\frac{4}{3}\pi r^3\times 8$　$r^3=1$　$r>0$より，$r=1$　よって，8つの小球の表面積の和は，$4\pi\times 1^2\times 8=32\pi$

基本　(8)　AB＝ACより，$\angle ABC=(180-52)\div 2=64°$　BDは直径だから，$\angle BAD=90°$　よって，$\angle CAD=90-52=38°$　$\overset{\frown}{CD}$の円周角だから，$\angle CBD=\angle CAD=38°$　したがって，$\angle x=64-$

$38=26°$

重要 (9) 線分DHの中点をMとすると，頂点Aから点Mまでの最短経路の長さは，$\sqrt{(\mathrm{AB}+\mathrm{BC}+\mathrm{CD})^2+\mathrm{DM}^2}=\sqrt{3^2+2^2}=\sqrt{13}$ また，$\mathrm{ME}=\sqrt{\mathrm{MH}^2+\mathrm{EH}^2}=\sqrt{2^2+1^2}=\sqrt{5}$ よって，点Pの描く線の長さは$\sqrt{13}+\sqrt{5}$

[2] (空間図形)

基本 (1) 四角形PFGCは台形で，$\mathrm{CP}=10\times2-x=20-x$より，その面積は，$\frac{1}{2}\times(20-x+10)\times10=-5x+150(\mathrm{cm}^2)$

(2) 切り口の台形PQHFの面積をScm²とする。頂点Aを含む方の立体(三角錐台)において，$\triangle\mathrm{APQ}=\frac{1}{2}x^2$ 台形AEFP＝台形AEHQ＝$\frac{1}{2}\times(x+10)\times10=5x+50$ $\triangle\mathrm{EFH}=\frac{1}{2}\times10^2=50$ よって，頂点Aを含む方の立体の表面積は，$\frac{1}{2}x^2+(5x+50)\times2+50+\mathrm{S}=\frac{1}{2}x^2+10x+150+\mathrm{S}$ 頂点Aを含まない方の立体の表面積は，$10^2\times6-\left(\frac{1}{2}x^2+10x+150\right)+\mathrm{S}=-\frac{1}{2}x^2-10x+450+\mathrm{S}$ よって，$y=\left(-\frac{1}{2}x^2-10x+450+\mathrm{S}\right)-\left(\frac{1}{2}x^2+10x+150+\mathrm{S}\right)=-x^2-20x+300$

(3) $0<x\leqq10$のとき，$y=-x^2-20x+300$に$y=76$を代入して，$76=-x^2-20x+300$ $x^2+20x-224=0$ $(x+10)^2=224+100$ $x+10=\pm18$ $x=-10\pm18=8,\ -28$ $0<x\leqq10$より，$x=8$ $10\leqq x<20$のとき，図形の対称性より，CP＝8のときも$y=76$となるから，$20-x=8$より，$x=12$

[3] (規則性)

(1) $k=4$のとき，[4]のカードを先頭に移動するのに3回の交換を必要とし，その後は$n(3)$となるから，$n(4)=3+n(3)=3+3=6$ 同様にして，$n(5)=4+n(4)=4+6=10$

(2) (1)より，$n(k+1)=k+n(k)$

(3) $n(10)=9+n(9)=9+8+n(8)=9+8+7+n(7)=9+8+7+6+n(6)=9+8+7+6+5+n(5)=35+10=45$ 図の交換は4回目が終わった状態だから，あと$45-4=41$(回)の交換で並びかえが終わる。

[4] (図形と関数・グラフの融合問題)

基本 (1) M(1, 1)は線分OBの中点だから，点Bの座標は(2, 2) $y=ax^2$は点Bを通るから，$2=a\times2^2$ $a=\frac{1}{2}$

重要 (2) 直線OBの傾きは，$\frac{2-0}{2-0}=1$ ひし形の対角線は垂直に交わり，垂直に交わる2直線の傾きの積は-1だから，直線ACの傾きは-1 直線ACの式を$y=-x+b$とすると，点Mを通るから，$1=-1+b$ $b=2$ よって，$y=-x+2$ $y=\frac{1}{2}x^2$と$y=-x+2$からyを消去して，$\frac{1}{2}x^2=-x+2$ $x^2+2x=4$ $(x+1)^2=4+1$ $x+1=\pm\sqrt{5}$ $x=-1\pm\sqrt{5}$ よって，点Aのx座標は$-1+\sqrt{5}$ $y=\frac{1}{2}x^2$に$x=-1+\sqrt{5}$を代入して，$y=\frac{1}{2}\times(-1+\sqrt{5})^2=3-\sqrt{5}$ よって，$\mathrm{A}(-1+\sqrt{5},\ 3-\sqrt{5})$ C$(x,\ y)$とすると，Mは線分ACの中点だから，$\frac{x+(-1+\sqrt{5})}{2}=1$より，$x=3-\sqrt{5}$ $\frac{y+(3-\sqrt{5})}{2}=1$より，$y=-1+\sqrt{5}$ よって，$\mathrm{C}(3-\sqrt{5},\ -1+\sqrt{5})$

重要 (3) ひし形の面積は2つの対角線の交点を通る直線で2等分される。題意より，△OQRの面積は四角形BCQPの面積と等しくなり，ひし形OABCの面積の半分に等しい。OB$=\sqrt{(2-0)^2+(2-0)^2}=$ $2\sqrt{2}$　AC$=\sqrt{\{(-1+\sqrt{5})-(3-\sqrt{5})\}^2+\{(3-\sqrt{5})-(-1+\sqrt{5})\}^2}=\sqrt{(-4+2\sqrt{5})^2+(4-2\sqrt{5})^2}=$ $\sqrt{2}(2\sqrt{5}-4)$　よって，ひし形OABCの面積は，$\frac{1}{2}\times2\sqrt{2}\times\sqrt{2}(2\sqrt{5}-4)=2(2\sqrt{5}-4)$だから，△OQRの面積は，$2(2\sqrt{5}-4)\times\frac{1}{2}=2\sqrt{5}-4$

★ワンポイントアドバイス★

出題構成，難易度とも例年とほぼ同じである。基礎を固めたら，過去の出題例をよく研究しておこう。

＜英語解答＞ 《学校からの正答の発表はありません。》

Ⅰ　リスニング問題解答省略

Ⅱ　1 う　2 あ　3 え　4 あ　5 い　6 え　7 う　8 い　9 え　10 あ　11 う

Ⅲ　1 awake　2 え　3 ③ か　④ う　4 ⑤ fall　⑥ possible　5 え　6 A う　B あ　C い　7 あ，う

Ⅳ　1 う　2 grown　3 あ　4 ① い　② お　③ あ　④ か　⑤ う　⑥ え　5 い

Ⅴ　1 う　2 え　3 い　4 あ　5 う　6 い　7 え　8 あ　9 う　10 え

Ⅵ　1 made　2 at　3 too　4 easier　5 swimmer

Ⅶ　1 a あ　b い　2 a か　b え　3 a お　b い　4 a か　b あ　5 a え　b お

Ⅷ　(例)　I like watching animal videos online. I like cats and dogs very much and their videos make me feel happy.(20語)

○推定配点○

Ⅰ・Ⅱ　各2点×19　Ⅲ　2・3・5　各1点×4　他　各2点×8　Ⅳ　1・3　各1点×2　他　各2点×8　Ⅴ～Ⅶ　各1点×20(Ⅶ各完答)　Ⅷ　4点　計100点

＜英語解説＞

Ⅰ　リスニング問題解説省略。

Ⅱ　**(長文読解問題・エッセイ：内容吟味，内容一致)**

(全訳)　私の娘と私は混んだ店内の通路を重たいカートを押して行ったり来たりした。突然，彼女はゲームを手に取り，尋ねることもなく，カートに投げ入れた。「それは自分に？」と私は聞いた。

「ううん，友達に」と彼女は答えた。私は彼女のことが誇らしかった。彼女は兄弟姉妹がいなかったので，わがままかもしれないと私は心配したが，彼女はとても親切で寛大な人物だった。

私の娘はいつもたくさん話すが，帰りの車中で彼女は珍しく静かだった。ようやく彼女は言った。「ママ，サンタさんがプレゼントを全部持ってきてくれるのなら，どうして私たちが買うの？」

「それはいい質問ね」と私は言い，何か答えをすぐに思いつこうとした。

私が他に何か言える前に，彼女は叫んだ。「どうしてかわかったわ。私たちはサンタさんのお手伝いなのね！」

私は笑って言った。「あなたはママが言おうとしていたことを取ったわね。そうよ，私たちはサンタさんのお手伝いなの」

数日後，彼女は学校から動揺した様子で帰宅した。私が彼女に理由を尋ねると，彼女は言った。「ママ，私のクラスに，私や友達にあまり親切じゃない女の子がいるの。それでも私たちは彼女に話しかけるよ。私たちが彼女にクリスマスに何がほしいかって聞いたら，彼女は泣き出したの。彼女は，お母さんが重い病気で，お父さんはお金がなくて何も，食べ物すらも買えなくて，だから何ももらえないんだって言ったの」

私は彼女を落ち着かせ，休暇の季節がとてもつらい時期になってしまう人々もいる，でもこの女の子と家族はきっと大丈夫，なぜならサンタさんには助けを必要とする人々をいつも助けるお手伝いさんがいるから，と彼女に言って聞かせようとした。

クリスマス休暇で学校が休みになる数日前に，娘はこの女の子を家に招いてお祝いのクッキーを作りたいと思った。私は彼女に，もちろん彼女は来てもいいわ，と言った。彼女がやって来ると，私は2人の少女が仲良くして楽しんでいるところを見てうれしかった。私たちがその新しい友達に，家族のために家に持ち帰る用のクッキーを1箱あげると，彼女は喜んだ。彼女は私たちに，それを母にクリスマスにあげるつもりだ，と言った。

その後，その晩に娘は友達のために買ったプレゼントを包むため，包装紙とリボンをほしがった。私は彼女に1ロール渡したが，10分後に彼女は戻ってきてもっとほしがった。私は彼女に必要なものは何でも使うように言った。しかし，彼女がまた戻ってきた時，私はちょっとおかしいと思い，どうしてそんなにたくさんの紙を使っているのか尋ねた。彼女は「だってプレゼントがかわいらしく見えるようにしたいから」と言い，自分の部屋にすばやく走って戻った。

学校の最終日，私は仕事にかなり早く行かなくてはならなかったので，彼女の親友の母親に電話した。幸運にも彼女は私の娘を車に乗せてくれた。娘はクラスのクリスマスパーティーのためにたくさんのプレゼントやカップケーキを持っていた。私は彼女が家を出ていくのを今までに見たことがなかった。

そしてクリスマスイブに私はプレゼントを包んでいて，いくつかがなくなっていることに気づいた。私は上も下も見たが見つからなかった。とうとう，私は娘を起こした。私は彼女にプレゼントはどこか尋ねた。彼女は「ママ，それは私が包んで友達にあげたよ」と言った。

私は叫んだ。「全部？」

彼女は「ママ，私たちはサンタさんのお手伝いだって言ったよね！」

私は「そうよ，でもあれらのプレゼントをあげてもいいとは言っていないわ」と言った。

彼女は泣き出して言った。「でもママは私に必要なものは何でも使うように言ったわ」

彼女は続けた。「ママ，私の友達が言ったの…」

私は彼女をさえぎり，叫んだ。「私に聞かずにこの家から物を持ち出さないで！」

娘は泣き出した。私は彼女にまた寝るように言い，部屋から出ていき，後ろ手でバタンとドアを閉めた。

私はとても怒っていた。私は居間に座って，どのプレゼントがなくなっているか調べた。寝室用スリッパ1足，寝間着，部屋着，彼女の父親の高価な香水，おもちゃ，ゲーム，帽子，手袋がすべてなくなっていた。

クリスマスの早朝，私は泣いている女性からの電話に出た。彼女は自己紹介し，何度も何度も美しいプレゼントに対して私にお礼を言った。彼女はそれらがクリスマスに自分たちが受け取った唯一のプレゼントだと言った。彼女は私に，自分が病気で病院を出たり入ったりしており，子供たちに何かを買うお金が全くなく，クリスマスツリーさえもない，と言った。彼女は子供たちがおもちゃ，ゲーム，帽子，手袋，クッキーをもらってどんなに喜んでいるか，私に話した。彼女は自分がどれほどあのスリッパ，寝間着，部屋着を必要としていて，彼女の夫がどれほどあの香水を気に入ったかを私に話した。

私は悲しかった。私は涙が出たので，彼女にまた後で電話をかけなおす，と言った。私は娘にその電話について話し，その後，私たちの古いツリーと飾りを探し，食べ物を容器に詰め，すべてを彼女の友達の家に持って行った。子供たちが遊び，彼女の夫がツリーを設置している間，その母親と私は家族に夕食の準備をした。私は彼らの笑顔を忘れないだろう。

娘と私が私の両親の家に行くために出発する前，私たちは食事し，ゲームをして，彼らと一緒にクリスマスキャロルを歌った。私たちは今までで最高の時間を過ごした。それは素晴らしい友情の始まりだった。

それはずっと昔のことだが，それは今までに最高のクリスマスの1つだったと思う。それは私たちの人生を変え，私たちが本当にどれほど恵まれているのかを分からせてくれた。その年，ある伝統が始まり，その時から私たちは必ず，クリスマスの時期に助けを必要としている人々のために何か特別なものをあげたり実行したりしている。

私の娘と彼女の友達は今や成人女性だが，私たち家族は一緒にクリスマスを過ごすという伝統を守り続けている。私は常に自分の娘を誇りに思い，あの年の彼女のやさしさに感謝し続けるだろう。彼女から私は助けることや与えることの本当の意味を学び，私たちは一生，サンタさんの特別なお手伝いになったのだ。

1　う「店で，筆者の娘はカートにゲームを置いた，なぜならそれを友達にあげたかったからだ」

2　あ「筆者の娘は車中で珍しく静かだった，なぜなら自分の母親に重要な質問をしたかったからだ」

3　え「ある日，筆者の娘は学校から帰宅した時に動揺していた，なぜならクラスメイトの1人がクリスマスに何ももらわない予定だったからだ」

4　あ「クリスマス休暇の数日前，筆者の娘は友達を家に招き，一緒にクッキーを作った」

5　い「筆者の娘が包装紙とリボンをほしがった時，彼女の母親はそれについては何の問題もないと思った」

6　え「クリスマスイブに，筆者はいくつかのプレゼントがないことに気づいた」

7　う「筆者はクリスマスイブにとても腹を立てた，なぜなら娘が自分に聞かずにそのプレゼントを友達にあげてしまったからだ」

8　い「筆者が電話に出ると，女性が泣いていた，なぜなら彼女はクリスマスに受け取ったプレゼントがとてもうれしかったからだ」

9　え「その女性との電話の後，筆者と娘はその女性がクリスマスに必要としている物を持って，その女性の家を訪ねた」

10　あ「その年のクリスマスの後，その2つの家族は素晴らしい友情をスタートさせ，今でも一緒にクリスマスを過ごす」

11　う「筆者は自分の娘から助けることと与えることの大切さを学んだ」

Ⅲ　（長文読解問題・論説文：反意語，語句補充・選択，前置詞，単語，熟語，脱文補充，内容一致）

（全訳）　あなたはいつも眠く感じることにうんざりしているだろうか。あなたは授業中に起きていることが難しいだろうか。朝，学校に行くためにベッドから出ようと悪戦苦闘しているだろうか。

もしこれらの質問に対し1つでも答えがイエスなら，あなたは1人ではない。人間は人生の3分の1を①眠って過ごしていることを知っていただろうか。睡眠は私たちの健康にとって必要だ。ほとんどの人は睡眠を休息時間だと考えているが，たくさんの重要な活動が寝ている間に脳や体で生じる。実は，新しい研究により，私たちの体は寝ている間に神経のDNAを修復するとわかった。[A]私たちが寝て過ごす時間の質が，私たちが起きている時間の質に大きく影響する。

睡眠は大切だ，なぜならそれは1日のうちで体が休み，回復する唯一の時間だからだ。それはあなたに仕事をこなすエネルギーを与え，あなたをさらに機敏にする。十分な睡眠②がなければ，あなたは思考，集中，記憶，反応時間，感じ方に問題が出るかもしれない。これが学校で苦労することにつながる。

十代の若者たちは体と心が急速に成長しているため，さらに多くの睡眠を必要とする。[B]しかし科学的調査によって多くのティーンエイジャーが十分な睡眠を得ていないことが分かっている。最近の研究によると，ティーンエイジャーのほとんどは夜におよそ6.5～7.5時間しか睡眠を得ていないとわかった。しかし最高の自分でいるには，毎晩8～10時間の睡眠が必要である。いつもこんなに睡眠を得ることはできないかもしれないが，できるだけたくさん得られるようにすることが大切だ。

十分な睡眠を得られないことの理由はいろいろある。おそらくあなたはとても忙しい生活をしているだろうが，リラックスしたりくつろいだり友達と過ごしたりする「③休止時間」も必要だ。これはたいてい，睡眠を犠牲にして成り立っている。[C]また，多くのティーンエイジャーは両親が寝た後に1人でリラックスするのを好む。

しかし，あなたの睡眠習慣を改善するためにできることはいくつかある。手始めによいのは，毎晩，大体同じ時間にベッドに入るようにすることだ。部屋を涼しく，暗く，静かにしておくのも役に立つ。自分のベッドを寝るためだけに使うのも重要だ。ベッドの中で宿題をしたり，スマートフォンやタブレットを使ったり，ビデオゲームをするのを避けよう。寝る前の④スクリーンタイムを制限することは身に着けるべき素晴らしい習慣だ。なぜなら画面の光にさらされることはあなたを目覚めさせ，⑤眠りにつくのがさらに難しくなるからだ。

あなたの睡眠習慣を改善するもう1つの素晴らしい方法は生活スタイルを⑥できるだけ健康的にすることだ。多くのティーンエイジャーが運動をするのが好きだが，夜にあまりハードな運動は避けるようにする必要がある。睡眠の専門家はよく，寝る前の数時間は運動を避けるように勧める。これは運動があなたの体温を上げ，眠らせないようにする可能性があるからだ。

食生活も私たちの睡眠に重要な役割を果たす。医師は私たちがたくさんのカフェインを含む飲み物を避けるように勧める。コーヒー，お茶，エナジードリンクなどの飲み物はあなたの目を覚ますだろう。寝る前に軽食(コップ1杯の牛乳など)をとるほうがずっと良い。

十代の脳は遅く寝て翌朝遅くまで寝ていることを求めるが，これはふつううまくやれない。あなたは体内時計を調節することができるかもしれないが，それには時間がかかる。良い夜の眠りは，幸せに感じ人生を楽しみたければ，本当に大切なのだ。私たち全員が恐らく同意できる1つのことは，良い夜の眠りよりも⑦良いものは何もない，ということだ。

1　asleep「眠っている」(形容詞)⇔ awake「目が覚めている」(形容詞)　最後から2番目の段落の第3文にある。

2　without ～「～がなかったら」

3　③　downtime「休止時間」直後の記述より，か．が適切。　④　screen「画面」screen time「電子機器の画面を見ている時間」⇒「電気機器の使用時間」

基本　4　⑤　fall asleep「寝る」　⑥　as … as possible「できるだけ…」

5　直後の than より，⑦には比較級を用いた語が入る。nothing better than ～「～よりも良いものはない」

6　全訳下線部参照。

重要　7　全訳より，あ．とう．が本文の内容と一致する。　い(×)　若者は6時間半～7時間半の睡眠をとっているが，8～10時間の睡眠が必要，と述べられている。　え(×)　寝る前に激しい運動をすると眠りにくくなる。　お(×)「無理な減量」については本文に記述がない。　か(×)「早く寝て」ではなく「遅く寝て」が正しい。

Ⅳ　(会話文読解・資料読解：語句補充・選択，熟語，語形変化，受動態，口語表現，内容吟味，内容一致)

(全訳)　アキコ：ママ，今日の午後キッチンを使ってもいい？

母　　：もちろんよ。何を作るつもりなの？

アキコ：バレンタインデーのためにチョコレートケーキを作るつもり。友達にあげたいの。

父　　：いいね。ヨーロッパではバレンタインデーに男性が好きな女性に花，特に赤いバラを贈るって知っているかい？

アキコ：本当？　おもしろいね！

父　　：うん，私の友達の1人が成田空港の東京税関で働いている。実は，彼いわく，日本は3月に最もたくさんの花を輸入している。

母　　：本当？　三月にはたくさんの式典があって花がたくさん必要だからね。

アキコ：日本はどんな種類の花を最も輸入しているのかな。

父　　：見てみよう。友人が私に教えてくれた良いウェブサイトがある。このウェブサイト(1)によると，日本ではすべてのカーネーションの56%，バラの18%，菊の16%が輸入されている。日本に切り花を輸出している上位2国がわかるかい？

アキコ：ごめん，わからないわ。

父　　：上位2国はコロンビアとマレーシアだ。それらは総輸入数の44.6%を占める。コロンビアが22.4%を占め，マレーシアは0.2%だけ少ない。これらのグラフを見て。各グラフはカーネーション，菊，バラを日本に輸出している国の割合を示している。輸入されたカーネーションの約70%はコロンビア産で，輸入された菊の約60%はマレーシア産だ。

アキコ：ベトナムは3つのグラフすべてで上位5つに入っているね。菊とカーネーションのグラフには中国が見つかるけど，バラのグラフにはない。

母　　：バラに関しては，私は輸入されたバラの約半分がケニア産ということに驚いたわ。バラがアフリカで(2)栽培されているのは想像できない！

父　　：日本にバラを輸出している上位3つの国はケニア，エクアドル，コロンビアだね。バラは赤道周辺の国々の標高1000メートルから2000メートルの高原で(2)栽培されている。その農場は日光が豊富で気温が一定だ。日中の気温は20℃で1年を通じてあまり変化しない。これらの条件は良いバラを作るのに完璧だ。さらにケニアの農場から日本の空港に輸送するのに3日しかかからない。

アキコ：それはすごいね。バラははるばるケニアからやってくるのね。おもしろい！　パパ，今年はヨーロッパ式のバレンタインデーを楽しむ(3)のはどう？もしパパが赤いバラの花束をあげたらママはきっと喜ぶよ。

父　　：それはいいアイデアだ。

母　　：ええ，やってみましょうよ！

1　according to ～「～によると」

2 grow「～を育てる，栽培する」 過去分詞にして受動態「～される」の意味にする。grow － grew － grown

3 〈Why don't we ＋動詞の原形～？〉「～したらどうですか？」 How about ～? も同様の意味になるが，about の後ろは動名詞～ingになるのでここでは不適。

やや難 4 ① 父の4番目の発言の最終文より，輸入カーネーションの約70%を占めているのはコロンビア。② 父の4番目の発言の最終文より，輸入菊の約60%を占めているのはマレーシア。 ③ アキコの6番目の発言第2文より，菊とカーネーションのグラフにあり，バラのグラフにないのは中国。④ アキコの6番目の発言第1文より，3つのグラフすべてにおいて上位5つの中に入っているのはベトナム。 ⑤ 父の最後から2番目の発言の第1文より，バラの2位はエクアドル。 ⑥ 母の最後から2番目の発言の第1文より，輸入バラの約半数を占めるのはケニア。

5 い「日本の輸入された花の22.2%はマレーシア産だった」(○) 父の4番目の発言の第1～3文参照。コロンビアが22.4%で，マレーシアはそれより0.2%少ないので，22.2%である。2つを合計すると44.6%となる。

V (語句補充・選択：関係代名詞，代名詞，熟語，不定詞，動詞，受動態，前置詞，動名詞，口語表現，助動詞)

1「これは市立博物館へ行く道だ」 空所の直後が動詞なので，主格の関係代名詞が入るとわかる。先行詞は road なので，which が適切。

2「私は昨日腕時計をなくした。新しいものを買わなくてはならない」 one は名詞の繰り返しを避けるために用いられる。ここでは watch のこと。

3「そのレストランでは食事をしている人たちもいれば席でおしゃべりしているだけの人たちもいた」 some ～ and others …「～もいれば…もいる」

4「その母親はとても忙しかったので，娘に料理を手伝ってくれるよう頼んだ」〈ask ＋人＋ to ＋動詞の原形〉「(人)に～するよう頼む」〈help ＋人＋ with ～〉「(人)が～するのを手伝う」

5「隣の部屋から大きな音がした。それは私のクラスの皆を驚かせた」 surprise「(人)を驚かせる」

6「これらの写真はおじによって私に与えられた」〈give ＋もの＋ to ＋人〉「(もの)を(人)に与える」の構文を，ものを主語にして受動態にすると〈もの＋be動詞＋ given to ＋人〉となる。その後ろに by ～「～によって」を置く。

7「私はオーストラリアの学校に通っていた時，そこで多くの生徒と友達になった」 make friends with ～「～と友達になる」 friends と複数形で用いることに注意。

8「その2人の少年たちはけんかをするのをやめた。彼らは仲直りした」 stop ～ing「～するのをやめる」 make peace「仲直りする，和解する」

9「私の母は私の祖母に『最近寒くなっているから体に気を付けて』と言った」 Take care of yourself. は相手を気遣う言葉で「体に気を付けてください，ご自愛ください」という意味。

10「ママ，友達と僕は明日公園で野球を練習するつもりだよ。天気はどんな感じだろう？」 What is the weather like? は「天気はどんな様子ですか」という言い方。これを未来時制にすると What will the weather be like? となる。

基本 **VI (言い換え・書き換え：構文，熟語，前置詞，不定詞，比較)**

1「彼女はこのテレビ番組からとても有名になった」「このテレビ番組は彼女をとても有名にした」 made her を入れる。〈make ＋目的語＋形容詞〉「～を…にする」

2「妹は上手な料理人だ」「妹は料理が得意だ」 at cooking を入れる。be good at ～ing「～するのが得意だ」

3 「私はとても忙しい，だからあなたと買い物に行けない」「私はとても忙しいのであなたと買い物に行けない」 too，to を入れる。〈too … to ＋動詞の原形〉「とても…なので～できない」

4 「あなたの質問は彼女の質問より難しかった」「彼女の質問はあなたの質問より簡単だった」 easier，yours を入れる。yours「あなたのもの」はここでは「あなたの質問」の意味。

5 「ユミは私たちのクラスで最も早く泳ぐことができる」「ユミは私たちのクラスで最も早い水泳選手だ」 fastest swimmer を入れる。動詞 swim を名詞 swimmer に変えることがポイント。

重要 Ⅶ （語句整序：熟語，関係代名詞，助動詞，間接疑問，疑問詞，現在完了）

1 （Clean）your room as quickly as you can.　as … as you can「できるだけ…に」

2 （Tom）spent all the money that he had　all the money「すべてのお金」を that he had「自分が持っていた」が後ろから修飾する。that は目的格の関係代名詞。

3 （Would you）t ell me how I can get there?　Would you ～?「～してくれませんか」〈tell ＋人＋間接疑問〉「(人)に～を教える」

4 How many times have your children been to（Koganei park?）　how many times は回数を尋ねる。have been to ～「～へ行ったことがある」

5 （the）gift she got was a red（bike.）　she の前に目的格の関係代名詞が省略されており，she got「彼女がもらった」が gift を後ろから修飾する。

重要 Ⅷ （条件英作文）

（解答例訳）「私はインターネットで動物の動画を見ることが好きです。私は猫や犬が大好きで，彼らの動画は私を幸せな気分にしてくれます」

★ワンポイントアドバイス★

Ⅲの長文読解問題は，睡眠の大切さと若者の睡眠傾向に関する論説文。健康をテーマにした論説文では，睡眠の他に食生活や日常的な運動についてもよく出題される。

＜国語解答＞ 《学校からの正答の発表はありません。》

Ⅰ 問1 ⓐ 噴水　ⓑ 機嫌　ⓒ 殴　ⓓ 壮絶　ⓔ 朗

問2 ハ　問3 A イ　B ハ　C ヘ　D ニ

問4 (1) ハ　(2) ニ　(3) チ　(4) ヌ　問5 ホ　問6 ハ　問7 イ

問8 a ヘ　b ハ　c ニ　d ホ　問9 E ホ　F ロ　G ニ　H イ

問10 (1) ハ　(2) ホ　(3) リ　(4) ヌ

問11 (1) イ　(2) ニ　(3) チ　(4) ル

Ⅱ 問1 ハ　問2 (1) ハ　(2) ニ　(3) チ　(4) ヌ　問3 A イ　E ホ

問4 B ホ　C ハ　D ロ　問5 a 支配権力　b 自発的な思考と行動

c 人間の歴史　問6 ハ(→)ロ(→)イ(→)ニ　問7 ロ　問8 イ　問9 ニ・ヘ

○推定配点○

Ⅰ 問5 3点　他 各2点×29(問9完答)

Ⅱ 問5 各3点×3　他 各2点×15(問6完答)　計100点

＜国語解説＞

Ⅰ (小説―漢字の書き取り，内容理解，空欄補充，心情理解，表現理解，主題)

基本 問1 ⓐ「噴水」の「噴」と「噴火」の「噴」を区別しておくこと。 ⓑ「機嫌」は，気分，という意味。 ⓒ「殴」は，「欧米」の「欧」と形が似ているので注意する。 ⓓ「壮絶」は，勇ましく激しいこと。 ⓔ「朗」は，「新郎」の「郎」と形が似ているので注意する。

問2 兄弟は子供らしく「壮絶な決闘の場」を展開したあと，「とっくみ合いはまもなく仔犬のじゃれ合いになり」，「朗らかな笑い声を上げ」ている。その直後の様子が――①であることから，ハが正解である。

問3 A～Dそれぞれ，空欄のあとの動詞「減っている」「断ち切ってしまう」「出た」「ほどこした」に自然につながるような副詞を選択する。

問4 文章中の「獏は払いのけもせず，黙ってされるがままになっている」「家を離れて漂っているとき，親子は家庭の埃を払い落として，家族そのものに昇華する」がハ・ニに，「親は子に子であることを強制し，子は親に親であることを強制する」「それぞれが……お互いの首を締め上げる」がチ・ヌに合致している。

問5 「無情」は，なさけ心のないこと。子どもたちは衛兵に興味があるが，鉄鎖のために近づけないでいることをとらえる。

問6 「稲妻」は不安の暗示である。「弓子は龍夫が何をいい出すのか不安になる」とある。

問7 前後で龍夫が語っている内容に，イが合致する。

問8 龍夫は，「中心なんてものはない」つまり相対的な価値(ニ)に関心を示し，悩んでいる。この様子を弓子は「為替レート」になぞらえることで相対化し，自分なりに理解しているのである。

問9 E・Gは弓子，F・Hは龍夫の言葉である。会話文を実際に空欄にあてはめて読み直しながら，適切な組み合わせを見つける。

重要 問10 文章中の「弓子を含めた周囲の人は龍夫を中心に回っている」「十一年間一緒に暮らしたって，運命というものは共有できない」「きっと龍夫にはそれなりの天命があって，それを果たすべく生まれついているのだろう」がハ・ホに合致している。また，「草も生えない荒原」からは弓子の寂寞とした思いが，「全速力で駆け抜けて，地平線までたどり付きたい」からは弓子の前向きなエネルギーが読み取れる。

やや難 問11 問10をふまえるとイがふさわしい。また，――⑧では，弓子は龍夫を客観的に優しく観察している。これに合うのはニ。「きみも早く仕事を探した方がいい」などから，弓子は日本で仕事を得て自活しようとしていることがわかり，リがあてはまる。弓子は，自分のこれからを決めることができ，龍夫との関係を改めて認識することができた。これはルに合致する。

Ⅱ (論説文―内容理解，空欄補充，慣用句，接続語，要旨)

問1 文章中の「現実とはこの国では端的に既成事実と等置されます」「現実はいつも『仕方のない』過去なのです」という内容がハに合致する。

基本 問2 文章中の，戦前の日本で「ファッショ化に沿う方向だけが『現実的』とみられ，いささかもそれに逆らう方向は非現実的と考えられた」という内容がハ・ニに合致する。「現実の多元的構造は……無視されて，現実の一つの側面だけが強調される」「ひとはすでに現実のうちのある面を望ましいと考え，……『現実』の一面を選択している」という内容がチ・ヌに合致している。

問3 A「寝耳に水」は，不意のことが起って驚くことのたとえ。 E「長いものにまかれる」は，目上の人や勢力のある人に従うこと。

重要 問4 B「むろん」は，言うまでもなく，という意味。 C 空欄の前の事柄にあとの事柄を付け加えているので，累加の接続語が入る。 D「決して……ない」というつながり。

問5　日本では「その時々の支配権力が選択する方向が，すぐれて『現実的』と考えられ」るので，「自発的な思考と行動」ができず，社会が支配権力の言うがままになってしまう。しかし筆者は，日本人が「自発的な思考と行動」をすることで，「人間の歴史」をつくり上げるべきだと考えている。

問6　イ「ところが」，ロ「その限りで」，ニ「そこに」という，それぞれの冒頭の言葉を手がかりに，文脈をとらえる。

問7　過ちを犯した過去から学ぶことができなければ，知識人と呼ぶに値しないと，筆者は考えている。

問8　国民が「公平な裁断を下しうるためには最小限次のような条件が満たされていなければなりません。……」以降の内容をふまえると，イが正しい。

やや難　問9　問8で考えた内容をふまえると，へが正しい。また，第三段落の「現実とはこの国では端的に既成事実と等置されます」と，そのあとの「戦前戦時」についての説明から，ニが正しい。

★ワンポイントアドバイス★

細かい読み取りを必要とする読解問題が出題されている。特に小説は文章が長めなので，ポイントを的確に読み取れる力をつけておこう。論説文では文章のキーワードや論理の展開をおさえながら読むことが必要。ふだんからの読書が大切！

MEMO

大切なことはメモしておこうネ！

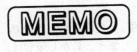

2021年度

★★★★★★★★★★★★★★★★★★★★★★★★

入　試　問　題

2021年度

中央大学附属高等学校入試問題（一般）

【数　学】（60分）〈満点：100点〉

【注意】 1. 答の$\sqrt{\quad}$の中はできるだけ簡単にしなさい。

2. 円周率はπを用いなさい。

1　次の問いに答えなさい。

(1)　$12a^5b^2\times\left(-\dfrac{3b}{2a}\right)^3\div\dfrac{3b^4}{4a}\div(-3a)^4$　を計算しなさい。

(2)　$\dfrac{(\sqrt{52}+\sqrt{12})(\sqrt{13}-\sqrt{3})}{\sqrt{50}}-(\sqrt{2}+1)^2$　を計算しなさい。

(3)　$4a^2+b^2-4(ab+1)$　を因数分解しなさい。

(4)　連立方程式 $\begin{cases}\dfrac{2x+1}{3}-\dfrac{3y+1}{2}=1\\ 0.2(0.1x+1)+0.12y=0.4\end{cases}$ を解きなさい。

(5)　2次方程式　$x(x+9)+(2x-1)^2=11$　を解きなさい。

(6)　$\sqrt{60(n+1)(n^2-1)}$が整数となるような2桁の整数nをすべて求めなさい。

(7)　2つのサイコロを同時に投げるとき，目の積が6の倍数となる確率を求めなさい。

(8)　3つの半円を組み合わせた下の図において，斜線部分の面積が10πであるとき，xの値を求めなさい。

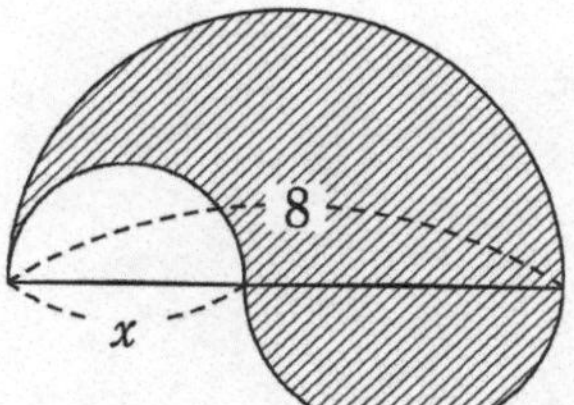

(9)　図のように長方形の紙を折り返したとき，$\angle x$の大きさを求めなさい。

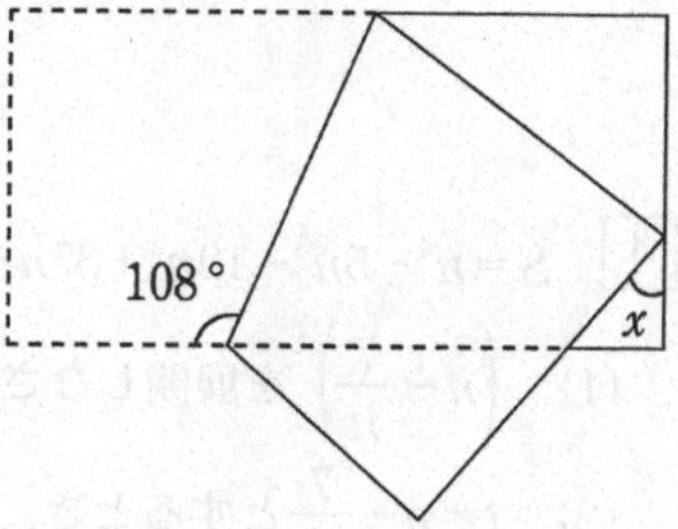

2 図のような正方形と扇形を組み合わせた図形を直線 ℓ の周りに1回転させてできる立体について，次の問いに答えなさい。

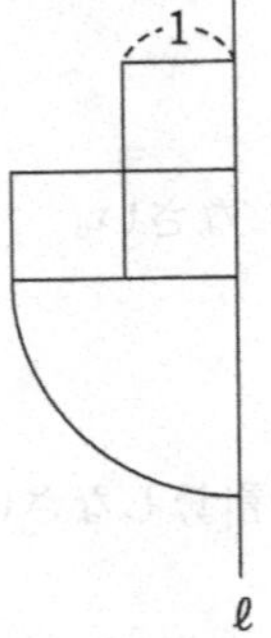

(1) この立体の体積を求めなさい。

(2) この立体の表面積を求めなさい。

3 図のように，関数 $y=ax^2$ のグラフ上の点Aと関数 $y=-4x^2$ のグラフ上の点Bに対して，直線ABと y 軸との交点をCとする。2点A，Cの y 座標が順に4，-8 であり，AB：BC＝2：1であるとき，次の問いに答えなさい。ただし，a は正の定数であり，2点A，Bの x 座標はともに正とする。

(1) a の値を求めなさい。

(2) 直線ABの式を求めなさい。

(3) D(0，4)とする。△APC：△ADC＝2：1を満たす関数 $y=ax^2$ のグラフ上の点Pの座標をすべて求めなさい。

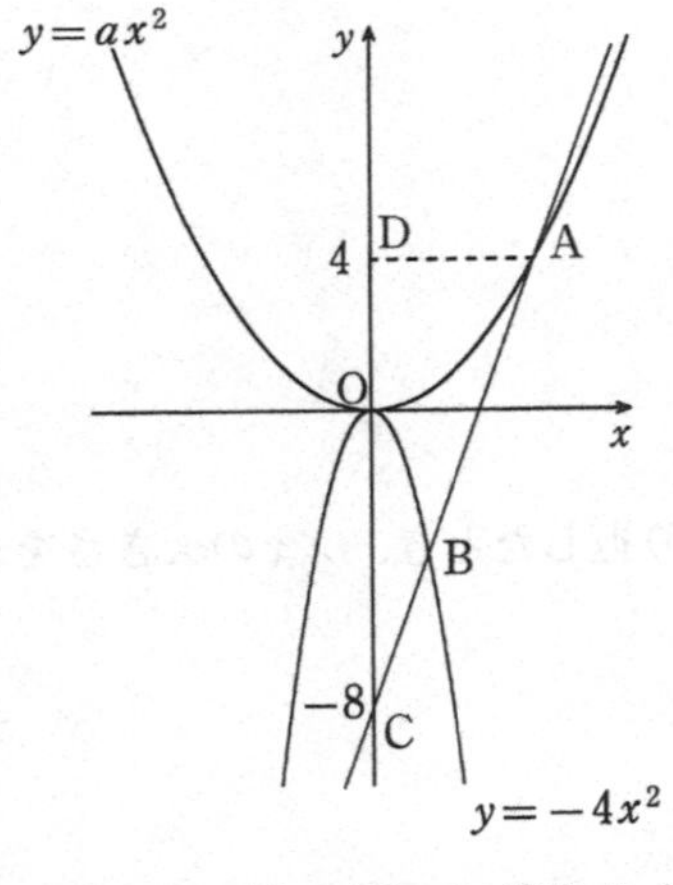

4 $S=n^4-5n^3-10n^2+35n+49$ について，次の問いに答えなさい。

(1) $\left(n-\dfrac{7}{n}\right)^2$ を展開しなさい。

(2) $t=n-\dfrac{7}{n}$ とするとき，$\dfrac{S}{n^2}$ を t の式で表しなさい。

(3) S を因数分解しなさい。

(4) $S=-26$ のとき，n の値を求めなさい。ただし，n は自然数とする。

【英　語】（60分）〈満点：100点〉

Ⅰ　リスニング問題

(Part 1)

これから放送される英語の短い対話を聞いて，それに続く質問に対する最も適切な答えを1つずつ選び，記号で答えなさい。対話と質問は2回ずつ放送されます。

1．あ．Two.
　い．Three.
　う．Four.
　え．Five.

2．あ．3 dollars.
　い．5 dollars.
　う．8 dollars.
　え．12 dollars.

3．あ．Because he had a test.
　い．Because he went to school.
　う．Because he had football practice.
　え．Because he had to prepare for an exam.

4．あ．Thank you.
　い．Yes, I'll take it.
　う．Well, let me see.
　え．Because it was so hard.

5．あ．10:15
　い．10:20
　う．10:45
　え．11:00

6．あ．At a library.
　い．At a bookstore.
　う．At a CD shop.
　え．At a city hall.

(Part 2)

これから放送される架空のアニメ作家とその作品についてのレポートを聞き，内容に関する質問に対する最も適切な答えを1つずつ選び，記号で答えなさい。英語は2回放送されます。

7．Which one of the sentences is **NOT true**?
　あ．People in over 100 countries can watch Japanese anime.
　い．Mr. Morita's first TV anime series started in Japan in the 1960s.
　う．Mr. Morita's most famous work is known as 'Green Boy' in English.
　え．Each episode of 'Morrie' is less than 10 minutes.

8．What did Mr. Morita think was important to teach children?
あ．To protect nature.
い．To help each other.
う．How to grow trees in forests.
え．How to have fun in nature.

※リスニングテストの放送台本は非公表です。

Ⅱ 次の英文を読んで，設問に答えなさい。

Jordan Hilkowitz, 11, is a YouTube superstar. However, his popular videos are not about funny cats or dogs. His YouTube channel, Doctor Mad Science, has videos of science experiments. These experiments are easy for people to do by themselves. Children can do them at home. "I like science very much," Jordan says.

When he was younger, Jordan and his *babysitter, Tracy Leparulo, had fun doing science experiments. Actually, it was his babysitter's idea for Jordan to start making science videos because Jordan always had an interest in science. They found science experiments online or in books. However, they thought many of the experiments were too hard to do because there were few step-by-step guides. Therefore, they started coming up with their own ideas and *filming home science projects. A friend of his showed him how to put the videos on YouTube, and the channel quickly became popular. In just over a year, the videos have received more than four million views, enough to bring in $5,000 in cash from advertising, and Jordan was able to buy a new computer.

One of Jordan's most popular videos shows how to make *toothpaste for elephants. Another tells how to create your own cool homemade *volcano. In each video, Jordan introduces the experiment, tells you the things needed to do it, and shows you step-by-step. "Safety is very important," Jordan says. He encourages viewers to wear safety glasses if necessary and tells children to ask an adult for help if they need it.

"Jordan's success is very special," says his mother, Stacey Hilkowitz, "because he has *autism." They found out from the doctor when Jordan was just 18 months old. Autism sometimes has an influence on social skills and speech. Jordan often yelled and got angry for no reason, hit his head on the table and threw his shoes across the room. At the time Stacey said to herself, "Is he going to be able to communicate, go to school, or make friends?" These kinds of thoughts often made her sleepless at night.

In fact, Jordan didn't start talking until he was five years old. When he first started talking, he spoke only in letters: 'C,' for example, as it is the main sound in his long-time babysitter Tracy Leparulo's name.

Jordan and Tracy often surfed the Internet for fun, and by doing that his *vocabulary increased as he began to talk. By making the videos, his speech improved, and he gained more confidence.

In addition to his channel, Jordan, living in Ontario, Canada, now has his own website and a Facebook page. He has started using Twitter, too. He regularly communicates with fans. To find ideas for experiments, Jordan searches the Web. He also gets ideas from fans, particularly from children.

Jordan says he would like to be a scientist when he gets older. For now, he just wants to share his love of science with other children. "I hope kids can learn that science is everywhere," he says.

Jordan's story tells us that technologies, such as social media, give chances to people with autism. Jordan's channel, Doctor Mad Science, has received over 10 million views so far — and he has become a local *celebrity for his scientific knowledge. It is natural that many children are interested in learning from him. People love and respect him because he makes difficult experiments easy for them to understand.

注：＊babysitter　ベビーシッター　＊film　撮影する　＊toothpaste　歯みがき粉
＊volcano　火山　＊autism　自閉症　＊vocabulary　語彙　＊celebrity　有名人

1．本文の内容に合うように，[　　] に入る最も適切なものを1つずつ選び，記号で答えなさい。

＊Jordan's videos are about [1].

あ．interesting pets
い．serious illnesses
う．science experiments
え．how to make a YouTube channel

＊[2] advised Jordan to start making science videos.

あ．His friend
い．His father
う．His mother
え．His babysitter

＊Jordan and Tracy found science experiments [3].

あ．in books or on the television
い．in books or on the Internet
う．in textbooks or on the radio
え．in textbooks or in the newspaper

＊[4] taught Jordan how to put videos on YouTube.

あ．One of his friends
い．His parents
う．His babysitter
え．His teachers

＊[5], the doctor told Jordan's parents that he had autism.

あ．Before the age of two
い．At the time of his birth
う．After entering kindergarten
え．After entering elementary school

＊Jordan's mother could not sleep at night because [6].

あ．she wanted to learn more about autism

い．she was very worried about her son

う．Jordan sometimes had bad dreams

え．Jordan started to do dangerous experiments

＊When Jordan first began talking, he only spoke in letters, and one of them was 'C' because [7].

あ．it was a very easy sound for him to say

い．it is his favorite sound in the world

う．it was his grade on the last science test

え．it is a strong sound in his babysitter's name

＊Jordan and Tracy often surfed the Internet, and, as a result, [8].

あ．he could learn more new words

い．he used his computer all the time at home

う．his mother was worried about his school work

え．his eyesight became worse and he had to wear glasses

＊Jordan tries to find ideas for his experiments from his [9].

あ．parents and babysitter

い．parents and the Web

う．fans and the Web

え．fans and his parents

＊Jordan thinks that [10].

あ．children can learn about the importance of education

い．children can learn about science in their daily lives

う．children should not do experiments at home

え．children should do difficult experiments at school

2．本文の内容と一致するものを**2つ**選び，記号で答えなさい。

あ．Jordanは，子どもであっても大人の手を借りずに実験をすることを勧めている。

い．Jordanは幼い頃，しばしば叫んだり，怒ったり，物を投げたりした。

う．JordanはTwitterを使用しているが，Facebookは使っていない。

え．Jordanは大人になったら，医療関係の仕事をしたいと考えている。

お．Jordanの成功の一因は，ソーシャルメディアのような情報技術にある。

か．Jordanは簡単な実験で高度な結果を導き出し，多くの科学者から尊敬を集めている。

Ⅲ　次の英文を読んで，設問に答えなさい。

Nearly a year ago, we were suddenly told that schools would be closed for several weeks. Our daily lives changed a lot. We had to give up a lot of things: meeting up with friends or relatives, celebrating graduation together, and the start of the new school year under the cherry blossoms.

What was the reason for this change? It was a disease caused by a virus. The disease is called

COVID-19, named after the type of the virus and the year of its discovery, 2019.

The disease kept spreading all over the world, and we learned how dangerous it was. Everyone was afraid of the unseen enemy. ①(あ. us い. we would う. through え. nobody お. get か. could き. tell く. when) this.

In order to help people feel safe and have hope, world leaders spoke to their people through the media. One of them was Justin Trudeau, the Prime Minister of Canada.

Let's read a part of one of his speeches. It was made last spring during the Easter holiday, an important time for Christian families to get together.

I know that we will rise to the challenge. Because, as Canadians, we always ②do. There's no question that the coming weeks and months will be hard. This is a fight like most of us have never faced. It will test us all, in our own way.

*This disease has already taken too many people from us. If you've lost a loved one, know that we're *mourning with you through this incredibly difficult experience.*

*This *pandemic has taken much from many families, workers, and businesses across our country. If you're having trouble *making ends meet, know that we're working every day to help you bridge to better times. If you're feeling *isolated or *depressed, know that there are supports for you. Know that you're not alone. And like so many Canadians before us, we will stand together, shoulder to shoulder, *metaphorically, *united and strong.*

This is the challenge of our generation. And each and every one of us has a role to play. If you all take this seriously, stay apart from each other right now, stay home as much as possible, and listen to our health experts — we'll get past this sooner, and stronger than ever.

When we come out of this — ③and we will come out of this — we will all take pride in how we protected each other and our beloved country.

The Prime Minister gave his message to children, too.

To all the kids at home watching, I want to speak directly to you, as I do every Sunday.

Thank you for everything. We're doing OK. I know it doesn't seem that way, and I know it's a scary time. And I know you want to see your friends. But we're ④counting on you to keep doing your part. To keep staying home, and to keep being there for your moms and dads.

So many of you are ⑤pitching in, helping out, and being heroes right now. We need you to keep staying strong because you're a big part of this, too. And I know you're up for this challenge. Together, we will get through this.

Although each person can only do limited things, this strong message from their national leader surely gave Canadian children the sense that they were an important part of the community.

When people face a big challenge, they feel helpless. In those moments, words can often help us. Have you ever heard the words 'Keep calm and carry on'? It was a phrase produced by the British government in 1939, just when World War II was approaching. The British people were afraid of a terrible war against Germany. People were in a panic, and so, the government made posters with that message, to call on people to be calm and continue their lives as usual.

Since then, the expression has been a favorite for the British. They think it reflects the British character and their view of life.

The year after this expression was first introduced, the 14-year-old Princess Elizabeth, now Queen Elizabeth II, gave her first radio message from Windsor Castle. She spoke to the children living apart from their families because of the war, just as she and her sister themselves were, and told them to stay strong.

80 years on, in April 2020, she made a video message to encourage the British people, again from the same place. She said, recalling her first speech:

> *... It reminds me of my very first broadcast in 1940, helped by my sister. We, as children, spoke from here at Windsor to children evacuated from their homes and sent away for their own safety. Today, once again, many will feel a painful sense of separation from their loved ones. But now, as then, we know, deep down, that it is the right thing to do.*

She thanked front-line health-care workers for their great efforts, and at the end of her message, she showed her strong will by saying this:

> *we will succeed — and that success will belong to every one of us. We should take comfort that while we may have more still to *endure, better days will return: we will be with our friends again; we will be with our families again; we will meet again.*

It is clear that the powerful words of the 93-year-old Queen gave hope for a brighter future and a sense of unity not only to British people but also to people all around the globe.

注：＊mourn　嘆き悲しむ　　＊pandemic　（病気の）大流行

＊make ends meet　家計をやりくりする　　＊isolated　孤立した　　＊depressed　落ち込んだ

＊metaphorically　比喩的に　　＊united　団結した　　＊endure　耐える

1．下線部①(あ. us い. we would う. through え. nobody お. get か. could き. tell く. when) this. が「いつこの状況を乗り越えられるのか，誰にも分らなかった」という意味になるように並べかえ，(　)内で**3番目と6番目**にくるものを記号で答えなさい。文頭にくる語も小文字になっている。

2．下線部② *do* が指す内容を，本文中の**英語4語**を抜き出して答えなさい。

3．文脈から判断して，下線部③ *and we will come out of this* で，最も強く発音される音を含む語(句)を選び，記号で答えなさい。

あ．we　　い．will　　う．come out　　え．this

4．下線部④に用いられたcount onの意味を文脈から推測し，最も適切なものを選び，記号で答えなさい。

あ．指折り数える　　い．じっと我慢する　　う．頼りにする　　え．あきらめる

5．下線部⑤に用いられたpitch inの意味を文脈から推測し，最も適切なものを選び，記号で答えなさい。

あ．非難する　　い．協力する　　う．慎重になる　　え．明るく振る舞う

6．本文の内容に合うように，[　　]に入る最も適切なものを1つずつ選び，記号で答えなさい。

＊COVID-19 is [1].

あ．the 19th disease found in that year

い．a new type of medicine found in 2019

う．the name of a hospital in China

え．the name of a virus-related disease

＊Justin Trudeau gave a speech [2].

あ．to people all over the world hoping for peace

い．to Christian families in order to celebrate the Easter holiday

う．to all Canadian people facing a new type of disease

え．to the Canadian children in hospitals

＊The phrase ‘Keep calm and carry on’ [3].

あ．is still loved by British people today

い．was for soldiers during wartime

う．was used in a speech by Princess Elizabeth 80 years ago

え．is used by the British government as a slogan to fight against COVID-19

＊Queen Elizabeth II [4].

あ．gave a special speech to all of the children around the world in 2020

い．expressed her thanks to the medical staff working on COVID-19

う．gave her video message at Windsor Castle with her sister in 2020

え．had to live apart from all her family members during World War II

＊Both the Prime Minister of Canada and Queen Elizabeth II [5].

あ．believe that the disease will disappear within a year

い．visited the families of patients of COVID-19 to cheer them up

う．said that they lost many of their loved ones because of COVID-19

え．told their people to stay strong while they cannot meet their friends and families

＊In this passage, the author’s main point is that [6].

あ．world leaders should not talk directly to their people so often

い．words have the power to encourage people when they are in trouble

う．the media are the most useful tool to tell people important messages

え．the fight against COVID-19 will end soon thanks to the efforts of medical staff

Ⅳ　ケン(Ken)とリサ(Lisa)は放課後，図書館のコンピュータを使用して，2018年と2019年のそれぞれ1月に発表された各国のインターネットの使用者の利用時間を調べています。2人の会話を読み，設問に答えなさい。

Ken：Wow! 10 hours!

Lisa：What's that?

Ken：Sorry, I'm just looking at this chart on the Internet. It's about which country spends the most time on the Internet. Who do you think was top of the list in 2019?

Lisa：Maybe Japan?

Ken：Why do you think it's Japan?

Lisa：Because we use the Internet a lot.

Ken：Actually, Japanese people spent less than 4 hours a day using the Internet. The Philippines was ranked first. They were second in 2018. Which country do you think was in second place in 2019?

Lisa：Um, I'd say the US?

Ken：No, sorry, actually they were not in the top 10 in either year. Brazil was in second place. They were ranked third in 2018. What country do you think was in third place in 2019?

Lisa：Probably India, as they have a large population and are good at IT.

Ken：No. Actually, wow … they weren't even in the top 10. I'm surprised. Thailand was in third place. Actually, they were first in 2018.

Lisa：Interesting! Can you show me the data?

Ken：Sure.

Lisa：Hmm, does 'Worldwide' mean the average amount of time spent using the internet by all countries?

Ken：Yeah, that's right.

Lisa：In that case, the 'Worldwide' average [a] in 2019, compared with 2018.

Ken：You're right. If we look at both graphs carefully, Colombia was not in the top 10 list in 2018, but they were ranked fourth the following year.

Lisa：You can say the same thing about the UAE. They were not in the top 10 in 2018, but they were ranked tenth the year after.

Ken：On the other hand, Egypt wasn't even in the chart in 2019, but they were ranked ninth in 2018.

Lisa：Taiwan was not in the 2019 chart, either, yet they spent more than an average of 7 and a half hours online in 2018. I wonder why they stopped using the Internet so much.

Ken：Me, too. I also realized that none of the countries had the [b] rank in both 2018 and 2019.

Lisa：Let me see. That's true. Also, Japan spent about [c] the amount of time as Malaysia in 2018, and spent less than [c] the amount of time as the UAE in 2019.

Ken：I thought Japanese people spent longer using the Internet than the data in this chart shows.

Lisa：Yeah, me too. In addition, the time spent using the Internet per day in 2019 was [d] than it was in 2018. I think that people, particularly students like us, spend more time studying than using the Internet just for fun.

Ken：Oh no! That means I'm not Japanese!

Lisa：What do you mean?

Ken：Well, I spend at least 6 hours a day playing games!!!

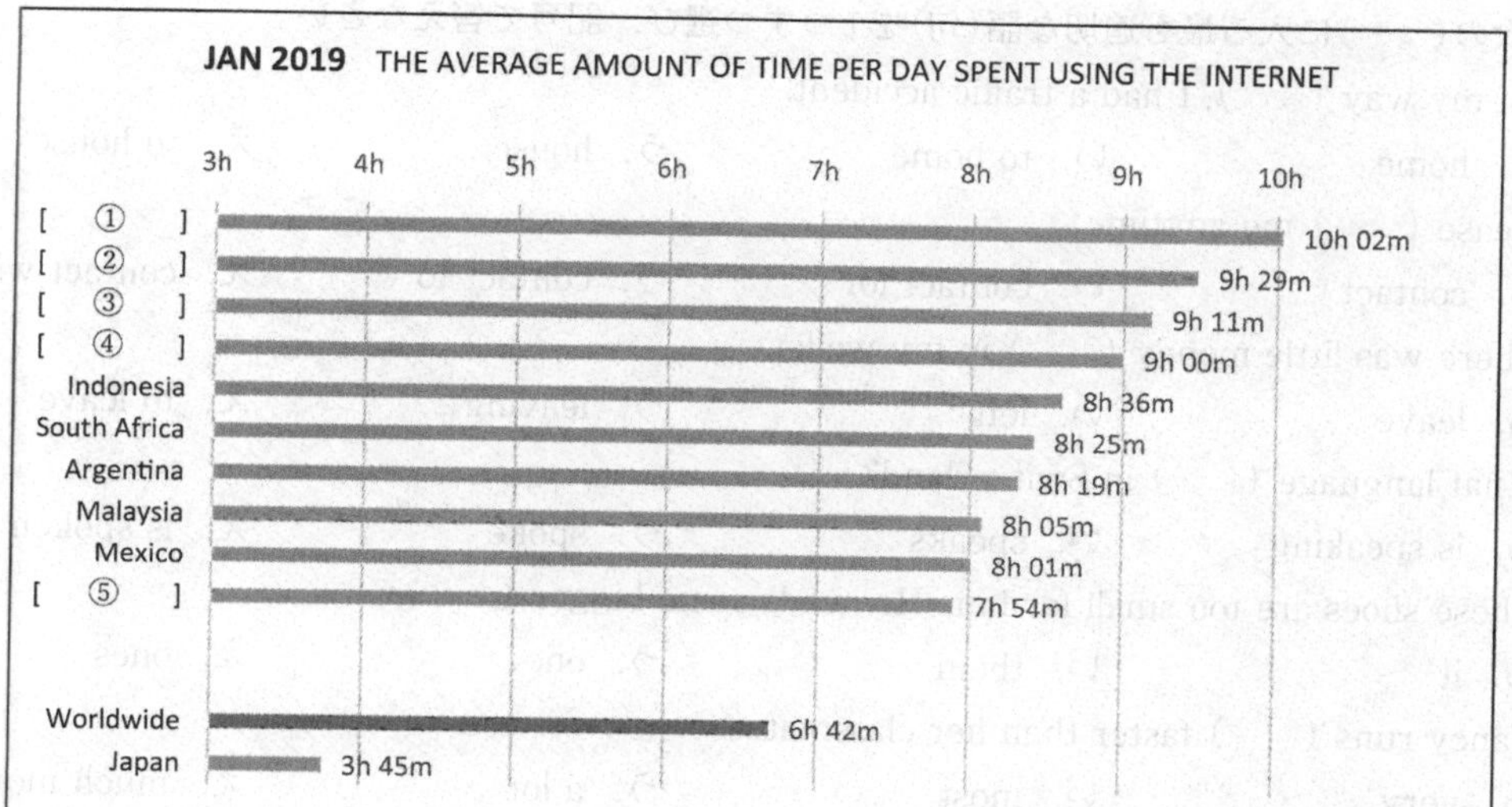

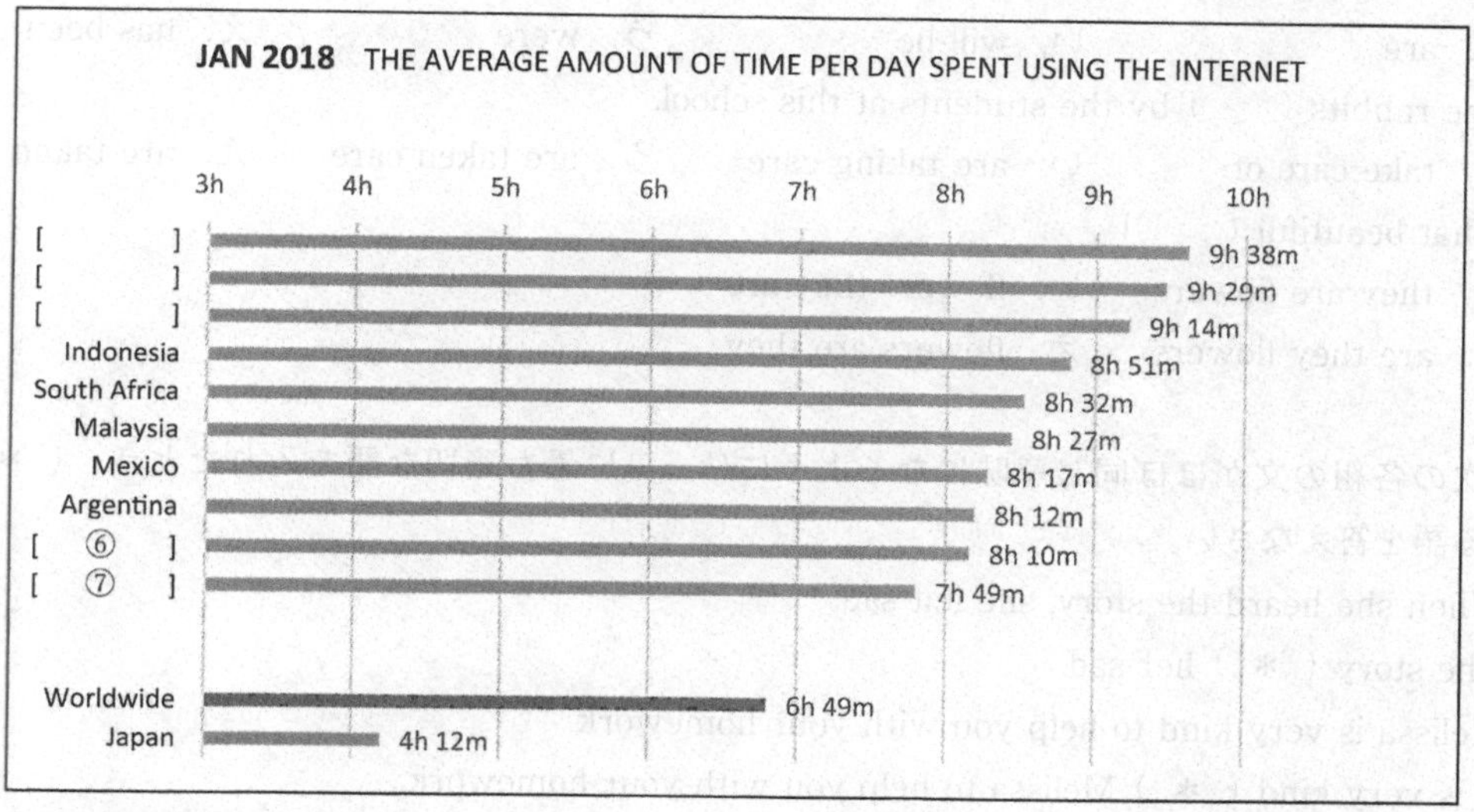

参考資料：GLOBALWEBINDEX

1．グラフの［ ① ］～［ ⑦ ］に入る最も適切な国もしくは地域名を１つずつ選び，記号で答えなさい。

あ．Brazil　　い．Colombia　　う．Egypt　　え．the Philippines

お．Taiwan　　か．Thailand　　き．the UAE

2．[a] に入る最も適切なものを選び，記号で答えなさい。

あ．increased a little　　い．increased a lot　　う．decreased a little　　え．decreased a lot

3．[b] に入る最も適切なものを選び，記号で答えなさい。

あ．different　　い．higher　　う．lower　　え．same

4．[c] に共通して入る１語を答えなさい。

5．[d] に入る最も適切なものを選び，記号で答えなさい。

あ．shorter　　い．longer　　う．smaller　　え．larger

V　次の(　　)に入る最も適切な語(句)を1つずつ選び，記号で答えなさい。

1．On my way (　　), I had a traffic accident.
あ．home　　い．to home　　う．house　　え．to house

2．Please (　　) me anytime.
あ．contact　　い．contact for　　う．contact to　　え．contact with

3．There was little money (　　) in my wallet.
あ．leave　　い．left　　う．leaving　　え．to leave

4．What language (　　) in Switzerland?
あ．is speaking　　い．speaks　　う．spoke　　え．is spoken

5．These shoes are too small for him. He needs some bigger (　　).
あ．it　　い．them　　う．one　　え．ones

6．Nancy runs (　　) faster than her classmates.
あ．very　　い．most　　う．a lot　　え．much more

7．The students will be happy when the tests (　　) over.
あ．are　　い．will be　　う．were　　え．has been

8．The rabbits (　　) by the students at this school.
あ．take care of　　い．are taking care　　う．are taken care　　え．are taken care of

9．What beautiful (　　)!
あ．they are flowers　　い．flowers they are
う．are they flowers　　え．flowers are they

VI　次の各組の文がほぼ同じ意味になるように(　　)に最も適切な語を入れたとき，(＊)に入る語を答えなさい。

1．When she heard the story, she felt sad.
The story (＊) her sad.

2．Melissa is very kind to help you with your homework.
It is very kind (＊) Melissa to help you with your homework.

3．It has been five years since my grandfather died.
Five years have (＊) since my grandfather died.

4．I would like to study abroad after I finish high school.
I would like to study in a (＊) country after I finish high school.

5．This box is too heavy for me to carry.
This box is so heavy that I (　　) carry (＊).

Ⅶ （　）内のあ．～か．を並べかえ，意味の通る英文を完成させなさい。ただし，解答はそれぞれの［ a ］，［ b ］に入る記号のみ答えなさい。

1．母が送ってくれたリンゴはおいしい。

The (___ [a] ___ ___ ___ [b]) delicious.

（あ．mother　い．my　う．apples　え．are　お．by　か．sent）

2．図書館で勉強している人がたくさんいる。

There are (___ [a] [b] ___ ___ ___).

（あ．the　い．people　う．library　え．studying　お．many　か．in）

3．健康に良くないので，煙草は吸わないほうがいい。

You ([a] ___ [b] ___ ___ ___) is not good for your health.

（あ．better　い．it　う．because　え．had　お．smoke　か．not）

4．とても暑いので，冷たい飲み物をいただきたいです。

It is very hot, so I would (___ ___ ___ [a] ___ [b]).

（あ．drink　い．cold　う．have　え．like to　お．to　か．something）

5．その女の子は遊ぶおもちゃをたくさん持っている。

The little girl ([a] ___ ___ [b] ___ ___).

（あ．a lot of　い．with　う．play　え．toys　お．has　か．to）

Ⅷ あなたは，中学校の卒業式を終えたら，高校に入学するまでの期間をどのように過ごしたいですか。その間にしたいことを1つ挙げ，指定された書き出しに続けて**3語以上**の英語で書きなさい。さらに，その理由を**15語以上**の英語で書きなさい。なお，ピリオド，コンマなどの符号は語数に含めません。

During the spring holiday, I want to ______ 3語以上 ______.

15語以上

一九六〇年代のいわゆる高度経済成長の時代に生活が変化していく中で、人々《ひとびと》は［ａ］ばかり追い求めるようになってしまった、と筆者は言います。自動車道路が作られ、乗鞍岳《のりくらだけ》が［ｂ］として開発されたことは、当時の象徴的《しょうちょうてき》な出来事でした。しかし、その道路開発の結果として切り倒《たお》されたハイマツの生態こそ、人間の［ｃ］を照らし出すものであったと、筆者は主張します。しかも、［ｄ］の中を生きるハイマツの特徴《とくちょう》を明らかにしたのは、無残にも切り落とされた木を決して無駄《むだ》にはせず、［ｅ］をおこなった人々の努力の結果でした。

このような行為《こうい》に筆者は、人間性が損《そこ》なわれつつある現在の［ｆ］を見出《みいだ》しています。開発によって破壊《はかい》され消えていく自然や生物は、どのようにして生きてきたのか、またなぜ不要なものとして捨て去られなければならなかったのか。［ｇ］を抱き様々な角度から検証することこそが、欲望を充足《じゅうそく》させようとし続ける人間のありようを見つめなおす行為《こうい》となるのです。

人間中心の開発がもたらした被害《ひがい》を丹念《たんねん》に見て取り、私たちの生き方を考えていくこと。そのような「認識」をおこなっていくことを筆者は［ｈ］と呼んでいるのであり、人間性の回復という困難な道のりには欠かせないものなのです。

（イ）厳しく過酷《かこく》な条件
（ロ）綿密な調査と観察
（ハ）犠牲《ぎせい》に向けた鎮魂歌《ちんこんか》
（ニ）理想と現実との矛盾《むじゅん》
（ホ）楽しく安全な観光地
（ヘ）失われていくものへの愛情
（ト）歩みを止めない進化の力強さ
（チ）危機的状況《じょうきょう》からの再生への筋道
（リ）一時の享楽《きょうらく》を求める浅ましいあり方
（ヌ）便利さや快適さといった表面的なもの

【出典】
［Ⅰ］中田永一「パン、買ってこい」（『走る？』文春文庫、二〇一七、一一～二五ページ）
［Ⅱ］藤田省三「松に聞け」（『戦後精神の経験Ⅰ――藤田省三小論集』影書房、一九九六年、一～八ページ）

（ニ）長い年月をかけて一歩ずつ成長してきたハイマツを、瞬時《しゅんじ》に切り落としてしまったことの理不尽《りふじん》さについて筆者は主張している。

（ホ）粘《ねば》り強いハイマツの生育を知ることができたのは、伐採《ばっさい》されたことによって調査が可能となった結果であると筆者は認めている。

【問8】――⑦「そのことは極《きわ》めて見易《みやす》い」とありますが、どういうことですか。次の中から最も適当なものを選び、記号で答えなさい。

（イ）経済が急成長を遂《と》げたことにより、人々《ひとびと》の生活に余《よ》裕《ゆう》が生まれたのは否定しがたい事実だ、ということ。

（ロ）あまりにも急速に人々の行動に変化が起こったことによって、環境破壊《はかい》も一気に進行した、ということ。

（ハ）高度成長が社会の変化をもたらしたことは、種々《しゅじゅ》の調査やデータによって証明されている、ということ。

（ニ）自動車普及率《ふきゅうりつ》が急上昇したことは、自然を切り拓《ひら》く道路開発の必要性の増大をもたらした、ということ。

（ホ）数字だけで示される経済指標の伸長《しんちょう》を手放しで喜ぶことは、あまりにも安易な態度である、ということ。

【問9】――⑧「人間の浅薄《せんぱく》な『頭の良さ』がどんなものであるか」とありますが、どういうことですか。次の中から最も適当なものを選び、記号で答えなさい。

（イ）時代の流れにしたがって人々はほとんど同じ考え方をするようになっているだけではなく、違《ちが》う方向を目指す人やその態度を許容できなくなってしまっている、ということ。

（ロ）人間は次々と道具や機械を発明して、日常生活の利便性を大幅《おおはば》に増大させてきたが、その結果として自分たちが築いてきた伝統や文化を否定することになった、ということ。

（ハ）人類は進化の過程で様々な技術を発達させてきたが、その技術発展の背後に多くの人々の計り知れない犠牲《ぎせい》があったという事実をすっかり忘れてしまっている、ということ。

（ニ）より便利な環境を作ることを目指して、多くの人々が競《きそ》い合うように努力しているが、どれだけ早くその目的を達成できるかということにとらわれがちである、ということ。

（ホ）多くの人々が自分たちの求める快適さを実現しようとするあまり、何の疑いも持つことなく、様々な物事とのかかわりを振《ふ》りかえることすらしなくなっている、ということ。

【問10】――⑨「その認識《にんしき》としてのレクイエムのみが辛《かろ》うじて蘇生《そせい》への鍵《かぎ》を包蔵している、というべきであろう」とありますが、これに関する次の説明文の a ～ h に当てはまる語句を、後からそれぞれ選び、記号で答えなさい。

てしまっている、ということ。

（ハ）他人との関わりにおいて、過度に傷つきやすくなってしまっている、ということ。

（ニ）物事をとらえる感覚が、きわめて単純なものとなってしまっている、ということ。

（ホ）周囲から得られる情報に、向き合おうとしなくなってしまっている、ということ。

【問4】 ――④「『従いつつ逆らう』生き方」とありますが、これとほぼ同じ意味を表している部分を、**同じ段落の中から8文字**で抜《ぬ》き出しなさい。

【問5】 ――⑤「それは一つの葬《とむら》いであった」とありますが、どういうことですか。次の中から最も適当なものを選び、記号で答えなさい。

（イ）今まで知られていなかったハイマツの生態を明らかにしたことは、伐採《ばっさい》された木を人間の生活の中に活《い》かすことにつながった、ということ。

（ロ）厳しい環境《かんきょう》に耐《た》え抜《ぬ》くハイマツの特徴《とくちょう》を明らかにすることで、木を伐採する必要はなかったのではないかと疑問を投げかけた、ということ。

（ハ）丈夫《じょうぶ》であったハイマツも道路開発の結果切り倒《たお》されてしまい、その木の生育の仕方を調べることしかできなくなってしまった、ということ。

（ニ）調査のためとはいえども伐採された木をまたさらに切り刻むことは、必死で生きてきたハイマツに対し心が痛む行為《こうい》であった、ということ。

（ホ）開発のため切り倒された木を詳細《しょうさい》に調べることが、ハイマツの生のあり方とその死の意味を深く考えることにつながっていた、ということ。

【問6】 A にあてはまる語句として、最も適当なものを次の中から選び、記号で答えなさい。

（イ）汗水《あせみず》を流す

（ロ）雪崩《なだれ》を打つ

（ハ）風雪に耐《た》える

（ニ）肩《かた》で風を切る

（ホ）血の雨が降る

【問7】 ――⑥「それらの『隠《かく》された次元』における実質的特徴《とくちょう》は気高い品位をもって私たちの前に立ち現れる」とありますが、これに対する説明として最も適当なものを次の中から選び、記号で答えなさい。

（イ）外敵からその身を守るため、苦難に耐《た》え続けるハイマツに、先人たちが積み重ねてきた努力と同様の価値を筆者は見出《みいだ》している。

（ロ）その外観からは知ることが難しい、厳しい環境《かんきょう》を耐え抜くハイマツの生き方に、人間の尺度《しゃくど》を超えた崇高《すうこう》さを筆者は感じている。

（ハ）ひるむことなく困難に向かっていたハイマツの姿を、もう目にすることはできないという事実の意味について筆者は問うている。

苦《く》と素直《すなお》さと、遅々《ちち》たる速度と長年の持続と、といった一文の両義性を典型的に内蔵するものであった。

こうして、⑧人間の浅薄《せんぱく》な「頭の良さ」がどんなものであるかが決定的な形で明らかにされた。岩山の斜面《しゃめん》を百年にわたって匍《は》い続けて来た一つの樹木の生活様式とのコントラストにおいて。そうしてその対称軸《たいしょうじく》となったハイマツの実態を認識《にんしき》のレベルにまで高めたものは、人間の自己中心的な開発がもたらした「破壊《はかい》」という危機の最中《さなか》にあって、その犠牲《いけにえ》をつぶさに見取るという、数少い人の丹念《たんねん》な行為《こうい》に他ならなかった。危機は認識のチャンスであり、その危機における認識を支える精神的動機は犠牲者《ぎせいしゃ》への愛であり、そうしてその認識行為だけが「浅ましい人間」からの脱出《だっしゅつ》と回復を――すなわち蘇《よみがえ》りと再生を可能にする第一歩に他ならないということを、これ程如実《ほどにょじつ》に示す一例はそう多くはない。私も又《また》その道を、残された僅《わず》かの年月の間、歩もうとする者の一人でありたい。此《こ》の土壇場《どたんば》の危機の時代においては犠牲への鎮魂歌《ちんこんか》は自らの耳に快適な歌としてではなく精魂《せいこん》込《こ》めた「他者の認識」として現れなければならない。⑨その認識としてのレクイエムのみが辛《かろ》うじて蘇生《そせい》への鍵《かぎ》を包蔵している、というべきであろう。

【問1】――①「畏敬《いけい》の念」とありますが、以下の文の［ a ］～［ c ］のそれぞれに該当《がいとう》する語を本文中より**2文字**で抜《ぬ》き出しなさい。

> 「畏敬の念」とは、ある対象に［ a ］を抱《いだ》くと同時に、深い［ b ］を払《はら》うという、［ c ］的な思いを指す。

【問2】――②「『山』の歴史はかくて終わった」とありますが、どういうことですか。次の中から最も適当なものを選び、記号で答えなさい。

（イ）多様な面を持つはずの山の性格が、観光のための場所とのみとらえられるようになってしまった、ということ。

（ロ）人間が安易に近づくことを拒《こば》んできた険しい自然が、ついにその人間の手によって切り拓《ひら》かれた、ということ。

（ハ）開発により貴重な自然を失った山は、もはや命の恵《めぐ》みをもたらすことができなくなってしまった、ということ。

（ニ）誰《だれ》もあらがうことができない時代状況《じょうきょう》の変化によって、山の果たす役割も徐々《じょじょ》に変わっていった、ということ。

（ホ）厳しくも豊かな山の自然と共に歩んできた伝統的社会が、今や存亡の危機に瀕《ひん》してしまっている、ということ。

【問3】――③「外界と他者に対する受容器が根本的な損傷を蒙《こうむ》ったのである」とありますが、どういうことですか。次の中から最も適当なものを選び、記号で答えなさい。

（イ）外の世界に興味を示さずに、自分の殻《から》に閉じこもってしまっている、ということ。

（ロ）自分とは考えの異なる意見を、受け入れにくくなっ

るのではなくて粘《ねば》り強く成長していく、その木の生き方であった。細い枝は柔《やわ》らかく密に混み合って四方に低く低く拡《ひろ》がっているが、その典型的な「低木」の形と質はどこから来たのか。観光客には分らないであろうし、己れの欲求の充足《じゅうそく》しか考えない自我《じが》主義者にも分らないであろうが、注意をそこに（他者の生存条件に）集中することの出来る者ならば、容易に見て取れることは、斜面《しゃめん》を匍《は》う低いその形が高山の強い風圧と冬期の厚い積雪の加重という外的条件への抵抗を秘めた対応である。その証拠に風の当たらない所のものには「立つもの」もある、とさえいう。そうして枝の柔かさは風圧と積雪の二重の圧力を吸収し飲《の》み込《こ》みながら④「従いつつ逆らう」生き方を保証するものであった。しかしその生き方は絶えざる逆境を内蔵しているが故《ゆえ》に、順調な環境《かんきょう》の中で我儘一杯《わがままいっぱい》に育った者とは違《ちが》って、肥え太ることも出来ないし、高く聳《そび》え立つことも出来はしない。幹すらもが細く、しかし、しっかりとしている。どのようにであるか。その点を精密に調査し観察した人がいる。樹齢《じゅれい》と幹の直径と年輪幅とを計測したのである。しかしその計測はその木を伐採《ばっさい》することによってなされたのではない。自動車道の開発の犠牲とされたその木を一本一本集めてその悲《ひ》惨《さん》な屍体《したい》の解剖《かいぼう》として行われたのである。⑤それは一つの葬《とむら》いであった。信濃《しなの》教育会に属する名取陽、松田行雄の両氏の丁寧《ていねい》な調査によると、標高二五五〇メートル地点で犠牲にされた九十五本のハイマツの平均樹齢は驚《おどろ》くなかれ一〇九年、そしてその平均直径は七・九八センチメートル、一年毎《ごと》の成長を示す年輪幅の平均は〇・三七ミリメートルであった。一年に一ミリの$\frac{1}{3}$強ずつ一〇九年間成長し続けたのであった。標高二六五〇メートル地点でも九十八本のハイマツが殺害されていた。その平均樹齢は一一〇年、その平均直径は五・六八センチ、一年ごとの平均年輪幅は〇・二六ミリであった。標高二七五〇メートル地点での六十一本のハイマツは、平均樹齢七七年、平均直径五・六二センチ、平均年輪幅〇・三七ミリであった。

　この計測結果が物語っているその木の生き方は私たちの胸を衝《つ》くものがある。少なくとも私にはそうである。何という遅々《ちち》たる歩み、そして何という粘《ねば》り強さ、百年にもわたって決して歩みを停《と》めないその歩みの力強さ、比喩《ひゆ》ではなくて文字通りの「Ａ」辛苦《しんく》を重ねて生き続けて来たその精進《しょうじん》の厳しさ、そしてその柔軟《じゅうなん》な我慢強《がまんづよ》さ。⑥それらの「隠《かく》された次元」における実質的特徴《とくちょう》は気高い品位をもって私たちの前に立ち現れる。

　いうまでもなく一九六三年の乗鞍岳開発は高度成長の所産であった。それが含《ふく》む経済学的含意《がんい》は、「第三次産業」の国境《くにざかい》の飛躍的《ひやくてき》な拡張であり、それに伴《ともな》う土木産業と土木機械業の新たな急成長であり、「行楽人口」と「行楽距離《きょり》」の増大がもたらす消費活動の急膨張《きゅうぼうちょう》であり、それによるＧＮＰの上昇《じょうしょう》であり、自動車販売《はんばい》市場の急速な拡大であり、それらを引金とする「産業連関表」全体のスケールの巨大化《きょだいか》であった。⑦そのことは極《きわ》めて見易《みやす》い。しかし人々が一斉に「便宜《べんぎ》」を求めてその異常な膨張過程に「参加」したことは見過ごされ易い反面である。僅《わず》か一時の「享楽《きょうらく》」を求めて、しかも労苦のコストを払《はら》うことのない一面的な（すなわち一義的な）享楽だけを求めて「乗鞍岳」に殺到《さっとう》する人々の群れに較《くら》べる時、その群れの通り過ぎる傍《かたわ》らに人知れず横たわっていた「ハイマツ」の実態は、厳しさと軟《やわ》らかさと、辛《しん》

（3）

（ト）パシリを受け入れていた自分から脱却《だっきゃく》したのだ
（チ）パシリをしていた過去をついに克服《こくふく》できたのだ
（リ）パシリという行為を経て主体性を獲得《かくとく》したのだ

。

入間の求めるパンを購入するという目的に支えられた「僕」の生活は、それまでの色褪《いろあ》せた光景をゆたかなものにする。自らの意志で「二本の足をうごかして、教室へむかった」「僕」が見る教室の光景は、「うつむいて過ごしていた」ときとは異なるものだったに違《ちが》いない。このように考えると、本作は、

（4）

（ヌ）パシリの経験を通過した「僕」の成長を描《えが》いた物語
（ル）「僕」の変化を通してパシリを批判的に描いた物語
（ヲ）「僕」のパシリの日々を喪《そう》失《しつ》感とともに描いた物語

と言うことができる。

Ⅱ　次の文章を読んで、以下の設問に答えなさい。

一九六三年（昭和三十八年）に乗鞍岳《のりくらだけ》に上って行く自動車道路が作られた。いうまでもなく「観光施設《しせつ》」として「開発」されたのである。かつての「山」は恐《おそ》れを以《もっ》て仰《あお》がれ、敬意を以て尊ばれる存在であった。近づくことの困難、その中に生ずる様々《さまざま》な不測の事態、そして水源地として、又《また》材木や燃料や木の子の宝庫として私たちの生存を保証してくれることの有難《ありがた》さ。墓場であり他界であると同時に社会《さと》の保護者であり発生の源泉でもある、その両義性の持つ不思議さは私たちの①畏敬《いけい》の念を駆《か》り立てずには措《お》かなかった。

しかし、その「山」――しかも「山」の中の「山」としての「岳」（タケ）すらもが一個の「施設」と化したのである。しかも安全で「楽しい遊園地」の延長物へと変質したのであった。②「山」の歴史はかくて終わった。そして「山の前史」の終焉《しゅうえん》は、山を経験の相手として持つことによって形造られてきた私たち人間の感覚の世界に構造的な終焉をもたらしている。そのことの一つの現れが、厳しい存在に対する感受性の欠落であり、さらに正確に言えば厳しさと優《やさ》しさの両義的共在に対する感得能力の全き消滅《しょうめつ》である。優しさはひたすら優しいだけの微温《びおん》性の中にしか発見されず、厳しさは唯々《ただただ》機械的秩序《ちつじょ》に基《もと》づく強権的命令の中にしか見つけることが出来ない。――という感受性の単元化が、今、史上初めて全般的《ぜんぱんてき》な規模で発生している。③外界と他者に対する受容器が根本的な損傷を蒙《こうむ》ったのである。そのことを証明する証拠《しょうこ》が欲《ほ》しいならば、先《ま》ず自らを省《かえり》みよ。自らの生活様式の実態を省察せよ。そうしてその営みの延長線上に発生する世界への新たな認識《にんしき》こそが、感受性の構造的回復をもたらす第一歩に他ならないであろう。何故《なぜ》か。次に示す小さな一例を見られたい。

一九六三年の乗鞍岳自動車道路の「開発」は当然のことながら多くの生物を犠牲《ぎせい》にした。その犠牲の一つに「ハイマツ」と呼ばれる高山地帯固有の松の木があった。岩山の固い瘠《や》せ地に根づいて岩面を「這《は》う」ように生きている、その木の姿が「ハイマツ」という名前の由縁《ゆえん》であったが（その木のその名前を「這松《はいまつ》」と書いたのは元文元年坂本天山が著《あらわ》した「駒ヶ岳一覧之記《こまがたけいちらんのき》」であった）、その生きる姿勢が示しているものは、厳しく過酷《かこく》な条件と、その条件に貫《つらぬ》かれながら屈服《くっぷく》す

の日々《ひび》に未練を残している。

（ロ）「僕」は自由に毎日を過ごしている一方、本当にパシリをしなくていいのか不安に思っており、入間の気持ちを確認《かくにん》しようとしている。

（ハ）「僕」は安心した生活を送っていながらも、入間を注視する教師の目が気になっており、ことあるごとに入間の言動をうかがっている。

（ニ）「僕」の学校生活は静かなものに戻《もど》ったけれど、これまでの刺激《しげき》も失われてしまったので、また不良たちとの親交を深めたがっている。

（ホ）「僕」の毎日はすっかり弛緩《しかん》したものになったが、パンを届ける以外の目標が見つかったため、気持ちを新たに学校生活を送っている。

【問13】――⑩「脳が命令を発するまでもなく、まるで足が自由意志を持ったように」とありますが、このときの「僕」の様子を表す語の組み合わせとして最も適当なものを次の中から選び、記号で答えなさい。

（イ）茫然《ぼうぜん》・狼狽《ろうばい》　（ロ）友情・信頼《しんらい》

（ハ）義務・責任　（ニ）忘我《ぼうが》・歓喜《かんき》

（ホ）本能・理性

【問14】――⑪「二本の足をうごかして、教室へむかった」とありますが、これに関する次の説明文の（1）～（4）について、適当なものをそれぞれ選び、記号で答えなさい。

以前は教室の隅《すみ》っこで過ごしていた「僕《ぼく》」だが、入間からパシリに指名されたことがきっかけで変化が訪《おとず》れる。「うつむいて」ばかりで、ほとんどの時間を教室で過ごしていただろう「僕」は、

（1）
（イ）入間の要求に応えながら、人の役に立つことの大切さに気づくようになる
（ロ）購買《こうばい》まで走る日々を通じて、継続《けいぞく》が自分の力を向上させることを実感する
（ハ）苦手だった不良仲間と交流をすることで、堂々《どうどう》とした態度に変わっていく

。そんな「僕」が、パシリという経験の中で感じたことは、「自らの意思」で行動することの大切さである。

「僕」のパシリとしての生活は、教師の介入《かいにゅう》というかたちでいったんは終わりを迎《むか》えた。しかし「僕」はトレーニングを重ねた身体に導かれるかのように、パンを買いに行くことになる。「僕」は、

（2）
（ニ）パシリとしての意思を固くするために走り出す
（ホ）強い意思とともにパシリという行為《こうい》を選び直す
（ヘ）自らの意思を確認《かくにん》するために再びパシリとなる

のだった。

入間から投げられた五百円玉を「僕」が「すぐさま彼《かれ》にむかって投げ返す」という場面からは、「僕」のそのような様子を見て取ることができる。つまり、「僕」はこのとき、

(ニ) 小中学校時代の「僕」は、劣《おと》った人物という印象を払拭《ふっしょく》するのをあきらめていたから。

(ホ) 小中学校時代の「僕」は、人から馬鹿にされることを運命として受け入れていたから。

【問9】 D ～ G に当てはまる言葉を次の中から選び、記号で答えなさい。

(イ) たとえ　(ロ) もしも　(ハ) なおさら

(ニ) かならずや　(ホ) ついに　(ヘ) むろん

(ト) それでも　(チ) ともすれば

【問10】 ――⑦「彼《かれ》にとってのうしなわれた光景を、今は僕《ぼく》が見ているのかもしれない」とありますが、このときの「僕」の様子を説明したものとして最も適当なものを次の中から選び、記号で答えなさい。

(イ) 「僕」は、入間のためにジョギングを続けることが、陸上競技をあきらめざるをえなかった入間の雪辱《せつじょく》を果たすことにもつながると信じている。

(ロ) 入間から使いっ走りを申しつけられた「僕」は、怪《け》我《が》で陸上部を辞《や》めてしまった入間から、かつて彼が抱《いだ》いた夢を託《たく》されたのだと自覚している。

(ハ) 「僕」は、自分の走っているジョギングコースは、陸上競技に打《う》ち込《こ》んでいた入間がトレーニングのために走っていた道ではないのかと考えている。

(ニ) いち早くパンを届けることを目指す「僕」は、目標のために走《はし》り込《こ》んでいるという点で、陸上競技に励《はげ》んでいたかつての入間と重なると思っている。

(ホ) 日々の鍛錬《たんれん》によって走るのが速くなった「僕」は、怪我《けが》をして陸上競技を挫折《ざせつ》してしまった入間と比べても、遜色《そんしょく》のない走りをしている自信がある。

【問11】 ――⑧「やがてあきらめたように担任教師はため息をついて僕は解放される」とありますが、このときの「担任教師」の様子を説明したものとして最も適当なものを次の中から選び、記号で答えなさい。

(イ) 「僕」がパシリをしているのか見当もつかなかったが、これ以上「僕」を追及《ついきゅう》するべきではないと判断した。

(ロ) 胸中を明かそうとしない「僕」にいらだちながらも、それを悟《さと》られないように「僕」との話を切り上げた。

(ハ) パシリの内実を明らかにしない「僕」に戸惑《とまど》いながらも、落ち着かせるように「僕」との話を終わらせた。

(ニ) パシリを嫌《いや》がっているという「僕」の思いを引き出したがったが、仕方なく「僕」への聴取《ちょうしゅ》を打ち切った。

(ホ) 本当のことが言えない「僕」にあきれ果ててしまって、「僕」からパシリの話を聞き出すことを断念した。

【問12】 ――⑨「何日か平穏《へいおん》な昼休みを過ごした後、辛抱《しんぼう》できなくなって体育館裏へむかった」とありますが、このときの「僕」の様子を説明したものとして最も適当なものを次の中から選び、記号で答えなさい。

(イ) 「僕」は落ち着いた毎日を送る反面、どこか空虚《くうきょ》さを抱《かか》えており、緊張感《きんちょうかん》がありつつも充実《じゅうじつ》していたパシリ

【問5】――④「悔《くや》しいとはおもわなかった」とありますが、なぜですか。次の中から最も適当なものを選び、記号で答えなさい。

（イ）屈辱《くつじょく》であるはずのパシリという行為《こうい》を、自分の役割として受け入れたから。

（ロ）学生時代にパシリの経験をすることは、今後の人生において役に立つから。

（ハ）パシリの役割を精一杯《せいいっぱい》つとめることで、不良仲間の一員に昇格《しょうかく》できるから。

（ニ）パシリに打ち込《こ》むことで、退屈《たいくつ》な学校生活を変えられるかもしれないから。

（ホ）他人のために行動するというパシリの役目は、自分の性に合っていたから。

【問6】［A］～［C］に当てはまる語の組み合わせとして最も適当なものを選び、記号で答えなさい。

（イ）A―意向　B―要求　C―同様

（ロ）A―推測　B―代替《だいたい》　C―交換《こうかん》

（ハ）A―圧力　B―判断　C―互角《ごかく》

（ニ）A―想像　B―換算《かんさん》　C―対等

（ホ）A―打算　B―選択《せんたく》　C―相殺《そうさい》

【問7】――⑤「しかし僕《ぼく》の胸に、ふつふつと闘志《とうし》がわき上がる」とありますが、これに関する次の説明文の［a］～［d］に該当《がいとう》する語を後より選び、記号で答えなさい。

入間のパシリとなった「僕」は、その侮蔑《ぶべつ》的とも言える扱《あつか》いをされる中、奇妙《きみょう》な［a］感を覚え始める。「僕」は、自分の［b］意義を証明するかのように入間の好みのパンを執《しつ》拗《よう》に調査し、そんな自分を気味悪がって追《お》い払《はら》おうとする入間に対しては、必死に食い下がる態度すら見せるようになる。はたして「僕」は、「焼きたてのパン」を購入《こうにゅう》するという難題を突《つ》きつけられるのだが、「僕」はかえってそのことに「闘志」を燃やすことになる。つまり、パシリとしての「僕」の中に生じた［c］意識が、これまでなかった［d］性を「僕」に与《あた》えているのだ。

（イ）攻撃《こうげき》　（ロ）安堵《あんど》　（ハ）目的　（ニ）存在

（ホ）疎外《そがい》　（ヘ）受動　（ト）能動　（チ）使命

（リ）排他《はいた》　（ヌ）安定

【問8】――⑥「人生というものはわからない」とありますが、「僕」はなぜそう思ったのですか。次の中から最も適当なものを選び、記号で答えなさい。

（イ）小中学校時代の「僕」は、自分の可能性に気づきながらもどこか目を背《そむ》けていたから。

（ロ）小中学校時代の「僕」は、周囲の人に見下されていることに気づいていなかったから。

（ハ）小中学校時代の「僕」は、他人のことなどみんな気にかけていないと思っていたから。

【問1】――ⓐ～ⓔのカタカナは漢字に改め、漢字はひらがなで読みを記しなさい。

ⓐ 半ば　ⓑ セイゾウ　ⓒ ホウソウ

ⓓ ホケン　ⓔ セイサン

【問2】――①「ともかく僕は購買《こうばい》にむかって走り出した」とありますが、このときの「僕」の様子を説明したものとして最も適当なものを、次の中から選び記号で答えなさい。

（イ）入間の迫力《はくりょく》に体が縮み上がっているものの、自分の普段《ふだん》の行動を変えなければと思い、勇気を振《ふ》り絞《しぼ》って走っている。

（ロ）自分が入間に目をつけられる理由は理解できるとはいえ、あまりにも唐突《とうとつ》な申しつけに、少しだけ頭が混乱している。

（ハ）入間からの命令をいったん受け入れたものの、どこか納得《なっとく》できない思いがあり、不満を抱《かか》えつつ購買に向かっている。

（ニ）なぜ自分が入間に命じられたのだろうと思いつつも、時間を守らなくてはならないという気持ちの方が先立っている。

（ホ）一方的な命令に従ってはいけないと思いつつ、入間の強い口調に気圧《けお》されて、気づいたときには足が動き出している。

【問3】――②「教室で息を殺すようにしながら暮らしている」とありますが、なぜですか。次の中から最も適当なものを選び、記号で答えなさい。

（イ）勝手に振《ふ》る舞《ま》う人がいると学校の秩序《ちつじょ》が乱れてしまう、と考えているから。

（ロ）どうせ自分の意見なんて周囲は真剣《しんけん》に聞いてくれない、と考えているから。

（ハ）たいした取《と》り柄《え》もない自分はなるべく目立ちたくない、と考えているから。

（ニ）誰《だれ》もが周囲を気にして意見が言えない状況《じょうきょう》を不健全だ、と考えているから。

（ホ）人と異なる行動をすると不良に目を付けられてしまう、と考えているから。

【問4】――③「ねめつけるような視線がむけられた」とありますが、どういうことですか。次の中から最も適当なものを選び、記号で答えなさい。

（イ）まとわりつくような粘《ねば》っこい視線が「僕《ぼく》」にむいた、ということ。

（ロ）にらみつけるような厳しい視線が「僕」に集まった、ということ。

（ハ）抑《おさ》えつけるような重苦しい視線が「僕」に注がれた、ということ。

（ニ）食《く》らいつくような必死な視線に「僕」がとまどった、ということ。

（ホ）かぶりつくような好奇《こうき》の視線に「僕」がさらされた、ということ。

走る、走る。やがて、パン屋の看板が視界に入った。到着《とうちゃく》して店内に入る。深呼吸すると香《こう》ばしいパンのにおいがした。お昼休み中のOLさんが何人かいた。高校の校舎とは異質の空間だ。放課後にリサーチをかねて店に足をはこんでいたので怖《お》じ気《け》づきはしない。流れるような動作でトレイをつかんで焼きたてのパンを載《の》せる。この時間に焼きあがるパンの種類も頭に入っている。それらを一個ずつ購入《こうにゅう》する。レジでお金を支払《しはら》う間に時間を確認《かくにん》。すでに昼休みがおわろうとしていた。

袋《ふくろ》に入れられた焼きたてパンは、あたたかかった。胸に抱《だ》いてはしると、ほかほかとした熱がつたわってくる。地面を踏《ふ》みしめ、筋肉をふりしぼり、体を前へと押《お》し出《だ》す。前へ、前へ。空気の壁《かべ》に突入《とつにゅう》。空気は風となって肌《はだ》の表面をなでる。前方にあった景色は後方へと過ぎ去り、また新しい景色が僕のむかう先から現れる。訓練のおかげで足がうごいた。⑩脳が命令を発するまでもなく、まるで足が自由意志を持ったように。このままスピードをあげれば空に飛んでいけるかもしれないとさえ感じられるほどに。

パシリの強要はいけないことだ。それはまちがいない。入間君がどのような理由で僕を購買に走らせたのかわからないが。だけど、感謝してもいる。僕にはきっかけがひつようだったのかもしれない。それがなければ、一生、しらなかったかもしれない。反復によって体がスムーズにうごくようになるということを。昨日よりも今日、今日よりも明日、すこしずつ成長できるということを。その機会がだれにでもひとしくあたえられているのだということを。僕は教室でうつむいて過ごさなくても良かったのだということを。体つきや生まれつきの能力なんて些細《ささい》なものだ。それにくらべたら、自らの意思で何かをはじめようと立ち上がり、同じ事をつづけて身につけた力の何と偉大《いだい》なことか。

校門にたどりついたとき、午後の授業がはじまっていた。真面目な生徒だったらもう体育館裏にはいないだろう。しかし入間君は真面目な生徒ではなかった。体育館裏に駆《か》けこみ、靴《くつ》のグリップ力を信じて急停止する。ズザァー、と砂煙《すなけむり》をあげて僕《ぼく》の体は止まった。入間君と、そして不良の先輩方《せんぱいがた》が中腰《ちゅうごし》状態でそこにいた。彼《かれ》らは僕を見ると「おー」と声をあげた。

「これ、パンです……。僕の、ですけどね……。だけど、みなさん、に、わけて、あげても……」

息がみだれて声が出ない。焼きたてのパンをみんなでわけあって食べた。ぱりっとした表面の食感と、熱を保った状態のしっとりした内側のもちもち感に、入間君と不良の先輩《せんぱい》方は満足そうだった。僕は体育館の壁に寄りかかって地面にすわる。

「おい、これ」

入間君が五百円玉を僕にむかって投げてくる。放物線を描《えが》いて飛んできた銀色の硬貨《こうか》をキャッチして、僕はすぐさま彼にむかって投げ返す。

「いらない、ありがとう、入間君」

授業が終わるまでそこにいた。焼きたてパンがすっかり胃の中に消えると、香ばしいにおいは消えて、かわりに体育館裏の地面のにおいがした。チャイムが鳴って、僕は立ち上がる。⑪二本の足をうごかして、教室へむかった。

「強がりを言うな。秋永、つらいときは、だれかに助けを求めたっていいんだぞ」

「だいじょうぶですから」

教師には僕が、心を開こうとしない生徒に見えただろう。⑧やがてあきらめたように担任教師はため息をついて僕は解放される。しかし僕のしらないところで、この案件は見過ごすことのできないものとして扱《あつか》われていたようだ。

4

昼休みに入間君が僕を素通《すどお》りするようになった。僕は彼を呼び止める。

「あの、パンは……？　パンを買ってこなくても、いいのかい……？」

「うっせえ。もう話しかけてくんな」

舌打ちして入間君はさっさと行ってしまう。その後、耳にした噂《うわさ》によると、教師が入間君に忠告しに行ったらしい。使いっ走りの強要がおこなわれた場合、あるいはそう疑われる行為《こうい》が目撃《もくげき》された場合、厳重に罰《ばっ》すると。

入間君はもうだれかにパシリをやらせるつもりがないようだ。僕《ぼく》はもう購買《こうばい》まで全力疾走《しっそう》するひつようなく、以前とおなじように平穏《へいおん》にすごすことができるのだ。グループをつくってお弁当を食べているクラスメイトを横目で見ながら、僕はひとり、机にほおづえをついて昼休みをすごすようになった。

足が落ちつかなかった。パシリの日々《ひび》のせいだ。僕の足はこの時間になると、勝手にうごきだそうとする。⑨何日か平穏な昼休みを過ごした後、辛抱《しんぼう》できなくなって体育館裏へむかった。

時計を確認《かくにん》する。昼休みはのこり十分ほどだ。体育館裏手に入間君と不良の先輩《せんぱい》たちがいた。入間君はゼリー飲料の銀色のパックをくわえている。彼《かれ》にむかって話しかける。

「今からちょっと、パン、買ってくるけど」

「失《う》せろ」

「僕が買うんだ。僕が自分の分を。だけどもしよかったら、それをわけてあげてもいい。焼きたてのパンをね」

入間君は僕にむかってゼリー飲料のパックを投げつけようとしていたが、話を最後まで聞いて、うごきをとめた。僕は彼に背中を見せて、走り出した。以前から計画していたことを、僕はその日、実行に移したのだ。昼休みがのこり十分ほどしかないというのに。無謀《むぼう》なのはわかっていたけれど。

校門をダッシュで通過する。ランニングシューズのグリップ力は上々《じょうじょう》だ。走るようになって靴《くつ》を買《か》い換《か》えた。軽量タイプのものだからゴムの厚みはそれほどではない。衝撃《しょうげき》の吸収力も期待できない。そのかわり、まるで裸足《はだし》のようだ。

アスファルトの地面を蹴《け》る。曲がり角を、ぎゅん、と曲がった。スタート直後は苦しかった呼吸も、しばらくすると楽になる。筋肉が眠《ねむ》りから覚めた。体が軽くなったような気がする。

前方、横断歩道の信号が赤だ。車が行《い》き交《か》っている。道路沿いに進んで別の横断歩道を渡《わた》るルートに変更《へんこう》した。状況《じょうきょう》に応じて最適な経路を選択《せんたく》する。自転車さえ通れない塀《へい》と塀の隙間《すきま》を通《とお》り抜《ぬ》けてショートカットする。公園の茂《しげ》みをジャンプで飛びこえ、階段を駆《か》け上《あ》がる。

駅前がちかくなってきた。多少の遠回りになったが、通行人のすくない路地を選ぶ。違法《いほう》に駐輪《ちゅうりん》された自転車を飛びこえた。

だから⑥人生というものはわからない。

学校から帰宅するとトレーニングウェアに着替《きが》えた。夕日で赤色に染まる土手を、くたくたになるまで走った。その時間、犬の散歩をしている人がたくさんいる。遠くの鉄橋を電車が通過する。空が広くて心地《ここち》いい。

ジョギングをはじめたのには理由がある。駅前においしいと評判のパン屋があった。特に焼きたてパンは格別だ。[D]それをパシってくることができれば、[E]入間君を満足させることだろう。問題は学校から店までの距離《きょり》だ。五分間ではもどってこられない。二十分はひつようだ。自転車をつかってはどうだろう。いや、学校と店の間に急な斜面《しゃめん》があり、階段になっている箇所《かしょ》がある。徒歩移動であれば階段を通過できるが、自転車であれば遠回りしなくてはならない。

走るのが一番いい。行き帰りに二十分かかる距離を、走《はし》り込《こ》みによって、できるだけ短縮するのだ。すこしでも早く、行って、もどってくる。[F]オーバーしてしまう時間は秘策をつかうしかない。午前中最後の授業を、腹痛を装《よそお》って早めに退席するのだ。トイレに行くふりをしながら、そのまま校舎を出て駅前にむかう。

学校帰りに地図をながめながら、校舎から店までの道のりをあるいてみた。どの道を行くのが最短経路だろうか。頭をなやませながら何度も行き来をする。駅前で焼きたてパンを入手する作戦については、入間君にも情報をもらさなかった。準備が整うまでは、それまで通りに購買《こうばい》でパンを買う。しかし走り込みの成果は確実にあった。

「秋永、パン、買ってこい」

教室で命令を受けて僕《ぼく》は飛び出す。購買でパンを購入《こうにゅう》し、体育館の裏手にむかう。しかし到着《とうちゃく》してもまだ入間君はいなかった。一分後にようやく彼《かれ》は現れる。僕の足が速くなり、ルートの最適化がおこなわれた結果、[G]入間君を追《お》い抜《ぬ》いてしまったのである。

「はえーな」

入間君は言った。黄色にそめた頭をかきながら、いまいましそうに唾《つば》を吐《は》く。

「全盛期《ぜんせいき》の俺《おれ》ほどじゃねえけどな」

クラスメイトの噂話《うわさばなし》によると、彼は中学時代、陸上部だったらしい。県大会にも出場したほどの実力だ。しかし怪我《けが》をして走ることをあきらめ、髪《かみ》の色を染めて不良になった。素行のわるくなった彼の周囲から友人たちは離《はな》れていったという。怪我をしていなかったら今も陸上を続けていたのだろうか。ジョギングの最中に見た、夕日の土手や、遠くの陸橋を行く電車をおもいだしながら、以前は彼も、そういう景色と空の色を見ていたのだろうかとかんがえる。⑦彼にとってのうしなわれた光景を、今は僕が見ているのかもしれない。

「おい、秋永、ちょっとこい」

放課後、廊下《ろうか》で僕を呼び止めたのは、入間君ではなかった。担任教師が手招きしている。職員室で担任教師と話をすることになった。

「最近、おまえがいじめを受けているという話があるんだ」

「いじめはありませんよ、だいじょうぶです」

「正直に言っていいんだぞ。こわがらなくてもいい。入間がおまえに、使いっ走りを強要しているところ、みんなが見てるんだ」

「ちょっとしたお願いをされてるだけです」

で一個で満腹になるということはないはずだ。複数個、購入する。甘《あま》い菓子《かし》パンばかりに偏《かたよ》ることなく、総菜パンばかりに偏ることなく、栄養のバランスも考慮《こうりょ》しながらパシる。

だが、それさえも最適解ではない。僕はリサーチをおこなった。だれが、どんなパンを買って行くのかを研究しはじめる。有用性を見せつけたかった。購買のパンの棚《たな》が見える位置に陣取《じんど》って人々を観察する。やがて意外な事実が判明した。おおくの生徒が、前日とおなじ商品を手に取っていたのだ。一週間、毎日、カレーパンばかりを買っていった生徒もいる。人には人の、好きなパンがある。毎日、いつも、それだけを食べていたいものなのだ。そのことに気付かされる。もしかしたら入間君もおなじように感じているのかもしれない。特定の商品ばかりをいつも買ってきてほしかったりするのだろうか。

そこで僕は、彼《かれ》がパンをほおばる様子を遠くから観察することにした。パシリをすませた後、帰るふりをして草むらにひそみ、双眼鏡《そうがんきょう》をかまえて体育館裏に目をむける。入間君が不良の先輩方《せんぱいがた》と話をしながらパンを開封《かいふう》し、食べ終えるまでの時間を計測し、表情の変化をメモした。パンの好みをしりたかったのだ。菓子パンと総菜パン、どちらを食べるときに表情がやわらかくなるだろう。

「おい秋永、おまえ何してんだ、ぶっ殺すぞ」

しかしある日、草むらにひそんでいるところを入間君に見つかってしまう。

「見てたんだ、入間君を……。つまり、その、パンの好みをしろうと思って……」

しどろもどろになりながら弁解した。理由を説明していると、気持ち悪そうな顔をされる。いつもみたいに、しっしっ、と手で追いはらわれた。

「今回はゆるしてやる。もうどっか行け」

「ちょっと待って！　あの、おしえてほしいんだ！　パンの好みを！　どんなパンを買ってきてほしいのかを！」

地面に膝《ひざ》をついて僕は問いかける。入間君は舌打ちすると、背中をむけて言った。

「パンなら、なんでもいい。だが、そうだな。しいて言うなら、焼きたてにまさるものはない」

焼きたて？　想像もしていない回答だった。しかし言われてみればたしかにその通りだ。焼きたてのパンのおいしさは格別だ。でも、どうしろと言うのだ。購買で売られているパンはどれも作られて時間が経過している。彼はわざと不可能なことを言って僕を絶望させているのにちがいない。くそっ！　くやしくなって拳《こぶし》を地面にたたきつけた。⑤しかし僕の胸に、ふつふつと闘志《とうし》がわき上がる。

3

体がちいさいため小中学校では、からかいの対象になることがおおかった。クラスの中心にいるのはいつも、サッカー部やバスケットボール部や野球部などの運動ができる奴《やつ》らだ。機敏《きびん》にうごくことができて、足のはやい人たちのことを、うらやましいとおもったことはない。彼らは別次元の存在で、自分とは種族が異なるのだ。彼らは僕のことを、自分よりも劣《おと》った人間だと見なしており、言動からそのことが伝わってきたけれど、事実なのだから仕方ないとおもいこんでいた。そんな僕がジョギングをはじめて体力作りをするようになったの

はたしてどれが正解だろう? 入間君の顔をおもいだし、コロッケパンを手に取る。ⓓホケンとしてメロンパンも買うことにした。ついでに飲み物もあったほうがいいだろう。買ってこいとは言われていないが念のためだ。

レジでⓔセイサンして体育館裏へとむかう。息も絶え絶えに体育館をぐるりとまわりこむ。普段《ふだん》なら生徒の立ち入らないような場所に入間君がいた。おそろしい顔つきの先輩方《せんぱいがた》といっしょに中腰《ちゅうごし》になって喫《きっ》煙《えん》している。おそるおそるちかづくと会話がぴたりとやんで、③ねめつけるような視線がむけられた。みんなまるで人殺しみたいな目だ。

「あのう、これ……」

萎縮《いしゅく》しながらパンと飲み物の入った袋をさしだす。入間君は袋の中を確認《かくにん》すると、つまらなそうにポケットから五百円玉を出して僕《ぼく》にほうりなげた。地面にころがった硬貨《こうか》を回収する。購入代金よりもおおかったので、財布《さいふ》からお釣《つ》りを出そうとしたら入間君が言った。

「いらねえ、もうどっか行け」

しっしっ、と手をうごかす。しかし翌日も、その翌日も、僕は入間君に呼び止められ、パンを買いに行かされることになる。

2

「秋永、パン、買ってこい」

入間君の命令はいつもそれだけだ。購買には、からあげ弁当やシーチキンおにぎりも売っているのに、いつもパンだ。買ってきたものが、パンでありさえすれば、それでいいらしい。クリームパンだったとしても、チョココロネだったとしても、僕は無事に解放された。奇妙《きみょう》なことだが、④悔《くや》しいとはおもわなかった。むしろここで自分の有用性を見せつけることで、暴力の対象から除外されるのではないかという［A］がはたらいた。腰巾着《こしぎんちゃく》になることでいじめられないようにする作戦だ。購買まで全力疾走《しっそう》しなくてはならなかったが、それも苦ではなくなった。毎日つづけていたせいだろう。教室から購買までの距離《きょり》を一度も休まず、スピードを落とすことなく、移動できるようになった。僕はそのことにおどろく。運動能力というものは持って生まれたものだとおもいこんでいたのだが、そうではなかったらしい。

廊下《ろうか》を駆《か》け抜《ぬ》けて、階段を飛ばし気味におりる。曲がり角をきゅっと曲がり、生徒たちの間をすり抜《ぬ》ける。以前よりも足がスムーズにうごいた。体が軽い。反復することにより走る力というのは向上するのかもしれない。

彼はいつも五百円を放り投げてくる。だからその金額の範囲《はんい》でパンと飲み物を［B］しなくてはならない。購入代金が五百円よりもおおかったとしても、請求《せいきゅう》はしなかった。おつりを渡《わた》していなかったので、その分と［C］だろう。

購買《こうばい》のパンと飲み物の金額をすべておぼえてしまった。どの組みあわせで五百円前後になるのかが一瞬《いっしゅん》で判断できる。しかしそれはかんたんなことだ。真にむずかしく、パシリのセンスが問われるのは、「今日はどのパンを買うのが正解なのか?」という命題に他ならない。

パンでありさえすればいい。入間君を見ていると、そうおもえてくる。しかしそれで良いのだろうか。すくなくとも僕《ぼく》だったら、毎日、おなじパンでは飽《あ》きてしまう。

気を利《き》かせて一日ごとに異なる種類のパンを買った。育《そだ》ち盛《ざか》りなの

【国　語】（六〇分）〈満点：一〇〇点〉

Ⅰ　次の文章を読んで、以下の設問に答えなさい。

1

「おい、秋永《あきなが》、ちょっとこい」

昼休みに教室でクラスメイトの入間君《いるまくん》に呼び止められたとき、僕《ぼく》は無抵抗《むていこう》にしたがった。いつかこういう日が来るだろうと予測していた。入間君はいわゆる不良だ。髪《かみ》は黄色に染めている。制服からは煙草《たばこ》の臭《にお》いがする。逆らってはいけない人物だ。

何をされるのかとおびえながら入間君についていく。教室を出るとき、話したこともないクラスメイトたちが、あわれみの視線をちらりとむけてきた。入間君はポケットに両手をつっこんで、だるそうにあるきながら言った。

「おまえちょっとパン買ってこい。なんでもいいからよ。体育館の裏にいっから。五分以内だぞ。おくれたらぶっ殺すからな」

これは、つまり、使いっ走りをやれという意味だろうか。いわゆるパシリ。強者が弱者に対して、ⓐ半ば強制的にお使いをやらせるという類いのパワーハラスメントだ。僕はそれを申しつけられたのだ。

パンは購買《こうばい》で売っている。教室と購買、そして体育館裏の位置関係を頭に描《えが》いてみた。購買だけ離《はな》れた位置にある。だれかをパシらせたくなる気持ちはすこしわかった。

「さっさと行けよグズ」

入間君は虫けらを見るような目で僕を見る。威圧《いあつ》感に身がすくんだ。①ともかく僕は購買にむかって走り出した。五分以内という時間制限を守るには全力疾走《しっそう》しなくてはならなかった。

目をつけられたのは、気弱そうな雰囲気《ふんいき》が原因だろうか。僕は体がちいさい。高校生の集団にまじっていると、まわりは背の高い人たちばかりなので、いつも心細い気持ちになってしまう。何かに秀《ひい》でていれば、自信につながって、堂々《どうどう》としていられるのだろう。だけど僕《ぼく》には、人にほこれるものがない。②教室で息を殺すようにしながら暮らしている。

体育の授業以外で走ったことなんかない。すぐに息があがってしまう。脇腹《わきばら》が痛くなり、廊下《ろうか》の壁《かべ》に手をついてよろめきながら移動する。階段をおりて校舎一階の奥《おく》まった位置にむかう。自販機《じはんき》の並んでいるスペースがあり、そのとなりに購買《こうばい》の入り口がある。ガラス製の引き戸だ。

購買はちいさめのコンビニエンスストアをおもわせる空間だった。棚《たな》に文房具《ぶんぼうぐ》やお菓子《かし》が陳列《ちんれつ》されている。お昼時には弁当やサンドイッチ、おにぎりの類いが山盛り用意された。食堂を利用せず、弁当持参でもない生徒は、ここで昼食を購入《こうにゅう》するのが一般的《いっぱんてき》だ。

入間君はパンを買ってこいと言った。さて、どれを買おう。パン売り場で頭をなやませる。なんでもいいからよ、などと彼《かれ》は言ったが、むしろ商品を限定してほしかった。

購買のパンには二種類あった。ひとつはコンビニエンスストアで売られているような商品。工場でⓑセイゾウされ、透明《とうめい》な袋《ふくろ》でしっかりとパッケージされている。もうひとつは高校の提携《ていけい》している業者がつくったパン。こちらはコッペパンに焼きそばや玉子サラダなどをはさみ、ラップでⓒホウソウがされている。

MEMO

大切なことはメモしておこうネ！

一般

2021年度

解答と解説

《2021年度の配点は解答欄に掲載してあります。》

＜数学解答＞ 《学校からの正答の発表はありません。》

1 (1) $-\dfrac{2b}{3a}$ (2) -3 (3) $(2a-b+2)(2a-b-2)$ (4) $x=4$, $y=1$

(5) $x=-2$, 1 (6) $n=16$, 61 (7) $\dfrac{5}{12}$ (8) $x=3$ (9) $\angle x=36°$

2 (1) $\dfrac{31}{3}\pi$ (2) 18π

3 (1) $a=\dfrac{4}{9}$ (2) $y=4x-8$ (3) $(-3, 4)$, $(12, 64)$

4 (1) $n^2-14+\dfrac{49}{n^2}$ (2) $\dfrac{S}{n^2}=t^2-5t+4$ (3) $(n^2-n-7)(n^2-4n-7)$ (4) $n=5$

○推定配点○

1 (1)～(4) 各5点×4 (5)～(9) 各6点×5 2 各6点×2 3 各6点×3

4 各5点×4 計100点

＜数学解説＞

1 (単項式の乗除，平方根，因数分解，連立方程式，二次方程式，数の性質，確率，平面図形，角度)

(1) $12a^5b^2\times\left(-\dfrac{3b}{2a}\right)^3\div\dfrac{3b^4}{4a}\div(-3a)^4=12a^5b^2\times\left(-\dfrac{27b^3}{8a^3}\right)\times\dfrac{4a}{3b^4}\times\dfrac{1}{81a^4}=-\dfrac{2b}{3a}$

(2) $\dfrac{(\sqrt{52}+\sqrt{12})(\sqrt{13}-\sqrt{3})}{\sqrt{50}}-(\sqrt{2}+1)^2=\dfrac{(2\sqrt{13}+2\sqrt{3})(\sqrt{13}-\sqrt{3})}{5\sqrt{2}}-(2+2\sqrt{2}+1)=$
$\dfrac{\sqrt{2}(13-3)}{5}-3-2\sqrt{2}=-3$

基本 (3) $4a^2+b^2-4(ab+1)=4a^2-4ab+b^2-4=(2a-b)^2-2^2=(2a-b+2)(2a-b-2)$

(4) $\dfrac{2x+1}{3}-\dfrac{3y+1}{2}=1$より，$2(2x+1)-3(3y+1)=6$　$4x-9y=7$…①　$0.2(0.1x+1)+0.12y=0.4$より，$2x+20+12y=40$　$x+6y=10$…②　①－②×4より，$-33y=-33$　$y=1$　これを②に代入して，$x+6=10$　$x=4$

基本 (5) $x(x+9)+(2x-1)^2=11$　$x^2+9x+4x^2-4x+1=11$　$5x^2+5x-10=0$　$x^2+x-2=0$　$(x+2)(x-1)=0$　$x=-2$, 1

(6) $\sqrt{60(n+1)(n^2-1)}=\sqrt{2^2\times3\times5\times(n+1)^2\times(n-1)}=2(n+1)\sqrt{3\times5\times(n-1)}$　これが整数となるためには，kを自然数として，$n-1=15k^2$　$n=15k^2+1$　nは2桁の整数であるから，$k=1$のとき，$n=15\times1^2+1=16$　$k=2$のとき，$n=15\times2^2+1=61$

基本 (7) さいころの目の出方の総数は，6×6＝36(通り)　目の積が6の倍数となるのは，(1, 6)，(2, 3)，(2, 6)，(3, 2)，(3, 4)，(3, 6)，(4, 3)，(4, 6)，(5, 6)，(6, 1)，(6, 2)，(6, 3)，(6, 4)，(6, 5)，(6, 6)の15通りだから，求める確率は，$\dfrac{15}{36}=\dfrac{5}{12}$

(8)　3つの半円の半径は，小さい方から，$\frac{x}{2}$，$\frac{8-x}{2}$，$\frac{8}{2}=4$だから，斜線部分の面積は，$\pi\times4^2\times\frac{1}{2}+\pi\times\left(\frac{8-x}{2}\right)^2\times\frac{1}{2}-\pi\times\left(\frac{x}{2}\right)^2\times\frac{1}{2}=8\pi+\frac{\pi}{8}(8-x)^2-\frac{\pi}{8}x^2=16\pi-2\pi x$　　よって，$16\pi-2\pi x=10\pi$　　$2\pi x=6\pi$　　$x=3$

基本　(9)　右の図のように，A～Fをとる。折り返したから，∠ABC＝108°
∠ABD＝180°－108°＝72°　　よって，∠CBD＝108°－72°＝36°
△BCDと△FEDにおいて，∠BCD＝∠FED＝90°　対頂角だから，
∠BDC＝∠FDE　　よって，∠CBD＝∠EFDとなり，$\angle x=36°$

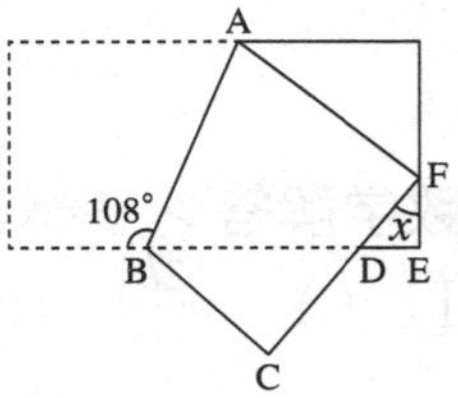

基本　**2**　**(空間図形の計量)**

(1)　2つの円柱と半球を合わせた立体であるから，その体積は，$\pi\times1^2\times1+\pi\times2^2\times1+\frac{4}{3}\pi\times2^3\times\frac{1}{2}=\pi+4\pi+\frac{16}{3}\pi=\frac{31}{3}\pi$

(2)　表面積は，$\pi\times2^2+2\pi\times1\times1+2\pi\times2\times1+4\pi\times2^2\times\frac{1}{2}=4\pi+2\pi+4\pi+8\pi=18\pi$

3　**(図形と関数・グラフの融合問題)**

重要　(1)　点Bからy軸にひいた垂線をBEとすると，DE：EC＝AB：BC＝2：1より，$\text{DE}=\frac{2}{2+1}\text{DC}=\frac{2}{3}\times(4+8)=8$　　よって，点Bのy座標は，$4-8=-4$　　$y=-4x^2$に$y=-4$を代入して，$-4=-4x^2$　　$x^2=1$　　$x=\pm1$　　よって，B$(1,\ -4)$　　BE：AD＝CB：CA＝1：(1＋2)＝1：3より，AD＝3BE＝3　　よって，A$(3,\ 4)$　　$y=ax^2$は点Aを通るから，$4=a\times3^2$　　$a=\frac{4}{9}$

基本　(2)　直線ABの式を$y=mx-8$とすると，点Aを通るから，$4=3m-8$　　$m=4$　　よって，$y=4x-8$

重要　(3)　点Aのy軸について対称な点をFとすると，F$(-3,\ 4)$　　AD＝FDより，△AFC＝2△ADC
よって，△APC＝△AFCとなるから，点Fを通り直線ACに平行な直線と$y=\frac{4}{9}x^2$のグラフとの交点をPとすればよい。直線PFの式を$y=4x+b$とすると，点Fを通るから，$4=-12+b$　　$b=16$
よって，$y=4x+16$　　$y=\frac{4}{9}x^2$と$y=4x+16$からyを消去して，$\frac{4}{9}x^2=4x+16$　　$x^2-9x-36=0$　　$(x+3)(x-12)=0$　　$x=-3,\ 12$　　$y=\frac{4}{9}x^2$に$x=-3,\ 12$をそれぞれ代入して，$y=4,\ 64$
よって，$(-3,\ 4)$と$(12,\ 64)$

4　**(式の計算の利用)**

基本　(1)　$\left(n-\frac{7}{n}\right)^2=n^2-2\times n\times\frac{7}{n}+\left(\frac{7}{n}\right)^2=n^2-14+\frac{49}{n^2}$

(2)　$\frac{\text{S}}{n^2}=\frac{n^4-5n^3-10n^2+35n+49}{n^2}=n^2-5n-10+\frac{35}{n}+\frac{49}{n^2}=\left(n^2-14+\frac{49}{n^2}\right)-5\left(n-\frac{7}{n}\right)+4=t^2-5t+4$

(3)　(2)より，$\text{S}=n^2(t^2-5t+4)=n^2(t-1)(t-4)=n^2\left(n-\frac{7}{n}-1\right)\left(n-\frac{7}{n}-4\right)=(n^2-n-7)(n^2-4n-7)$

(4)　nは自然数だから，$n^2-n-7>n^2-4n-7$　　S＝－26のとき，$(n^2-n-7,\ n^2-4n-7)=(1,\ -26)$，$(2,\ -13)$，$(13,\ -2)$，$(26,\ -1)$が考えられるが，このうち成立するのは，$n^2-n-7=13$　　$n^2-n-20=0$　　$(n-5)(n+4)=0$　　$n=5$　　また，$n^2-4n-7=-2$　　$n^2-4n-5=0$

$(n-5)(n+1)=0$　$n=5$　よって，求めるnの値は5

★ワンポイントアドバイス★

特別な難問はなく，取り組みやすい内容の出題が続いている。時間配分を考えながら，できるところから解いていこう。

＜英語解答＞ 《学校からの正答の発表はありません。》

Ⅰ　リスニング問題解答省略

Ⅱ　1　1 う　2 え　3 い　4 あ　5 あ　6 い　7 え　8 あ　9 う　10 い　2 い，お

Ⅲ　1　3番目 き　6番目 い　2 rise to the challenge　3 い　4 う　5 い　6　1 え　2 う　3 あ　4 い　5 え　6 い

Ⅳ　1　① え　② あ　③ か　④ い　⑤ き　⑥ う　⑦ お　2 う　3 え　4 half　5 あ

Ⅴ　1 あ　2 あ　3 い　4 え　5 え　6 う　7 あ　8 え　9 い

Ⅵ　1 made　2 of　3 passed　4 foreign　5 it

Ⅶ　1 a か　b え　2 a い　b え　3 a え　b か　4 a い　b あ　5 a お　b か

Ⅷ　(例)　(During the spring holiday, I want to) take a morning jog.(4語) It takes ninety minutes to get to my high school, so I want to develop my physical strength.(18語)

○推定配点○

Ⅰ・Ⅱ　各2点×20　Ⅲ　各2点×11(1・2各完答)　Ⅳ　1　各1点×7　他　各2点×4
Ⅴ～Ⅶ　各1点×19(Ⅶ各完答)　Ⅷ　4点　計100点

＜英語解説＞

Ⅰ　リスニング問題解説省略。

Ⅱ　(長文読解問題・紹介文：内容吟味，内容一致)

(全訳)　ジョーダン・ヒルコヴィッツは11歳でユーチューブの人気者だ。しかし彼の人気の動画はかわいい猫や犬に関するものではない。彼のユーチューブのチャンネル「ドクター・マッド・サイエンス」は科学実験の動画だ。これらの実験は人々が一人で簡単にできる。子供たちが家でできる。「僕は科学が大好きです」とジョーダンは言う。

もっと幼かった時，ジョーダンと彼のベビーシッターのトレイシー・レパルロは科学実験をして楽しんだ。実は，ジョーダンが科学動画を作り始めたのは彼のベビーシッターのアイデアだった。なぜならジョーダンはいつも科学に興味があったからだ。彼らは科学実験をオンライン上でまたは本で見つけた。しかし彼らは，多くの実験は段階を追った説明がないために難しくてできない，と思った。そこで彼らは自分たちのアイデアを思いつき，家庭の科学プロジェクトを撮影することを始めた。彼の友人の1人が彼にユーチューブに動画を投稿する方法を教え，そのチャンネルはすぐに人気になった。わずか1年を過ぎる頃にはその動画は400万回以上の視聴を集め，広告収入で現金5000ドルをもたらし，ジョーダンは新しいコンピュータを買うことができた。

ジョーダンの最も人気がある動画の1つは，象の歯磨き粉の作り方を見せる。別の動画は，自分だけのかっこいい手作り火山の作り方を教えてくれる。それぞれの動画で，ジョーダンは実験を紹介し，それをするために必要なものを伝え，段階を追って見せてくれる。「安全はとても大切です」とジョーダンは言う。彼は視聴者に必要ならば安全メガネを装着することを推奨し，子供たちには必要ならば大人に手伝いをお願いするように，と言う。

「ジョーダンの成功はとても特別です」と彼の母親のステイシー・ヒルコヴィッツは言う。「なぜなら彼は自閉症だからです。ジョーダンがわずか18か月の時に，彼らは医師からそのことを知った。自閉症は社会性と話す能力に影響を与えることがある。ジョーダンはよく叫び，理由もなく怒り，テーブルに頭を打ち付け，部屋の向こう側へ靴を投げた。当時ステイシーは「彼は意思疎通をしたり，学校へ行ったり，友達を作ったりできるようになるの？」と自問した。このようなことを考えて，しばしば彼女は夜，眠れなかった。

実はジョーダンは5歳になるまで話し始めなかった。彼は最初に話し始めた時，文字でしか話さなかった。たとえば「C」は，彼の長年のベビーシッターであるトレイシー・レパルロの名前の中心的な音だからだ。

ジョーダンとトレイシーはよくネットサーフィンをして楽しみ，そうすることによって彼が話し始めた時に語彙が増えた。動画を作ることで彼の話す能力が良くなり，彼はさらに自信をつけた。

自分のチャンネルに加え，カナダのオンタリオ州に住むジョーダンは，今や自分自身のウェブサイトとフェイスブックのページを持っている。彼はツイッターも使い始めた。彼は定期的にファンと交流する。実験のアイデアを見つけるためにジョーダンはウェブ検索をする。彼はファンからも，特に子供たちから，アイデアを得る。

ジョーダンは大きくなったら科学者になりたいと言う。今のところ，彼は自分の科学への愛を他の子供たちと共有したいだけだ。「子供たちが科学はあちこちにあると知ってくれたらいいですね」と彼は言う。

ジョーダンの話は私たちに，ソーシャルメディアなどのテクノロジーは自閉症の人々にチャンスを与えるということを教えてくれる。ジョーダンのチャンネル「ドクター・マッド・サイエンス」はこれまでのところ1000万回以上の視聴を集め，彼はその科学的知識で地元の有名人になった。多くの子供たちが彼から学ぶことに興味があるのは当然だ。彼は難しい実験を人々が理解しやすくするので，人々は彼を愛し尊敬している。

1　1　う「ジョーダンの動画は科学実験についてのものだ」

2　え「彼のベビーシッターがジョーダンに科学動画を作り始めるようアドバイスした」

3　い「ジョーダンとトレイシーは科学実験を本もしくはインターネットで見つけた」

4　あ「友人の1人がジョーダンにユーチューブに動画を投稿する方法を教えた」

5　あ「2歳の前に，医師がジョーダンの両親に彼は自閉症だと告げた」

6　い「ジョーダンの母は夜眠れなかった，なぜなら自分の息子がとても心配だったからだ」

7　え「ジョーダンは初めて話し始めた時，文字でしか話さなかった，そしてそれらのうちの1つがCだった，なぜならそれは彼のベビーシッターの名前の中の強い音だったからだ」

8　あ「ジョーダンとトレイシーはよくネットサーフィンした，そしてその結果，彼は新しい単語を多く覚えることができた」

9　う「ジョーダンは実験のアイデアを自分のファンやウェブ上から見つけようとしている」

10　い「ジョーダンは，子供たちは日常生活で科学について学ぶことができると思っている」

2　い（○）　第4段落第4文参照。　お（○）　最終段落第1文参照。

Ⅲ **(長文読解問題・論説文：語句整序，助動詞，間接疑問，熟語，語句解釈，強勢，内容吟味)**

(全訳)　約1年前，私たちは突然学校が数週間休校になると言われた。私たちの日常生活が大きく変わった。私たちはたくさんのことを諦めなくてはならなかった。友達や親戚に会うこと，卒業を一緒に祝うこと，そして桜の花の下で新学年を始めることを。

この変化の理由は何か。それはあるウイルスによって引き起こされる病気だった。その病気はCOVID-19(新型コロナウイルス)と呼ばれ，ウイルスの種類とそれが発見された2019年にちなんで名づけられた。

その病気は世界中に広がり続け，私たちはそれがどれほど危険かを知った。誰もが見えない敵を恐れた。①いつこの状況を乗り越えられるのか，誰にもわからなかった。

人々が安心し，希望を持てるように，世界のリーダーたちはメディアを通じて自国民に語りかけた。その1人がカナダの首相，ジャスティン・トルドーだった。

彼のスピーチの一部を読んでみよう。それは昨年のイースター休暇の間になされた。キリスト教徒には家族が集まる大切な時期だ。

私たちは困難に立ち向かうだろうと，私は知っています。なぜならカナダ人として，私たちは常に②そうするからです。これからの数週間，数か月が困難であることは疑問の余地がありません。これは私たちのほとんどが直面したことのないような戦いです。それは私たち全員をそれぞれの方法で試すでしょう。

この病気はすでに私たちから多くの人々を奪っていきました。もしあなたが愛する人を失ったのなら，私たちがこの信じられないほど困難な経験を通じて，あなたと共に嘆き悲しんでいることを知ってください。

この病気の大流行は私たちの国じゅうで，多くの家族や労働者やビジネスから，多くのものを奪いました。もしあなたが家計をやりくりするのに困っているなら，あなたをより良い状況につなげられるよう，私たちが毎日取り組んでいることを知ってください。もしあなたが孤立している気持ちになったり，気分が落ち込んだりしているならば，あなたのための支援があることを知ってください。あなたは一人ではないと知ってください。私たちの前に生きた多くのカナダ人のように，私たちは一緒に立ち上がるのです，お互いに肩を並べて(比喩的な意味ですが)，団結して力強く。

これは私たちの世代の挑戦です。そして私たちの1人1人に果たすべき役目があります。もしあなたがた全員がこれを真面目に捉え，すぐにお互いに距離を取り，できるだけ家にいて，保健の専門家の言うことを聞けば，私たちはこれをすぐに乗り越え，さらに強くなるでしょう。

私たちがこれを脱した時，③そう，私たちはこれを脱するのです，私たちはみな，いかに自分たちがお互いを守り，愛する国を守ったかということに誇りを持つでしょう。

首相は子供たちにもメッセージを伝えた。

家で見ている全ての子供たちへ，私は君たちに直接話しかけたい，毎週日曜日にやっているように。

いろいろありがとう。私たちは大丈夫だよ。そんな風には見えないと私は知っているし，恐ろしい時だとも私は知っているよ。そして君たちが友達に会いたがっていることも私は知っている。でも私たちは君たちが自分の役割を果たし続けてくれると④頼りにしているんだ。家にずっといてくれること，ママとパパをいつも助けてくれることを。

大勢の君たちが今，⑤協力してくれて，助けてくれて，ヒーローでいてくれる。君たちもこの中において大きな役割であるから，君たちがずっと強くいてくれることが必要だ。君たちはこの挑戦に対して受けて立つことができると私は知っている。私たちは一緒にこれを乗り越えよう。

一人一人ができることは限られているけれども，自分たちの国のリーダーが出したこの強いメッセージは，カナダの子供たちに自分たちは地域社会の重要な一員なのだという理解を与えたはずだ。

人は大きな困難に直面すると，無力だと感じる。そのような時には言葉が私たちを助けてくれることがよくある。あなたは Keep calm and carry on「平静を保ち，普段通りの生活を続けよ」という言葉を聞いたことがあるだろうか。それはちょうど第二次世界大戦が近づいていた1939年にイギリス政府によって作られた文言だ。イギリスの人々はドイツに対する恐ろしい戦争におびえていた。人々がパニックになったので，政府はそのメッセージを書いたポスターを作り，人々に落ち着いていつもと同じように生活を続けることを要求した。

それ以来，その表現はイギリス人にとってお気に入りになった。彼らはそれがイギリス人の性格や人生観を反映していると思っている。

この表現が最初に紹介された後のその年に，14歳のエリザベス王女は，現在のイギリス女王エリザベス二世であるが，ウィンザー城から初めてのラジオメッセージを発表した。彼女は，ちょうど自分と妹と同じように，戦争のために家族と離れて暮らしている子供たちに対して語りかけ，心を強く持ちなさいと言った。

80年が過ぎ，2020年4月，彼女は再び同じ場所からイギリス人を勇気づけるためにビデオメッセージを作成した。彼女は自分の最初のスピーチを思い出しながら語った。

私が妹に手伝ってもらい1940年に初めて放送したことを思い出します。私たちは子供として，ここウィンザーから，家から離れて自分の身の安全のために避難した子供たちへ話しかけました。今日，再び，多くの人が愛する人と離れる痛みを感じているでしょう。しかし今，当時と同じように，私たちは心の奥で，それがするべき正しいことだと知っています。

彼女は最前線の医療従事者が多大な努力を払っていることに感謝し，メッセージの最後にこう言って強い意志を示した。

私たちは成功します。そしてその成功は私たち1人1人のものになります。私たちはさらに多くを耐えなくてはならないかもしれませんが，よりよい日々は戻ってくるのだということを慰めとすべきです。私たちは友達と再び一緒にいられます。私たちは家族と再び一緒にいられます。私たちはまた会えるのです。

93歳の女王の力強い言葉が明るい未来への希望と団結感をイギリス国民だけでなく世界中の人々に与えたことは明確だ。

1 nobody could tell us when we would get through (this)　初めに nobody could tell us「誰も私たちに教えることができなかった」とし，次に間接疑問で when we would get through this「いつ私たちがこれを乗り越えるか」とする。get through ～「～を乗り越える」

やや難 2 この do は直前の動詞または動詞句の繰り返しを避けるために用いられており，ここでは直前の文の動詞句 rise to the challenge「困難に立ち向かう」を表す。

やや難 3 ここでは意志を表す助動詞 will を強く発音し，「私たちは必ずこの状況から脱するのだ」という首相としての強い決意を示す。

重要 4 count on ～「～を頼りにする」 首相は子供たちに「頼りにしている」と言うことで，子供たちに社会の一員であることを自覚させ，やるべきことをきちんとやってほしいと伝えた。

5 pitch in「協力する」

重要 6 1 え「COVID-19はウイルスに関連した病気の名前だ」

2 う「ジャスティン・トルドーは新種の病気に直面する全てのカナダ人に対してスピーチをした」

3 あ「『平静を保ち，普段通りの生活を続けよ』という文言は今日でもイギリス人に愛されている」

4　い「イギリス女王エリザベス二世はCOVID-19(新型コロナウイルス)に取り組んでいる医療スタッフに感謝を表した」

5　え「カナダ首相とイギリス女王エリザベス二世の両方が，自国民に対して友人や家族と会えない間も気持ちを強く持つようにと言った」

6　い「この文書における筆者の主張は，言葉は困難な時に人々を勇気づける力があるということだ」

Ⅳ　**(会話文読解・資料読解：語句補充・選択，比較，内容吟味)**

(全訳)　ケン：わあ，10時間！

リサ：それは何？

ケン：ごめん，僕はインターネットでこのグラフを見ていたんだ。それは，どの国がインターネットで最も多くの時間を費やしているかに関するものだよ。2019年のグラフの1位は誰だと思う？

リサ：もしかして日本？

ケン：どうして日本だと思うの？

リサ：私たちはたくさんインターネットを使うから。

ケン：実は，日本人のインターネットの利用は1日に4時間より少ないよ。フィリピンが1位だった。彼らは2018年は2位だった。2019年の2位はどの国だと思う？

リサ：うーん，アメリカかな？

ケン：いや，ちがうよ，実は彼らはどちらの年も上位10位に入っていない。ブラジルが2位だった。彼らは2018年は3位だった。2019年に3位だったのはどの国だと思う？

リサ：おそらくインドね。人口が多いし，ITが得意だから。

ケン：ちがうよ。実は，ああ，彼らは上位10位にすら入っていない。驚いたなあ。タイが3位だった。実は彼らは2018年は1位だった。

リサ：おもしろい！　そのデータを見せてくれない？

ケン：いいよ。

リサ：うーん，「世界」というのは全ての国でインターネットを使って過ごした時間の平均ということ？

ケン：うん，その通りだよ。

リサ：その場合，「世界」平均は2018年と比較すると，2019年は[a]少し減っている。

ケン：君の言う通りだね。両方のグラフを注意して見ると，コロンビアは2018年に上位10位に入っていないけれど，翌年には4位になっている。

リサ：UAEにも同じことが言えるわ。彼らは2018年に上位10位に入っていないけれど，翌年には10位になっている。

ケン：他方で，エジプトは2019年にはグラフの中に入ってすらいないけれど，2018年には9位だった。

リサ：台湾も2019年のグラフには入っていないけれど，2018年は平均して7時間半よりも多くの時間を費やしていたのよ。彼らはどうしてインターネットをそんなに使うのをやめたのかな。

ケン：僕も不思議に思うよ。それと僕は2018年と2019年の両方で[b]同じ順位の国は1つもないことに気づいたよ。

リサ：見せて。それは本当ね。それに，日本は2018年にマレーシアのおよそ[c]半分の時間を費やして，2019年はUAEの時間の[c]半分より少ない時間を費やしているわ。

ケン：僕は，日本人はこのグラフが示す値よりも長い時間をインターネットを使って費やしていると思っていたよ。

リサ：うん，私も。さらに2019年に1日あたりインターネットを使って費やされる時間は，2018年よりも[d]短かった。人々は，特に私たちのように学生は，単に楽しみのためにインターネットを使うよりも，勉強をして過ごす時間のほうが長いんだと思うわ。

ケン：そんな！　それじゃ僕は日本人じゃないってことになるよ！

リサ：どういうこと？

ケン：僕は少なくても1日に6時間はゲームをして過ごすんだ！！！

重要 1　①　ケンの2番目と4番目の発言より，2019年1位はフィリピン。　②　ケンの4番目と5番目の発言より，2019年2位はブラジル。　③　ケンの5番目と6番目の発言より，2019年3位はタイ。　④　ケンの9番目の発言より2019年4位はコロンビア。　⑤　リサの9番目の発言より，2019年10位はUAE。　⑥　ケンの10番目の発言より，2018年9位はエジプト。　⑦　リサの10番目の発言より，2018年10位は台湾。台湾の順位について言及がないが，「7時間半より多い」が10位の7時間54分を指していると判断する。

2　全訳下線部参照。increase「増える」　decrease「減る」

3　the same ～「同じ～」

やや難 4　2018年の日本は4時間12分で，マレーシアの8時間27分の約半分である。half ～「～の半分」

5　空所[d]の直前のケンの発言を受けて，リサも日本について話している。日本の2018年と2019年を比較すると，2019年は3時間45分，2018年は4時間12分で，2019年のほうが短い。

V　(語句補充・選択：熟語，動詞，分詞，受動態，代名詞，比較，接続詞，時制，感嘆文)

1「私は帰宅途中に交通事故にあった」　on one's way home「(人の)帰宅途中に」

2「いつでも私に連絡してください」　contact「～と連絡を取る」は他動詞なので前置詞は不要。

3「私の財布にはお金がほとんど残っていなかった」　little money「お金がほとんどない」〈left＋場所〉「～に残っている」は名詞を後ろから修飾する。

4「スイスでは何語が話されていますか」　受動態〈be動詞＋過去分詞〉「～される」の文。

5「この靴は彼には小さすぎる。彼はもう少し大きいものが必要だ」　one は名詞の繰り返しを避けるために用いられる。ここでは複数形 shoes の代わりとして複数形 ones とする。

6「ナンシーは同級生よりもずっと速く走る」　比較級を強めるには much または a lot などを用いる。

7「テストが終わると生徒たちは喜ぶだろう」　時・条件を表す when の節中は未来のことでも現在形で表す。

8「この学校ではウサギたちが生徒たちによって世話されている」　take care of ～「～の世話をする」の受動態は be taken care of となる。その後ろに by ～「～によって」を置く。

9「それらは何て美しい花だろう！」　感嘆文〈What＋形容詞＋名詞＋主語＋動詞！〉

基本 **VI　(言い換え・書き換え：不定詞，構文，現在完了，単語，接続詞，助動詞)**

1「彼女はその話を聞いた時，悲しい気持ちになった」「その話は彼女を悲しませた」〈make＋目的語＋形容詞〉「～を…にする」

2「メリッサはあなたの宿題を手伝ってとても親切だ」「メリッサがあなたの宿題を手伝うのはとても親切だ」〈It is kind of＋人＋to＋動詞の原形〉「～するとは(人)は親切だ」

3「祖父が死んで5年だ」「祖父が死んでから5年が経った」　pass「(時が)過ぎる」

4「私は高校を卒業後，留学したい」「私は高校を卒業後，外国で勉強したい」　foreign country「外国」

5「この箱は私には重すぎて運べない」「この箱はとても重くて私はそれを運ぶことができない」

〈so … that ＋主語＋ can't ＋動詞〉「とても…なので～できない」

Ⅶ (語句整序：分詞，助動詞，接続詞，不定詞)

1 (The) apples sent by my mother are (delicious.) 形容詞的用法の過去分詞句 sent by my mother「母によって送られた」が apples を後ろから修飾する。

2 (There are) many people studying in the library. 初めに There are many people「たくさんの人がいる」とし，その後ろに studying in the library「図書館で勉強している」を置く。

3 (You) had better not smoke because it (in not good for your health.) 〈had better not ＋動詞の原形〉「～しないほうがいい」 because ～「～なので」

4 (It is very hot, so I would) like to have something cold to drink. 〈would like to ＋動詞の原形〉「～したい」 something cold to drink「何か冷たい飲み物」

5 (The little girl) has a lot of toys to play with. play with toys「おもちゃで遊ぶ」という表現をもとに，toys to play with「遊ぶためのおもちゃ」とする。

要 Ⅷ (条件英作文)

(解答例訳)「春休みの期間，私は朝にジョギングをしたいです。高校に行くのに90分かかるので体力をつけたいです」

★ワンポイントアドバイス★

Ⅲの長文読解問題は，コロナ禍における世界のリーダーのスピーチについて。難しい表現が多いが，日頃ニュースから得た知識で内容理解を補い，読み進めよう。

＜国語解答＞ 《学校からの正答の発表はありません。》

Ⅰ 問1 ⓐ なか ⓑ 製造 ⓒ 包装 ⓓ 保険 ⓔ 精算

問2 ニ 問3 ハ 問4 ロ 問5 イ 問6 ホ

問7 a チ b ニ c ハ d ト 問8 ホ

問9 D ロ E ニ F ト G チ 問10 ニ 問11 ニ 問12 イ

問13 ホ 問14 (1) ロ (2) ホ (3) リ (4) ヌ

Ⅱ 問1 a 恐れ b 敬意 c 両義 問2 ロ 問3 ニ

問4 抵抗を秘めた対応 問5 ホ 問6 ハ 問7 ロ 問8 ホ 問9 ホ

問10 a ヌ b ホ c リ d イ e ロ f チ g ヘ h ハ

○推定配点○

Ⅰ 問2・問10～問12 各3点×4 他 各2点×23 Ⅱ 問5・問7～問9 各3点×4 他 各2点×15 計100点

＜国語解説＞

Ⅰ (小説―漢字の読み書き，心情理解，内容理解，空欄補充，主題)

基本 問1 ⓐ「半ば」はここでは，ほとんど，という意味。ⓑ「製造」の「製」と「制度」の「制」を区別しておくこと。ⓒ「装」の「壮」の部分の形に注意する。ⓓ「保険」はここでは，確実なことの保証，という意味。健康を保つこと，という意味の「保健」と区別しておくこと。ⓔ「精算」は，金額などを細かに計算すること。

問2　直後に「五分以内という時間制限を守るには全力疾走しなくてはならなかった」とあるように，「僕」は，「制限時間」を守ろうとする一方で，「目をつけられたのは，気弱そうな雰囲気が原因だろうか。……」と，自分が命令された理由に疑問を抱いている。

問3　直前の「何かに秀でていれば，……堂々としていられるのだろう。だけど僕には，人にほこれるものがない」が，――②の理由である。

問4「ねめつける」は，にらみつける，という意味。

問5　直後に「むしろここで自分の有用性を見せつけることで，暴力の対象から除外されるのではないか」とあることに注目。

問6「腰巾着になることでいじめられないようにする作戦」はA「打算」である。限られた金額の中でパンや飲み物をB「選択」する。合計金額が五百円より少ないときも多いときもあるので，金額がC「相殺」される。

重要　問7　解答文の空欄直後の「感」「意義」「意識」「性」にも注目して，「使命感」「存在意義」……のように，あてはまる言葉を選ぶ。

問8「人生」と言っているので，長い期間の「僕」のあり方をとらえる。「小中学校」での「僕」のあり方が，前に書かれている。

問9　D「もしも……できれば」で仮定を表す。　E「かならずや」は，きっと，という意味。
F　できるだけ急いでも，そうであっても，「オーバーしてしまう時間」がありうるということ。
G「ともすれば」は，どうかすると，という意味。

問10「僕」はこのとき，できるだけ早くパンを届けるという目標をもっている。そうした今の自分に照らして，陸上部に励んでいた時代の入間の思いを想像しているのである。

問11　入間が「僕」に「使いっ走りを強要している」という情報を得た担任教師は，「僕」の口から証言を得たかったが，「僕」が「だいじょうぶです」とばかり言うので，しかたなく聴取をあきらめたのである。

問12　直前の「足が落ち着かなかった。パシリの日々のせいだ。僕の足はこの時間になると，勝手にうごきだそうとする」に注目。毎日の「パシリ」に充実感を感じていた「僕」は，「平穏な日々」に空虚さを感じているのである。

問13　頭で考えるより前に体が動いている状態，に関連する言葉を選ぶ。

やや難　問14「走り込みの成果は確実にあった」とあるように，「僕」はパシリをすることをきっかけに自分の力が向上することを実感した。その後，入間からパシリを依頼されなくなったにもかかわらず，自らパンを買ってくる行動に出たこと，五百円玉を投げ返したことは，「僕」が主体性を獲得したことの表れである。この物語には，パシリの経験をとおして成長する「僕」が描かれている。

Ⅱ　**(論説文―内容理解，空欄補充，慣用句，要旨)**

問1「畏敬」は，崇高なものや偉大なものをかしこまり敬うこと，という意味。ここでの意味を傍線部の前からとらえる。

問2　第一段落で述べられていたような，人間が容易には近づけなかった「山」が，観光地として切り開かれたことで，それまでの「『山』の歴史」が終わったということ。

問3　直前に「感受性の単元化が，今，史上初めて全般的な規模で拡大している」とあることに注目。人間がものをとらえる感覚が，単純なものになったということ。

問4「ハイマツ」の生き方を表す表現を探す。

重要　問5「葬い」は，死をいたむこと。開発のために死んだ「ハイマツ」を詳しく調べ，その生死の意味を考えることが，「ハイマツ」への「葬い」であるということ。

基本 問6　「風雪」は比喩的に，きびしい苦難，という意味を表すが，ここでは「ハイマツ」は「文字通り」風や雪に耐えてきた植物である。

問7　「ハイマツ」の，厳しい自然に「『従いつつ逆らう』生き方」が，ここでは「『隠された次元』における実質的特徴」と言われている。

問8　――⑦の「そのこと」は，「高度成長」が産業の拡張や経済活動の拡大をもたらしたことを指しており，その拡張や拡大は明らかなことである，というのが――⑦の意味である。直後で「しかし，……見過ごされ易い反面である」と，これとは違う見方をすべきであることが述べられている。筆者は，数字だけで示される経済指標の伸長を喜ぶのは，安易な態度だと考えているのである。

問9　二つあとの文の「人間の自己中心的な開発がもたらした『破壊』という危機の最中にあって，その犠牲をつぶさに見取るという，数少ない人の丹念な行為」という表現に注目。このような「数少ない人」とは違い，多くの人は自分の快適さを実現するために，様々な物事とのかかわりを振り返ることをしなくなったということである。

や難 問10　「レクイエム」は死者のためのミサ曲のこと。ここでは，失われたものの魂をなぐさめしずめること，という意味合いがある。高度成長における開発などで失われた自然や，人間の心のあり方は，失われたものへ愛情を抱いて様々な角度から検証する必要があり，人間性の回復はそこから始まるはずだと筆者は考えている。

★ワンポイントアドバイス★

読解問題は細かい読み取りを必要とする。特に小説は文章が長めなので，ポイントを的確に読み取れる力をつけておこう。論説文では文章のキーワードや論理の展開をおさえながら読むことが必要。ふだんからの読書が大切！

MEMO

大切なことはメモしておこうネ！

2020年度

入試問題

2020年度

中央大学附属高等学校入試問題（一般）

【数　学】（60分）〈満点：100点〉

【注意】　1．答の$\sqrt{\ }$の中はできるだけ簡単にしなさい。

　　2．円周率はπを用いなさい。

1　次の問いに答えなさい。

（1）　次の$\square$にあてはまる式を答えなさい。

$$\square \times \left(\frac{x}{4}\right)^3 y \div \left\{-\frac{(x^2y)^2}{16}\right\} = -\frac{1}{2}$$

（2）　$\dfrac{(\sqrt{12}+\sqrt{2})^2}{(3\sqrt{2}-2\sqrt{3})(\sqrt{18}+\sqrt{12})} - \dfrac{\sqrt{2}(\sqrt{3}-\sqrt{2})^2-\sqrt{18}}{\sqrt{3}}$　を計算しなさい。

（3）　$ax+b-1-x+a+bx$　を因数分解しなさい。

（4）　連立方程式 $\begin{cases} 0.6x+0.5y=-3.8 \\ \dfrac{1}{12}x-\dfrac{3}{8}y=\dfrac{5}{4} \end{cases}$　を解きなさい。

（5）　２次方程式　$\dfrac{1}{3}(x^2-1)=\dfrac{1}{2}(x+1)^2-1$　を解きなさい。

（6）　関数$y=-x^2$について，xの変域が$a \leqq x \leqq a+3$のとき，yの変域が$-4 \leqq y \leqq 0$となるような定数aの値をすべて求めなさい。

（7）　大中小３つのさいころを投げて，出た目の和が12となる確率を求めなさい。

（8）　図の$\angle x$，$\angle y$の大きさを求めなさい。ただし，図の円周上の点は円周を12等分した点とする。

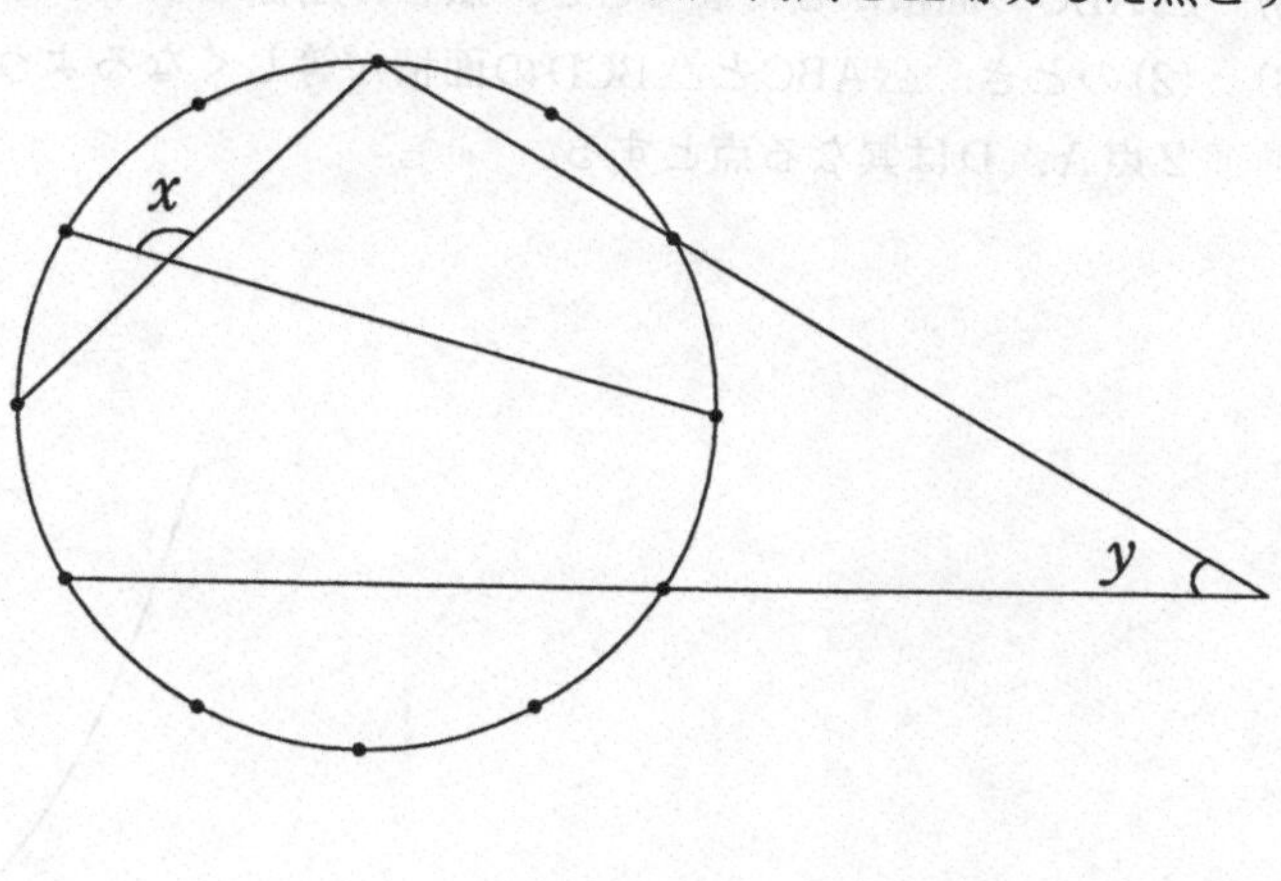

(9)　図の平行四辺形ABCDにおいて，AP：PD = BQ：QC = 3 ： 1，CQ = k，QR = 1，△RQSの面積を1とするとき，△ASPの面積は［ア］k^2，五角形CDPSQの面積は［イ］k^2 +［ウ］kと表せる。

［ア］～［ウ］にあてはまる数を答えなさい。

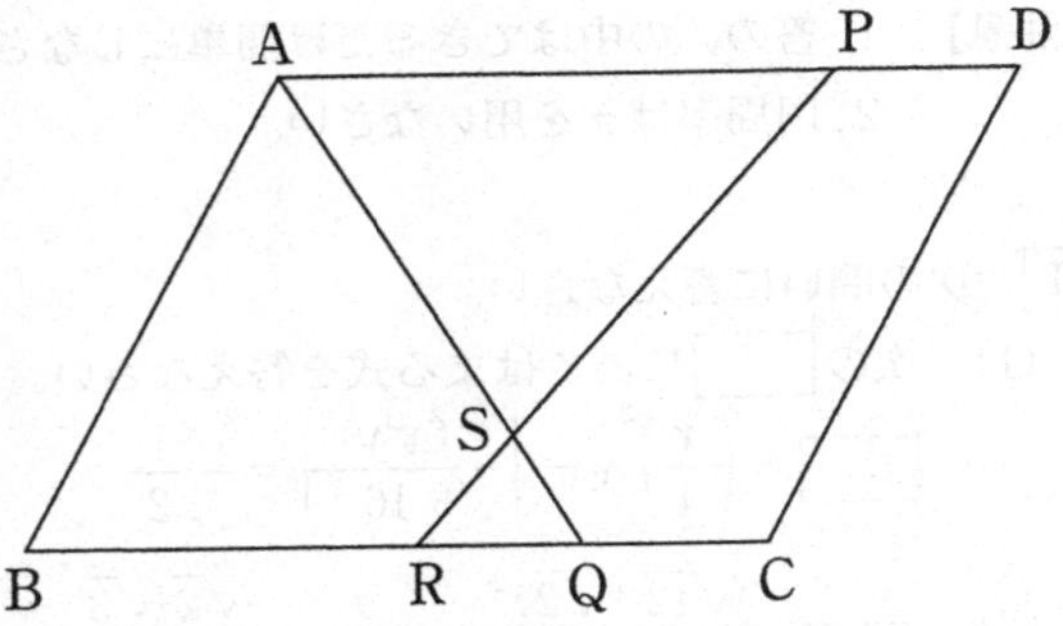

[2]　連続する3つの整数をp，q，r ($p < q < r$)とする。

(1)　$p + q + r = 2019$を満たすpを求めなさい。

(2)　3つの数p，q，rのうち，1つを4倍したものをsとするとき，$p + q + r + s = 2020$を満たすpを求めなさい。

[3]　双曲線$y = \dfrac{a}{x}$ $(a > 0)$と放物線$y = \dfrac{1}{4}x^2$が点Aで交わっている。点Aからx軸に下ろした垂線とx軸の交点を点Bとし，双曲線$y = \dfrac{a}{x}$上に点C，放物線$y = \dfrac{1}{4}x^2$上に点Dをとる。点Aのx座標が4のとき，次の問いに答えなさい。

(1)　aの値を求めなさい。

(2)　△ABCの面積が8になるとき，点Cの座標を求めなさい。

(3)　(2)のとき，△ABCと△BCDの面積が等しくなるような点Dの座標を求めなさい。ただし，2点A，Dは異なる点とする。

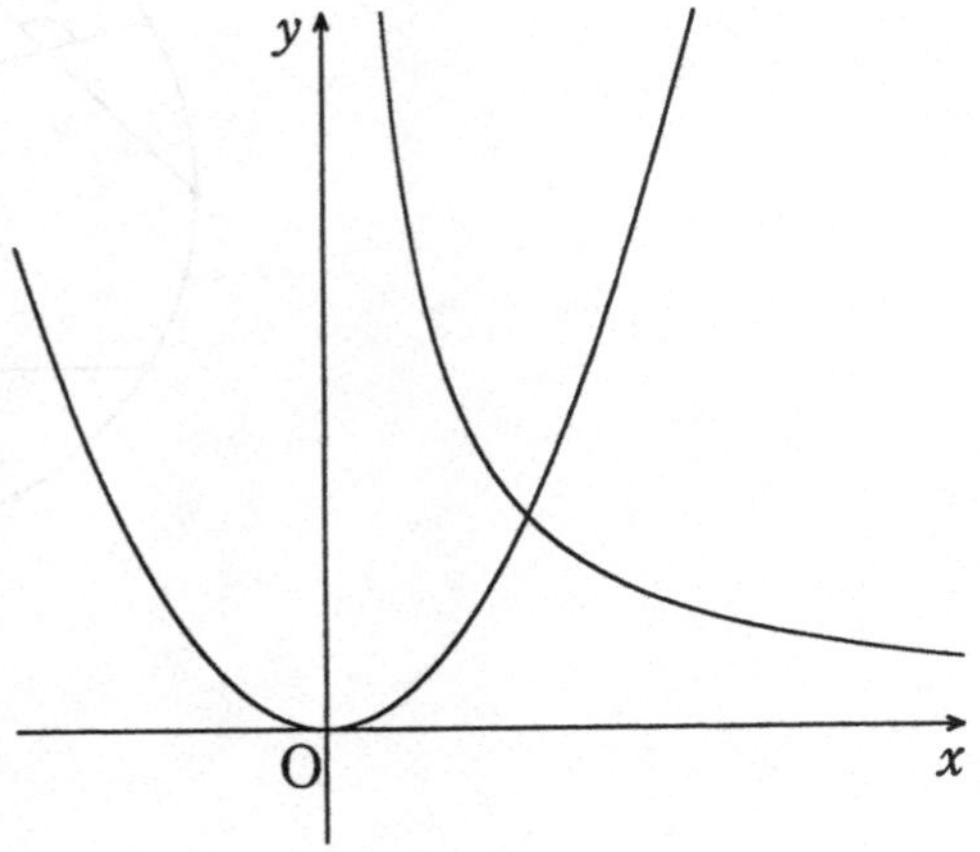

4　図１のように，円錐を底面に平行な平面で切り，小円錐の部分を除いた立体図形を「円錐台」という。図１のような，上底（上方にある円形の面）の半径，下底（下方にある円形の面）の半径，高さが順にa，b，hである円錐台の体積Vは　$V=\frac{\pi h}{3}(a^2+ab+b^2)$で求めることができる。

(1)　図２の円錐台の体積を求めなさい。

(2)　図２の円錐台の表面積を求めなさい。

(3)　図２の円錐台を高さが半分になるように下底に平行な平面で切り，体積の小さい方をＡ，大きい方をＢとするとき，ＡとＢの体積比を最も簡単な整数の比で表しなさい。

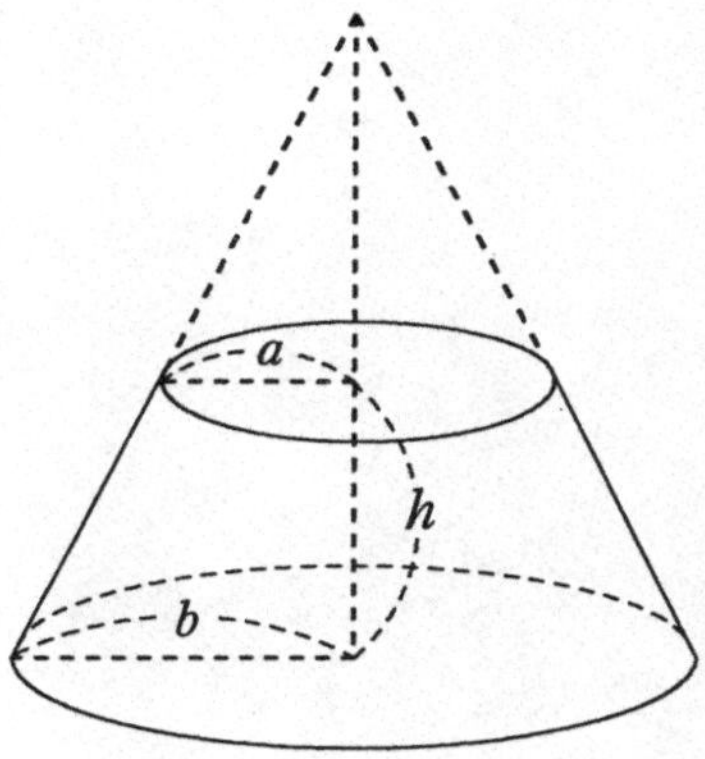

図１

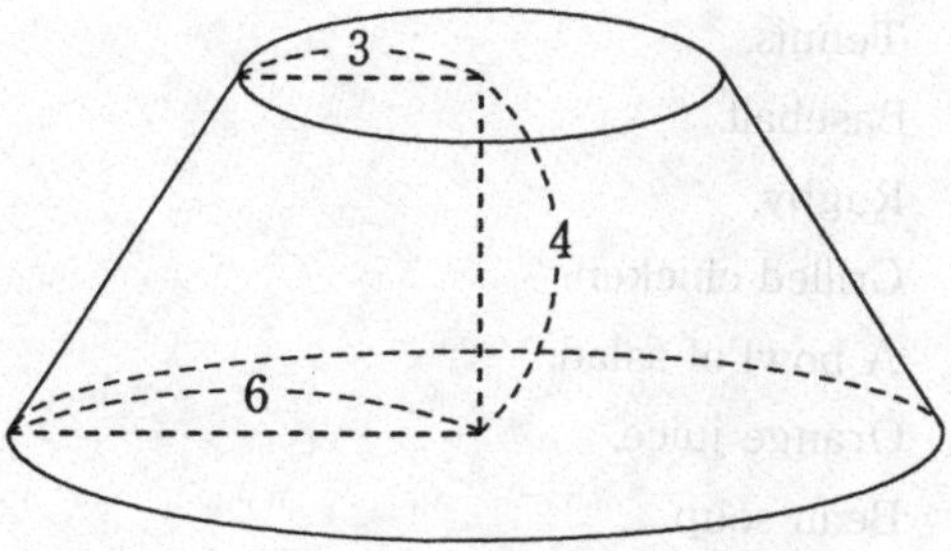

図２

【英　語】(60分)〈満点:100点〉

I　リスニング問題

(Part 1)

これから放送される英語の短い対話を聞いて，それに続く質問に対する最も適切な答えを1つずつ選び，記号で答えなさい。対話と質問は2回ずつ放送されます。

1. あ. Get off at San Francisco.
　い. Buy a ticket for this bus.
　う. Look for her ticket.
　え. Get on another bus.
2. あ. Soccer.
　い. Tennis.
　う. Baseball.
　え. Rugby.
3. あ. Grilled chicken.
　い. A bowl of salad.
　う. Orange juice.
　え. Bean soup.
4. あ. Her father does not like San Diego Zoo.
　い. She cannot see the pandas this weekend.
　う. She has to work in the afternoon.
　え. Her father does not like to drive a car.
5. あ. Because he couldn't get up early in the morning.
　い. Because he fell asleep again even though he got up early.
　う. Because he did his presentation in front of his parents.
　え. Because he was cooking.
6. あ. The boy missed the bus.
　い. The bus was late.
　う. Mary was so angry at the boy.
　え. The train was late.

(Part 2)

これから放送されるフィンランドへの研究旅行の概要説明を聞き，その内容に関する質問に対する最も適切な答えを1つずつ選び，記号で答えなさい。英語は2回放送されます。

7. What time will their plane leave?
　あ. 8:00 am.
　い. 9:25 am.
　う. 9:30 am.
　え. 10:30 am.

8. What should the students do to be ready for the lecture at the university on the 2nd day?
あ. Watch the weekly weather forecast.
い. Go to a university in Japan.
う. Do some research in Japanese.
え. Talk with some local high school students.

※リスニングテストの放送台本は非公表です。

Ⅱ 次の英文を読んで，設問に答えなさい。

It happened when I was about seven years old. I climbed out of bed at night and went downstairs to look for my grandmother. Grandma liked to stay up late and watch TV. I would sometimes go downstairs in my pajamas, and stand quietly behind her chair. She couldn't see me, but I watched the show with her. Only that night, Grandma wasn't watching TV. She also wasn't in her room when I looked for her.

"Grandma?" I called, as I began to worry about her. My grandmother was always in our house. Anytime when I needed her, she was always there for me. Then I remembered Grandma went on an overnight trip with some friends. That made me feel better, but there were still tears in my eyes.

I ran back to my room and took out the blanket Grandma made. It was as *comfortable and warm as one of her hugs. Grandma will be home tomorrow, I told myself. She wouldn't ever go away and not come back.

Since before I was born, Grandma lived with our family : my mom and dad and my older brother, Greg. We lived in Michigan, and when I was in the fifth grade, we bought a big new house. My mom had to go to work to make some money.

Lots of my friends were by themselves after school because both of their parents worked. But I was one of the lucky ones. My mom's mom was always at the back door with a glass of milk and a thick slice of chocolate cake that was still hot from the oven.

We sat together and I'd tell Grandma all about my day. Then we'd play a few card games. Grandma always let me win. She was always very kind to me.

Like most kids, I'd have my bad days at school or sometimes get into a fight with one of my friends. Or maybe my parents might tell me we simply couldn't buy that new bicycle I wanted more than anything. It didn't matter how sad I felt, but Grandma was always there to make me feel happy again. Everything felt better when she gave me a hug.

Grandma was a big woman, too, and when she hugged you, you really knew you'd been hugged. It was great. Her hugs made me feel really special. When she hugged me, I knew that everything was going to be fine.

Then, one day when I was 17, everything wasn't fine anymore. Grandma was very ill, and the doctors said she had a serious illness and had to stay in hospital. They didn't think she would be able to return home again.

Every night when I went to bed, I could hear my grandmother saying a *prayer in her bedroom next door and talking about me to God by name. Well, that night I talked to God myself. I told Him how much I loved my grandmother and asked Him not to take her away from me. "Couldn't you wait until I don't need her anymore?" I asked, selfishly. I never thought there would come a day when I wouldn't need my grandmother.

Grandma died a few weeks later. I cried myself to sleep that night and the next, and for many more after that. One morning, I carefully folded the blanket my grandmother had made and carried it to my mom. "It's so horrible that I'm so close to Grandma without being able to talk to her and get a hug," I cried. So, my mother packed the blanket away. To this day it is still one of my favorite items in the world.

I missed Grandma terribly. I missed her warm smile, and her kind words. She wasn't there when I graduated from high school, or the day eight years ago when I married Carla. But then something happened that let me know Grandma was always with me and she was watching over me still.

A few weeks after Carla and I moved to Arkansas, we learned that Carla was going to have a baby. However, it turned out that Carla had some serious problems and had to stay in the hospital. We spent so much time there that I lost my job a few weeks before Carla gave birth.

The week the baby was *due to be born, Carla caught a serious illness. On the day our baby was born, the doctors wouldn't allow me in the hospital room. I walked around the waiting room and hoped they would get better. Carla's *blood pressure was really high. My mom and dad were on their way south from Michigan, but they weren't there yet. I felt so helpless and alone.

Then, suddenly, it felt like Grandma hugged me. "Everything's going to be just fine," I could almost hear her saying! But soon, she was gone again.

At the same time, in the next room, the doctors walked out of the hospital room. They told me that I was now a father. It was a baby boy. He was strong and healthy. The doctors also told me that Carla was also doing really well and that she was feeling much better. I was so happy that I started to cry.

"Thank you, Grandma," I said, as I looked through the nursery window at our beautiful new baby. We named him Christian. "I only wish you could be here to give my son half of the love and kindness you gave to me."

One afternoon, two weeks later, Carla and I were home with Christian when someone knocked at our door. It was the postman with a package—a gift for Christian. The box was for "a very special grandbaby." Inside, there was a beautiful handmade baby blanket and a pair of small shoes.

My eyes were filled with tears as I read the card. "I knew I wouldn't be here for the grand day of your birth. I made a plan to send this blanket to you. I made these shoes before I left on my journey." The note was signed "Great-Grandma."

Grandma's eyes were so weak near the end that my Aunt Jeanette helped her to make the blanket. But she made the shoes herself, and she did it all during those few weeks before she died. Grandma really was an amazing lady.

注：*comfortable　快適な　*prayer　祈り　*due to *do*　～する予定である　*blood pressure　血圧

＊ When the writer was a child, [1].

あ. he sometimes got out of bed and watched TV behind Grandma

い. Grandma told him to come downstairs and watch TV with her

う. his bedroom was on the first floor and he usually went to bed early

え. he always went to bed late because he enjoyed watching TV by himself

＊ One night, Grandma wasn't watching TV because [2].

あ. she was reading a travel magazine

い. she was tired and wanted to go to bed early

う. she was out of the house

え. her TV was broken so it didn't work

＊ The writer took out the blanket Grandma made because [3].

あ. he wanted to show his parents how much he loved Grandma

い. he wanted to feel that she was around him

う. he could always sleep well when he had it

え. his pajamas were not enough to keep him warm

＊ The writer thought he was lucky because [4].

あ. Grandma always took care of him after school

い. his family bought a big new house when he was about 10 years old

う. he was the youngest child so all of his family members paid special attention to him

え. he always enjoyed eating something he liked after school

＊ When the writer was 17, Grandma's doctors said [5].

あ. everything was going to be fine if he hugged her

い. she would die within a few weeks

う. she had a serious disease, but she would get well soon

え. she might never get well enough to come home again

＊ When the writer said a prayer to God, [6].

あ. he strongly believed that God would wait until he didn't need Grandma any more

い. he was also sick and taken to the hospital

う. Grandma said a prayer at the same time in her bedroom

え. he still thought he needed Grandma to be with him

＊ The writer's mother packed the blanket away because [7].

あ. it was his treasure so he wanted to keep it clean

い. it was not important for him any more

う. it made him really sad as it reminded him that Grandma wasn't there

え. it was damaged as he cried on it day after day

＊ Just before the writer's baby was born, [8].

あ. he went into the hospital room to support his wife

い. his wife was in a serious situation

う. he was sitting on a sofa in the waiting room of the hospital

え．his parents came to help him and support his wife

＊ When the writer felt helpless and alone, [9].

あ．Carla's doctor let him in the hospital room

い．his parents had just arrived at the hospital

う．he felt Grandma was near him and supported him

え．he remembered those wonderful days with Grandma

＊ The doctors came out of the room and the writer started to cry because [10].

あ．he wanted Grandma to be there with him to see his baby

い．he could hear Grandma's kind words

う．the baby was not a girl, but a boy

え．both the baby and his wife were not in danger any more

＊ Two weeks after Christian was born, [11].

あ．the writer got a job as a postman

い．a package was sent to his house

う．the writer's old blanket was sent to him by his mother

え．the writer bought a blanket and a pair of shoes for his son

＊ Before Grandma died, [12].

あ．she made a pair of shoes by herself, and a blanket with the help of Aunt Jeanette

い．she made a pair of shoes and a blanket all by herself

う．she went shopping and bought a pair of shoes and a blanket for Christian

え．she believed that she would see her great grandchild soon

Ⅲ ブラウン先生（Mr. Brown）とカレン（Karen）の会話を読み，設問に答えなさい。

Mr. Brown ：Please have a look at this picture. It is a picture of a whale ①(find) on the Philippine coast that died with 40 kilograms of plastic inside its body.

Karen ：That's terrible. How did this happen?

Mr. Brown ：Well, it is easy for us to understand the difference between food and plastic, but it's impossible for animals and sea animals to (A) that. So they eat what they find in the sea. In the short *term, eating plastic makes an animal feel full, so they don't eat any other food.

Karen ：I've heard on the news that plastic waste in the oceans is becoming a serious problem. I guess we shouldn't be too surprised. If we look around us, we can see plastic everywhere. A lot of our food and drinks come in plastic *containers—like bags or bottles.

Mr. Brown ：That's correct. We can't live without plastic. Today, people make a lot of things out of plastic because it is cheap and very useful. Plastic things also (B) a long time, almost forever. That's why plastic waste is becoming such a serious problem, especially around the earth's coastlines and oceans.

(Pointing at Chart 1) Some scientists say plastic in the oceans will outweigh fish by 2050 if no action is taken.

Karen : Does that mean ②(be / fish / there / than / will / plastic)? I can't believe it!

Mr. Brown : Yeah. I couldn't believe my ears when I heard that.

Karen : I understand plastic can be very useful for us but it's one of the biggest problems for the environment. I don't understand though, why don't we just recycle it?

Mr. Brown : *(Pointing at Chart 2)* Globally, the percentage of plastic recycling has gone up since the 1990's, but according to the survey in 2015, only (C) of plastic waste was recycled and more than (D) was just thrown away. A lot of it ended up in the soil, rivers, lakes and, in particular, the world's oceans.

Karen : I see. So a lot of sea creatures die as a result of plastic waste.

Mr. Brown : Take a look at another chart. *(Pointing at Chart 3)* It shows how much plastic packaging waste each person created in 2014. What can you tell me from this chart?

Karen : Well, in that year, Japan ③(throw) away more plastic than any other country after the US.

Mr. Brown : That's true. And Japan produced more than six times the amount of plastic packaging waste than India did. The first step in ④(reduce) our plastic waste is to say "NO" to single-use plastic bags in convenience stores and supermarkets. Outside Japan, more than 30 countries have stopped using single-use plastic bags. In the Netherlands, after shops began charging almost 34 yen per bag in 2016, the number of plastic bags ⑤(use) every year dropped by 40%.

Karen : So first, we need to understand that plastic is a big problem. Then we can start to do something about it. I believe such small changes can make a big (E).

注： *term　期間　　*container(s)　容器

(Chart 1)

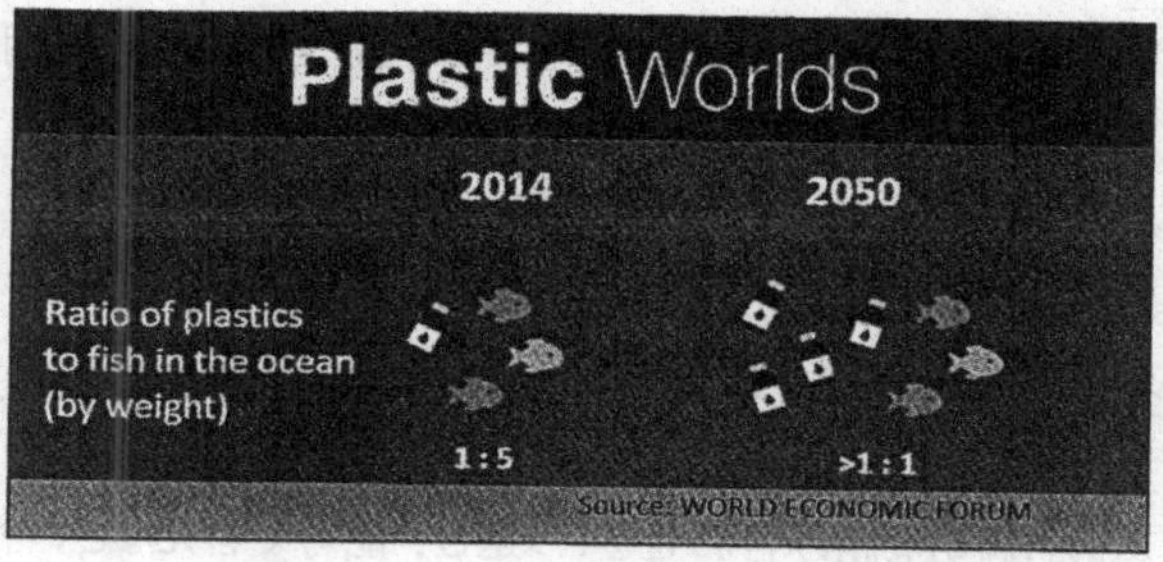

(Chart 2)

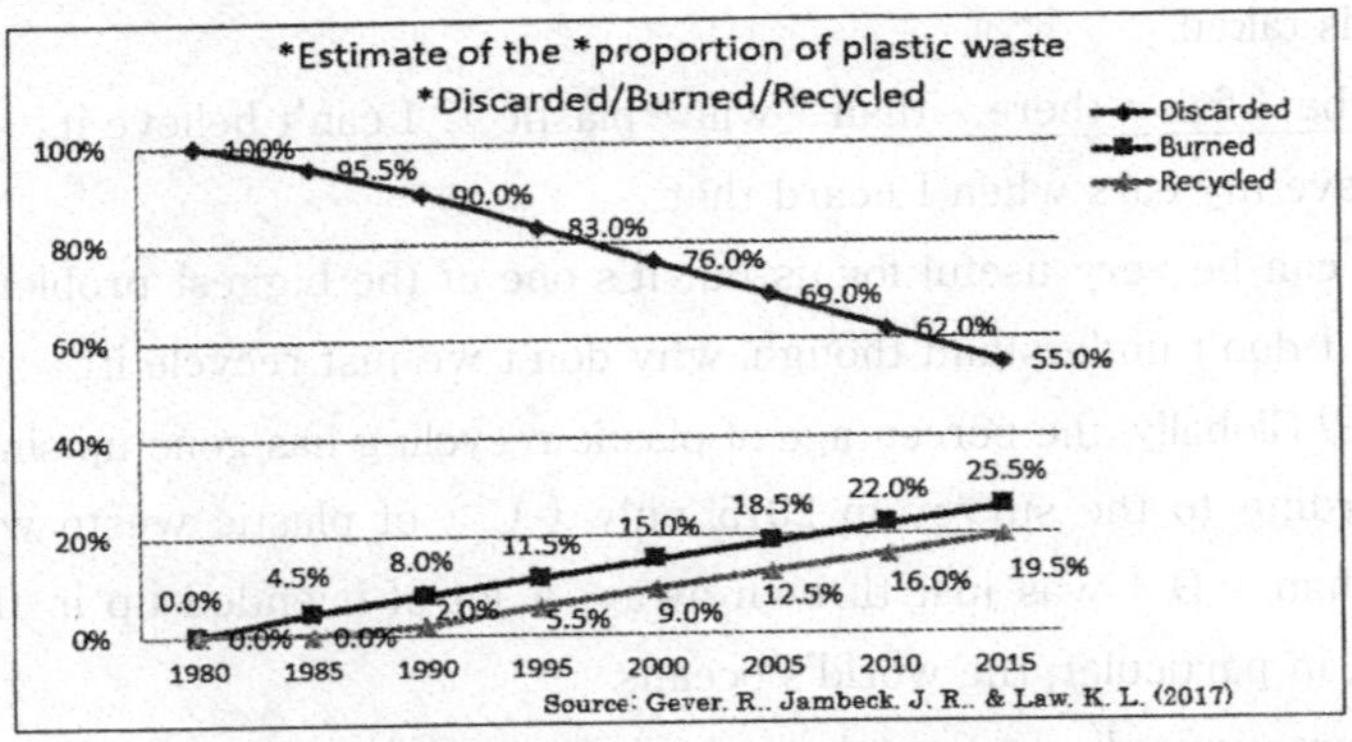

注：*estimate 推定　*proportion 割合、比率　*discard 廃棄する

(Chart 3)

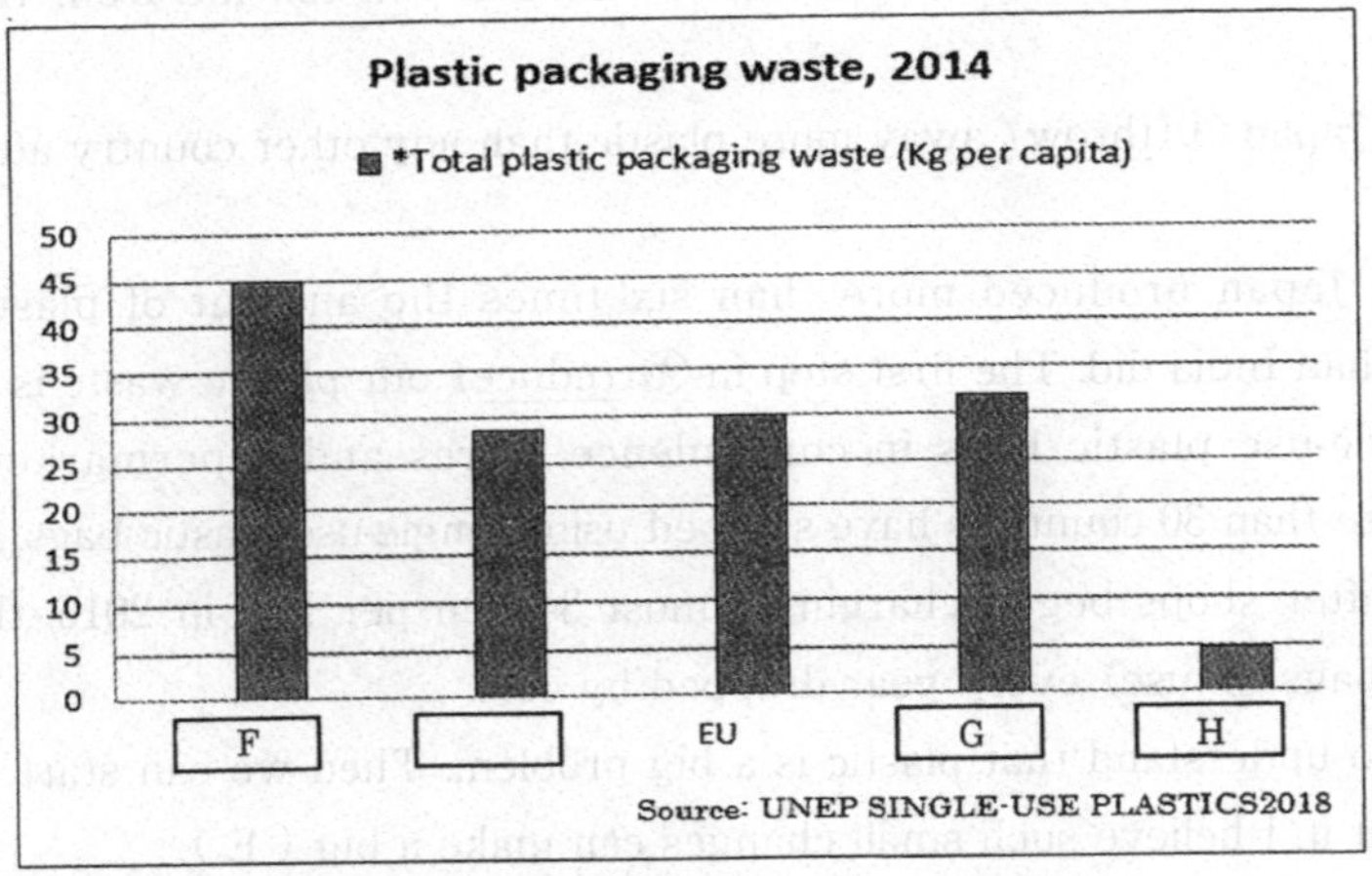

注：*Total plastic packaging waste (Kg per capita)
プラスチック包装ごみ総排出量（キログラム / 一人当たり）

1. ①(find), ③(throw), ④(reduce), ⑤(use)を，それぞれ適切な形に変えなさい。
2. (A)～(E)に入る最も適切なものを1つずつ選び，記号で答えなさい。なお，同じ記号は2度以上用いないこと。

あ. few　い. end　う. do　え. eat　お. one-fifth
か. problem　き. half　く. last　け. waste　こ. difference

3. ②(be / fish / there / than / will / plastic)を意味の通るように並べかえたとき，**不足している1語を答えなさい**。
4. (Chart 3) の F , G , H に入る最も適切な組み合わせを1つ選び，記号で答えなさい。

あ. F：Japan　G：USA　H：India
い. F：Japan　G：USA　H：the Philippines
う. F：USA　G：Japan　H：the Philippines
え. F：USA　G：Japan　H：India

Ⅳ 次の英文を読んで，設問に答えなさい。

There is an English expression that is used to describe high quality food. It is, "A meal fit for a king." Of course, rich people have always eaten better food than ordinary people, but what does this really mean? In the past, ordinary people ate mostly vegetables and beans. Fish was not eaten very often, and meat was eaten even (①). Their food was often *flavored with local *herbs and salt, but it didn't taste very good. However, the richest people ate a lot of meat and fish with their vegetables, ate the freshest fruit, and enjoyed food with honey, herbs, and unusual foreign spices. This is why [A].

(②) nearly 6,000 years, the trade in spices was one of the most important international businesses. Control of the spice trade made countries rich, caused wars, and encouraged people to travel to faraway lands.

Why were spices so important? There are several reasons for this. Firstly, try to imagine food (③) no sugar, *pepper, or any other spices in it. It would probably be quite boring. Secondly, as well as making food taste better, many spices have an antimicrobial effect. In other words, [B]. In the days before fridges, this was very useful. Finally, ④(あ. come い. use in our cooking う. the spices え. almost お. we か. of き. all) from Asia. For example, pepper comes from India, *ginger from China, and cinnamon from Arabia, Sri Lanka, and China. Originally, these spices were traded along the Silk Road. Naturally, traders kept the source of these spices a secret [C].

(⑤) the end of the 18th century, the world's richest countries were China and India. The spice trade was one of the reasons why they were so rich. However, during the 15th century, the spice trade was *disrupted by *the Ottoman Empire. As a result, Europeans tried to find new ways to get their spices. Today, this period is known as *the Age of Discovery, because it is the time when Europeans found ways to sail to India by going around Africa, discovered *the Pacific Ocean, and also discovered North and South America. Thanks to these discoveries, people were able to buy more spices at a much (⑥) price.

Today, spices are still important goods in international trade. The most expensive spice is *saffron, which is part of a flower raised in West Asia, especially Iran. Saffron must be collected in the early morning and can only be collected for one or two weeks a year. To make one kilo of saffron, about 140,000 flowers must be collected. Saffron was very expensive. In 1730, saffron was worth its weight in gold. In other words, one kilo of saffron and one kilo of gold had the (⑦) price. However, today one kilo of saffron is worth about $10,000.

Saffron is used to flavor food, of course, but that is not its only use. Today, scientists are investigating saffron as a possible cure for some types of cancer. Saffron is not alone in having possible medical uses, however. Ginger is also being researched as a cure for cancer, as is pepper. Hot spices like pepper could even help us to lose weight.

It is amazing to think that the spices have been so strongly connected to important historical events like the discovery of the Americas by Europeans. Just as the spice trade led to the Age of Discovery, today scientists are discovering new things about spices and how they can help to keep us healthy. Spices certainly may continue to be one of the most expensive goods in the future.

注：*flavor　(食べ物などに)風味を付ける　*herb(s)　ハーブ　*pepper　コショウ

*ginger　ショウガ　*disrupt　～を妨害する

*the Ottoman Empire　オスマン帝国，トルコ帝国

*the Age of Discovery　大発見［航海］時代　*the Pacific Ocean　太平洋

*saffron　サフラン(香辛料の一種)

1. (①), (②), (③), (⑤), (⑥), (⑦)に入る最も適切なものを1つずつ選び，記号で答えなさい。文頭にくるべき語も小文字になっている。また，同じ記号は2度以上用いないこと。

あ. better　い. until　う. with　え. for　お. without
か. less　き. same　く. since　け. lower　こ. expensive

2. ④(あ. come　い. use in our cooking　う. the spices　え. almost　お. we　か. of　き. all)を意味が通るように並べかえ，(　)内で3番目と6番目にくる記号を答えなさい。

3. [A]～[C]に入る最も適切なものを1つずつ選び，記号で答えなさい。なお，同じ記号は2度以上用いないこと。

あ. food cooked with spices can be kept longer
い. in order to discover a new way to go to China and India
う. ordinary people were not able to eat high quality food
え. we say the very best meals are "fit for a king"
お. many spices made ordinary food more delicious
か. in order to keep the prices high

4. 本文の内容と一致するものを2つ選び，記号で答えなさい。

あ. 香辛料のおかげで，一般の人々も裕福な人々と同様に，おいしい料理が食べられるようになった。
い. 香辛料貿易がオスマン帝国により妨害された結果，中国とインドは最も裕福な国となった。
う. サフランはがん治療薬としても効果的なため，今日では年間を通じて収穫が行われるようになった。
え. 香辛料は食材の風味づけ以外にも，さまざまな用途があることが分かってきている。
お. 香辛料の中でサフランが唯一がん治療に有効なので，今日でも高値で取引されている。
か. 香辛料貿易はアメリカ大陸発見の重要なきっかけとなった。

V　次の(　)に入る最も適切な語(句)を1つずつ選び，記号で答えなさい。

1. Mike (　) the teacher for more than 20 years.
あ. know　い. is knowing　う. is known　え. has known

2. My host mother said to me, "(　) yourself to anything in the fridge."
あ. Help　い. Make　う. Eat　え. Take

3. Who (　) care of your cat while you were away on a business trip?
あ. take　い. does it take　う. took　え. does take

4. We don't have (　) snow here, even in winter.
あ. a few　い. much　う. many　え. little

5. Now, it's your (　). Please draw a card.
あ. turn　い. order　う. number　え. game

6. It was a great (　　) to see one of my old friends at the party.
あ. surprise　　い. surprises　　う. surprising　　え. surprised
7. You should always keep (　　).
あ. clean your room　　い. your room clean
う. cleaned your room　　え. your room cleaning
8. Let me show you the e-mail (　　) yesterday.
あ. that sent me by him　　い. it sent to me by him
う. he sent me　　え. he sent it to me
9. Our school has (　　) your school.
あ. twice as many students as　　い. as twice students as
う. students twice more than　　え. students as bigger than
10. You have to listen to me carefully, or you will (　　).
あ. find important something　　い. find it's any important
う. miss important something　　え. miss something important
11. "Toy Soldier" is one of (　　) I've ever seen.
あ. the most action movie　　い. the best movies
う. the adventurous movie　　え. the most excited movies

Ⅵ 次の各組の文がほぼ同じ意味になるように(　　)に最も適切な語を入れたとき,(　＊　)に入る語を答えなさい。

1. I lost my grandfather at the age of four.
I lost my grandfather (　＊　) I (　　) four years old.
2. Mr. Miller went to Los Angeles. He is not in Japan now.
Mr. Miller (　　) (　＊　) to Los Angeles.
3. The gentleman was kind enough to take me to the station.
The gentleman was (　　) kind that he (　＊　) me to the station.
4. You don't have to finish the work by 5 o'clock.
It's not (　＊　) (　　) you to finish the work by 5 o'clock.
5. They went to Tokyo by plane.
They (　＊　) to Tokyo.

Ⅶ (　　)内のあ.～か.を並べかえ,意味の通る英文を完成させなさい。ただし,解答はそれぞれの[a],[b]に入る記号のみ答えなさい。なお,文頭にくるべき語も小文字になっている。

1. This morning, (____ ____ [a] ____ [b] ____) in English, but I couldn't understand anything.
(あ. was　い. spoken　う. to　え. I　お. by　か. a foreigner)
2. (____ ____ [a] ____ ____ [b]) so kind. I can't wait to go there again.
(あ. Australia　い. people　う. I　え. were　お. met in　か. the)

3. A：What is the most precious thing in the world?
B：([a] ____ ____ ____ [b] ____).
（あ. more　い. time　う. nothing　え. important　お. is　か. than）

4. Could you (____ ____ [a] ____ [b] ____) from here to the airport? I need to be there before 10：30 tomorrow morning.
（あ. me　い. will　う. tell　え. take　お. it　か. how long）

5. A：Are you busy now?
B：No. Why?
A：Well, I (____ ____ [a] ____ ____ [b]) my homework.
（あ. to　い. want　う. me　え. help　お. with　か. you）

Ⅷ 日常生活の中で，あなた自身が心がけていることや習慣としていることを1つ挙げなさい。さらに，その理由を**15語以上**の英語で書きなさい。なお，ピリオド，コンマなどの符号は語数に含めない。

In my daily life, I ______________________________. （この英文は語数に含めない）

____

______________________________ 15語以上 ______________________________

____

なりの［ f ］をつけたつもりでいるからなのかもしれない。

（イ）熱情　（ロ）思慕　（ハ）連帯　（ニ）決着
（ホ）悲劇　（ヘ）憎悪　（ト）尊敬　（チ）暴力
（リ）因縁　（ヌ）騒動

(イ) 思わぬ場所で加奈江に遭遇して、その場をどう取り繕ったらよいのかと、内心ではあたふたしている。

(ロ) 加奈江と明子が銀座を探索しているなどとは知らず、銀座で遊興していた自分の油断を後悔している。

(ハ) 二度と会うことがないと思っていた加奈江と再会したことで、運命の皮肉を感じて、呆然《ぼうぜん》としている。

(ニ) 加奈江の怒りや興奮が少しでもおさまったら、加奈江に対して謝罪の気持ちを伝えたいと思っている。

(ホ) 銀座の街中で加奈江と明子に捕縛されてしまい、この先、自分がどうされるのかと不安に感じている。

【問11】 空欄D～Fに当てはまる語として最も適当なものを次の中から選び、それぞれ符号で答えなさい。

(イ) まさか　(ロ) いっそ　(ハ) いつも
(ニ) どうか　(ホ) たとえ

【問12】 傍線部⑩「しかし堂島は遂《つい》に姿を見せないで、路上には漸《ようや》く一月の本性の寒風が吹き募って来た」とありますが、これに関する次の説明文を読んで、空欄a～fにそれぞれ当てはまる語句を後より選び、(イ)～(ヌ)の符号で答えなさい。

堂島は以前から加奈江に対して[a]の念を抱いていたが、その思いを加奈江に伝えるすべが分からず、悶々《もんもん》とした日々を送っていたようである。そうして、いよいよ会社を辞めるという時になり、堂島は自分の加奈江に対する気持ちを[b]というかたちで表現してしまった。加奈江の左の頬《ほお》は赤く腫《は》れ上り、その夜は頭痛で眠れなかったというのだから、今の時代なら医師の診断書があれば傷害罪が成立するかもしれない。

この理不尽な行為に憤慨したのは、加奈江が殴られた現場にいた女性の同僚たちである。明子と磯子は加奈江と[c]し、ともに戦おうという意思を示したばかりか、明子は加奈江と二人で夜の銀座を何日も歩き回ってくれた。それに対して、男性の同僚たちはどうだったか。加奈江が復《ふく》讐《しゅう》を遂げたことを聞いた男の社員たちは、「痛快痛快」と叫びながら加奈江の職場に押し寄せ、遅れて出社した課長は「仇討本懐《あだうちほんかい》じゃ」という言葉で祝っている。彼らにとって、加奈江が堂島に殴られ、そして加奈江が堂島を殴り返したという出来事は、身近で起きたちょっと刺激的な事件であり、彼らの俗な好奇心を満たす[d]だったとも言えそうである。

さて、堂島からの手紙を受け取り、それによって自分に対する[b]行為の真相を知った加奈江は、堂島の行為を「[e]」によるものと受け止めてしまう。それが[e]によるものであれ、他人を殴ることなど許されるべきではないのに。しかし、殴られ、殴り返すという異常な体験によって、堂島は加奈江にとって忘れられない特別な存在となってしまったようである。恋の始まりなのか。加奈江は堂島の姿を求めて、夜の銀座へと出かけて行く……。しかし、堂島が銀座に現れないのは、加奈江に殴られたことと手紙で釈明したこととで、堂島は加奈江に対する気持ちに自分

(ホ) 堂島と親しかった山岸に話を聞くことで、堂島の本性を暴いてやりたい、ということ。

【問8】 傍線部⑦「こつんとした感じが加わった」とありますが、どういうことだと考えられますか。次の中から最も適当なものを選び、符号で答えなさい。

(イ) 日本が中国で戦争をしている状態だということもあって、夜の銀座で気晴らしをする人たちの様子にも、どこか張り詰めたような空気が感じられる、ということ。

(ロ) 戦局がどう変化するか分からない状況下で、夜の銀座に繰り出して来た人たちは、都会の享楽を存分に味わおうと躍起になっているように見える、ということ。

(ハ) 日本が他国と戦っている最中であろうと、年の瀬ともなれば多くの人たちが夜の銀座に繰り出し、その雑踏する街角は異様な熱気を放ってさえいる、ということ。

(ニ) 戦争中ということもあって、夜の銀座も本来の華やかさは鳴りをひそめ、質素であるどころか、うつうつとした辛気臭い空気さえ立ちこめている、ということ。

(ホ) 戦時下であるためか、夜の銀座で遊興する人たちにも何か険悪な雰囲気があり、加奈江と明子に向けるまなざしにも敵意のようなものが感じられる、ということ。

【問9】 傍線部⑧「加奈江は家を出たときとは幾分心構えが変っていた」とありますが、どういうことですか。「加奈江」の心情の説明として最も適当なものを次の中から選び、符号で答えなさい。

(イ) 正月三日の晩になっても誘いに来ない明子を、少し恨んではいたが、久しぶりに顔を合わせてみると、そんな気持ちは跡形もなく消えて、今日は明子と銀座で楽しい夜を過ごしたいという気分になっていた、ということ。

(ロ) 堂島の捜索に明子を付き合わせることを申し訳なく思っていたが、銀座で美味《おい》しいものをご馳走《ちそう》すれば、明子に感謝の気持ちを伝えることになり、自分の負い目も少しは解消されると思うようになっていた、ということ。

(ハ) 自分の方から明子を誘って、堂島の捜索をするために銀座へ出向くつもりだったが、正月らしく着飾ってきたのだし、すさんだ話はいったん置いておいて、今夜は銀ブラを楽しもうという気分になっていた、ということ。

(ニ) 新しい年を迎えても、堂島に対する怒りや憎しみは一向に消えなかったが、華やかな着物を着て、銀座でご馳走を食べようという話になったら、堂島に対する憎悪の念がすっと消えていくように感じられた、ということ。

(ホ) 年が明けると、堂島に対する憎しみの気持ちはすっかり薄れていたが、明子と二人で銀座に出かけることになった途端、堂島に対する激しい怒りや憤りが再び沸き上がり、居ても立ってもいられなくなった、ということ。

【問10】 傍線部⑨「堂島は不思議と神妙に立っているきりだった」とありますが、この時の「堂島」はどのような気持ちだったと考えられますか。次の中から最も適当なものを選び、符号で答えなさい。

「山岸」は「堂島」に対してどのような「不満」を抱いていたと考えられますか。次の中から最も適当なものを選び、符号で答えなさい。

(イ) 堂島がボーナスをタダ取りしたばかりか、うら若き女性社員の頬を殴りつけ、後ろ足で砂をかけるようにして会社を去っていったことに対する不満。

(ロ) 堂島は日本が戦争をすることについて肯定的で、戦争が終わって平和になれば、日本の景気は低迷してしまうと周囲に吹聴《ふいちょう》していたことに対する不満。

(ハ) 堂島が一緒に飲み歩いていた山岸にも移転先を知らせず、勝手に会社を辞めたばかりか、女事務員との間でトラブルまで起こしていたことに対する不満。

(ニ) 堂島が会社の先行きについて嫌味《いやみ》なことを口にしただけでなく、自分だけ割のいい仕事を見つけて、さっさと会社を辞めてしまったことに対する不満。

(ホ) 堂島は頭が切れる男ではあるが、自分だけうまく立ち回ろうとする人間で、山岸たちがいつも堂島の後始末ばかりさせられてきたことに対する不満。

【問6】 傍線部⑤「こりゃ一杯、おごりものだぞ」とありますが、「山岸」はどのような意図でこの発言をしたと考えられますか。次の中から最も適当なものを選び、符号で答えなさい。

(イ) 堂島との間に何があったかはよく分からないが、堂島の住所を教えてやる代わりに、加奈江と二人で飲みに行く機会を作れるのではないか、と期待するような言い方。

(ロ) 加奈江は堂島に気があるらしいが、自分が二人の縁を取り持つ役割をするのなら、それなりのお礼をしてもらってもいいんじゃないか、という冗談めかした言い方。

(ハ) 退職した社員の行方を追うということは、金銭がからんだ事件があったに違いないから、自分もそのおこぼれにあずかれるのではないか、という下心を秘めた言い方。

(ニ) 退社の届けが出ているは言え、社員だった人間の個人情報を加奈江にもらすのだから、加奈江からは一度ご馳走してもらいたいものだ、と強く求めるような言い方。

(ホ) 加奈江は切羽詰った様子であるので、ここで一つ力を貸してやれば、ボーナスが出たばかりでもあるから、一杯おごってもらえるだろう、という打算を含んだ言い方。

【問7】 傍線部⑥「自分の意図が素直に分って貰《もら》えない」とありますが、「加奈江」の「意図」とは具体的にどのようなことだと考えられますか。次の中から最も適当なものを選び、符号で答えなさい。

(イ) 堂島が加奈江をどう思っていたのか、本当のところを知りたい、ということ。

(ロ) 堂島の行方をつきとめて、何とかして堂島を懲らしめてやりたい、ということ。

(ハ) 堂島が会社を辞めた理由について、山岸から詳しいことを聞きたい、ということ。

(ニ) 堂島の加奈江に対する非道なふるまいを、男性の社員にも知らせたい、ということ。

(d) ［(ヌ) 上司の命ずるところに従ったまでのこと
(ル) 堂島の一方的な思い入れに過ぎないもの
(ヲ) あくまでも仕事とは全く関係のないこと］ で

あって、加奈江は自分に非があったとは思えない。それゆえ、加奈江は磯子をにらみつけ、「無論ありません」ときっぱり否定するのである。

【問3】 傍線部②「磯子は焦《じ》れったそうに口を尖《とが》らして加奈江に言った」とありますが、この時の「磯子」はどんな気持ちだったと考えられますか。次の中から最も適当なものを選び、符号で答えなさい。

(イ) 磯子は堂島が卑怯《ひきょう》な人間であることを知って、ともかく腹の虫がおさまらず、何とかして堂島を痛い目にあわせてやりたいと考えている。

(ロ) 磯子は堂島が怖《お》じ気《け》づいて会社に出て来ないため、振り上げた拳《こぶし》のもって行き場がなくなり、何だかはぐらかされたような気がしている。

(ハ) 磯子は加奈江が直接的な行動に出ないことに不満《ふまん》に覚え、加奈江の助太刀を買って出た自分が、何だか馬鹿《ばか》にされたような気がしている。

(ニ) 磯子は加奈江の機嫌を取りたくて、堂島に対する怒りを表してみせたが、内心では加奈江の復讐《ふくしゅう》に付き合わされるのを不満に思っている。

(ホ) 磯子は加奈江に加勢するつもりで意気込《いきご》んで出社したのに、ものごとが思うように進まないことに不満を覚え、いらだたしく感じている。

【問4】 傍線部③「二人の憤慨とは反対に加奈江はへたへたと自分の椅子《いす》に腰かけて息をついた」とありますが、この時の「加奈江」の気持ちはどのようなものであったと考えられますか。次の中から最も適当なものを選び、符号で答えなさい。

(イ) 殴られた左頬《ほお》の腫《は》れも引き、自分を殴った堂島も会社から消えた以上、悔しいけれど仕返しは断念するしかないと、自分を納得させようとしている。

(ロ) 張り詰めていた気持ちがほどけて、急に疲れを覚えるとともに、堂島が会社を去った今、当面の手立てが思い付かなくて、ふさぎこんでしまっている。

(ハ) 堂島が会社を辞めたことを知って、立っていられないほどの打撃を受けたが、これで堂島に対する復讐はあきらめるしかないと思うと、無念でならない。

(ニ) 堂島の行動は全《すべ》て計画的なもので、自分は殴られ損に過ぎなかったと分かり、前日の騒ぎを馬鹿らしく思うとともに、泣きたいような気持ちになっている。

(ホ) 明子と磯子が躍起になるほど、何だかしらけた気分になってしまい、ただ堂島に殴られたことに対する怒りだけが、胸の中で燃え殻のようにくすぶっている。

【問5】 傍線部④「彼も不満を持ってるらしかった」とありますが、

＊裾模様《すそもよう》……女性の和服の模様づけの一種で、裾の部分だけに模様を置いたものを言う。

＊羅紗地《らしゃ》……羅紗は、厚地の毛織物。羅紗地とは、ラシャを衣服の生地（材料）として用いてあるということ。

＊スエヒロ……銀座5丁目にあったステーキ・レストラン「スエヒロ銀座店」のこと。

＊オリンピック……銀座2丁目にあった洋食レストラン。ビーフステーキが評判料理の一つだった。

＊資生堂《しせいどう》……銀座8丁目にあった洋食レストラン「資生堂アイスクリームパーラー」のこと。関東大震災で全焼した資生堂薬局を建て替え、一九二八年（昭和3年）に本格的な洋食を提供するレストランとして開業した。

＊仇討本懐《あだうちほんかい》……仇討ちの本懐を遂げること。ここでは、仕返しをし、見事うらみを晴らすこと。

【問1】 空欄A～Cに当てはまる語句として最も適当なものを次の中から選び、それぞれ（イ）～（チ）の符号で答えなさい。

（イ） 眩《まぶ》しそうに　（ロ） 物珍しそうに
（ハ） 滑るように　（ニ） 舐《な》めるように
（ホ） 不安そうに　（ヘ） 恨めしそうに
（ト） 笑うように　（チ） 燃えるように

【問2】 傍線部①「磯子自身ですら悪いことを訊《き》いたものだと思うほど加奈江も明子も不快なお互いを探り合うような顔付きで眼《め》を光らした」とありますが、どういうことですか。「磯子」と「加奈江」の内面について説明した次の文章を読んで、選択肢（a）～（d）より最も適当なものを選び、それぞれ（イ）～（ヲ）の符号で答えなさい。

加奈江が堂島から平手打ちされたことについて、磯子は（a）
（イ） 堂島には女を殴るだけの理由があったはずだと考えている
（ロ） 加奈江の側に非や落ち度があったなどとは思ってもいない
（ハ） 加奈江と堂島の間に何かあったに違いないと勘ぐっている
。しかし、「あんた何も堂島さんにこんな目にあうわけないでしょう」という磯子の言葉は、取りようによっては、（b）
（ニ） 加奈江には後ろ暗いことなど何もない
（ホ） 磯子自身には全く係《かか》わりのないことだ
（ヘ） 何の理由もなしに堂島は女を殴るのか
という意味にもなり得る。だから、加奈江の反応を見た時、磯子は自分が誤解を招くような言い方をしてしまったのだと気付かされたのだった。

一方、加奈江の方は、（c）
（ト） 自分が堂島につれない態度をとったという覚えはある
（チ） 磯子が自分と堂島の仲を疑っていることが悔しかった
（リ） 堂島が加奈江に好意を抱いていることを分かっていた
。しかし、それは

僕の去就を決した。しかし私に割り切れないものがあの社を去るに当って一つあった。それは貴女《あなた》に対する私の気持でした。社を辞めるとなれば殆《ほとん》ど貴女には逢《あ》えなくなる。その前に僕の気持を打ち明けて、［D］同情して貰いたいとあせった。しかし僕は令嬢というものに対してはどうしても感情的なことが言い出せない性質です。だから遂々《とうとう》ボーナスを貰って社を辞めようとした最後の日まで来てしまったのです。いよいよ、言うことすら出来ないのか。思い切って打ち明けたところで、断られたらどういうことになる。此方《こちら》はすごすご思いを残して引下り貴女《あなた》は僕のことなぞ忘れてしまうだけだ。［E］喧嘩《けんか》でもしたらどうか。或《ある》いは憎むことによって僕を長く忘れないかも知れない。僕もきっかり決裂した感じで気持をそらすことが出来よう。そんな自分勝手な考えしか切羽《せっぱ》詰って来ると浮びませんでした。とつおいつ、僕は遂《つい》に夢中になって貴女をあの日、撲《なぐ》ったのでした。しかし、女を、しかも一旦慕った麗人を乱暴にも撲ったということは僕のヒューマニズムが許しませんでした。［F］苦い悪汁となって胸に浸み渡るのでした。その不快さに一刻も早く手紙を出して詫《わ》びようと思ったが、それも矢張《やは》り自分だけを救うエゴイズムになるのでやめてしまったのです。先日、銀座で貴女に撲り返されたとき、これで貴女の気が晴れるだろうから、そこでやっと自分の言い訳やら詫びをしようと、もじもじしていたのですが、連れの者が邪魔して、それを果しませんでした。よって手紙を以《も》って、今、釈明する次第です。平にお許し下さい。

堂《どう》島《じま》　潔《きよし》

としてあった。加奈江は、そんなにも迫った男の感情ってあるものかしらん、今にも堂島の荒々しい熱情が自分の身体に襲いかかって来るような気がした。

加奈江は時を二回分けて、彼の手、自分の手で夢中になってお互いを叩《たた》きあった堂島と、このまま別れてしまうのは少し無慙《むざん》な思いがあった。一度、会って打ち解けられたら……。

加奈江は堂島の手紙を明子たちに見せなかった。家に帰るとその晩一人銀座へ向った。次の晩も、その次の晩も、十時過ぎまで銀座の表通りから裏街へ二回も廻《まわ》って歩いた。⑩しかし堂島は遂に姿を見せないで、路上には漸《よう》く一月の本性の寒風が吹き募って来た。

岡本かの子「越年」――『岡本かの子全集5』(ちくま文庫・一九九三年)より

【語注】

*白磁色……白磁は、白色の素地に透明な上薬《うわぐすり》をほどこした焼き物。白磁色は、白磁のようにすべすべした白い色。

*拓殖会社……開拓・植民を事業とする会社。殖民とは、国外の領土や未開地への移住を促し、開発や支配を進めること。第二次世界大戦前の日本では、植民地での拓殖事業を行う半官半民の会社が数多く設立された。

*軍需品会社……軍隊で使われるものを扱う会社。

*事変下……ここでの「事変」とは、「支那《しな》事変」(日中戦争)を指す。「支那事変」は日本と中国との間で行なわれた戦争で、一九三七年(昭和12年)の盧溝橋《ろこうきょう》事件をきっかけにして起こり、日本の敗戦(一九四五年)まで続いた。事変下とは、日中戦争が続いている最中である、ということ。

*銀ブラ……銀座の街をぶらぶら歩くこと。

ながら、加奈江は一歩後退《しさ》った。

「もっと、うんと撲りなさいよ。利息ってものがあるわけよ」

明子が傍《そば》から加奈江をけしかけたけれど、加奈江は二度と叩く勇気がなかった。

「おいおい、こんな隅っこへ連れ込んでるのか」

さっきの四人連れが後から様子を覗《のぞ》きにやって来た。加奈江は独りでさっさと数寄屋橋の方へ駆けるように離れて行った。明子が後から追いついて

「もっとやっつけてやればよかったのに」

と、自分の毎日共に苦労した分までも撲って貰《もら》いたかった不満を交ぜて残念がった。

「でも、私、お釣銭は取らないつもりよ。後くされが残るといけないから。あれで私気が晴々した。今こそあなたの協力に本当に感謝しますわ」

改まった口調で加奈江が頭を下げてみせたので明子も段々気がほぐれて行って「お目出《めで》とう」と言った。その言葉で加奈江は「そうだった、ビフテキを食べるんだったっけね。祝盃《しゅくはい》を挙げましょうよ。今日は私のおごりよ」

二人はスエヒロに向った。

六日から社が始まった。明子から磯子へ、磯子から男の社員たちに、加奈江の復讐《ふくしゅう》成就が言い伝えられると、社員たちはまだ正月の興奮の残りを沸き立たして、痛快々々と叫びながら整理室の方へ押し寄せて来た。

「おいおい、みんなどうしたんだい」

一足後《おく》れて出勤した課長は、この光景に不機嫌な顔をして叱ったが、内情を聞くに及んで愉快そうに笑いながら、社員を押し分けて自分が加奈江の卓に近寄り「よく貫徹したね、*仇討本懐《あだうちほんかい》じゃ」と祝った。

加奈江は一同に盛んに賞讃《しょうさん》されたけれど、堂島を叩き返したあの瞬間だけの強《し》いて自分を弾ませたときの晴々した気分はもうとっくに消《き》え失《う》せてしまって、今では却《かえ》ってみんなからやいやい言われるのがかえって自分が女らしくない奴《やつ》と罵《ののし》られるように嫌だった。

社が退《ひ》けて家に帰ると、ぼんやりして夜を過ごした。銀座へ出かける目標《めあて》も気乗りもなかった。勿論《もちろん》、明子はもう誘いに来なかった。戸外は相変らず不思議に暖かくて雪の代りに雨がしょぼしょぼと降り続いた。加奈江は茶の間の隅に坐《すわ》って前の坪庭の山茶花《さざんか》の樹に雨が降りそそぐのをすかし見ながら、むかしの仇討《あだう》ちをした人々の後半生というものはどんなものだろうなぞと考えたりした。そして自分の詰らぬ仕返しなんかと較《くら》べたりする自分を莫迦《ばか》になったのじゃないかとさえ思うこともあった。

一月十日、加奈江宛の手紙が社へ来ていた。加奈江が出勤すると給仕が持って来た。手紙の表には「ある男より」と書いてあるだけで加奈江が不審に思って開いてみると意外にも堂島からであった。

この手紙は今までの事柄の返事のつもりで書きます。僕は自分で言うのもおかしいけれど、はっきりしていると思う。現在、あの拓殖会社が煮え切らぬ存在で、今度の社が軍需に専念である点が

一列に組んで近くのカフェから出て来た。そしてぐるりと半回転するようにして加奈江たちの前をゆれて肩をこすり合いながら歩いて行く。

「ちょいと！　堂島じゃない、あの右から二番目」

明子がかすれた声で加奈江の腕をつかんで注意したとき、加奈江は既に獲物に迫る意気込みで、明子をそのまま引きずって、男たちの後を追いかけた。――どうにかこの一列の肩がほぐれて、堂島一人になればよいが――と加奈江はあせりにあせった。それに堂島が自分たちを見つけて知っているかどうかも知りたかった。そう思って堂島の後姿を見ると特に目立って額を俯向《うつむ》けているのも怪しかった。二人は半丁もじりじりして後をつけた。そのとき不意に堂島は後を振り返った。

「堂島さん！　ちょっと話があります。待って下さい」

加奈江はすかさず堂島の外套《がいとう》の背を握りしめて後へ引いた。明子もその上から更に外套を握って足を踏張った。堂島は周章《あわ》てて顔を元に戻したが、女二人の渾身《こんしん》の力で喰《く》い止められてそれのまま遁《のが》れることは出来なかった。五人の一列は堂島を底にしてＶ字型に折れた。

「よー、こりゃ素敵、堂島君は大変な女殺しだね」

同僚らしいあとの四人は肩組も解《ほど》いてしまって、呆《あき》れて物珍らしい顔つきで加奈江たちを取巻いた。

「いや、何でもないよ。一寸《ちょっと》失敬する」

そういって堂島は加奈江たちに外套の背を掴《つか》まれたまま、連れを離れて西の横丁へ曲って行った。小さな印刷所らしい構えの横の、人通りのないところまで来ると堂島は立止まった。離して逃げられでもしたらと用心して確《し》っかり握りしめてついて来た加奈江は、必死に手に力をこめるほど往時《むかし》の恨みが衝《つ》き上げて来て、今はすさまじい気持ちになっていた。

「なぜ、私を撲《なぐ》ったんですか。一寸口を利かなかったぐらいで撲《なぐ》る法がありますか。それも社を辞める時をよって撲るなんて卑怯《ひきょう》じゃありませんか」

加奈江は涙が流れて堂島の顔も見えないほどだった。張りつめていた復讐心《ふくしゅうしん》が既に融《と》け始めて、あれ以来の自分の惨めな毎日が涙の中に浮び上った。

「本当よ、私たちそんな無法な目にあって、そのまま泣き寝入りなんか出来ないわ。課長も訴えてやれって言ってた。山岸さんなんかも許さないって言ってた。さあ、どうするんです」

⑨堂島は不思議と神妙に立っているきりだった。明子は加奈江の肩を頻《しき》りに押して、叩《たた》き返せと急《せ》きたてた。しかし女学校在学中でも友だちと口争いはしたけれども、手を出すようなことの一度だってなかった加奈江には、いよいよとなって勢いよく手を上げて男の顔を撲るなぞということはなかなか出来ない仕業《しわざ》だった。

「あんまりじゃありませんか、あんまりじゃありませんか」

そういう鬱憤の言葉を繰返し繰返し言い募《つの》ることによって、加奈江は激情を弾ませて行って

「あなたが撲《なぐ》ったから、私も撲り返してあげる。そうしなければ私、気が済まないのよ」

加奈江は、やっと男の頬《ほお》を叩《たた》いた。その叩いたことで男の顔がどんなにゆがんだか鼻血が出はしなかったかと早や心配になり出す彼女だった。叩いた自分の掌《てのひら》に男の脂汗が淡くくっついたのを敏感に感じ

が張り続けていた。

いよいよ正月になって加奈江は明子の来訪を待っていた。三日の晩になっても明子は来なかった。加奈江は自分の事件だから本当は自分の方から誘いに出向くべきであったと始めて気づいて独《ひと》りで苦笑した。今まで加奈江は明子と一緒に銀座の人ごみの中で堂島を掴《つか》まえるのには和服では足手まといだというので、いつも出勤時の灰色の洋服の上に紺の外套《がいとう》をお揃《そろ》いで着て出たものだったが、流石《さすが》に新年でもあり、まだ二三回しか訪れたことのない明子の家へ行くのだから、加奈江は入念にお化粧して、女学校卒業以来二年間、余り手も通さなかった*裾模様の着物を着て金模様のある帯を胸高に締めた。着なれない和服の盛装と、一旦途切れて気がゆるんだ後の冒険の期待とに妙に興奮して息苦しかった。*羅紗《らしゃ》地のコートを着ると麻布の家を出た。外は一月にしては珍らしくほの暖かい晩であった。

青山の明子の家に着くと、明子も急いで和服の盛装に着替えて銀座行きのバスに乗った。

「わたし、正月早々からあんたを急《せ》き立てるのはどうかと思って差控えてたのよ。それに松の内は銀座は早仕舞《はやじま》いで酒飲みなんかあまり出掛けないと思ったもんだから」

明子は言い訳をした。

「わたしもそうよ。正月早々からあんたをこんなことに引っ張り出すなんか、いけないと思ってたの。でもね、正月だし、たまにはそんな気持ちばかりでなく銀座を散歩したいと思って、それで裾模様で来たわけさ。今日はゆったりした気持ちで歩いて、*スエヒロか*オリンピックで厚いビフテキでも食べない」

⑧加奈江は家を出たときとは幾分心構えが変っていた。

「まあまあそれもいいねえ。裾模様にビフテキは少しあわないけれど」

「ほほほほ」

二人は晴やかに笑った。

銀座通りは既に店を閉めているところもあった。人通りも割合いに少なくて歩きよかった。それに夜店が出ていないので、向う側の行人まで見通せた。加奈江たちは先《ま》ず尾張町から歩き出したが、瞬《また》く間に銀座七丁目の橋のところまで来てしまった。拍子抜けのした気持ちだった。

「どうしましょう。向う側へ渡って京橋の方へ行ってオリンピックへ入りましょうか、それともこの西側の裏通りを、別に堂島なんか探すわけじゃないけれど、さっさと歩いてスエヒロの方へ行きますか」

加奈江は明子と相談した。

「そうね、何だか癖がついて西側の裏通りを歩いた方が、自然のような気がするんじゃない」

明子が言い終らぬうちに、二人はもう西側に折れて進んでいた。

「そら、あそこよ。暮に堂島らしい男がタクシーに乗ったところは」

明子が思い出して指さした。二人は今までの澄ました顔を忽《たちま》ちに厳《けわし》くした。それから縦の裏通りを尾張町の方に向って引返し始めたが、いつの間にか二人の眼は油断なく左右に注がれ、足の踏まえ方にも力が入っていた。

*資生堂《しせいどう》の横丁と交叉《こうさ》する辻角《つじかど》に来たとき五人の酔った一群が肩を

で歩いたことは以前あったよ」

「それなら新しい移転先知ってるでしょう」

「移転先って。いよいよあやしいな、一体どうしたって言うんだい」

加奈江は昨日の被害を打ち明けなくては、⑥自分の意図が素直に分って貰えないのを知った。

「山岸さんは堂島さんがこの社を辞めた後もあの人と親しくするつもり。それを聞いた上でないと言えないのよ」

「いやに念を押すね。ただ飲んで廻《まわ》ったというだけの間柄さ。社を辞めたら一緒に出かけることも出来ないじゃないか。もっとも銀座で逢《あ》えば口ぐらいは利くだろうがね」

「それじゃ話すけれど、実は昨日私たちの帰りに堂島が廊下に待ち受けていて私の顔を撲《なぐ》ったのよ。私、眼《め》が眩《くら》むほど撲られたんです」

加奈江はもう堂島さんと言わなかった。そして自分の右手で顔を撲る身振りをしながら眼をつむったが、開いたときは両眼に涙を浮べていた。

「へえー、あいつがかい」

山岸もその周《まわ》りの社員たちも椅子から立上って加奈江を取り巻いた。加奈江は更に、撲られる理由が単に口を利かなかったということだけだと説明したとき、不断おとなしい彼女を信じて社員たちはいきり出した。

「この社をやめて他の会社の社員になりながら、行きがけの駄賃に女を撲って行くなんてわが社の威信を踏み付けにした遣《や》り方だねえ。山岸君の前だけれど、このままじゃ済まされないなあ」

これは社員一同の声であった。

【省略部分のあらすじ】　山岸も堂島の転居先は知らなかったが、酒場やカフェが客を追い出す時間帯に銀座の西側の裏通りを探して歩けば、きっと堂島を見つけられる、と山岸は言う。それを聞いた加奈江と明子は、夜の銀座で堂島探しを始めることにした。そうして、加奈江と明子が年の瀬の銀座を歩き回る日々《ひび》は、すでに十日目となっていた。

それから二人は再び堂島探しに望みをつないで暮れの銀座の夜を縫《ぬ》って歩いた。*事変下の緊縮した歳暮《せいぼ》はそれだけに成るべく無駄を省いて、より効果的にしようとする人々の切羽《せっぱ》詰まったような気分が街に籠《こも》って、*銀ブラする人も、裏街を飲んで歩く青年たちにも、⑦こつんとした感じが加わった。それらの人を分けて堂島を探す加奈江と明子は反撥《はんぱつ》のようなものを心身に受けて余計に疲れを感じた。

「歳《とし》の瀬の忙しいとき夜ぐらいは家にいて手伝って呉《く》れてもいいのに」

加奈江の母親も明子の母親も愚痴《ぐち》を滾《こぼ》した。

加奈江も明子も、まだあの事件を母親に打ちあけてないことを今更、気づいた。しかしその復讐《ふくしゅう》のために堂島を探して銀座に出るなどと話したら、直《ただ》に足止めを食うに決まっている――加奈江も明子も口に出さなかった。その代り「年内と言っても後四日、その間だけ我慢して家にいましょう」二人は致し方のないことだと諦めて新年を迎える家の準備にいそしんだ。来るべき新年は堂島を見つけて出来るだけの仕返しをしてやる――そういう覚悟が別に加わって近ごろになく気持

色に艶々《つやつや》した加奈江の左の頬をじっとみて

「痕《あと》は残っておらんけれど」と言った。

加奈江は「一応考えてみましてから」と一旦、整理室へ引退《ひきさが》った。待ち受けていた明子と磯子に堂島の社を辞《や》めたことを話すと

「いまいましいねえ、どうしましょう」

磯子は床を蹴って男のように拳《こぶし》で傍《そば》の卓の上を叩《たた》いた。

「ふーん、計画的だったんだね。何か私たちや社に対して変な恨みでも持っていて、それをあんたに向って晴らしたのかも知れませんねえ」

明子も顰《しか》めた顔を加奈江の方に突き出して意見を述べた。

③二人の憤慨とは反対に加奈江はへたへたと自分の椅子《いす》に腰かけて息をついた。今となっては容易《たやす》く仕返しの出来難《できがた》い口惜しさが、固い鉄の棒のようになって胸に突っ張った苦しさだった。

加奈江は昼飯の時間が来ても、明子に注いで貰《もら》ったお茶を飲んだだけで、持参した弁当も食べなかった。

「どうするつもり」と明子が心配して訊《たず》ねると

「堂島のいた机の辺りの人に様子を訊《き》いて来る」と言って加奈江はしおしおと立って行った。

*拓殖会社の大事務室には卓が一見縦横乱雑に並び、帳面立ての上にまで帰航した各船舶から寄せられた多数の複雑な報告書が堆《うずたか》く載っている。四隅に置いたストーヴの暖かさで三十数名の男の社員たちは一様に上衣《うわぎ》を脱いで、シャツの袖口をまくり上げ、年内の書類及び帳簿調べに忙がしかった。加奈江はその卓の間をすり抜けて堂島が嘗《か》つて向っていた卓の前へ行った。その卓の右隣りが山岸《やまぎし》という堂島とよく連れ立って帰って行く青年だった。

加奈江は早速、彼に訊いてみた。

「堂島さんが社を辞めたってね」

「ああそうか、道理で今日来なかったんだな。前々から辞める辞めると言ってたよ。どこか品川の方にいい電気会社の口があるってね」

すると他の社員が聞きつけて口をはさんだ。

「ええ、本当かい。うまいことをしたなあ。あいつは頭がよくって、何でもはっきり割り切ろうとしていたからなあ」

「そうだ、ここのように純粋の*軍需品会社でもなく、平和になればまた早速に不況になる惧《おそ》れのあるような会社は見込みがないって言ってたよ」

山岸は辺りへ聞えよがしに言った。④彼も不満を持ってるらしかった。

「あの人は今度、どこへ引っ越したの」

加奈江はそれとなく堂島の住所を訊き出しにかかった。だが山岸は一寸解《ちょっとげ》せないという顔付をして加奈江の顔を眺めたが、直《す》ぐにやにや笑い出して

「おや、堂島の住所が知りたいのかい。⑤こりゃ一杯、おごりものだぞ」

「いえ、そんなことじゃないのよ。あんたあの人と親友じゃないの」

加奈江は二人の間柄を先《ま》ず知りたかった。

「親友じゃないが、銀座へ一緒に飲みに行ってね、夜遅くまで騒い

しょう」

磯子が、そう訊《き》いたとき、①磯子自身ですら悪いことを訊いたものだと思うほど加奈江も明子も不快なお互いを探り合うような顔付きで眼《め》を光らした。間もなく加奈江は磯子を睨《にら》んで

「無論ありませんわ。ただ先週、課長さんが男の社員とあまり要らぬ口を利《き》くなっておっしゃったでしょう。だからあの人の言葉に返事しなかっただけよ」と言った。

「あら、そう。なら、うんとやっつけてやりなさいよ。私も応援に立つわ」

磯子は自分のまずい言い方を今後の態度で補うとでもいうように力んでみせた。

「課長がいま社に残っているといいんだがなあ、昼過ぎに帰っちまったわねえ」

明子は現在加奈江の腫《は》れた左の頰《ほお》を一目、課長に見せて置きたかった。

「じゃ、明日のことにして、今日は帰りましょう。私少し廻り道だけれど加奈江さんの方の電車で一緒に行きますわ」

明子がそういってくれるので、加奈江は青山に家のある明子に麻布《あざぶ》の方へ廻《まわ》って貰《もら》った。しかし撲《なぐ》られた左半面は一時痺《しび》れたようになっていたが、電車に乗ると偏頭痛にかわり、その方の眼から頻《しき》りに涙がこぼれるので加奈江は顔も上げられず、明子とも口が利けなかった。

翌朝、加奈江が朝飯を食べていると明子が立ち寄って呉《く》れた。加奈江の顔を一寸《ちょっと》調べてから「まあよかったわね、傷にもならなくて」と慰めた。だが、加奈江には不満だった。

「でもね、昨夜は口惜しいのと頭痛でよく眠られなかったのよ」

二人は電車に乗った。加奈江は今日、課長室で堂島を向うに廻して言い争う自分を想像すると、いつしか身体が顫《ふる》えそうになるのでそれをまぎらすために窓外に顔を向けてばかりいた。

磯子も社で加奈江の来るのを待ち受けていた。彼女は自分たちの職場である整理室から男の社員たちのいる大事務所の方へ堂島の出勤を度々《たびたび》見に行って呉れた。

「もう十時にもなるのに堂島は現われないのよ」

②磯子は焦《じ》れったそうに口を尖《とが》らして加奈江に言った。明子は、それを聞くと

「いま課長、来ているから、兎《と》も角《かく》、話して置いたらどう。何処《どこ》かへ出かけちまったら困るからね」

と注意した。加奈江は出来るだけ気を落ちつけて二人の報告や注意を参考にして進退を考えていたが、思い切って課長室へ入って行った。そこで意外なことを課長から聞かされた。それは堂島が昨夜のうちに速達《そくたつ》で退社届を送って寄こしたということであった。卓上にまだあるその届書も見せて呉れた。

「そんな男とは思わなかったがなあ。実に卑劣極まるねえ。社の方もボーナスを貰ってやめたのだしねえ。それに住所目下移転中と書いてあるだろう。何から何までずらかろうという態度だねえ。君も撲《なぐ》られっ放しでは気が済まないだろうから、一つ懲《こら》しめのために訴えてやるか。誰かに聞けば直《す》ぐ移転先は分るだろう」

課長も驚いて膝を乗り出した。そしてもう既に地腫も引いて＊白磁

仕上げることはできないだろう。

（ハ）「檸檬」という作品がこれからも時代を越えて読み継がれていくうえで、作品世界がもつ詩としての象徴性にも注意を払いながら、その技巧の細やかさを明らかにしていくことが必要である。

（ニ）防弾ガラスのように大切に守られてきた詩や小説は、自分が持っている視野をつねに広げようと注意しながら日々を過ごすことによってようやくその本質を露わにし、鑑賞できるようになる。

（ホ）普段の体験を詩や小説などに昇華させていくためには、「檸檬」の主人公のように京都の街をうろついて檸檬と出会ったり、さらには檸檬を使った小さないたずらを企図したりしなければならない。

（ヘ）「檸檬」の中で、自身に巣食う暗部に気づき、その場にそれ以上とどまっていられなくなってもがく「私」は、その振る舞いを通じて、図らずも詩というものの本質に限りなく近づいているのである。

Ⅱ　次の文章は一九三九年（昭和14年）に発表された岡本かの子の『越年』という短編小説で、日本が中国と戦争をしていた時代の東京を舞台としています。この文章を読んで、以下の設問に答えなさい。

年末のボーナスを受取って加奈江が社から帰ろうとしたときであった。気分の弾《はず》んだ男の社員たちがいつもより騒々しくビルディングの四階にある社から駆け降りて行った後、加奈江《かなえ》は同僚の女事務員二人と服を着かえて廊下に出た。すると廊下に男の社員が一人だけ残ってぶらぶらしているのがこの際妙に不審に思えた。しかも加奈江が二、三歩階段に近づいたとき、その社員は加奈江の前に駆けて来て、いきなり彼女の左の頬《ほお》に平手打ちを食わした。

あっ！　加奈江は仰反《のけぞ》ったまま右へよろめいた。同僚の明子《あきこ》も磯子《いそこ》も余り咄嗟《とっさ》の出来事に眼《め》をむいて、その光景をまざまざ見詰めているに過ぎなかった。瞬間、男は外套《がいとう》の裾《すそ》を女達の前に飜《ひるがえ》して階段を駆け降りて行った。

「堂島《どうじま》さん、一寸《ちょっと》待ちなさい」

明子はその男の名を思い出して上から叫んだ。男の女に対する乱暴にも程があるという憤《いきどお》りと、こんな事件を何とかしなければならないというあせった気持から、明子と磯子はちらっと加奈江の方の様子を［A］窺《うかが》って加奈江が倒れもせずに打たれた頬をおさえて固くなっているのを見届けてから、急いで堂島の後を追って階段を駆け降りた。

しかし堂島は既に遥《はる》か下の一階の手すりのところを［B］降りて行くのを見ては彼女らは追いつけそうもないので「無茶《むちゃ》だ、無茶だ」と興奮して罵《ののし》りながら、加奈江のところへ戻って来た。

「行ってしまったんですか。いいわ、明日来たら課長さんにも立会って貰《もら》って、……それこそ許しはしないから」

加奈江は心もち赤く腫《は》れ上った左の頬を涙で光らしながら［C］唇をぴくぴく痙攣《けいれん》させて呟《つぶや》いた。

「それがいい、あんた何も堂島さんにこんな目にあうわけないで

げられていたほかの名前は存在さえ許されなくなってしまうため、名前のふさわしさをめぐる議論から逃れようのない残酷な行為であるということ。

(ニ) 名づけは、本来的に自由の名のもとに行われるべきものであって、それは何人も侵すことのできない永久の権利として、現在および将来の人々まで保障されて当然の行為でなければならないということ。

(ホ) 名づけは、無根拠のうえに成り立つものであるはずなのに、私たちはいったん名づけられると、その対象を実体化し、あたかもそれが必然であったかのような認識を促してしまう行為であるということ。

【問9】 傍線部⑨「「檸檬」という小説の冒頭は、この欲望を露わにしたものです」とありますが、どういうことですか。次の中から最も適当なものを選び、符号で答えなさい。

(イ) この作品は、一般的には価値がないと思われている何気ない日常の風景を、対極にある想像の内面的世界として描いてみせることを通じて、「えたいの知れない不吉な塊」を鎮めるためにこそ、書かれたものであるということ。

(ロ) この作品は、自身の内側に抱え込まれた「えたいの知れない不吉な塊」の特徴を、「私」が自分自身の手で解明しようと格闘し、その細部に至るまですべて言葉で明らかにすることを目指して書き始められているということ。

(ハ) この作品は、自らの内に巣食う「えたいの知れない不吉な塊」が自身を食い尽くす前に、どんなに見つづけても飽きることのない「檸檬」という爆弾を使い、象徴的に破壊しようとする衝動に駆られて書かれているということ。

(ニ) この作品は、「えたいの知れない不吉な塊」に気づいた「私」が、その「塊」を何とかしたいともがき、その意味をつかまえようとして、何か動かざるを得ない状況に追い込まれていくことの宣言から始まっているということ。

(ホ) この作品は、「えたいの知れない不吉な塊」に襲われた「私」が、ほかでもない自分だけが巻き込まれた災厄を呪いつつ、何とか回復の方法を探っていこうとする、抑圧からの解放という筋書きとして始動しているということ。

【問10】 本文における筆者の意見や考えとして適当なものを次の(イ)〜(ヘ)の中から2つ選び、符号で答えなさい。

(イ) 詩とは、名づけられる一歩手前まで差し戻された混沌《こんとん》に言葉で立ち向かっていこうとする行為であり、その不確かな対象のイメージは、何かをせねばならない強制として私たちに襲いかかってくる。

(ロ) 詩人になるためには、無意味と有意味との間で揺れ動く欲望に忠実であることが必要であり、その覚悟と詩的な感受性がなければ、読んだ人を感動させる作品になど

にとって、たまたま購入した「檸檬」の「冷たさ」は非常に a（2字） ものでした。その冷たさは、肺をわずらい、熱を帯びがちな「私」の体中に b（5字） いったのです。「匂い」もそうでした。何度も何度もその「檸檬」の匂いを嗅ぎ、海の向こうの産地や、古典で描かれた一場面を想起しながら、「私」は病のためにかなわなかった、 c（3字） に呼吸することを楽しみます。すると「私」の身体には、病の熱とは異なった d（8字） が戻ってくるのです。名づけようとしても名づけることのできなかった感覚はいま、「檸檬」という実体を手にすることによって包摂されようとしています。この「檸檬」は、「私」の想像のうちで、 e（8字） すべての善いものや美しいものの重さを f（2字） したかのように感じられます。すなわち、ここで「檸檬」は、「私」の心のうちに巣食っていた「えたいの知れない不吉な塊」をすべて吸収するかのような役割を果たしているのです。

【問7】 傍線部⑦「名づけることは私たちが生きるうえで、もっとも原初的な行為と言ってもいい」とありますが、そのように言えるのはどうしてですか。次の中から最も適当なものを選び、符号で答えなさい。

（イ） ものと名前が決して切り分けられない密接な関係にあるからこそ、ふさわしい言葉が名前として求められるから。

（ロ） 仮にそこに何かがあったとしても、それを指し示す言葉がなければ、人は安心と安全を得ることができないから。

（ハ） 対象に名前をつけられることで初めて秩序ある世界が立ち上がり、母語と外国語との間の翻訳が可能になるから。

（ニ） あるものを命名するためには、名づける以前にそれ自体が対象としてしっかりと認識されている必要があるから。

（ホ） 私たちは世界の断片を名前によって認識しており、それによって世界が意味あるものとして捉えられているから。

【問8】 傍線部⑧「でも、そこで問題が生ずるのです」とありますが、ここで生ずる「問題」とはどのようなことですか。次の中から最も適当なものを選び、符号で答えなさい。

（イ） 名づけは、最低限の社会的な制約を受けるものの、発案者の豊かな想像力が試される意味において、何ものにも縛られることのない、自発的な考えの表明としての解放感にあふれた行為であるということ。

（ロ） 名づけは、どのような名前をつけてもよいという無数の選択に開かれている一方で、決定に対する確信を持ちえないため、これでよかったのかという気がかりから無縁でいられない行為であるということ。

（ハ） 名づけは、いったん決まってしまうと、候補として挙

すでに詩を知っていると言ってもいいでしょう。もしまだ未体験だとしても、間違いなく、これから体験するはずです。

阿部　公彦『詩的思考のめざめ』（東京大学出版会・二〇一四年）より

＊梶井基次郎……一九〇一年～一九三二年。大阪市生まれの小説家。鋭敏な感覚で特異な心象風景を短編に結晶させたが、結核で早逝。

＊「檸檬」……一九二五年「青空」に発表。不安にさいなまれた主人公の精神が一個のレモンによってよみがえるさまを描いた小説作品。

＊肺尖《はいせん》カタル……肺の上部（肺尖《はいせん》）の炎症。肺結核の初期と考えられていた。

＊丸善……京都にある書店。「檸檬」発表当時、洋書などの取りそろえが充実していたことで知られる。二〇〇五年に閉店するも、二〇一五年に復活した。

＊コード……ここでは、約束事のこと。

【問1】二重傍線部ⓐ～ⓔの漢字はその読みをひらがなで記し、カタカナは漢字に改めなさい。

ⓐ頻繁　ⓑコカツ　ⓒキョウギ

ⓓシジュウ　ⓔショウソウ

【問2】傍線部①「私たちの日常生活では、いろいろな「名づけ」が行われています」とありますが、筆者が想定している「名づけ」の場面と私たちの気づきについての説明として適当な語句を、本文の中から抜き出して答えなさい。

> 生まれた子供に名前をつけたり、チームに名前をつけたりする［a（6字）］だけでなく、［b（7字）］場面にめぐり会うことで、私たちは［c（9字）］に気づくことができる。

【問3】傍線部②「散文」、③「未知」の対義語を、それぞれ漢字2字で答えなさい。

【問4】傍線部④「ある普遍的な状況」とありますが、この「普遍」とはどういうものと考えられますか。次の中から最も適当なものを選び、符号で答えなさい。

（イ）特定の主義にとらわれることなどない公正な立場。

（ロ）さまざまな出来事に当てはまるような一般の法則。

（ハ）誰しもに思い当たることがあるような共通の事柄。

（ニ）時間や空間を超えて変わることのない真理の実相。

（ホ）特に珍しくもないありきたりで平凡な日常の風景。

【問5】傍線部⑤「主人公はこの「えたいの知れない不吉な塊」に追い立てられるようにして、とにかく移動をつづけます」とありますが、追い立てられるようにして移動する「私」の様子は、「檸檬」本文の［A］ではどのように表現されていますか。漢字2字で抜き出して答えなさい。

【問6】傍線部⑥「主人公は「檸檬」を目前にしてあれこれと語りますが、実は周到に「名づけ」を避けています」とありますが、それに関する次の説明文の空欄a～fに該当する語句を、「檸檬」本文［C］～［E］の中から抜き出して答えなさい。

> 自分の心のうちに「えたいの知れない不吉な塊」の存在を見つけ、それが気になって仕方がなくなってしまった「私」

うな＊〝コード〟はある。でも、あらかじめすべてが決まっていたら、それはもはや名づけとは呼べません。何らかの自由さの余地が必ず残されているはず。

⑧でも、そこで問題が生ずるのです。自由ということは、どこかに無根拠さがつきまとう。そうである必然性などない。たまたまそうなっているにすぎない。恣意的なのです。私たちはこのような無根拠さと付き合うのが実は苦手です。どうでもいい、と言われると、かえって何らかの「意味」が欲しくなる。つまり、名づけを行う私たちは、いつも微妙に不安定などっちつかずの気持ちを味わっているはずなのです。「さあ、好き勝手に名前をつけてやるぞ」という解放感と、「ほんとうに自分に的確な名前がつけられるだろうか？　大丈夫か？」という不安とがセットになっている。別の言い方をすると、無意味であることの自由と、有意味であることの安心とを私たちはともに欲しがってしまう。

この無意味と有意味との間で揺れる欲望そのものに、詩ならではの作用が隠れていると私は思うのです。たとえば、どんな名前にも私たちは意味を読みこんでしまう。つい「良い名前ですね」とか、「お似合いの名前です」なんてことを言う。名づけの瞬間の無根拠さを忘れ、名前の与えられたその瞬間から意味を読んでしまう。それはいつも私たちが、些細《ささい》な理由を見つけて安心してしまおうと身構えているからです。でも、名前がつけられたときの無根拠さの記憶もかすかに残っている。だから、「よかったね。根拠なんかないのに、たまたまいい名前がついて」というメッセージがそこにはこめられることになる。

⑨「檸檬《れもん》」という小説の冒頭は、この欲望を露《あら》わにしたものです。なぜ「えたいの知れない不吉な塊」が出てくるのかというと、それは私たちに対応を強いるからです。「えたいの知れない不吉な塊」がそこにあるのなら、それは放っておくわけにはいかない。そんな恐ろしいものが迫ってきたら、何かしなければならないでしょう。この語り手がそうするように町をうろついたり、檸檬と出会ったり、さらには檸檬を使っていやらしい〝いたずら〟をくわだてたりしなければならない、つまり、必ずや何かをしなければならなくなる。欲望とはまさにそういうものです。必ずや何かをせねばならないと思う。檸檬についても同じです。それが名づけられないがゆえに、語り手は欲しくなる。買ってしまう。そして持ち歩いたあげく、その檸檬を使って何かをしてしまう。そこにはつねに「是非せねばならない」という欲望が働いていた。このような心理の背後にあるのは、いったい何なのか。

それは名づけられるべき、しかし未《いま》だ名づけられていないものとの出会いだと言えるでしょう。名づけられるべきだという必然性や切迫感の縛りと、未だ名づけられていないという自由や不安定さとが同居している。詩とは、名づけられるべき、でも、未だ名づけられていないものと出会うための場なのです。あるいはそういうふうに名づけられていないものと出会うことが詩だと言ってもいい。強烈にこちらを突き動かす圧迫的な衝動と、「さあ、お好きに」と放っておいてくれるゆるやかさ。「檸檬」の中で、このようにいたたまれなくなってじたばたしてしまう語り手は、詩というものをきわめて純粋な形で行為として演じているように思います。このように強烈な名づけの衝動に駆られることが詩なのです。そうして無限の自由の喜びに束《つか》の間《ま》ひたってしまうこと。一度でもこうした体験をしたことがあるなら、あなたは

肺尖《はいせん》を悪くしていていつも身体に熱が出た。事実友達の誰彼に私の熱を見せびらかすために手の握り合いなどをしてみるのだが、私の手のひらが誰《だ》れのよりも熱かった。その熱いせいだったのだろう。握っている手のひらから身内に浸《し》み透《とお》ってゆくようなその冷たさは快いものだった。

それから匂い。

D 私は何度も何度もその果実を鼻に持って行っては嗅いで見た。それの産地だというカリフォルニヤが想像に上って来る。漢文で習った「売柑者之言」の中に書いてあった「鼻を撲《う》つ」という言葉がきれぎれに浮かんで来る。そしてふかぶかと胸一杯に匂やかな空気を吸い込めば、ついぞ胸一杯に呼吸したことのなかった私の身体や顔には温《あたた》い血のほとぼりが昇って来て何だか身内に元気が目覚めて来たのだった。……

そして重さ。

E ――つまりはこの重さなんだな。――

その重さこそ常々私が尋ねあぐんでいたもので、疑いもなくこの重さはすべての善いものすべての美しいものを重量に換算して来た重さであるとか、思いあがった諧謔《かいぎゃく》心からそんな馬鹿げたことを考えてみたり――何がさて私は幸福だったのだ。

こうしてならべてみるとわかるのは、冷たさも匂いも重さも、名前の一歩手前だということです。このように触覚や嗅覚を通してのみ檸檬《れもん》を語っているうちに、ふつうなら「檸檬」という名前で簡単に名指されうるはずのありふれた果物が、名指される一歩手前のところまで差し戻されるのです。どうもこの小説は名づけられない、名指せないといったことを大きなテーマとしているらしい。

先ほども触れたように、私たちの誰もがこのように「名指し得ぬもの」を体験として知っている。それはいったいどういうことか。私たちは「何」なのかはわからなくても、「そういうこと」として対象を理解する回路を持っているのではないでしょうか。名前の一歩手前で、それをとらえることができる。その一歩手前では、いったいどんなことが起きているのでしょう。「檸檬」という作品は、そこに私たちの注意を導いてくれるように思います。

私が考えているのはこのようなことです。私たちは日常生活の中でいつも名づけや名指しを行っている。必要だからです。名前があることで私たちは世界を整理し、意味づけ、世界と自分との関係を整え直したり、上手に付き合うための方法を見つけたりできる。⑦名づけることは私たちが生きるうえで、もっとも原初的な行為と言ってもいい。はじめの一歩です。食べたり排泄《はいせつ》したり眠ったりすることと同じくらい、私たちにとっては欠くことのできない行為なのです。

しかし、必要に駆られてとは言っても、名づけは根本的に自由な行為です。名づけることが可能なのは、どんな名前をつけてもいいという前提があるからです。もちろん多少の制約はあるかもしれません。いかにも男の子らしい名前とか、喫茶店にふさわしい名前といったよ

正体不明なのが当然でもある。いずれにしてもまだ見ぬものであり、実体がない。

そうしてみると、この「えたいの知れない不吉な塊」というのは、私たちの誰もが知っている、④ある普遍的な状況について語っているように思えます。正体不明な何かが未来から迫ってきているという予感。その予感そのものが心の中で暴れている。そんな体験をしたことのある人は少なくないのではないでしょうか。一般にそれは、「不安」といった言葉で呼ばれたりするのかもしれませんが、そうしたおさまりのいい言葉で名指すだけではたりない、もっと言いようもなく嫌なものです。いたたまれない気分にさせる。じっとしていられなくて、思わずじたばたしてしまう。

「檸檬《れもん》」とはまさにそんな小説です。⑤主人公はこの「えたいの知れない不吉な塊」に追い立てられるようにして、とにかく移動をつづけます。そして町をうろついたあげく、ある果物屋にたどりつく。

B ある朝――その頃私は甲の友達から乙の友達へという風に友達の下宿を転々として暮らしていたのだが――友達が学校へ出てしまったあとの空虚な空気のなかにぽつねんと一人取残された。私はまた其処《そこ》から彷徨《さまよ》い出なければならなかった。何かが私を追いたてる。そして街から街へ、先にいったような裏通りを歩いたり、駄菓子屋の前で立ち留《どま》ったり、乾物屋の乾蝦《ほしえび》や棒《ぼう》鱈《だら》や湯葉《ゆば》を眺めたり、とうとう私は二条の方へ寺町を下り、其《そ》処《こ》の果物屋で足を留《と》めた。

この果物屋で彼にはいつもと違うことが起きます。なぜか檸檬が欲しくなる。それで、一つ買うのです。気分のよくなった彼は、これなら何とかなるとばかりに*丸善に乗りこむ。「えたいの知れない不吉な塊」のせいで今の彼には近づきがたくなっていた洋書店です。そして、この書店で高級な洋書を繰りながら、彼はある〝いたずら〟を思いつくのです。他愛《たあい》もない、しかし、彼にとってみれば、少なくとも彼の心の中では、ほとんどテロリズムにも似たある暴力的なくわだて。そして最後に、この〝いたずら〟を完結させるべく彼は先ほど買った檸檬をポケットから取り出す。この〝いたずら〟のおかげで彼はこの「えたいの知れない不吉な塊」から解放されることになります。抑圧からの解放という筋書きがここからは読み取れるでしょう。

しかし、今、「檸檬」を持ち出したのは、この短編の全体をどう解釈するか考えるためではありません。気になるのは、「えたいの知れない不吉な塊」をこのように小説の冒頭に据えることの意味です。いや、冒頭だけではありません。この「えたいの知れない不吉な塊」と拮抗《きっこう》するようにしてあらわれた「檸檬」もまた――「檸檬」と仮に呼ばれているにもかかわらず――ほんとうのところでは名指し得ぬもののようなのです。⑥主人公は「檸檬」を目前にしてあれこれと語りますが、実は周到に「名づけ」を避けています。まるでその檸檬に「檸檬」という名前などついていないかのように、手探りで接するのです。だから、たとえばその冷たさを語る。

C その檸檬の冷たさはたとえようもなくよかった。その頃私は

【国語】（六〇分）〈満点：一〇〇点〉

I 次の文章を読んで、以下の設問に答えなさい。なお、本文中にある A ～ E は、＊梶井基次郎《かじいもとじろう》の短編小説＊「檸檬《れもん》」から引用された部分（小説「檸檬」から、その一部分を抜き出したもの）となります。

①私たちの日常生活では、いろいろな「名づけ」が行われています。生まれて名前をつけられるというような、誰の人生にも必ずある出来事もあるでしょうし、バレーボールチームに名前をつけるような、軽いネーミング的な行為はもっと ⓐ頻繁になされている。でも、そうした"順調な名づけ"以外にも、さまざまな派生的な出来事が起きている。

そのような派生的な出来事の中でもとりわけ詩と縁が深いのが、名づけようとしても名づけられないという状況です。というのも、まさにそういう状況に置かれることで私たちは自分の名づけの欲望を自覚するからです。私たちは名づけたいのです。言いたい。呼びたい。でも、そのための名前がうまく見つからない。言葉をめぐるそんな苦しい行き詰まりは、私たちの言葉とのかかわり合いをおおいに深めます。私たちは自分の中にある引き出しをかき回し、いろんな組み合わせを試してみるでしょう。そして言葉の ⓑコカツにあえぎ、自分の貧しさを呪い、呻吟《しんぎん》し、ついには生まれてから一度も口にしたこともないような言葉を口にするかもしれないのです。

次にあげるのはそんな例の一つです。梶井基次郎の「檸檬」という短編。言うまでもなくこれは ⓒキョウギの「詩」ではありません。②散文で書かれた小説です。でも、そこでどのようなことが起きているかを確認することで、詩について考える助けになるかと思います。その冒頭部はいかにも重々しいものです。

A えたいの知れない不吉な塊が私の心を ⓓシジュウ圧《おさ》えつけていた。ⓔショウソウといおうか嫌悪といおうか——酒を飲んだあとに宿酔《ふつかよい》があるように、酒を毎日飲んでいると宿酔に相当した時期がやって来る。それが来たのだ。これはちょっといけなかった。結果した＊肺尖《はいせん》カタルや神経衰弱がいけないのではない。また背を焼くような借金などがいけないのではない。いけないのはその不吉な塊だ。以前私を喜ばせたどんな美しい音楽も、どんな美しい詩の一節も辛抱がならなくなった。蓄音器を聴かせてもらいにわざわざ出かけて行っても、最初の二、三小節で不意に立ち上《あが》ってしまいたくなる。何かが私を居堪《たたま》らずさせるのだ。それでシジュウ私は街から街を浮浪し続けていた。

「えたいの知れない不吉な塊」とはいったい何でしょう？ 語り手もそれが何だかわかってはいない。むしろはっきりしているのは、それが正体不明だということです。名づけるのが不可能だという。しかし、ほかにもわかっていることはあります。「不吉」だという。良くないものなのです。嫌な、不快なものらしい。

考えてみると、「正体不明さ」と「不吉さ」という二つの要素はお互いに密接に結びついていそうです。正体不明だからこそ不吉なわけだし、逆に、不吉さというのは基本的には未来や ③未知を示しているので

MEMO

大切なことはメモしておこうネ！

一般

2020年度

解 答 と 解 説

《2020年度の配点は解答欄に掲載してあります。》

＜数学解答＞

《学校からの正答の発表はありません。》

1 (1) $2xy$　(2) $\frac{19}{3}$　(3) $(a+b-1)(x+1)$　(4) $x=-3,\ y=-4$

(5) $x=-3\pm\sqrt{10}$　(6) $a=-1,\ -2$　(7) $\frac{25}{216}$　(8) $\angle x=120^\circ,\ \angle y=30^\circ$

(9) ア 9　イ 6　ウ 5

2 (1) $p=672$　(2) $p=287$

3 (1) $a=16$　(2) (8, 2)　(3) (−2, 1)

4 (1) 84π　(2) 90π　(3) 19：37

○推定配点○

1 (1)～(6) 各5点×6((4)・(6)各完答)　(7) 6点　(8)・(9) 各4点×4((9)イ・ウ完答)

2～4 各6点×8　計100点

＜数学解説＞

1 (単項式の乗除，平方根，因数分解，連立方程式，二次方程式，変域，確率，角度，平面図形)

(1) $\square\times\left(\frac{x}{4}\right)^3 y\div\left\{-\frac{(x^2y)^2}{16}\right\}=-\frac{1}{2}$　$\square\times\frac{x^3y}{4^3}\times\left(-\frac{16}{x^4y^2}\right)=-\frac{1}{2}$　$\square\times\left(-\frac{1}{4xy}\right)=-\frac{1}{2}$　$\square=2xy$

(2) $\frac{(\sqrt{12}+\sqrt{2})^2}{(3\sqrt{2}-2\sqrt{3})(\sqrt{18}+\sqrt{12})}-\frac{\sqrt{2}(\sqrt{3}-\sqrt{2})^2-\sqrt{18}}{\sqrt{3}}=\frac{12+4\sqrt{6}+2}{18-12}-\frac{\sqrt{2}(3-2\sqrt{6}+2)-3\sqrt{2}}{\sqrt{3}}=\frac{14+4\sqrt{6}}{6}-\frac{2\sqrt{2}-4\sqrt{3}}{\sqrt{3}}=\frac{7+2\sqrt{6}}{3}-\frac{2\sqrt{6}-12}{3}=\frac{19}{3}$

基本 (3) $ax+b-1-x+a+bx=(a+b-1)x+(a+b-1)=(a+b-1)(x+1)$

基本 (4) $0.6x+0.5y=-3.8$より，$6x+5y=-38$…①　$\frac{1}{12}x-\frac{3}{8}y=\frac{5}{4}$より，$2x-9y=30$…②　①−②×3より，$32y=-128$　$y=-4$　これを①に代入して，$6x-20=-38$　$6x=-18$　$x=-3$

(5) $\frac{1}{3}(x^2-1)=\frac{1}{2}(x+1)^2-1$　$2(x^2-1)=3(x+1)^2-6$　$2x^2-2=3(x^2+2x+1)-6$　$x^2+6x=1$　$(x+3)^2=1+9$　$x+3=\pm\sqrt{10}$　$x=-3\pm\sqrt{10}$

(6) yの最大値が0より，$-3\leqq a\leqq 0$である。$x=a$のとき$y=-4$とすると，$-a^2=-4$　$a^2=4$　$a<0$より，$a=-2$　$x=a+3$のとき$y=-4$とすると，$-(a+3)^2=-4$　$(a+3)^2=4$　$a+3=\pm 2$　$a=-3\pm 2=-1,\ -5$　$a=-5$は不適。よって，$a=-1,\ -2$

重要 (7) さいころの目の出方の総数は，6×6×6＝216(通り)　目の和が12となる数の組み合わせは，(6，5，1)，(6，4，2)，(6，3，3)，(5，5，2)，(5，4，3)，(4，4，4)で，それぞれ順に，6，6，3，3，6，1通りずつの出方があるから，求める確率は，$\frac{6+6+3+3+6+1}{216}=\frac{25}{216}$

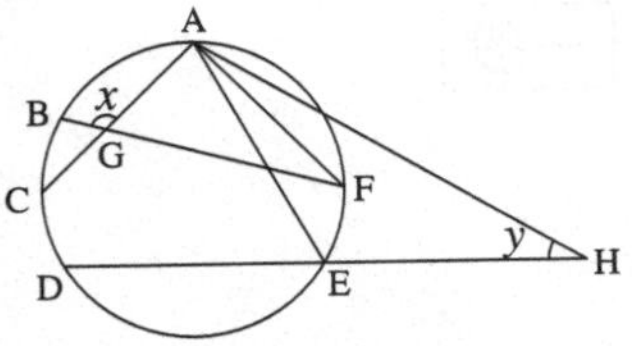

重要 (8) 右の図のように，点A～Hをとる。円周の$\frac{1}{12}$の弧に対する円周角の大きさは，$360° \div 12 \div 2 = 15°$　三角形の内角と外角の関係より，$\angle x = \angle \mathrm{AFG} + \angle \mathrm{GAF} = 15° \times 2 + 15° \times 6 = 120°$
$\angle y = \angle \mathrm{AED} - \angle \mathrm{EAH} = 15° \times 4 - 15° \times 2 = 30°$

重要 (9) BQ：QC＝3：1より，$\mathrm{BQ} = 3\mathrm{CQ} = 3k$　AP：PD＝3：1より，$\mathrm{AP} = 3k$，$\mathrm{PD} = k$　AP//RQより，△ASP∽△QSR　AP：RQ＝$3k$：1だから，△ASP：△QSR＝$(3k)^2 : 1^2 = 9k^2 : 1$　よって，△QSR＝1より，△ASP＝$9k^2$　また，△PSQ：△QSR＝PS：SR＝AP：RQ＝$3k$：1より，△PSQ＝$3k$　△PRQ：△PQC＝RQ：QC＝1：kより，△PQC＝k△PRQ＝$k(3k+1) = 3k^2 + k$　四角形PQCDは平行四辺形だから，四角形PQCD＝2△PQC＝$6k^2 + 2k$　したがって，五角形CDPSQの面積は，$3k + 6k^2 + 2k = 6k^2 + 5k$

2 (方程式の利用)

(1) $p + q + r = 2019$　$p + (p+1) + (p+2) = 2019$　$3p = 2016$　$p = 672$

(2) $s = 4p$のとき，$p + q + r + s = 2020$　$p + (p+1) + (p+2) + 4p = 2020$　$7p = 2017$　$p = 288.1\cdots$となり，不適。$s = 4q$のとき，$p + q + r + s = 2020$　$p + (p+1) + (p+2) + 4(p+1) = 2020$　$7p = 2013$　$p = 287.5\cdots$となり，不適。$s = 4r$のとき，$p + q + r + s = 2020$　$p + (p+1) + (p+2) + 4(p+2) = 2020$　$7p = 2009$　$p = 287$　これは適する。

3 (図形と関数・グラフの融合問題)

基本 (1) $y = \frac{1}{4}x^2$に$x = 4$を代入して，$y = 4$　よって，A(4, 4)　Aは$y = \frac{a}{x}$上の点でもあるから，$4 = \frac{a}{4}$　$a = 16$

(2) 点Cのx座標をcとする。$c < 4$のとき，$\triangle \mathrm{ABC} = \frac{1}{2} \times 4 \times (4 - c) = 8 - 2c$　$8 - 2c = 8$　$c = 0$　これは不適。$c > 4$のとき，$\triangle \mathrm{ABC} = \frac{1}{2} \times 4 \times (c - 4) = 2c - 8$　$2c - 8 = 8$　$2c = 16$　$c = 8$　$y = \frac{16}{x}$に$x = 8$を代入して，$y = 2$　よって，C(8, 2)

重要 (3) AD//BCのとき，△ABC＝△DBCとなる。B(4, 0)より，直線BCの傾きは，$\frac{2-0}{8-4} = \frac{1}{2}$　直線ADの式を$y = \frac{1}{2}x + b$とすると，点Aを通るから，$4 = 2 + b$　$b = 2$　よって，$y = \frac{1}{2}x + 2$　$y = \frac{1}{4}x^2$と$y = \frac{1}{2}x + 2$からyを消去して，$\frac{1}{4}x^2 = \frac{1}{2}x + 2$　$x^2 - 2x - 8 = 0$　$(x-4)(x+2) = 0$　$x = 4, -2$　よって，D(−2, 1)

4 (空間図形の計量)

基本 (1) $\mathrm{V} = \frac{\pi h}{3}(a^2 + ab + b^2)$に，$a = 3$，$b = 6$，$h = 4$を代入して，$\frac{\pi \times 4}{3}(3^2 + 3 \times 6 + 6^2) = 84\pi$

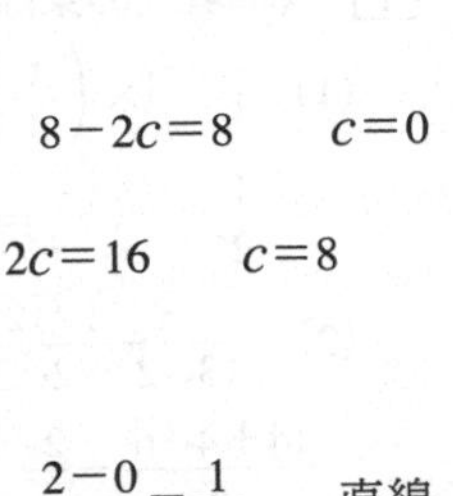

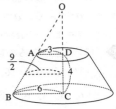

重要 (2) 右の図のように，点A，B，C，D，Oをとる。AD//BCより，OD：OC＝AD：BC＝3：6＝1：2だから，OD＝DC＝4　このとき，$\mathrm{OA} = \sqrt{3^2 + 4^2} = 5$　よって，OB＝2OA＝10　したがって，この円錐台の側面積は，$\pi \times 10 \times 6 - \pi \times 5 \times 3 = 45\pi$　よって，表面積は，$\pi \times 3^2 + \pi \times 6^2 + 45\pi = 90\pi$

(3) 線分ADとBCの中点を結ぶ線分の長さは，$\frac{3+6}{2}=\frac{9}{2}$　円錐台Aの体積は，$\frac{\pi\times2}{3}\left\{3^2+3\times\frac{9}{2}+\left(\frac{9}{2}\right)^2\right\}=\frac{\pi}{6}\times171$　円錐台Bの体積は，$\frac{\pi\times2}{3}\left\{\left(\frac{9}{2}\right)^2+\frac{9}{2}\times6+6^2\right\}=\frac{\pi}{6}\times333$　よって，体積比は，A：B＝171：333＝19：37

★ワンポイントアドバイス★

出題構成，難易度とも例年どおりである。空間図形が復活したが，昨年より取り組みやすかったと思われる。

＜英語解答＞ 《学校からの正答の発表はありません。》

Ⅰ リスニング問題解答省略

Ⅱ 1 あ　2 う　3 い　4 あ　5 え　6 え　7 う　8 い　9 う　10 え　11 い　12 あ

Ⅲ 1 ① found　③ threw　④ reducing　⑤ used　2 (A) う　(B) く　(C) お　(D) き　(E) こ　3 more　4 え

Ⅳ 1 ① か　② え　③ う　⑤ い　⑥ け　⑦ き　2 3番目 か　6番目 い　3 A え　B あ　C か　4 え，か

Ⅴ 1 え　2 あ　3 う　4 い　5 あ　6 あ　7 い　8 う　9 あ　10 え　11 い

Ⅵ 1 when　2 gone　3 took　4 necessary　5 flew

Ⅶ 1 a い　b お　2 a う　b え　3 a う　b か　4 a か　b い　5 a あ　b お

Ⅷ (例) (In my daily life, I) try to help foreign tourists in my town. I hope they will enjoy their stay in Japan and I can have a chance to speak English.

○推定配点○

Ⅰ・Ⅱ 各2点×20　Ⅲ 3・4 各2点×2　他 各1点×9　Ⅳ 2 2点(完答)　4 各2点×2　他 各1点×9　Ⅴ・Ⅵ 各1点×16　Ⅶ 各2点×5(各完答)　Ⅷ 6点　計100点

＜英語解説＞

Ⅰ リスニング問題解説省略。

Ⅱ (長文読解問題・エッセイ：内容吟味)

(全訳) それは私が7歳くらいの頃のことだった。私は夜，ベッドから出て祖母を探しに下の階へ行った。おばあちゃんは夜更かししてテレビを見るのが好きだった。私は時々パジャマ姿で階下へ行き，彼女のイスの後ろに静かに立っていたものだった。彼女には私が見えず，でも私は彼女と一緒に番組を見た。その晩に限って，おばあちゃんはテレビを見ていなかった。私が探すと，彼女は自分の部屋にもいなかった。

私は心配になってきて「おばあちゃん？」と呼んだ。私の祖母はいつも私たちの家にいた。私が

彼女を必要とする時にはいつでも私のためにいてくれた。そして私は，おばあちゃんが友達と泊りがけの旅行に出かけたことを思い出した。それで私の気持ちはほっとしたが，目には涙を浮かべていた。

私は自分の部屋に駆け戻り，おばあちゃんが作ってくれた毛布を取り出した。それは彼女が抱きしめてくれるのと同じくらい心地よくて温かかった。おばあちゃんは明日帰ってくる，と私は自分に言い聞かせた。彼女が行ってしまって帰ってこないはずはない。

私が生まれてから，おばあちゃんは私たち家族，つまりママ，パパ，兄のグレッグと一緒に住んでいた。私たちはミシガンに住んでいて，私が5年生の時に大きな新しい家を買った。ママはお金を稼ぐために仕事に行かなくてはならなかった。

私の友達の多くは両親が働いていたため，放課後ひとりだった。しかし私は運が良かった。ママのママがいつも裏口にいて，牛乳の入ったコップと，オーブンから出したばかりでまだ熱いチョコレートケーキを厚切りにして用意してくれた。

私たちは一緒に座り，私はおばあちゃんにその日のことを全て話したものだった。それからカードゲームをした。おばあちゃんはいつも私を勝たせてくれた。彼女はいつも私にとても優しかった。

ほとんどの子供のように，私は学校でいやなことがあったり，時には友達の1人とケンカになったりした。両親が私に，私が何よりもほしかったあの新しい自転車を，買えないと言ったこともあったかもしれない。私がどれほど悲しかったかに関わらず，おばあちゃんはいつもいてくれて，私をまた幸せな気分にしてくれた。彼女が私を抱きしめてくれると，全てが気持ちよく感じられた。

おばあちゃんは体の大きい女性だったので，彼女が抱きしめると，自分が抱きしめられているのだと実感した。それは素晴らしいことだった。彼女に抱きしめられると私は本当に特別な気持ちになった。彼女が私を抱きしめると，私は何もかも大丈夫になると思った。

そして，私が17歳のある日，もう何もかもが大丈夫ではなくなった。おばあちゃんが重い病気になり，医師たちは深刻な病気なので入院しなくてはならないと言った。彼らは，彼女が再び家に戻ってくることはできないと思った。

毎晩私がベッドに行くと，祖母が隣の寝室でお祈りを唱え，神に私の名前を告げて私について話しているのが聞こえた。その晩私は，自分で神に話しかけた。私は神に私が祖母をどれほど愛しているかを話し，私から彼女を奪わないでくださいとお願いした。「私が彼女を必要としなくなるまで待ってくれませんか」と私は自分勝手に頼んだ。私が祖母を必要としなくなる日なんて，来るはずがないと思っていた。

おばあちゃんは数週間後に亡くなった。私はその晩，その翌晩，そしてそのあともずっと，泣きはらして眠りに落ちた。ある朝，私は祖母が作ってくれた毛布を丁寧にたたみ，母に持って行った。「おばあちゃんに話しかけたり抱きしめてもらったりできないのに，おばあちゃんの近くにいることはとてもつらい」と私は泣いた。そのため母はその毛布を片付けた。今日に至るまで，それは私が世界で最も好きなものの1つだ。

私はおばあちゃんがいなくてひどく寂しかった。彼女の温かな微笑みや優しい言葉が恋しかった。私が高校を卒業した日や，私が8年前にカーラと結婚した日にも彼女はいなかった。しかし，おばあちゃんはいつも私と一緒にいて，今でも私のことを見ている，と私に知らせる出来事が起きた。

カーラと私がアーカンサスに引っ越して数週間後，私たちはカーラに赤ちゃんが生まれると知った。しかしカーラには深刻な問題があり，入院しなくてはならないということがわかった。私たちはとても長い時間を病院で過ごしたので，カーラが出産する数週間前に私は職を失った。

赤ちゃんが生まれる予定の週に，カーラが重い病気にかかった。赤ちゃんが生まれた日，医師たちは私が病室に入ることを許可しなかった。私は待合室を歩き周り，彼らの具合が良くなることを祈った。カーラの血圧は本当に高かった。私のママとパパもミシガンから南に向かっていたが，まだ到着していなかった。私はとても無力でひとりぼっちだと感じた。

すると突然，おばあちゃんが私を抱きしめてくれた気がした。「何もかも大丈夫になるわよ」と彼女が言うのが聞こえたようだった！　でもすぐに彼女はまたいなくなってしまった。

同時に，隣の部屋で，医師たちが病室から出てきた。彼らは私に，父親になったことを告げた。男の赤ちゃんだった。彼は力強く，健康だった。医師たちは私に，カーラも本当によくやって，具合もずっと良くなったと言った。私はとてもうれしくて，泣き出してしまった。

「おばあちゃん，ありがとう」と私は新生児室の窓越しに私たちの生まれたばかりの美しい赤ちゃんを見つめながら言った。私たちは彼をクリスティアンと名付けた。「あなたがここにいて，あなたが私にくれた愛と優しさの半分を私の息子にくれたらいいのに」

2週間後のある日の午後，誰かが玄関のドアをノックした時，カーラと私はクリスティアンと一緒に家にいた。それは小包，すなわちクリスティアンへの贈り物を持った郵便配達員だった。その箱は「とても特別な赤ちゃん」宛てだった。中には手作りの美しい赤ちゃん用毛布と小さな靴が1足入っていた。

カードを読むと私の目は涙であふれた。「あなたが生まれる，その素晴らしい日に，私はここにいないだろうとわかっていました。私はあなたにこの毛布を送る計画を立てました。私は旅立つ前にこの靴を作りました」　そのメモには「ひいおばあちゃん」と署名されていた。

おばあちゃんの目は亡くなる前にはとても弱くなっていたので，ジャネットおばさんが毛布を作る手伝いをした。しかし彼女は靴を自分で作り，亡くなる前の数週間のうちに全てやったのだ。おばあちゃんは本当に素晴らしい女性だった。

1　あ「筆者は子供の頃，時々ベッドから出ておばあちゃんの背後でテレビを見た」

2　う「ある晩，おばあちゃんはテレビを見ていなかった，なぜなら家にいなかったからだ」

3　い「筆者はおばあちゃんの作った毛布を取り出した，なぜなら彼女が自分のそばにいると感じたかったからだ」

4　あ「筆者は自分をラッキーだと思った，なぜならおばあちゃんがいつも放課後に彼の世話をしてくれたからだ」

5　え「筆者が17歳の時，おばあちゃんの医師たちは，おばあちゃんはもう一度帰宅できるほど元気になることはないだろうと言った」

6　え「筆者が神に祈りを唱えた時，まだおばあちゃんに自分と一緒にいてほしいと思った」

7　う「筆者の母親はその毛布を片付けた，なぜならそれが彼におばあちゃんがいないことを思い出させ，彼を悲しませるからだ」

8　い「筆者の赤ちゃんが生まれる直前，彼の妻は深刻な状態だった」

9　う「筆者が無力でひとりぼっちだと感じた時，おばあちゃんが近くにいて自分を支えてくれていると感じた」

10　え「医師たちが部屋から出てきて筆者は泣き出した，なぜなら赤ちゃんと妻の両方とももう危険な状態ではなかったからだ」

11　い「クリスティアンが生まれて2週間後，ある小包が彼の家に送られてきた」

12　あ「おばあちゃんは死ぬ前に，一人で靴を作り，ジャネットおばさんに手伝ってもらって毛布を作った」

Ⅲ（会話文読解，資料読解問題：語形変化，分詞，時制，動名詞，語句補充・選択，語句整序，比較，内容吟味）

（全訳）　ブラウン先生：この写真を見て。それはフィリピンの海岸で①発見されたクジラの写真で，体内の40キロのプラスチックが原因で死んだんだよ。

カレン　　　：それはひどい。どうしてこんなことが起きたのですか。

ブラウン先生：私たちは簡単に食べ物とプラスチックの違いがわかるけれど，動物や海洋生物にとって，そう(う)することは不可能だ。だから彼らは海で見つけたものを食べる。短期間においては，プラスチックを食べると動物はお腹がいっぱいに感じるので，他のものを食べなくなる。

カレン　　　：私はニュースで，海のプラスチックごみが深刻な問題になっていると聞きました。私たちはあまり驚かないのではないでしょうか。周りを見ると，いたるところにプラスチックがあります。私たちの飲食物の多くは，袋やボトルなどのプラスチック容器に入っています。

ブラウン先生：その通り。私たちはプラスチックなしでは生活できない。現在，人々は多くのものをプラスチックから作っている。安くてとても便利だからね。プラスチック製品はまた，長く(B)持つ。ほぼ永久に。そのためプラスチックごみが特に沿岸地域や海で，非常に深刻な問題になってきているんだ。(図1を指さしながら)もし何も対策を行わなければ，海洋中のプラスチックは2050年までに魚の量を超えるという科学者もいる。

カレン　　　：それは②魚よりもプラスチックのほうが多いということですか？　信じられない！

ブラウン先生：うん。私もそう聞いた時自分の耳を疑ったよ。

カレン　　　：プラスチックは私たちにとって非常に便利になりうるけれども環境にとっては最大の問題の1つだ，ということがわかりました。でも，どうして私たちはそれをリサイクルしないのか，わかりません。

ブラウン先生：(図2を指さしながら)世界的に，プラスチックのリサイクルの割合は1990年以降，上昇しているけれども，2015年の調査によると，プラスチックごみのわずか(C)5分の1がリサイクルされ，(D)半分以上がただ捨てられた。その多くが最終的に土，川，湖，そして特に世界の海の中に入る。

カレン　　　：なるほど。それでたくさんの海洋生物がプラスチックごみのせいで死ぬのですね。

ブラウン先生：別の図を見て。(図3を指さしながら)それは，2014年の1人あたりのプラスチック包装ごみの排出量を示しているよ。この図から何がわかるかな？

カレン　　　：えーと，その年，日本はアメリカに次いで，他の国より多くのプラスチック③を捨てました。

ブラウン先生：その通り。そして日本はインドの6倍以上のプラスチック包装ごみを排出している。私たちのプラスチックごみを④削減する第1歩は，コンビニやスーパーで1回しか使われないビニール袋を断ることだ。日本の外では，30か国以上が1回しか使われないビニール袋の利用をやめている。オランダでは2016年に店が袋1つにつき約34円を請求し始めてから，毎年⑤使われるビニール袋の数は40％減ったんだ。

カレン　　　：ではまず，私たちはプラスチックが大きな問題だと理解する必要がありますね。そうすればそれについて何かをし始めることができます。私はそうした小さな変化が大きな(E)違いになると信じています。

1　①　過去分詞にして found on the Philippines coast「フィリピンの海岸で発見された」が whale を後ろから修飾する。 ③　過去形にする。throw－threw－thrown　throw away ～「～を捨てる」 ④　前置詞 in の後ろなので動名詞にする。 ⑤　過去分詞にして used every year「毎年使われる」が plastic bags を後ろから修飾する。

やや難 2 (A) 〈It is … for − to ＋動詞の原形〉「−にとって～することは…だ」の構文なので，to の後ろには動詞の原形を入れる。do that「そうする」は understand the difference between food and plastic を指す。(B) last は「継続する」という意味の動詞。last a long time「長持ちする」(C) 図2のグラフの2015年の数値を参照する。Recycled「リサイクルされた」は19.5%で，ほぼ one-fifth「5分の1」。(D) 同様にグラフより Discarded「廃棄された」は55.0%で，half「半分」より多い。(E) make a big difference「大きな違いとなる」

やや難 3 並べ替えた英文は there will be more plastic than fish で，more を補う。There are ～「～がある，いる」の構文が未来時制で There will be ～ となる。

重要 4 カレンの最後から2番目の発言より，1番多いFがアメリカで，2番目のGが日本。ブラウン先生の最後の発言の第2文より，Hがインドとわかる。

Ⅳ **(長文読解・歴史：語句補充・選択，前置詞，語句整序，関係代名詞，文補充・選択，内容一致)**

(全訳) 高品質な食品を表すのに用いられる，英語の表現がある。それは「王様にふさわしい食事」だ。もちろん，裕福な人々は一般の人々よりも常に良い食べ物を食べているが，これが本当に意味するところは何か。昔，一般の人々は主に野菜と豆を食べていた。魚はあまり頻繁には食べられず，肉はさらに①めったに食べられなかった。彼らの食べ物は地元のハーブと塩で風味付けされていることが多かったが，あまりおいしくなかった。しかし，最も裕福な人々はたくさんの肉や魚を野菜と一緒に食べ，最も新鮮な果物を食べ，はちみつ，ハーブ，珍しい外国の香辛料で味付けされた食べ物を楽しんだ。こういうわけで，[A]最高の食事は「王様にふさわしい食事」と言う。

6,000年近くもの②間，香辛料の貿易は最も重要な国際取引の1つだった。香辛料貿易を支配することが国を豊かにし，戦争を起こし，人々がはるか遠くの国へ行く動機となった。

香辛料はなぜそれほど重要だったのか。これにはいくつかの理由がある。第1に，砂糖やコショウや他の香辛料が全く入っていない食べ物を想像してみよう。それはおそらくかなり味気ないものだろう。第2に，多くの香辛料には食べ物をおいしくするのと同様に，抗菌効果もある。別の言い方をすれば，[B]香辛料を使って調理された食べ物は長く保存できる。冷蔵庫ができる前の時代には，これは非常に便利だった。最後に，④私たちが料理に使う香辛料のほとんど全てがアジア産だ。例えば，コショウはインド産，ショウガは中国産，シナモンはアラビア，スリランカ，中国産である。もともと，これらの香辛料はシルクロードに沿ってやり取りされた。当然，貿易業者たちは[C]値段を高く保つため，これらの香辛料の産地を秘密にした。

18世紀末⑤まで，世界で最も豊かな国は中国とインドだった。香辛料貿易は，彼らが非常に裕福だった理由の1つだった。しかしながら15世紀の間に香辛料貿易はオスマン帝国に妨害された。その結果，ヨーロッパ人たちは香辛料を得る新しい方法を見つけようとした。現在，この時代は大航海時代として知られている，なぜならヨーロッパ人がアフリカを回ってインドへ行く航路を見つけ，太平洋を発見し，また，南北アメリカを発見した時だからだ。これらの発見のおかげで人々はより多くの香辛料をずっと⑥低価格で買えるようになった。

現在でも香辛料は国際貿易における重要な商品だ。最も高価な香辛料はサフランで，それは西アジア，特にイランで栽培される花の一部である。サフランは早朝に収穫されなければならず，1年に1，2週間だけ収穫することができる。サフラン1キロを作るのに，14万個の花が収穫されなくてはならない。サフランは非常に高価だった。1730年，サフランは金の重量分の価値があった。別の言い方をすれば，サフラン1キロと金1キロは⑦同じ価格だった。しかし現在では，サフラン1キロは約1万ドルの価値がある。

サフランはもちろん，食べ物の風味付けに使われるがそれが唯一の使い道ではない。現在，科学者たちは，ある種のがんの治療に役立つ可能性があるとして，サフランを調べている。しかしながら，医療に使える可能性があるのはサフランだけではない。ショウガもがんの治療薬として調査されているし，コショウも同様だ。コショウのような辛い香辛料は体重を落とすことにも役立つ可能性がある。

香辛料がヨーロッパ人によるアメリカ大陸の発見のような重要な歴史的できごとと強く結びついている，と考えることはすばらしい。香辛料貿易が大航海時代につながったように，現在，科学者たちは香辛料に関する新事実と，香辛料が私たちの健康維持にいかに役立つかについて発見しつつある。香辛料はきっと将来においても最も高価な商品の1つであり続けるかもしれない。

重要 1 ① 空所の前の even は比較級を強めるので，little「めったに～ない」の比較級 less を入れる。 ② for ～「～の間」 ③ with no ～ = without ～「～なしで」 ⑤ until ～「～まで」 ⑥ at a low price「低価格で」 空所の前の much は比較級を強めるので，low「低い」の比較級 lower を入れる。 ⑦ the same ～「同じ～」

2 almost all of the spices we use in our cooking come (from Asia.) all of the ～「～の全て」 we の前に目的格の関係代名詞が省略されており，we use in our cooking「私たちが料理で使う」が spices を後ろから修飾する。come from ～「～出身(原産)である」

3 全訳下線部参照。

重要 4 え(○) 最後から2番目の段落の内容と一致する。 か(○) 第4段落および最終段落第1文の内容と一致する。

Ⅴ (語句補充・選択：現在完了，動詞，熟語，時制，名詞，文型，関係代名詞，比較)

1「マイクはその先生を20年以上知っている」 継続を表す現在完了〈have ＋過去分詞〉の文。

2「ホストマザーは私に『冷蔵庫のものは何でも自由に食べて』と言った」 Help yourself to ～「ご自由に～をどうぞ」

3「あなたが出張中，猫の世話を誰がしたのですか」 疑問詞 Who「誰が」が主語の文は，動詞をその直後に置く。動詞 take は were に合わせて過去形 took にする。

4「ここでは冬でもあまり雪が降らない」 snow は数えられない名詞なので much を用いる。not much ～「あまり～ない」

5「さあ，あなたの番です。カードを1枚引いてください」 turn「番，順番」

6「パーティーで旧友の1人に会ったことは大いなる驚きだった」 a great ～ となっていることから，名詞を入れるとわかる。surprise「驚き」

7「あなたは自分の部屋をきれいに保つべきです」〈keep ＋目的語＋形容詞〉「～を…に保つ」

8「彼が昨日私に送ってきたメールをあなたに見せましょう」 e-mail の後に目的格の関係代名詞が省略されており，he sent me「彼が私に送った」が e-mail を後ろから修飾する。

9「私たちの学校はあなたの学校の2倍の数の生徒がいる」 twice as … as ～「～の2倍…」

10「あなたは私の言うことを注意して聞かなくてはなりません，さもないと重要なことを聞きのがすでしょう」 miss「～を逃す」 something は後ろに形容詞を置く。

11「『トイソルジャー』は私が見た最高の映画の1つだ」〈one of the ＋最上級＋複数名詞〉「最も…な(名詞)のうちの1つ」

基本 Ⅵ (言い換え・書き換え：接続詞，現在完了)

1「私は4歳の時に祖父を亡くした」 at the age of ～「～歳で」 接続詞 when「～の時に」

2「ミラー氏はロサンゼルスに行った。今，彼は日本にいない」「ミラー氏はロサンゼルスに行ってしまった」 have gone to ～「～へ行ってしまった(今ここにいない)」

3「その紳士は私を駅まで連れて行ってくれるほど親切だった」「その紳士はとても親切だったので，彼は私を駅に連れて行ってくれた」 so … that ～「とても…なので～」

4 「あなたはその仕事を5時までに終わらせる必要はない」〈don't have to ＋動詞の原形〉「〜する必要はない」〈It is necessary for ＋人＋ to ＋動詞の原形〉「(人)が〜する必要がある」

5 「彼らは飛行機で東京へ行った」 go to 〜 by plane ＝ fly to 〜「〜へ飛行機で行く」

Ⅶ (語句整序：受動態，熟語，関係代名詞，比較，間接疑問，不定詞)

1 (This morning,) I was spoken to by a foreigner (in English) 「今朝，私は外国人に英語で話しかけられた」 speak to 〜「〜に話しかける」の受動態は be spoken to で，その後に by 〜「〜によって」を置く。

2 The people I met in Australia were (so kind.) 「私がオーストラリアで出会った人々はとても親切だった」 I の前に目的格の関係代名詞が省略されており，I met in Australia が people を後ろから修飾する。

3 Nothing is more important than time.「時間より大切なものは何もない」〈Nothing is ＋比較級＋ than 〜〉「〜よりも…なものはない」

4 (Could you) tell me how long it will take (from here to the airport?) 「ここから空港までどのくらい時間がかかるか教えてくれませんか」 how 以下は間接疑問で〈疑問詞＋主語＋動詞〉の語順。take「(時間が)かかる」

5 (I) want you to help me with (my homework.) 「私はあなたに宿題を手伝ってもらいたい」〈want ＋人＋ to ＋動詞の原形〉「(人)に〜してほしい」〈help ＋人＋ with 〜〉「(人)が〜するのを手伝う」

重要 Ⅷ (条件英作文)

(解答例訳) 「私は毎日の暮らしの中で，私の町にいる外国人観光客の手助けをすることを心がけています。彼らに日本滞在を楽しんでもらいたいし，私は英語を話す機会が持てます」

★ワンポイントアドバイス★

Ⅳの長文読解問題は，本文の内容と一致するものを選ぶ問題が日本語で書かれているので，英文を読む前に目を通して，読み取るべきポイントを把握しておこう。

＜国語解答＞ 《学校からの正答の発表はありません。》

Ⅰ 問1 ⓐ ひんぱん ⓑ 枯渇 ⓒ 狭義 ⓓ 始終 ⓔ 焦燥
問2 a 順調な名づけ b 名づけられない c 自分の名づけの欲望
問3 ② 韻文 ③ 既知 問4 ハ 問5 浮浪 問6 a 快い b 浸み透って c 胸一杯 d 温い血のほとぼり e 尋ねあぐんでいた f 換算 問7 ホ
問8 ロ 問9 ニ 問10 イ・ヘ

Ⅱ 問1 A ホ B ハ C ヘ 問2 a ロ b ヘ c ト d ヌ
問3 ホ 問4 ホ 問5 ニ 問6 ロ 問7 ロ 問8 イ 問9 ハ
問10 ニ 問11 D ニ E ロ F ハ 問12 a ロ b チ c ハ d ヌ e イ f ニ

○推定配点○

Ⅰ 問6 各3点×6 他 各2点×17 Ⅱ 各2点×24 計100点

＜国語解説＞

Ⅰ　(論説文―漢字の読み書き，対義語，内容理解，対義語，心情理解，要旨)

問1　ⓐ「頻繁」は，しきりであること。ⓑ「枯渇」は，尽き果てて，なくなること。
ⓒ「狭義」は，同じ言葉のさす意味に幅がある場合の，狭い方の意味のこと。ⓓ「始終」は，始めから終りまで。ⓔ「焦燥」は，いらだちあせること。

問2　傍線部を含む段落とその直後の段落からとらえる。

基本　問3　②「散文」は，通常の文章のこと。「韻文」は，詩や短歌や俳句など。③「未知」は，まだ知らないこと。「既知」は，すでに知っていること。

問4　傍線部の前後の「私たちの誰もが知っているような」「そんな体験をしたことのある人は少なくないのではないでしょうか」に合うのはハである。

問5　「浮浪」は，さすらうことや，さまようこと。

重要　問6　a・bは「は握っている手のひらから身内に浸み透ってゆくようなその冷たさは快いものだった」，c・dは「ついぞ胸一杯に呼吸したことのなかった私の身体や顔には温い血のほとぼりが昇って来て何だか身内に元気が目覚めて来たのだった」，e・fは「その重さこそ常々私が尋ねあぐんでいたもので，……すべての美しいものを重量に換算してきた重さであるとか」の部分に注目。

問7　「名前があることで私たちは世界を整理し，意味づけ，……方法を見つけたりできる」に注目。

問8　傍線部を含む段落の，「解放感」と「不安」とがセットになっているという内容と，直後の段落の「名づけの瞬間の無根拠さ」「名前がつけられたときの無根拠さの記憶もかすかに残っている」などに注目。

問9　傍線部のあとの同段落の内容に，ニが合致している。

やや難　問10　「名づけられるべきだという必然性や切迫感の縛りと，未だ名づけられていないという自由や不安定さとが同居している。詩とは，名づけられるべき，でも，未だ名づけられていないものと出会うための場なのです。あるいは……が詩だと言ってもいい」という部分の内容がイに，「『檸檬』の中で，……語り手は，詩というものをきわめて純粋な形で行為として演じているように思います。このように強烈な名づけの衝動に駆られることが詩なのです」という部分の内容がヘに合致している。

Ⅱ　(小説―空欄補充，内容理解，心情理解，表現理解，主題)

基本　問1　A　明子と磯子が加奈江を覗う様子。　B　堂島が階段を降りていく様子。　C　加奈江が呟くときの様子。

重要　問2　傍線部の直前の「あんたも何も堂島さんに……でしょう」という言葉に，磯子は深い意味を込めていなかったが，この言葉は受け取り方によっては，磯子が，加奈江と堂島の間に何か関係があったと勘ぐっているような印象を与えかねない。

問3　磯子は加奈江よりも前に出社しており，堂島が出勤したかどうかを何度も見にいっている。このことをふまえて考える。

問4　「二人の憤慨とは反対に」から，加奈子のしらけてしまった気持ちが読み取れる。また，傍線部直後の「今となっては……胸に突っ張った苦しさだった」から，堂島に殴られたことに対する怒りだけが残っていることが読み取れる。

問5　「うまいことをしたなあ」「ここのように純粋の軍需品会社でもなく，……会社は見込みがないって言ってたよ」という山岸の言葉に合うのは，ニである。

問6　「おや，堂島の住所が知りたいのかい」という言葉から，山岸が，堂島に対する加奈江の恋心を勘ぐっていることがわかる。

問7　加奈江は単純に堂島に復讐をしたいだけである。

問8　「事変下の緊縮した歳暮は……人々の切羽詰まったような気分が街に籠って」などの街の描写に注目。

問9　傍線部の直前の「わたしもそうよ。正月早々から……厚いビフテキでも食べない」という加奈江の言葉から，堂島への復讐はいったん置いておいて，今夜は楽しく過ごそうという気持ちが読み取れる。

問10　あとの，堂島からの「手紙」の内容をふまえて，このときの堂島の気持ちを考える。

問11　D 「どうか」は，願望の気持ちを表す。　E 「いっそ」は，思い切って，という意味。
F　女性を撲ったことへの罪悪感が「いつも」堂島の心に残ったのである。

やや難　問12　a～dは堂島の「手紙」の内容から考える。e・fは，「手紙」を読んだあとの「そんなにも迫った男の感情ってあるものかしらん，今にも堂島の荒々しい熱情が自分の身体に襲いかかって来るような気がした」「加奈江は時を二回分けて，……堂島と，このまま分かれてしまうのは少し無慙な思いがあった。一度，会って打ち解けられたら……」という部分から読み取る。

★ワンポイントアドバイス★

細かい読み取りを必要とする読解問題が出題されている。特に小説は文章が長めなので，ポイントを的確に読み取れる力をつけておこう。論説文では文章のキーワードや論理の展開をおさえながら読むことが必要。ふだんからの読書が大切！

MEMO

大切なことはメモしておこうネ！

解答用紙集

○月×日　△曜日　天気（合格日和）

◆ご利用のみなさまへ

＊解答用紙の公表を行っていない学校につきましては、弊社の責任において、解答用紙を制作いたしました。

＊編集上の理由により一部縮小掲載した解答用紙がございます。

＊編集上の理由により一部実物と異なる形式の解答用紙がございます。

人間の最も偉大な力とは、その一番の弱点を克服したところから生まれてくるものである。――カール・ヒルティ――

東京学参株式会社

中央大学附属高等学校（推薦）　2024年度

◇数学◇

※ 135％に拡大していただくと，解答欄は実物大になります。

<table>
<tr><th colspan="6">解　　答　　欄</th></tr>
<tr><td>(1)</td><td colspan="2"></td><td>(2)</td><td colspan="2"></td></tr>
<tr><td>(3)</td><td colspan="2"></td><td>(4)</td><td colspan="2">$x=$　　　　，$y=$</td></tr>
<tr><td>(5)</td><td colspan="2">$x=$</td><td>(6)</td><td colspan="2"></td></tr>
<tr><td>(7)</td><td colspan="2">$\angle x=$</td><td>(8)</td><td colspan="2"></td></tr>
<tr><td>(9)</td><td colspan="2"></td><td colspan="3"></td></tr>
<tr><td rowspan="2">(10)</td><td>(ア)</td><td>$a=$</td><td>(イ)</td><td colspan="2"></td></tr>
<tr><td>(ウ)</td><td>P（　　　，　　　）</td><td colspan="3"></td></tr>
</table>

中央大学附属高等学校（推薦）　2024年度　◇英語◇

※ 123％に拡大していただくと，解答欄は実物大になります。

Ⅰ

1	2	3	4	5

6	7	8	9	10

Ⅱ

1	2	3	4	5

Ⅲ

1	2	3	4	5

Ⅳ

[1]	[2]

Ⅴ

1		2
【call】	【be】	

3	4	5

6	7	8

9	
2番目	5番目

10	11

Ⅵ

(1)	When I'm with my friends, I try to
(2)	

◇小論文◇

中央大学附属高等学校（推薦）　２０２４年度

※１３５％に拡大していただくと、解答欄は実物大になります。

※ 135％に拡大していただくと，解答欄は実物大になります。

解答欄										
1	(1)		(2)		(3)					
	(4)	$x=$　　，$y=$			(5)	$x=$				
	(6)	$\angle x=$	(7)		(8)	P（　　，　　）				
2	(1)	通り	(2)							
3	(1)	$x=$　　，$y=$	(2)		(3)	(ア)		(イ)		(ウ)
4	(1)		(2)		(3)					
5	(1)		(2)	(ア)		(イ)				

中央大学附属高等学校（一般）　2024年度　◇英語◇

※ 133％に拡大していただくと，解答欄は実物大になります。

	1	2	3	4	5	6	7	8	9	10
I										

	1-①	1-②	2
II			

	3-1	3-2	3-3	3-4	3-5	3-6	3-7	3-8	3-9	3-10
II										

	1	2	3-A	3-B	3-C
III					

	4	5	6	7	8	9	10
III							

	1	2	3	4	5
IV					

	1	2	3
V			
	4	5	6

	1		2		3		4		5	
VI	a	b	a	b	a	b	a	b	a	b

VII	I	think					will
	be	the	most	important	thing	for	me
	when	I	become	a	high	school	student.
	This	is	because				
						10	
		20					
					30		
	40						
				50			
	I	can't	wait	to	start	in	April.

2024年度 中央大学附属高等学校（一般）

※132%に拡大していただくと、解答欄は実物大になります。

◇国語◇

I

問1 ⓐ ⓑ ⓒ ぎ ⓓ ⓔ ぐ

問2

問3 A B C D

問4

問5 a b c d

問6

問7 ⑤ ⑥ ⑧

問8

問9 (1) (2) (3) (4)

問10

問11 a b c d

II

問1

問2

問3

問4 a b c d

問5

問6 A B C D

問7 a b c d

問8 ⑦ ⑧ ⑨ ⑩

問9

問10 a b c d

問11 (1) (2) (3) (4)

中央大学附属高等学校（推薦）　2023年度

◇数学◇

※ 137％に拡大していただくと，解答欄は実物大になります。

解答欄				
(1)			(2)	
(3)			(4)	$x=$　　　，$y=$
(5)		$x=$	(6)	$a=$
(7)		通り	(8)	$\angle x=$
(9)	(ア)		(イ)	
(10)	(ア)	A(　　,　　)，B(　　,　　)		
	(イ)	C(　　,　　)	(ウ)	△ABC：△AOB

中央大学附属高等学校(推薦)　2023年度　◇英語◇

※ 137%に拡大していただくと，解答欄は実物大になります。

I	1	2	3	4	5
	6	7	8	9	10

II	1	2	3	4	5

III	1	2	3	4	5

IV	[1]	[2]

V	1				
	【be】	【fall】			
	2				
	A	B	C		
	3				
	(a)	(b)	(c)	(d)	
	4		5		
	2番目	8番目			
	6	7	8	9	10
				r	

VI	1	I would write a letter to the "12-year-old me" and tell myself .
	2	

中央大学附属高等学校（推薦）　２０２３年度

※１２８％に拡大していただくと、解答欄は実物大になります。

◇小論文◇

2023年度

※ 130％に拡大していただくと，解答欄は実物大になります。

解答欄							
1	(1)		(2)		(3)		
	(4)	$x=$	(5)	$a=$	(6)	$a=$ ， $b=$	
	(7)		(8)	$\angle x=$			
2	(1)	$h=$	(2)	円柱 ： 球			
3	(1)	$a=$ ， $b=$	(2)				
4	(1)	回	(2)		(3)	回	
5	(1)	$M=$	(2)	$m=$			

中央大学附属高等学校(一般)　2023年度

◇英語◇

※ 130%に拡大していただくと，解答欄は実物大になります。

Ⅰ	1	2	3	4	5	6
	7	8	9	10		

Ⅱ	1	2	3	4	5	6
	7	8	9	10	11	12

Ⅲ	1	2	3		4
	5-A	5-B	5-C	6	7
	8				

Ⅳ	1	2	3	4
	5			
	4番目	6番目		
	6	7		

Ⅴ	1	2	3	4	5

Ⅵ	1	2	3
	4	5	6

Ⅶ	1		2		3		4		5	
	a	b	a	b	a	b	a	b	a	b

Ⅷ	

2023年度 中央大学附属高等学校(一般)

※128%に拡大していただくと、解答欄は実物大になります。

◇国語◇

Ⅰ

問1 ⓐ ⓑ めて ⓒ ⓓ ⓔ

問2 (1) (2) (3)

問3

問4 A (1) (2) (4) B (3)

問5

問6

問7

問8

問9

問10

問11 A (1) (3) (4) (5) (6) (7) B (2)

Ⅱ

問1 a b c d

問2

問3

問4

問5 a b c d

問6

問7

問8

問9

問10 (1) (2) (3) (4) (5) (6)

中央大学附属高等学校（推薦）　2022年度

◇数学◇

※ 147％に拡大していただくと，解答欄は実物大になります。

解答欄						
(1)			(2)		(3)	
(4)	$x=$ 　　　, $y=$		(5)	$a=$	(6)	
(7)			(8)	$\angle x=$		
(9)	(ア)		(イ)			
(10)	(ア)	$a=$	(イ)			
	(ウ)	$b=$	(エ)	C(　　　,　　　)		

中央大学附属高等学校（推薦）　2022年度　◇英語◇

※ 132％に拡大していただくと，解答欄は実物大になります。

I	1	2	3	4	5
	6	7	8	9	10

II	1	2	3	4	5

III	1	2	3	4	5

IV	1	2

V					
	1 (1)	1 (2)			
	2	3	4 ２番目	4 ６番目	5
	6	7 ３番目	7 ６番目		
	8 X	8 Y			
	9	10			

VI		
	1	The advantage of taking lessons online is that　　　　.
	2	

◇国語◇

中央大学附属高等学校（推薦）　２０２２年度

※１２８％に拡大していただくと、解答欄は実物大になります。

200

400

500

600

2023年度

中央大学附属高等学校(一般)　2022年度　◇数学◇

※ 130%に拡大していただくと，解答欄は実物大になります。

解　答　欄

1	(1)		(2)		(3)	
	(4)	$x=$, $y=$	(5)	$x=$	(6)	$n=$
	(7)		(8)	$\angle x=$	(9)	
2	(1)	cm^2	(2)	$y=$	(3)	$x=$
3	(1)	$n(4)=$, $n(5)=$	(2)	$n(k+1)=$	(3)	回
4	(1)	$a=$	(2)	A(,), C(,)		
	(3)					

中央大学附属高等学校(一般)　2022年度

◇英語◇

※ 127%に拡大していただくと，解答欄は実物大になります。

I

1	2	3	4	5	6
7	8				

II

1	2	3	4	5	
6	7	8	9	10	11

III

1		2	3-③	3-④
4-⑤		4-⑥		
5	6-A	6-B	6-C	
7				

IV

1	2		3			
4-①	4-②	4-③	4-④	4-⑤	4-⑥	5

V

1	2	3	4	5
6	7	8	9	10

VI

1	2	3
4	5	

VII

1		2		3		4		5	
a	b	a	b	a	b	a	b	a	b

VIII

I ____ .

中央大学附属高等学校（一般）　2022年度

※128%に拡大していただくと、解答欄は実物大になります。

◇国語◇

Ⅰ

問1	ⓐ	ⓑ	ⓒ	ⓓ	ⓔ
			り		らか

問2

問3	A	B	C	D

問4	(1)	(2)	(3)	(4)

問5

問6

問7

問8	a	b	c	d

問9	E	F	G	H

問10	(1)	(2)	(3)	(4)

問11	(1)	(2)	(3)	(4)

Ⅱ

問1

問2	(1)	(2)	(3)	(4)

問3	A	E

問4	B	C	D

問5	a	b	c

問6　→　→　→

問7

問8

問9

中央大学附属高等学校（一般）　2021年度

◇数学◇

※ 135％に拡大していただくと，解答欄は実物大になります。

解答欄						
1	(1)		(2)		(3)	
	(4)	$x=$　　　，$y=$	(5)	$x=$	(6)	$n=$
	(7)		(8)	$x=$	(9)	$\angle x=$
2	(1)		(2)			
3	(1)	$a=$	(2)		(3)	
4	(1)		(2)	$\dfrac{S}{n^2}=$		
	(3)		(4)	$n=$		

中央大学附属高等学校（一般）　2021年度

◇英語◇

※ 130％に拡大していただくと，解答欄は実物大になります。

I

1	2	3	4	5	6

7	8

II

1-1	1-2	1-3	1-4	1-5

1-6	1-7	1-8	1-9	1-10

2	

III

1		2
3番目	6番目	

3	4	5	6-1	6-2	6-3	6-4	6-5	6-6

IV

1-①	1-②	1-③	1-④	1-⑤	1-⑥	1-⑦

2	3	4	5

V

1	2	3	4	5

6	7	8	9

VI

1	2	3

4	5

VII

1		2		3		4		5	
a	b	a	b	a	b	a	b	a	b

VIII

During the spring holiday, I want to

2021年度

中央大学附属高等学校(一般)

※133%に拡大していただくと、解答欄は実物大になります。

◇国語◇

I

問1 ⓐ ば ⓑ ⓒ ⓓ ⓔ

問2

問3

問4

問5

問6

問7 a b c d

問8

問9 D E F G

問10

問11

問12

問13

問14 (1) (2) (3) (4)

II

問1 a b c

問2

問3

問4

問5

問6

問7

問8

問9

問10 a b c d e f g h

※135％に拡大していただくと，解答欄は実物大になります。

	解答欄					
1	(1)		(2)		(3)	
	(4)	$x=$ ，$y=$	(5)	$x=$	(6)	$a=$
	(7)		(8)	$\angle x=$ ，$\angle y=$		
	(9)	ア	イ		ウ	
2	(1)	$p=$	(2)	$p=$		
3	(1)	$a=$	(2)	（　，　）	(3)	（　，　）
4	(1)		(2)		(3)	A ： B

中央大学附属高等学校（一般）　2020年度

◇英語◇

※140%に拡大していただくと，解答欄は実物大になります。

Ⅰ

1	2	3	4	5	6

7	8

Ⅱ

1	2	3	4	5	6

7	8	9	10	11	12

Ⅲ

1-①	1-③	1-④	1-⑤

2-A	2-B	2-C	2-D	2-E

3	4

Ⅳ

1-①	1-②	1-③	1-⑤	1-⑥	1-⑦

2	
3番目	6番目

3-A	3-B	3-C	4

Ⅴ

1	2	3	4	5	6

7	8	9	10	11

Ⅵ

1	2	3

4	5

Ⅶ

1		2		3		4		5	
a	b	a	b	a	b	a	b	a	b

Ⅷ

In my daily life, I

.

2020年度

中央大学附属高等学校（一般）

※133%に拡大していただくと、解答欄は実物大になります。

◇国語◇

Ⅰ

問1 ⓐ ⓑ ⓒ ⓓ ⓔ

問2 a b c

問3 ② ③

問4

問5

問6 a b c d e f

問7

問8

問9

問10

Ⅱ

問1 A B C

問2 a b c d

問3

問4

問5

問6

問7

問8

問9

問10

問11 D E F

問12 a b c d e f

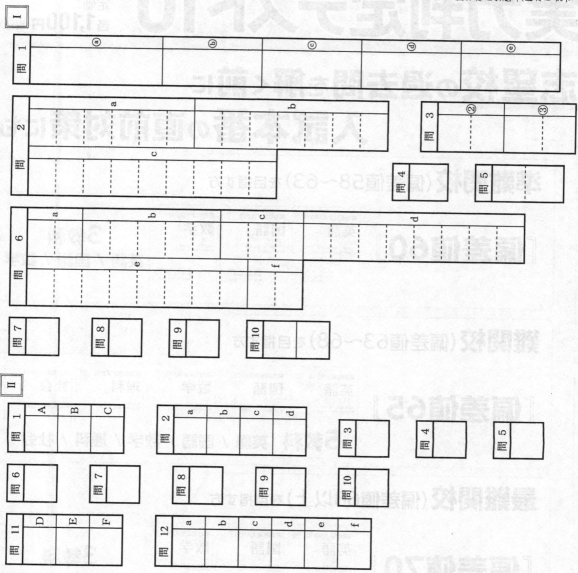

〜公立高校志望の皆様に愛されるロングセラーシリーズ〜

公立高校入試シリーズ

・全国の都道府県公立高校入試問題から良問を厳選
※実力錬成編には独自問題も！
・見やすい紙面、わかりやすい解説

数学

合格のために必要な点数をゲット

目標得点別・公立入試の数学 基礎編

- 効率的に対策できる！　30・50・70点の目標得点別の章立て
- web解説には豊富な例題167問！
- 実力確認用の総まとめテストつき

定価：1,210円（本体1,100円＋税10%）／ISBN：978-4-8141-2558-6

応用問題の頻出パターンをつかんで80点の壁を破る！

実戦問題演習・公立入試の数学 実力錬成編

- 応用問題の頻出パターンを網羅
- 難問にはweb解説で追加解説を掲載
- 実力確認用の総まとめテストつき

定価：1,540円（本体1,400円＋税10%）／ISBN：978-4-8141-2560-9

英語

「なんとなく」ではなく確実に長文読解・英作文が解ける

実戦問題演習・公立入試の英語 基礎編

- 解き方がわかる！　問題内にヒント入り
- ステップアップ式で確かな実力がつく

定価：1,100円（本体1,000円＋税10%）／ISBN：978-4-8141-2123-6

公立難関・上位校合格のためのゆるがぬ実戦力を身につける

実戦問題演習・公立入試の英語 実力錬成編

- 総合読解・英作文問題へのアプローチ手法がつかめる
- 文法、構文、表現を一つひとつ詳しく解説

定価：1,320円（本体1,200円＋税10%）／ISBN：978-4-8141-2169-4

理科

短期間で弱点補強・総仕上げ

実戦問題演習・公立入試の理科

- 解き方のコツがつかめる！　豊富なヒント入り
- 基礎〜思考・表現を問う問題まで
重要項目を網羅

定価：1,045円（本体950円＋税10%）
ISBN：978-4-8141-0454-3

社会

弱点補強・総合力で社会が武器になる

実戦問題演習・公立入試の社会

- 基礎から学び弱点を克服！　豊富なヒント入り
- 分野別総合・分野複合の融合など
あらゆる問題形式を網羅
※時事用語集を弊社HPで無料配信

定価：1,045円（本体950円＋税10%）
ISBN：978-4-8141-0455-0

国語

最後まで解ききれる力をつける

形式別演習・公立入試の国語

- 解き方がわかる！　問題内にヒント入り
- 基礎〜標準レベルの問題で
確かな基礎力を築く
- 実力確認用の総合テストつき

定価：1,045円（本体950円＋税10%）
ISBN：978-4-8141-0453-6

〈ダウンロードコンテンツについて〉

本問題集のダウンロードコンテンツ、弊社ホームページで配信しております。現在ご利用いただけるのは「2025年度受験用」に対応したもので、**2025年3月末日**までダウンロード可能です。弊社ホームページにアクセスの上、ご利用ください。
※配信期間が終了いたしますと、ご利用いただけませんのでご了承ください。

高校別入試過去問題シリーズ
中央大学附属高等学校　2025年度
ISBN978-4-8141-2913-3

[発行所] 東京学参株式会社
〒153-0043　東京都目黒区東山2-6-4

書籍の内容についてのお問い合わせは右のQRコードから ⇒

※書籍の内容についてのお電話でのお問い合わせ、本書の内容を超えたご質問には対応できませんのでご了承ください。

2024年5月30日　初版